बैंकिंग विधि एवं व्यवहार

बैंकिंग विधि एवं व्यवहार

सुमेश भारद्वाज

इशिका पब्लिशिंग हाउस
जयपुर दिल्ली

इशिका पब्लिशिंग हाउस

ए -25, "गणेश सदन", गली न. 4, आदर्श बस्ती,
बी.एल. हाउस के पास, टोंक फाटक,
जयपुर-302018 (राजस्थान) भारत
फोन : 0141-2761280, Mob. 9887532741
Email: ishikapublishinghouse@yahoo.in

दिल्ली कार्यालय : 102, प्रथम मंजिल, 'सत्यम हाउस'
4324/3, अंसारी रोड़, दरियागंज, नई दिल्ली - 110 002
फोन : 011-45652440

ISBN: 9788189471293

टाइपसेटिंग : बी.एस. कम्प्यूटर्स, जयपुर

मुद्रक : थॉमसन प्रेस, नई दिल्ली

प्रस्तावना

बैंक देश के आर्थिक विकास के आधार होते हैं। कोई भी देश बैंकों के बगैर आर्थिक विकास नहीं कर सकता है। देश में वृहत् उद्योगों की स्थापना, कृषि व लघु उद्योग का विकास, बचत एवं पूँजी निर्माण, प्राथमिकता क्षेत्र को प्रोत्साहन, रोजगार अवसरों का विस्तार तथा निर्यात संवर्द्धन बगैर बैंकों के बिना संभव नहीं है। लोगों की छोटी-छोटी बचतों को संग्रह करके उन्हें लाभदायक तथा उत्पादक कार्यों में लगाने का श्रेय बैंकों को ही जाता है। विशिष्ट क्षेत्रों के विकास के लिये विशिष्ट प्रकार के बैंकों की स्थापना की जाती है। उदाहरणस्वरूप भारत का लघु उद्योग विकास बैंक लघु उद्योगों के विकास के लिये तथा भारतीय निर्यात एवं आयात बैंक भारत के निर्यातों व आयातों की वित्तीय व्यवस्था एवं विकास के लिये स्थापित किये गये हैं। देश की अर्थव्यवस्था किसी भी विकास के लिये सुदृढ़ एवं संगठित बैंकिंग प्रणाली की आवश्यकता होती है। देश की सम्पूर्ण उत्पादन तथा वितरण प्रणाली बैंकों पर निर्भर होती है। बैंक एक ऐसी संस्था है जो दूसरे के धन से ही अपना व्यवसाय चलाती है। इसलिए इसे अपने अंशधारियों तथा अपने निक्षेपकर्त्ताओं के धन का प्रभावी प्रबन्ध करना चाहिए। बैंक का लाभ उसी अन्तर पर निर्भर करता है जो अन्तर इसके द्वारा लोगों से जमाएं स्वीकार करने तथा लोगों को उधार देने पर उत्पन्न होता

है। बैंकों को अपनी विनियोग नीति इस प्रकार निर्धारित करनी चाहिए जिससे विनियोगों द्वारा ज्यादा से ज्यादा आय प्राप्त की जा सके जिसमें से जमाकर्त्ताओं की जमाओं पर ब्याज का भुगतान करने के बाद भी आधिक्य बेच जिसका उपयोग बैंक अपने खुद के विकास में उपयोग कर सके।

हमारे देश में आज की अपेक्षा पहले (1947 से पूर्व) बैंकों की स्थिति काफी चिंताजनक थी। आजादी से पूर्व ब्रिटिश शासकों ने देश के राष्ट्रीय हित पर बिल्कुल ध्यान नहीं दिया, लेकिन बाद में जब भारत आजाद (1947) हुआ तो इसकी स्थिति तेजी से परिवर्तित हुई। आर्थिक विकास हेतु भारतीय बैंकों को विशेष उत्तरदायित्व सौंपा गया। इन बैंकों से यह अपेक्षा की गयी कि वे अपने वित्तीय साधनों में वृद्धि तथा अपनी नीतियों में क्रान्तिकारी परिवर्तन कर आर्थिक विकास हेतु पर्याप्त वित्तीय साधनों की उपलब्धि करने में सक्षम होंगे। भारतीय बैंकों ने राष्ट्रीयकरण के पश्चात् इस भूमिका को निभाने में महत्त्वपूर्ण उपलब्धियाँ अर्जित की हैं। इन उपलब्धियों में उपेक्षित क्षेत्रों को ऋण तथा समाजवादी लक्ष्यों की अनेक आकर्षक योजनाओं का क्रियान्वयन महत्त्वपूर्ण है। भारतीय बैंकों द्वारा विगत वर्षों में की गयी प्रगति से इनका संगठन पहले से अधिक सबल हो गया है तथा विकास का नवीन मार्ग प्रशस्त हुआ है।

प्रस्तुत पुस्तक 'बैंकिंग विधि एवं व्यवहार' को हर दृष्टि से उपयोगी बनाने की कोशिश की गई है। पुस्तक के प्रकाशन में विविध ग्रंथों, लेखों और शोध-पत्रों से मदद ली गई है। हम उनके लेखकों के प्रति अपना आभार प्रकट करता हूँ। आशा है पुस्तक पाठकों के लिए उपयोगी होगी।

सुमेश भारद्वाज

अनुक्रमणिका

1

बैंकिंग प्रणाली

भारत में मुद्रा के आदान-प्रदान की प्रक्रिया कोई नई प्रक्रिया नहीं है बल्कि यहाँ इसका प्रचलन प्राचीन काल से ही हो रहा है। भारत में यद्यपि आज भी मुद्रा बाजार संगठित तथा असंगठित दोनों रूपों में विद्यमान है, परंतु विगत वर्षों में संगठित मुद्रा बाजार की संस्थाओं का अभूतपूर्व विकास हुआ है और वे निरंतर अधिकाधिक महत्त्वपूर्ण भूमिका निभा रही हैं। जहाँ तक असंगठित क्षेत्र का प्रश्न है उसमें महाजन तथा साहूकार शामिल हैं जो कि मुख्यतः ग्रामीण क्षेत्रों के लोगों की ऋण आवश्यकता को पूरा करते हैं। मुद्रा बाजार के संगठित क्षेत्र के अंतर्गत आने वाली संस्थाओं में वाणिज्यिक बैंक और सहकारी बैंक शामिल हैं जोकि गत कई दशाब्दियों से कार्यरत हैं। क्षेत्रीय ग्रामीण बैंकों का शुभारंभ सन् 1975 से हुआ और इस तरह हाल के वर्षों में वाणिज्यिक बैंकों का जो अभूतपूर्व भौगोलिक विस्तार हुआ और क्षेत्रीय ग्रामीण बैंकों की जो स्थापना हुई, उससे मुद्रा बाजार में संगठित अंग की शिराएँ ग्रामीण क्षेत्रों तक फैल गई हैं। वर्तमान समय में बैंकिंग प्रणाली का विश्व स्तर पर एक जाल सा बिछा हुआ है। आज हर वर्ग के लोग बैंकिंग व्यवस्था से लाभ उठा रहे हैं।

बैंक : आशय एवं परिभाषाएँ

बैंक शब्द की उत्पत्ति के संदर्भ में दो विचारधाराएँ प्रचलित हैं। पहली विचारधारा के समर्थक बैंक शब्द की उत्पत्ति इटली के Banco शब्द से मानते हैं जो

फ्रेंच भाषा के Banke में बदलता हुआ अंग्रेजी भाषा के Bank में रूपान्तरित हो गया। इटली भाषा में Banco का अर्थ बैंच से होता है। इटली में उस समय मुद्रा का लेन-देन करने वाले अपना कार्य बैंचों पर बैठकर क्रियान्वित करते थे। दूसरी विचारधारा के समर्थक मानते हैं कि बैंक शब्द का स्रोत जर्मन भाषा का Banco में बदला फिर फ्रेंच के Banke से रूपान्तरित होता हुआ अंग्रेजी का Bank बना। उपरोक्त दोनों मतों में से कौन सी विचारधारा सत्य है यह कहना तो कठिन है। परन्तु यह निश्चित है कि आधुनिक बैंकिंग का विकास यूरोप से प्रारम्भ होकर विश्व के दूसरे देशों तक स्थान बनाया है।

कुछ प्रामाणिक संस्थाओं ने बैंक शब्द को अपने-अपने ढंग से परिभाषित किया है। आगे कुछ प्रमुख परिभाषाओं को प्रस्तुत किया गया है–

ब्रिटिश विनिमय पत्र अधिनियम, 1882 द्वारा दी गई परिभाषा इस प्रकार है–"बैंक शब्द में प्रत्येक ऐसे व्यक्ति, फर्म अथवा कम्पनी को सम्मिलित किया जाता है, जिसके पास ऐसा व्यवसाय का स्थान है जहां पर निक्षेप अथवा मुद्रा संग्रहण द्वारा खाते खोले जाते हैं, जिनमें से भुगतान, ड्राफ्ट धनादेश या आदेश द्वारा होता है या जहां स्कन्ध आदि की प्रतिभूति पर ऋण आदि दिया जाता है।"

भारतीय बैंकिंग नियमन अधिनियम, 1949 में बैंक को इस प्रकार परिभाषित किया गया है–"बैंकिंग कम्पनी वह है जो बैंकिंग का कार्य करती है" और "बैंकिंग से तात्पर्य ऋण देने अथवा विनियोजन के लिए जनता से मुद्रा के निक्षेपों को स्वीकार करना है, जो मांगने पर अथवा किसी अन्य प्रकार से लौटाया जा सके तथा चैक, ड्राफ्ट, आदेश अथवा अन्य किसी प्रकार से निकाला जा सके।"

वेबस्टर शब्दकोश में बैंक की परिभाषा इस प्रकार दी गई है–"बैंक वह संस्था है जो मुद्रा में व्यवसाय करती है। यह एक प्रतिष्ठान है जहां धन का जमा, संरक्षण तथा निर्गमन होता है तथा ऋण देने एवं कटौती की सुविधाएं प्रदान की जाती हैं और एक स्थान से दूसरे स्थान पर धनराशि भेजने की व्यवस्था की जाती है।"

ऑक्सफोर्ड शब्दकोश में बैंक की परिभाषा इस प्रकार दी गई है–"बैंक वह संस्था है जो अपने ग्राहकों से प्राप्त धन की रक्षा करती है। इसका मुख्य कार्य अपने ड्राफ्टों का भुगतान करना है। इसके लाभ उस धन का उपयोग करके प्राप्त होते हैं, जिसको बैंक के ग्राहक इसके पास शेष छोड़ देते हैं।"

अमेरिकन बैंकिंग में बैंक की परिभाषा इस प्रकार दी गई है–"बैंकिंग से हमारा अभिप्राय साख में किए जाने वाले लेन-देन के व्यापार से है तथा 'बैंक' में हम प्रत्येक ऐसे व्यक्ति, फर्म या कम्पनी को शामिल करते हैं, जिसके व्यापार का एक निश्चित

स्थान हो तथा जहां मुद्रा अथवा चलन को जमा अथवा एकत्रीकरण द्वारा साख का कार्य किया जाता हो और जिसकी जमाओं को ड्राफ्ट, चैक या आदेश द्वारा निकाला जाता है या जहां स्टॉक, बॉण्ड्स, धातु, बिलों या प्रतिज्ञा पत्रों पर उधार दी जाती हो या जहां स्टॉक, बॉण्ड्स, धातु, बिलों या प्रतिज्ञापत्रों को बट्टे या बेचने के लिए स्वीकार किया जाता हो।"

उपरोक्त संस्थाओं के अलावा कुछ विद्वानों ने भी बैंक को परिभाषित किया है। कुछ प्रमुख विद्वानों द्वारा दी गई परिभाषाएँ निम्न प्रकार हैं–

फिंडले शिराज के मतानुसार,–"बैंक वह व्यक्ति, फर्म या कम्पनी है जिसके पास व्यवसाय के लिए कोई ऐसा स्थान हो जहां मुद्रा या चलन को जमा एवं एकीकरण द्वारा साख का कार्य किया जाता है और जिसको जमा का ड्राफ्ट, बॉण्ड, धातु और विनिमय पत्रों पर मुद्रा ऋण दिया जाता है और जहां पर प्रतिज्ञापत्र बट्टे पर या विक्रय हेतु लिए जाते हैं।"

क्राउथर के अनुसार,–"बैंकर अपने व अन्य लोगों के ऋणों का व्यवसायी है।"

सेयर्स के अनुसार, "बैंक वह संस्था है जिसके ऋण अन्य ऋणों के परस्पर भुगतान के लिए विस्तृत रूप से स्वीकार किए जाते हैं।" दूसरे शब्दों में "बैंक केवल मुद्रा के व्यापारी ही नहीं, वरन् मुद्रा के उत्पादक भी हैं।"

हार्ट के अनुसार, "बैंकर वह व्यक्ति है जो अपने साधारण व्यवसाय के अंतर्गत मुद्रा प्राप्त करता है और जिसे वह उन व्यक्तियों के चैकों का भुगतान करके चुकाता है, जिनके द्वारा या जिनके खाते में वह मुद्रा जमा की गयी है।"

ऊपर दी गई परिभाषाएँ अपने आप में पूर्ण नहीं हैं। सारांश में कहा जाय तो, "मुद्रा तथा साख सम्बन्धी व्यवसाय करने वाली संस्था 'बैंक' या 'बैंकर' कहलाती हैं।"

बैंकों के प्रकार

बैंक विश्व के सभी देशों में होते हैं। कुछ बैंक राष्ट्रीय होते हैं तो कुछ अंतर्राष्ट्रीय। बैंक राष्ट्रीय अर्थव्यवस्था के विकास में महत्त्वपूर्ण भूमिका निभाते हैं। आज बैंकिंग सेवाओं का विस्तार काफी व्यापक हो चुका है। बैंकों द्वारा जमा की गयी राशियों का स्वरूप तथा इनके द्वारा दिए जाने वाले ऋणों के उद्देश्य अलग-अलग हो सकते हैं। इन्हीं उद्देश्य तथा कार्यों के आधार पर बैंकों को इस प्रकार से वर्णित किया गया है–

(1) केन्द्रीय बैंक—प्रत्येक देश अपने यहाँ एक केन्द्रीय बैंक की स्थापना करते हैं जिसका उद्देश्य देश की मौद्रिक व बैंकिंग प्रणाली को नियंत्रित करना होता है। केन्द्रीय बैंक देश का शीर्ष बैंक होता है, यह बैंक देश में मुद्रा निर्गमन का कार्य करता है, साख व्यवस्था को इस प्रकार नियन्त्रित करता है कि देश का आर्थिक विकास वांछित दिशा में किया जा सके। इसे बैंकों का बैंक भी कहा जाता है। जब बैंक अन्य किसी भी साधन से साख प्राप्त नहीं कर पाते तो केन्द्रीय बैंक ही उन्हें साख उपलब्ध कराता है। यह बैंक सरकारी धन का भी लेन-देन करता है। विभिन्न आर्थिक व बैंकिंग आंकड़ों तथा सूचनाओं को भी केन्द्रीय बैंक द्वारा प्रकाशित किया जाता है। भारत में 'रिजर्व बैंक ऑफ इण्डिया', इंग्लैण्ड का 'बैंक ऑफ इंग्लैंड' तथा पाकिस्तान का 'स्टेट बैंक ऑफ पाकिस्तान' इत्यादि केन्द्रीय बैंक के उदाहरण हैं। हमारे देश में भारतीय रिजर्व बैंक की स्थापना सन् 1935 में की गयी जो एक केन्द्रीय बैंक के रूप में देश की बैंकिंग प्रणाली पर नजर रखता है।

(2) व्यापारिक बैंक—इस प्रकार के बैंकों का प्रमुख कार्य देश की व्यावसायिक संस्थाओं की वित्तीय जरूरतों को पूरा करना है। व्यापारिक बैंक सामान्य जनता, व्यापारियों, उद्योगपतियों आदि से जमाएं प्राप्त करते हैं, जिस पर इनके द्वारा ब्याज दिया जाता है। इसी धन को ये बैंक और अधिक ब्याज दर पर व्यापारियों, सामान्य जनता, विभिन्न संस्थाओं आदि को ऋण के रूप में देते हैं। जमाएं प्राप्त करने और ऋण देने के अतिरिक्त व्यापारिक बैंक विनिमय बिलों की स्वीकृति तथा कटौती, अधिविकर्ष सुविधा, नकद साख व्यवस्था, मुद्रा का हस्तान्तरण, प्रतिभूतियों का क्रय-विक्रय, प्रन्यासी एवं प्रबन्धक के रूप में कार्य, धन की सुरक्षा, चैक बिल आदि का संग्रहण, यात्री चैक जारी करना, वित्तीय सलाह देना, व्यापारिकृत आदेश व सूचनाएं प्रकाशित करने का कार्य भी करते हैं। भारत में व्यापारिक बैंकों के कार्यों को अधिक जनकल्याणकारी बनाने के लिए 14 बैंकों का प्रथम राष्ट्रीयकरण 1969 में तथा 6 बैंकों का द्वितीय राष्ट्रीयकरण 1980 में किया गया।

(3) औद्योगिक विकास बैंक—इस प्रकार के बैंकों की स्थापना औद्योगिक क्षेत्र की दीर्घकालीन तथा मध्यकालीन ऋणों की अर्थव्यवस्था हेतु की जाती है। औद्योगिक बैंक दीर्घकालीन जमाएं स्वीकार करते हैं तथा उद्योगों को प्रत्यक्ष एवं अप्रत्यक्ष तरीके से मध्यम व दीर्घकालीन ऋण प्रदान करते हैं। अनेक औद्योगिक बैंक विदेशी मुद्रा में भी ऋण देते हैं। कुछ औद्योगिक बैंक विभिन्न कम्पनियों के अंश-पत्रों व ऋण-पत्रों के अभिगोपन का भी कार्य करते हैं। औद्योगिक बैंक विभिन्न औद्योगिक इकाइयों को प्राविधिक सहायता, प्रबन्धकों को प्रशिक्षण संबंधी सुविधाएं भी उपलब्ध कराते हैं।

भारत में भारतीय औद्योगिक वित्त निगम, भारतीय औद्योगिक विकास बैंक तथा भारतीय लघु उद्योग विकास बैंक इस प्रकार के बैंक होते हैं।

(4) कृषि विकास बैंक—कृषि कार्य में संलग्न किसानों की वित्तीय जरूरतों को पूरा करने के उद्देश्य से कृषि विकास बैंक की स्थापना की गई है। कृषि बैंक मुख्य रूप से तीन प्रकार के हैं—प्रथम सहकारी बैंक, द्वितीय, भूमि बंधक बैंक या भूमि विकास बैंक तथा तृतीय विशिष्ट कृषि वित्त संस्था के नाम से जाना जाता है। किसानों को खेती करने के लिए अत्यधिक मात्रा में साख की आवश्यकता होती है। सहकारी बैंक उनके इस आवश्यकता को पूरा करते हैं। वे किसानों को अल्प व मध्यकालीन ऋण देते हैं। भूमि विकास बैंक कृषकों को भूमि खरीदने, भूमि पर आवश्यक सुधार करने, कृषि यन्त्रादि क्रय करने हेतु दीर्घकालीन ऋण प्रदान करते हैं। कुछ देशों में 'कृषि वित्त संस्थाओं' की स्थापना भी की गई हैं जो अन्य कृषि ऋण देने वाली संस्थाओं को ऋण उपलब्ध कराती हैं। भारत में 'राष्ट्रीय कृषि एवं ग्रामीण बैंक', कृषि वित्त निगम लिमिटेड तथा ग्रामीण विद्युतीकरण निगम विशिष्ट कृषि वित्त संस्थाएं हैं। देश में स्थापित 196 क्षेत्रीय ग्रामीण बैंक इसी प्रकार के बैंक हैं।

(5) विदेशी विनिमय बैंक—इस प्रकार के बैंक विश्व के हर देशों में होते हैं। इनका प्रमुख काम विदेशी मुद्राओं का विनिमय करना होता है। ये बैंक आयात-निर्यात के लिए विदेशी मुद्रा की व्यवस्था भी करते हैं। इसके अतिरिक्त देश के केन्द्रीय बैंक की स्वीकृति लेकर इन बैंकों द्वारा सामान्य बैंकिंग कार्य भी सम्पन्न किए जाते हैं। ये बैंक विदेशी मुद्रा के कोष अपने यहां रखते हैं तथा इन बैंकों की शाखाएं विदेशों में भी कार्यरत है।

(6) आयात-निर्यात बैंक—देश की अर्थव्यवस्था सुदृढ़ बनी रहे इसके लिए विश्व के सभी देश अन्य देशों के साथ आयात-निर्यात का संबंध बनाये रखते हैं। अतः निर्यातकों एवं आयातकों को मध्यम व दीर्घकालीन साख सुविधा उपलब्ध कराने हेतु **'आयात-निर्यात बैंकों'** की स्थापना कुछ राष्ट्रों द्वारा की गई है। अमेरिका में सन् 1945 में, जापान में सन् 1950 में तथा भारत में सन् 1982 में दीर्घ व मध्यमकालीन आयात निर्यात साख उपलब्ध कराने हेतु **'आयात-निर्यात बैंकों'** की स्थापना हुई।

(7) डाकघर बचत बैंक—यह एक ऐसा बैंक है जो हमारे देश के लगभग हर गाँवों में स्थापित है। हमारे देश में जनता की अल्प बचत को संग्रह करने का काम डाकघरों द्वारा भी किया जा रहा है। ऐसे ग्रामीण क्षेत्र जहां व्यापारिक बैंकों की शाखाएं नहीं हैं **'डाकघर बचत बैंक'** बचतों को एकत्रित करने में मुख्य भूमिका अदा कर रहे हैं।

(8) अन्तर्राष्ट्रीय बैंक—इसे विश्व बैंक भी कहा जाता है। विभिन्न देशों के बीच व्यापारिक एवं वित्तीय लेन-देनों को सुगम बनाने तथा पिछड़े व विकासशील राष्ट्रों के विकास में आर्थिक व प्राविधिक योगदान देने के लिए अन्तर्राष्ट्रीय स्तर पर अनेक अन्तर्राष्ट्रीय बैंकों की स्थापना की गयी है। सन् 1944 में स्थापित 'विश्व बैंक' तथा विश्व बैंक के सहायक के रूप में सन् 1956 में स्थापित 'अन्तर्राष्ट्रीय वित्त निगम' तथा सन् 1960 में स्थापित 'अन्तर्राष्ट्रीय विकास संघ' के नाम से जाना जाता है। सन् 1930 में एशियाई देशों ने मिलकर 'एशियाई विकास बैंक' की स्थापना की है जो इन देशों के विकास में सहयोग देता है। सन् 1945 में अन्तर्राष्ट्रीय मौद्रिक सहयोग तथा अन्तर्राष्ट्रीय व्यापार के विस्तार एवं संतुलित विकास हेतु 'अन्तर्राष्ट्रीय मुद्रा कोष' की स्थापना की गयी। सन् 1957 में यूरोपीय आर्थिक समुदाय द्वारा 'यूरोपीय विनियोग बैंक' की स्थापना की गई है।

(9) देशी बैंकर्स—भारतीय केन्द्रीय बैंकिंग जांच समिति के अनुसार, "देशी बैंकर अथवा बैंक वह व्यक्ति अथवा व्यक्तिगत फर्म है जो जमा स्वीकार करने, ऋण देने अथवा हुण्डियों में व्यवसाय करने का कार्य करती है।" देशी बैंकर वह असंगठित इकाई है जो विशेषतया ग्रामीण क्षेत्रों में अधिक ब्याज पर उत्पादक-अनुत्पादक, दीर्घकालीन-अल्पकालीन सभी प्रकार के ऋण उपलब्ध कराते हैं। भारतीय बैंकिंग कम्पनी अधिनियम के अंतर्गत इनको बैंक नहीं माना गया है और न ही अधिनियम के प्रावधान इन पर प्रभावी होते हैं।

बैंकों के प्रमुख कार्य

जैसे-जैसे बैंकों का विकास होता गया वैसे-वैसे उनका कार्य क्षेत्र भी बढ़ता गया। अपनी प्रारम्भिक अवस्था में बैंक केवल मुद्राओं का अदला-बदली ही करते थे। लेकिन धीरे-धीरे बैंकों ने ऋण देना तथा ऋण लेना भी शुरू किया। तत्पश्चात् बैंकों में चैक व अन्य साख पत्रों का चलन प्रारम्भ हुआ। आज बैंकों का कार्यक्षेत्र काफी व्यापक हो गया है। इसके विभिन्न कार्यों पर निम्न प्रकार प्रकाश डाला गया है—

(1) प्राथमिक या परम्परागत कार्य—व्यापारिक बैंकों के दो कार्य हैं जो निम्न हैं—प्रथम, निक्षेप या जमाएं स्वीकार करना, द्वितीय, ऋण देना। इन कार्यों को बैंकों का प्राथमिक या परम्परागत कार्य कहा जाता है, क्योंकि ये कार्य बैंकों द्वारा पुरातन काल से होते आ रहे हैं।

(2) निक्षेप स्वीकार —इसमें जनता से बैंक इस तरह के धन निक्षेप के रूप में अर्जित करते हैं, जिनकी उसे आवश्यकता नहीं है। इस कार्य द्वारा बैंक जनता

के पास पड़ी अनुपयोगी बचतों को एकत्रित करके उन्हें उपयोगी या उत्पादक कार्यों में लगाते हैं। बैंक विभिन्न प्रकार के जमा कर्त्ताओं को ध्यान में रखते हुए निम्नलिखित प्रकार के खातें खोलता है—

(क) अन्य जमा योजनायें—उपरोक्त जमा खातों के अलावा कुछ अन्य जमा योजनायें भी भारत में चलायी गयी हैं, जैसे—आवर्ती जमा खाता, प्रतिदिन बचत जमा योजना, मासिक ब्याज आय जमा योजनायें, निवृत्ति पेंशन् योजना, अवयस्क बचत योजना, कृषक जमा योजनायें बीमा सम्बद्ध बचत बैंक खाता इत्यादि।

(ख) स्थायी या सावधि जमा खाते—इस प्रकार के खातों में जमा धन राशि किसी निश्चित अवधि की समाप्ति पर ही वापिस की जाती है। यह अवधि 3 माह से 10 वर्ष तक हो सकती है। अगर खातेदार को निश्चित अवधि की समाप्ति के पूर्व धन की आवश्यकता पड़ जाती है तो वह जमा प्रमाणपत्र के आधार पर बैंक से ऋण ले सकता है। अगर खातेदार अपनी रकम वापिस ही लेना चाहता है तो बैंक उसे नीची ब्याज दर देकर रकम लौटा देगा। इस प्रकार के खाते पर दिये जाने वाले ब्याज का निर्धारण समयानुसार होता है।

(ग) अनिश्चितकालीन जमा खाते—इस प्रकार के खाते में ग्राहक द्वारा जमा करायी गई धनराशि केवल विशेष परिस्थिति में ही निकाली जा सकती है। ऐसे जमा खातों में खातेदार को ब्याज निकालने का अधिकार दिया जाता है। इस प्रकार के खातों पर बैंकों द्वारा अपेक्षाकृत ऊँची दर से ब्याज चुकाया जाता है। हमारे देश में इस तरह के खाते प्रयोग में नहीं हैं।

(ङ) बचत खाता—आजकल लोग बचत खाते के प्रति ज्यादा आकर्षित हैं। इस प्रकार का खाता खोलने वालों की संख्या बहुत ज्यादा है। इस खाते में सभी वर्ग के लोग धन जमा करते हैं। सामान्यतया यह खाता कम से कम 100 रुपये से खोला जाता है। इस प्रकार जमा की गयी राशि पर बैंक अपने जमाकर्त्ताओं को निश्चित दर पर ब्याज देते हैं। इस खाते में राशि एक ही दिन में कई बार जमा करवायी जा सकती है, परन्तु राशि निकलवाने पर कुछ प्रतिबन्ध अवश्य होते हैं। बैंक इस खाते से रकम निकलवाने हेतु चैक व आहरण पत्रों की सुविधा प्रदान करता है।

(च) चालू खाता—इस प्रकार के खाते का प्रयोग प्रमुख रूप से व्यावसायी करते हैं। चालू खाते में रकम जमा करवाने तथा निकलवाने पर कोई प्रतिबन्ध नहीं होता है। इस प्रकार का खाता व्यापारी तथा उद्योगपति वर्ग के लिए अत्यन्त उपयोगी होता है। इस खाते में जमा राशि पर बैंक कोई ब्याज नहीं देता, अपितु कुछ सेवा व्यय ग्राहक से वसूल करता है।

(छ) गृह बचत खाता—गरीबी रेखा से कम आय वाले लोगों को बचत सुविधा देने हेतु बैंक गृह बचत खाता खोलता है। इस खाते में बैंक अपने ग्राहकों को घर ले जाने हेतु एक गुल्लक देते हैं, जिसमें वह अपना थोड़ी-थोड़ी बचत जमा करते रहें। इस गुल्लक की चाबी बैंक के पास रहती है। समय-समय पर ग्राहक गुल्लक बैंक में ले जाता है, जिसमें जमा रकम निकालकर बैंक ग्राहक के खाते में जमा करता है।

(3) ऋण देना—बैंक लोगों को ऋण देने का भी कार्य करते हैं। बैंक अपने ग्राहकों से जो भी जमायें प्राप्त करते हैं इसका एक भाग नगद रूप में रखकर शेष राशि ऋण के रूप में दे देते हैं। बैंक ऋणों पर जो ब्याज दर लेते हैं वह निक्षेपों पर दी जाने वाली ब्याज दर से अधिक होती है। ये ऋण व्यापारियों, उद्योगपतियों, कृषकों, स्वयं नियोजित व्यक्तियों आदि को दिये जाते हैं। ये ऋण प्रायः अल्पकालीन व विशेष परिस्थितियों में मध्यमकालीन होते हैं। अधिकांश ऋण उत्पाद कार्यों हेतु दिये जाते हैं तथा ऋण देते समय बैंक ग्राहक की आर्थिक स्थिति व साख का सम्पूर्ण ब्यौरा प्राप्त करते हैं। इसके द्वारा कई तरह के ऋण प्रदान किये जाते हैं जो निम्नलिखित हैं—

(क) बिलों की कटौती—इस तरह की ऋण पद्धति में बैंक सावधि बिलों की कटौती करके व्यापारियों को रकम उपलब्ध कराते हैं। सिर्फ व्यावसायिक बिलों की ही बैंकों द्वारा कटौती की जाती है। बैंकों द्वारा ली जाने वाली कटौती की रकम बिल की अवधि, बिल की रकम तथा बिल की जोखिम पर निर्भर होता है।

(ख) याचना ऋण—बैंक में कभी-कभी अतिरिक्त जमा रकम बच जांने पर इस प्रकार की ऋण की व्यवस्था की जाती है। यह ऋण लोगों को बहुत कम मात्रा में प्रदान की जाती है। बैंक ऐसी रकम अपने प्रथम श्रेणी के ग्राहकों, अंश बाजार के दलालों या अन्य बैंकों तथा वित्तीय संस्थाओं को एक दिन, एक सप्ताह या एक पखवाड़े के लिये उधार दे देते हैं। ऐसी रकम को बैंक बगैर सूचना दिये अथवा कुछ घण्टों की सूचना देकर ही ग्राहक से वापिस मांग सकता है, अतः इन्हें याचना ऋण के नाम से जाना जाता है।

(ग) नकद साख—हर बैंक अपने पास नकद साख अवश्य रखती है, क्योंकि ग्राहकों के निश्चित समय पूरा होने पर धन की आवश्यकता होती है। बैंक अपने ग्राहकों को यह अधिकार देती है कि निश्चित समय सीमा पूरा होने पर वह अपना धन ले ले। ऋण लेने वाला व्यक्ति बैंक में अपना खाता खोलता है, बैंक उसका ऋण खाता भी खोलता है। ग्राहक अपनी आवश्यकतानुसार निर्धारित सीमा तक राशि ऋण खाते से निकाल सकता है। ब्याज उसी रकम पर लिया जाता है जो ग्राहक द्वारा

निकाली जाती है। नकद साख सदैव पर्याप्त धरोहर के आधार पर दी जाती है। यह धरोहर प्रायः अंश, ऋणपत्र, बॉण्ड्स, चल व अचल संपत्ति के कागजातों के रूप में होती है। इस ऋण व्यवस्था का शुरुआत स्कॉटलैंड में हुआ।

(घ) ऋण तथा अग्रिम—इस ऋण पद्धति में बैंक अपने ग्राहक को एकमुश्त धनराशि, पर्याप्त जमानत पर एक निश्चित अवधि के लिये देते हैं। ऋण की रकम ग्राहक के खाते में जमा कर दी जाती है, जिसे ग्राहक निकाल सकता है। यह ऋण ग्राहक को एकमुश्त या किस्तों में ब्याज चुकाना होता है। निश्चित अवधि उपरान्त ऋण ना चुका पाने की स्थिति में जमानत के रूप में रखी गयी सम्पत्ति या धरोहर को बेचकर बैंक अपना ऋण वसूल कर लेता है।

(ङ) अधिविकर्ष—इसमें चालू खाता रखने वाले ग्राहकों को बैंक एक निर्धारित सीमा तक उनके खाते में जमा राशि से अधिक रकम निकालने की सुविधा प्रदान करते हैं, जिसे अधिविकर्ष कहा जाता है। यह सुविधा बैंकों द्वारा अल्पकाल के लिये दी जाती है। ग्राहक द्वारा निकाली गई ऐसी अतिरिक्त राशि पर बैंकों द्वारा ब्याज वसूला जाता है।

(4) अभिकर्त्ता सम्बन्धी कार्य—बैंक जमा स्वीकार करने तथा ऋण प्रदान करने के अलावा अपने ग्राहकों की सुविधानुसार अभिकर्त्ता के रूप में कार्य करते हैं, जिसके बदले में वे अपने ग्राहक से निर्धारित शुल्क वसूल करते हैं। एक अभिकर्त्ता के रूप में बैंक निम्न प्रकार के कार्य करते हैं—

(क) प्रतिनिधि सम्बन्धी कार्य—बैंक अपने ग्राहकों की ओर से अनेक पासपोर्ट, विदेशी विनिमय तथा दूसरी सुविधा प्रदान करने की व्यवस्था करते हैं।

(ख, अंश ऋण पत्र तथा अन्य प्रतिभूतियों का क्रय-विक्रय—बैंक अपने ग्राहकों के लिये अंश, ऋण पत्र, बॉण्ड्स व अन्य प्रतिभूतियों के क्रय-विक्रय का भी कार्य सम्पन्न करता है।

(ग) चैक, बिल तथा अन्य साख पत्रों के भुगतान का संग्रहण—इसके अन्तर्गत बैंक ग्राहकों द्वारा जमा कराये गये साख पत्रों तथा चैक, विनिमय बिल, ड्राफ्ट, प्रतिज्ञा पत्र, हुण्डियों आदि के भुगतानों को प्राप्त कर उनके खातों में जमा करते हैं, जिसके बदले में वह एक निश्चित धनराशि लेते हैं।

(घ) मुद्रा का हस्तान्तरण—अभिकर्त्ता सम्बन्धी कार्यों में मुद्रा का हस्तांतरण भी एक प्रमुख कार्य है। इसमें बैंक अपने ग्राहकों की सुविधा के लिए एक स्थान से दूसरे स्थान पर राशि भेजने की व्यवस्था भीं करते हैं। यह स्थानान्तरण तार एवं डाक द्वारा होता है।

(ङ) चैक, बिल आदि का भुगतान तथा स्वीकृति—बैंक अपने ग्राहकों द्वारा लिखे गये चैकों का भुगतान करता है तथा ग्राहकों की ओर से बिल स्वीकार करने तथा उसका भुगतान करने का भी कार्य सम्पन्न करते हैं।

(च) ग्राहक के आदेशानुसार भुगतान करना तथा प्राप्त करना—इसके अन्तर्गत बैंक अपने ग्राहक के आदेशानुसार मकान कराया, ब्याज, चंदे, बीमा प्रीमियम आदि की निश्चित राशि का भुगतान करते हैं तथा ग्राहकों के लिए अंश व ऋण पत्रों पर लाभांश तथा ब्याज, का कार्य क्रियान्वित करते हैं।

(5) साख निर्माण का कार्य—बैंकों द्वारा साख निर्माण का कार्य अपने ग्राहकों की सुविधा के लिए किया जाता है।

(6) विदेशी व्यापार की वित्तीय एवं प्रबंधकीय व्यवस्था —आज-कल हमेशा बढ़ते हुए विदेशी व्यापार की कल्पना बगैर बैंकों के सहयोग के नहीं की जा सकती। ये बैंक आयात-निर्यात हेतु साख उपलब्ध कराते हैं तथा आयात-निर्यातकर्त्ता को आपस में मिलाने का कार्य सम्पन्न करते हैं।

(7) अन्य कार्य—ऊपर बैंक के विविध कार्य बतलाए गये हैं जिसे प्रमुख कार्यों की श्रेणी में रखा जाता है। इसके अलावा ये कुछ अन्य कार्य भी करते हैं जो निम्नलिखित हैं—

(क) आर्थिक स्थिति से अवगत कराना—बैंकों के ग्राहक पूरी दुनिया भर में फैले होते हैं। उन्हें अपनी आर्थिक स्थिति की भी सूचना दी जाती है जिसके आधार पर ग्राहक अनेक प्रमुख सौदे निर्धारित करते हैं।

(ख) साख प्रमाण पत्र का प्रवर्तन व यात्री चैक—इसमें बैंक अपने ग्राहकों की सुविधा हेतु उन्हें देशी व विदेशी यात्री चैक तथा साख प्रमाण पत्र प्रदान करते हैं।

(ग) अभिगोपन सम्बन्धी कार्य—बैंक आज के कई व्यापारिक कम्पनियों के अंश तथा ऋण पत्रों के अभिगोपन का भी कार्य करते हैं। अगर कम्पनी के अंश तथा ऋण पत्र नहीं बिकते हैं तो बैंक स्वयं खरीद लेता है। इस प्रकार कम्पनियों को पूंजी संग्रह करने में सहायता मिलती है।

(घ) वित्तीय सलाहकार—सभी बैंकों में वित्तीय सलाहकार रखे जाते हैं। ये समय-समय पर अपने ग्राहकों को वित्तीय तथा आर्थिक विषयों पर सलाह देते हैं। इसलिए बैंकों को वित्तीय सलाहकार केन्द्र भी कहा जाता है।

(ङ) सार्वजनिक ऋणों की व्यवस्था में मदद—इसके अन्तर्गत सरकार द्वारा ऋण संग्रह करने हेतु जारी की गयी प्रतिभूतियों की बिक्री की व्यवस्था में भी बैंक

मदद करते हैं। हालांकि यह कार्य देश के केन्द्रीय बैंक का होता है। लेकिन दूसरे बैंक उसके प्रतिनिधि के रूप में कार्य सम्पन्न करते हैं।

(च) व्यापारिक एवं आर्थिक सूचनाओं व आँकड़ों का संग्रह—सामान्यतः प्रत्येक बड़े-बड़े बैंक अपने देश की आर्थिक एवं व्यापारिक गतिविधियों के सम्बन्ध में आंकड़े व सूचनायें एकत्रित करके उनका विश्लेषण करके एवं निष्कर्ष निकालकर उन्हें प्रकाशित करते हैं। इस कार्य हेतु बैंकों में आर्थिक एवं सांख्यिकीय विभाग कार्यरत होते हैं।

(छ) समाशोधन गृहों का प्रबन्ध—इसमें बैंकों के आपसी भुगतान के निपटारे में सहायतार्थ कई बैंक समाशोधन गृहों के प्रबन्ध का कार्य भी करते हैं। उदाहरणार्थ भारत में स्टेट बैंक ऑफ इण्डिया तथा इसके सहयोगी बैंक देश में यह कार्य कर रहे हैं।

(ज) सुरक्षात्मक कार्य—इसके अन्तर्गत बैंक अपने ग्राहकों की सुविधा के लिए उनके आभूषण व बहुमूल्य प्रतिभूतियों, अन्य गोपनीय प्रपत्रों की सुरक्षा का भी कार्य करते हैं। इस हेतु वे ग्राहकों को लॉकर्स की सुविधा प्रदान करते हैं।

(झ) अन्य—बैंक अपने ग्राहकों की और भी बहुत सी उपयोगी सेवायें करते हैं जैसे गारन्टी सेवा, ग्राहकों की कर विवरण तैयारी में मदद, ग्राहकों को साख कार्ड जारी करना, उपहार चैक इत्यादि प्रदान करना है।

आर्थिक विकास में बैंकों का योगदान

बैंक देश के आर्थिक विकास के आधार होते हैं। कोई भी देश बैंकों के बगैर आर्थिक विकास नहीं कर सकता है। देश में वृहत् उद्योगों की स्थापना, कृषि व लघु उद्योग का विकास, बचत एवं पूँजी निर्माण, प्राथमिकता क्षेत्र को प्रोत्साहन, रोजगार अवसरों का विस्तार तथा निर्यात संवर्द्धन बगैर बैंकों के संभव नहीं है। लोगों की छोटी-छोटी बचतों को संग्रह करके उन्हें लाभदायक तथा उत्पादक कार्यों में लगाने का श्रेय बैंकों को ही जाता है। विशिष्ट क्षेत्रों के विकास के लिये विशिष्ट प्रकार के बैंकों की स्थापना की जाती है। उदाहरणस्वरूप भारत का लघु उद्योग विकास बैंक लघु उद्योगों के विकास के लिये तथा भारतीय निर्यात एवं आयात बैंक भारत के निर्यातों व आयातों की वित्तीय व्यवस्था एवं विकास के लिये स्थापित किये गये हैं। देश की अर्थव्यवस्था किसी भी विकास के लिये सुदृढ़ एवं संगठित बैंकिंग प्रणाली की

आवश्यकता होती है। देश की सम्पूर्ण उत्पादन तथा वितरण प्रणाली बैंकों पर निर्भर होती है।

बैंक राष्ट्रीय अर्थव्यवस्था के विकास में कई तरह से योगदान देते हैं। इसके द्वारा दिये गये योगदानों को निम्न प्रकार समझा जा सकता है—

(1) बचत को प्रोत्साहन—भारत में बैंक विभिन्न वर्ग के लोगों से छोटी तथा बड़ी बचतों को संग्रह करते हैं और इन्हें विशाल रूप देकर उत्पादक कार्यों में विनियोग किया जाता है। बैंकों के अभाव में लोगों के पास बहुत सा व्यर्थ धन पड़ा रहता है। विकासशील देशों में पूंजी की बहुत कमी होती है। बैंक छोटे-छोटे बचत कर्त्ताओं से धन इकट्ठा करते हैं और उसे कृषि उद्योग तथा व्यापार के लिये उधार देते हैं। इस तरह बैंक बचतों के माध्यम से पूंजी निर्माण को प्रोत्साहित करने का कार्य करते हैं।

(2) धन के लेन-देन में सुविधा—बैंकों के माध्यम से धन का आदान-प्रदान करना आसान हो गया है। अब ज्यादा से ज्यादा धन राशि देश के किसी भी कोने में कुछ समय में ही पहुँचायी जा सकती है। ये भुगतान चैक एवं बैंक ड्राफ्ट द्वारा सम्पन्न होते हैं। इससे लोगों को नोट एवं सिक्के गिनने तथा परखने में असुविधा नहीं होती है। बैंकों द्वारा भुगतान अधिक सुरक्षित होते हैं तथा भुगतान का प्रमाण भी होता है।

(3) पिछड़े क्षेत्रों के विकास में सहायक—इसके अन्तर्गत बैंक राष्ट्र के पिछड़े हुए क्षेत्रों में अपनी शाखायें खोलते हैं तथा इन क्षेत्रों में प्राथमिकता के आधार पर उधार देते हैं जिससे इन क्षेत्रों का विकास होता है और क्षेत्रीय असंतुलन दूर करना आसान हो जाता है।

(4) मुद्रा प्रणाली में लोच—सभी राष्ट्रों का केन्द्रीय बैंक मुद्रा निर्गमन का कार्य करता है। यह बैंक बैंकों का बैंक होने के कारण देश के उद्योग एवं व्यापार की मुद्रा सम्बन्धी आवश्यकताओं से भली-भांति अवगत रहता है, इसलिए केन्द्रीय बैंक उद्योग तथा व्यापार की आवश्यकताओं के अनुसार साख मुद्रा का प्रसार करता रहता है। इससे मुद्रा प्रणाली में लोच बनी रहती है।

(5) आर्थिक स्थिति की सूचना—इसमें बैंक अपने ग्राहकों के विषय में सद्विश्वास में दूसरे व्यापारियों को ग्राहकों की आर्थिक स्थिति की सूचना देते हैं, इससे साख एवं व्यापार का विकास होता है।

इसके अलावा स्वरोजगार योजनाओं को चलाने में भी बैंकों की महत्त्वपूर्ण भूमिका होती है। स्वरोजगार योजना के अन्तर्गत देश में व्यापारिक बैंक खुदरा व्यापार,

ग्रामीण कला एवं दस्तकारी तथा दूसरे व्यवसायों के लिये स्वरोजगार योजना के अन्तर्गत 4 प्रतिशत की विभेदात्मक ब्याज दर पर ऋण प्रदान करते हैं।

(6) समन्वित ग्रामीण विकास कार्यक्रम—आज हमारे देश में गाँवों के समन्वित विकास का कार्यक्रम चलाया जा रहा है जिसकी सफलता के लिए बैंकों ने महत्त्वपूर्ण योगदान दिया है। बैंकों द्वारा गरीबी के रेखा के नीचे जीवनयापन करने वाले चुने हुए परिवारों को आर्थिक सहायता उपलब्ध करवायी जाती है, जिससे वह कोई लाभप्रद कार्य करने में सफल होते हैं।

(7) कोषों के हस्तान्तरण में सुविधा—बैंक एक ऐसा कोष है जिससे नगद धनराशि बड़ी सरलता से हस्तांतरित की जा सकती है। कुछ उद्यमी ऐसे भी होते हैं जिनके पास उद्यम को चलाने के लिये धन नहीं होता है। ऐसे लोगों को बैंक ऋण तथा अग्रिम प्रदान करके उद्यम के विकास में मदद करता है। बैंक अपने ग्राहकों को लॉकर्स की सुविधा प्रदान करते हैं। इन लॉकर्स में ग्राहक अपने धन व कीमती सामानों को सुरक्षित ढंग से रख सकते हैं।

(8) सरकार की वित्तीय प्रणाली—राष्ट्र का केन्द्रीय बैंक तथा कुछ अन्य प्रमुख बैंक सरकार के वित्त का प्रबन्ध करते हैं। ये बैंक सरकार के लिये करदाताओं से भुगतान प्राप्त करते हैं तथा सार्वजनिक ऋणों का संग्रहण करते हैं। सहकारी व्ययों का भुगतान भी इन्हीं के माध्यम से होता है।

ऊपर बतलाये गये विविध योगदानों के अलावा बैंक अपने ग्राहकों को विविध सेवाएँ भी प्रदान करते हैं। वह अपने ग्राहकों को विनिमय बिलों तथा चैकों के संग्रहण की सुविधा, ग्राहकों की ओर से भुगतान की सुविधा तथा ग्राहकों के अभिकर्त्ता के रूप में कार्य करने की सुविधा देते हैं। बैंकों द्वारा राष्ट्रीय एवं अन्तर्राष्ट्रीय व्यापार की वित्तीय जरूरतों की पूर्ति की जाती है। बैंक व्यापारियों को विभिन्न प्रकार की साख सुविधाएं प्रदान करते हैं तथा उनके व्यापारिक बिलों की कटौती की सुविधा भी प्रदान करते हैं।

साख

'साख' शब्द को व्यापक अर्थ में प्रयोग किया जाता है। इसका मतलब 'मैं विश्वास करता हूँ' है। इस तरह साख शब्द का प्रयोग वृहत् रूप में होता है। तकनीकी दृष्टि से साख शब्द का प्रयोग 'उधार लेन-देन' अथवा 'स्थगित भुगतानों' अथवा 'भविष्य में भुगतान' करने के लिये किया जाता है। कुछ अर्थशास्त्रियों ने साख की परिभाषा इस प्रकार दी हैं--

प्रो. किनले के अनुसार–"साख से हमारा तात्पर्य किसी व्यक्ति की उस क्षमता से है, जिससे वह किसी अन्य व्यक्ति को भविष्य में भुगतान की प्रतिज्ञा पर अपनी आर्थिक वस्तुयें समर्पित करने के लिये प्रेरित करता है। इस प्रकार साख ऋणी का एक गुण अथवा शक्ति है।"

प्रो. कोल के अनुसार–"साख उस क्रय-शक्ति को कहते हैं जो आय के द्वारा प्राप्त नहीं होती वरन् वित्तीय संस्थाओं द्वारा बैंकों में जमा निष्क्रिय आय को सक्रिय बनाकर अथवा क्रय-शक्ति में वृद्धि कर इसकी उत्पत्ति की जाती है।"

प्रो. जीड के अनुसार–"साख एक ऐसा विनिमय कार्य है जो कुछ समय पश्चात् भुगतान करने पर समाप्त हो जाता है।

प्रो. टॉमस के अनुसार–"साख शब्द से किसी व्यक्ति की उस शोधन क्षमता तथा देनदारी का बोध होता है, जिसके परिणामस्वरूप उस व्यक्ति पर विश्वास करके उसे मुद्रा, वस्तुयें एवं अन्य कोई बहुमूल्य पदार्थ सौंपा जाता है।"

उपरोक्त विचारों या परिभाषाओं के द्वारा यह कहा जा सकता है कि 'साख' वर्तमान में किसी वस्तु, सेवा, प्रतिज्ञा या विश्वास की शर्त पर प्रयोग है कि उसका भुगतान भविष्य में एक निश्चित तिथि पर हो जायेगा।

साख के प्रमुख तत्व

साख के प्रमुखतः तीन तत्व बतलाये गये हैं–प्रतिभूतियाँ, ख्याति और क्षमता। इनको संक्षेप में निम्न प्रकार स्पष्ट किया गया है–

(1) प्रतिभूतियां–वर्तमान समय में साख देने वाली प्रमुख संस्था बैंक होता है जो किसी ऋणी को उधार उसके द्वारा प्रदत्त प्रतिभूतियों की मात्रा के अनुसार प्रदान करता है।

(2) ख्याति–एक मानव की ख्याति का उसकी साख पर अत्यधिक प्रभाव पड़ता है। यदि किसी व्यक्ति की ख्याति समय पर भुगतान करने की है तो उसे आसानी से साख मिल जाती है। यह तत्व ऋणी के चरित्र से सम्बन्धित होते हैं। एक मानव को दी जाने वाली साख की मात्रा एवं अवधि का निर्धारण ऋणी की क्षमता, चरित्र तथा जरूरतों के आधार पर होता है। साख मुख्य रूप से विश्वास पर निर्भर करती है जब कोई ऋणदाता किसी व्यक्ति पर यह विश्वास करता है कि वह उसका ऋण वापस लौटा देगा, तब ही वह उसे ऋण या उधार देता है। अतः साख विश्वास पर आधारित होती है।

(3) क्षमता—क्षमता भी साख का प्रमुख तत्व है। साख पर कर्जदार के भुगतान का अत्यधिक प्रभाव पड़ता है। ऋणदाता किसी की साख क्षमता से आश्वस्त होती है तभी उसे ऋण देता है अन्यथा नहीं। विभिन्न व्यक्तियों की साख क्षमता पृथक्-पृथक् होती है।

साख का वर्गीकरण

साख का वर्गीकरण प्रमुखतः चार आधार पर किया गया है—स्रोत के आधार पर, प्रतिभूति के आधार पर, अवधि के आधार पर और कार्य के आधार पर। इनका संक्षिप्त विवरण निम्न प्रकार है—

(1) प्रतिभूति पर आधारित वर्गीकरण—प्रतिभूति के आधार पर साख दो प्रकार के होते हैं—सुरक्षित साख, असुरक्षित साख। जब साख किसी सम्पत्ति या माल की जमानत के पीछे दी जाती है तो इसे सुरक्षित साख के नाम से जानते हैं। असुरक्षित साख जब साख के बदले में किसी प्रकार की सम्पत्ति जमानत के रूप में नहीं रखी जाती है तो इसे असुरक्षित साख कहते हैं।

(2) स्रोत पर आधारित वर्गीकरण—स्रोत के आधार पर साख तीन प्रकार के होते हैं—व्यक्तिगत साख, व्यावसायिक साख तथा संस्थागत साख। इनका वर्णन नीचे निम्न प्रकार किया गया है—

(क) व्यक्तिगत साख—जब सभी व्यक्तियों द्वारा आपस में एक दूसरे की मदद के उद्देश्य से साख उपलब्ध करायी जाती है तो इसे व्यक्तिगत साख कहते हैं। यह साख परिचित व्यक्तियों अथवा महाजनों द्वारा उपलब्ध कराई जाती है। यह साख उत्पादक अथवा गैर-उत्पादक दोनों ही तरह के कार्यों के लिये हो सकती है।

(ख) व्यावसायिक साख—व्यावसायिक साख का अर्थ उधार पर माल अथवा सेवायें प्रदान करने से है। प्रायः सभी व्यापारिक प्रतिष्ठान उधार की शर्तों पर माल बेचते हैं और कुछ समय पश्चात् भुगतान लेते हैं।

(ग) संस्थागत साख—इसके अन्तर्गत जब साख किसी संस्था द्वारा प्रदान की जाती है तथा साख प्रदान करना उसका प्रमुख कार्य होता है तो इसे संस्थागत साख कहते हैं। व्यावसायिक बैंक तथा विकास बैंक संस्थागत साख प्रदान करने वाली संस्थायें रहती हैं।

(3) कार्य पर आधारित वर्गीकरण—कार्य के आधार पर साख निम्न प्रकार के होती हैं—

(क) वाणिज्यिक साख—इसके अन्तर्गत साख व्यापारिक संस्थाओं को व्यापार संचालन हेतु दी जाती है। इन संस्थाओं को अधिविकर्ष की सुविधा, बिलों की कटौती की सुविधा, नगद साख तथा ऋणों के रूप में वाणिज्यिक साख प्रदान की जाती है।

(ख) उपभोक्ता साख—यह साख व्यक्तिगत उपभोग हेतु दी जाती है तथा इसका उपयोग उपभोक्ता टिकाऊ वस्तुओं के क्रय के लिये होता है।

(ग) कृषि साख—जब साख विभिन्न कृषि कार्यों जैसे बीज खरीदने, कुआँ खुदवाने, बाड़ लगवाने अथवा अन्य किसी कार्य हेतु दी जाती है तो यह कृषि साख के अन्तर्गत आता है।

(4) अवधि पर आधारित वर्गीकरण—अवधि के आधार पर साख निम्न प्रकार के होते हैं—

(क) दीर्घकालीन साख—जब साख की अवधि-5 वर्ष से 20 वर्ष तक होती है तो इसे दीर्घकालीन साख कहते हैं। यह साख स्थायी सम्पत्ति खरीदने, भूमि पर स्थायी सुधार करने तथा दीर्घकालीन विनियोगों के लिये दी जाती है। विकास बैंकों का प्रमुख कार्य दीर्घकालीन साख प्रदान करना रहता है।

(ख) मध्यमकालीन साख—मध्यमकालीन साख का कार्यकाल 1 वर्ष से 5 वर्ष तक की होती है। इस साख की पूर्ति औद्योगिक संस्थाओं को मशीनों आदि के खरीदने के लिए की जाती हैं।

(ग) अल्पकालीन साख—इसके अन्तर्गत साख का कार्यकाल 15 माह से कम का होता है तो इसे अल्पकालीन साख कहते हैं। प्रायः इसकी अवधि 6 माह की होती है। बैंक अधिकांश साख अल्पकालीन अवधि के लिये ही देते हैं। साख प्राप्त करने वाले व्यक्ति अथवा संस्था को इस अवधि के अन्तर्गत साख की राशि लौटानी होती है। इस साख का प्रयोग कार्यशील पूंजी की वित्त व्यवस्था के लिये होता है।

ऊपर बतलाए गये विभिन्न प्रकार के अलावा एक अन्य औद्योगिक साख भी है। इस साख से उद्योगों को भवन निर्माण, मशीनों के क्रय तथा अन्य औद्योगिक कार्यों के लिये ऋण प्रदान किया जाता है।

साख का महत्त्व

इस समय साख का महत्त्व इतना ज्यादा बढ़ गया है कि कोई भी व्यवसाय इसके बिना प्रगति नहीं कर सकता। आज सभी व्यापारियों तथा उद्योगपतियों को साख का सहारा लेना पड़ता है। साख के महत्त्व को इस प्रकार स्पष्ट किया गया है—

1. जब विनिमय साख के आधार पर किया जाता है तो वह तुलनात्मक रूप से ज्यादा सहज और अविलम्ब होता है। साख की अधिकता व्यक्ति को व्यक्तिगत सुख भी प्रदान करती है, क्योंकि वह भौतिक आवश्यकताओं की सभी चीजें आसानी से खरीद सकता है।
2. जब सरकार आर्थिक संकट के दौर में होती है तब वह विभिन्न वित्तीय संस्थाओं से साख प्राप्त कर सार्वजनिक राजस्व के घाटे की पूर्ति करती है और आर्थिक संकट से निपट लेती है। कीमतों में स्थिरता के आने पर वस्तुओं के दाम बहुत तेजी से बढ़ते हैं। उस समय साख इस समस्या से निपटने में महत्वपूर्ण भूमिका निभाती है।
3. साख के आधार पर वस्तुओं एवं सेवाओं की लगातार माँग उत्पन्न करके आर्थिक सम्पन्नता रखी जा सकती है। साख के अभाव में वस्तुओं की माँग कम होकर मन्दी की स्थिति आ सकती है। आजकल दुनिया के अधिकांश विकासशील देश, विकसित देशों तथा अन्तर्राष्ट्रीय संस्थाओं से धन उधार लेकर ही अपने राष्ट्र निर्माण का कार्य सम्पन्न कर रहे हैं। साख के द्वारा व्यापार व व्यवसाय की अधिक उन्नति होती है। साख के फलस्वरूप क्रय-विक्रय भी अधिक होता है। साख के विस्तार से व्यावसायिक गतिविधियों में बढ़ोत्तरी होती है।
4. बड़े पैमाने के उद्योगों की स्थापना द्वारा ही औद्योगिक विकास होता है। कोई व्यक्ति अकेला इतनी पूंजी की व्यवस्था नहीं कर सकता है। इनकी पूंजी साख के आधार पर औद्योगिक विकास बैंकों, वित्तीय निगमों तथा दूसरी संस्थाओं द्वारा उपलब्ध होती है। इसके अलावा अतिरिक्त साख बचत को प्रोत्साहन भी देती है। जिससे समाज के ज्यादातर लोग पूंजी निर्माण के उद्देश्य से बैंकों में अत्यधिक मात्रा में धन जमा करते हैं।
5. साख की सुविधा के कारण उद्योगों की पूंजी की पूर्ति होती है तथा दूसरी तरफ वस्तुओं की माँग उत्पन्न होती है जिससे राष्ट्रीय आय में बढ़ोत्तरी होती है।

साख निर्माण

साख का निर्माण करना बैंक का काम होता है। इस प्रक्रिया को शुरू करने से पूर्व यह देखा जाता है कि बैंक में नकद रकम कितनी है। जिस अनुपात में नकद रकम है उसी अनुपात में साख प्रदान करते हैं।

यदि साख का निर्माण करने में विभिन्न विधियों को प्रयोग में लाया जाए तो वह प्रभावशाली साख होती है। इस प्रकार की कुछ प्रमुख विधियाँ निम्नलिखित हैं–

(1) नकद जमा तथा साख जमा द्वारा साख निर्माण–प्रो. जी. एन. हॉलम (Prof. G.N. Halm) ने स्पष्ट किया है बैंकों की जमायें दो तरह की होती हैं जो निम्न है–साख जमा अथवा व्युत्पन्न जमा, नकद जमा अथवा प्रारम्भिक जमा।

(2) नोट निर्गमन द्वारा साख निर्माण–इसके अन्तर्गत नोटों का निर्गमन पहले व्यापारिक बैंकों द्वारा होता था परन्तु अब यह कार्य केन्द्रीय बैंक द्वारा किया जाता है। अब नोट निर्गमन के पीछे केन्द्रीय बैंक द्वारा शत-प्रतिशत धात्विक कोष नहीं रखे जाते हैं, बल्कि कुछ प्रतिशत धात्विक कोष रख कर अधिक मात्रा में नोटों का निर्गमन किया जाता है। यह कार्य साख सृजन अथवा साख निर्माण का ही कार्य होता है।

(3) नकद जमा अथवा प्रारम्भिक जमायें–इसके अन्तर्गत बैंक ऋण चाहने वाले व्यक्तियों के खाते में जमा राशि को जमा करके प्राप्त करते हैं। सामान्यतया बैंक जब किसी ग्राहक को ऋण स्वीकृत करते हैं तो बैंक उसे सम्पूर्ण राशि नकद रूप में नहीं देते वरन् एक हिस्सा नकद देकर शेष राशि उसके खाते में जमा कर देते हैं, जिसे ग्राहक आवश्यकतानुसार निकालता रहता है। ऐसी जमा राशि को ही 'साख जमा' कहते हैं।

इस बात पर ध्यान देना विशेष आवश्यक होता है कि साख सृजन कितनी मात्रा में की जाए। इस सवाल का जवाब व्यापारिक बैंकों तथा केन्द्रीय बैंकों के सम्बन्धों पर निर्भर करता है। इसके लिए दोनों बैंकों के सरलता अनुपात पर विशेष ध्यान दिया जाता है। इस तरह जब कोई बैंक साख प्रदान करता है तो व्युत्पन्न निक्षेपों की मात्रा बढ़ेगी और नकदी का अनुपात कम हो जाता है। चूँकि नकद कोष शत-प्रतिशत रखना अनिवार्य नहीं है। अतः बैंकों द्वारा इच्छित अथवा अनिवार्य नकद कोषानुपात की मात्रा तक नकद कोष को लाया जाता है। इसके लिए वे उस सीमा तक साख सृजन कर सकते हैं जब तक कि जमाओं तथा नकद कोष का इच्छित अनुपात प्राप्त न हो जाये।

साख निर्माण नकद कोषों के निक्षेपों के अनुपात पर निर्भर करता है निक्षेप गुणक को स्पष्ट करने हेतु आगे एक सूत्र दिया गया है–

$K=1/r$ यहाँ, $K=$निक्षेप गुणक

$r=$नकद कोषानुपात

यदि नकद कोषानुपात 40 अथवा 0.4 हो तो

निक्षेप गुणक = 1/0.4 Or $K=2.5$

जैसे-जैसे निक्षेप गुणक की मात्रा में वृद्धि होती है वैसे-वैसे नकद कोष की मात्रा घटती जाती है। कुल साख सृजन की मात्रा ज्ञात करने के लिये अतिरिक्त नकदी (ΔM) को निक्षेप गुणक (K) से गुणा करना होगा जिससे कुल जमा (ΔD) ज्ञात होगी, तत्पश्चात् कुल जमा (ΔD) में से प्राथमिक जमा (ΔM) घटा देने से व्युत्पन्न निक्षेप अथवा साख सृजन का पता लगाया जा सकता है।

सूत्र का स्पष्टीकरण—अगर किसी बैंक के पास 20 करोड़ रु. की प्राथमिक नकद जमा प्राप्त है तथा नकद कोषानुपात 40 है तो साख सृजन ज्ञात करो।

हलः सूत्र $\Delta M = \Delta M \times K$ का प्रयोग करने पर

or $\Delta D = M \times 1/r$

or $\Delta D = 70$ करोड़$\times 1/0.4$

or $\Delta D = 50$ करोड़ रु.

अर्थात् कुल जमा (ΔD) 50 करोड़ रु. होगा इसमें से प्राथमिक जमा (ΔM) 20 करोड़ रु. घटा देने पर साख सृजन की मात्रा प्राप्त होगी।

साख सृजन की मात्रा = $\Delta D - \Delta M$

अर्थात् = 20

साख सृजन की मात्रा = 30 करोड़ रु.

इस प्रकार 20 करोड़ रु. की प्राथमिक जमाओं पर 30 करोड़ रु. के व्युत्पन्न निक्षेप पैदा किये जा सकते हैं जो साख सृजन है।

साख सृजन क्षमता को प्रभावित करने वाले तत्व—कुछ प्रमुख तत्व हैं जो बैंकों की साख सृजन क्षमता को सीमित करते हैं। ये तत्व निम्नलिखित हैं—

(1) देश में मुद्रा पूर्ति में वृद्धि तथा जनता की तरलता पसन्दगी— इस संदर्भ में **प्रो. बेनहम** ने लिखा है कि—"किसी देश में मुद्रा का परिणाम वहाँ के बैंकों की साख निर्माण की गति को विशेष रूप से प्रभावित करता है।" जिस देश में मुद्रा की पूर्ति जितनी अधिक होगी वहाँ साख निर्माण उतना ही अधिक होगा। इसको निम्नलिखित प्रकार से जाना जा सकता है—

देश में केन्द्रीय बैंक द्वारा जितना अधिक मुद्रा निर्गमन किया जायेगा, बैंकों के निक्षेप, बैंकों के नगद कोषों में भी उतनी ही अधिक वृद्धि होगी और उनकी साख सृजन क्षमता में भी आनुपातिक वृद्धि होगी। साख सृजन को सुचारु रूप से चलाने के लिये यह भी जरूरी है कि जनता का "तरलता अधिमान" न्यूनतम हो। यानी बैंकों की साख सृजन क्षमता उतनी ही अधिक होगी जितनी कि बैंकों की जमायें तथा नगद कोष। दूसरे शब्दों में कहा जाय तो जनता जब कम मात्रा में

अपने पास धन रखती है तो निश्चित है कि वह बैंकों में अत्यधिक मात्रा में साख रख रही होगी।

रिचर्ड जी.लिप्से तथा **पीटर ओ. स्टेनर** (Richard C. Lipsey and Peter O. Steiner) के अनुसार, "जिस प्रकार नयी जमायें मुद्रा की पूर्ति को बढ़ाती हैं उसी प्रकार नगद मुद्रा रखने की इच्छा में वृद्धि निक्षेपों की वृद्धि में बाधा उत्पन्न करती है।"

(2) केन्द्रीय बैंक की नीति—इसके अन्तर्गत राष्ट्र का केन्द्रीय बैंक, बैंकों की साख-सृजन नीति का निर्धारण करता है, क्योंकि केन्द्रीय बैंक द्वारा ही न्यूनतम आरक्षित अनुपात, नगद कोषानुपात, ब्याज दर आदि निर्धारित किये जाते हैं तथा विविध साख-नियन्त्रण तथा नियमन सम्बन्धी परिमाणात्मक तथा गुणात्मक प्रक्रिया अपनाते हैं।

(3) जनता की बैंकिंग आदतें—बैंकों की साख सृजन क्षमता उस देश के नागरिकों की बैंकिंग आदतों पर निर्भर करती है। जिन देशों में व्यापारिक सौदों में नगदी का अधिक चलन होता है, उन देशों के बैंकों के नगद कोष कम होते हैं तथा बैंकों की साख सृजन क्षमता भी कम होती है। कई विकसित राष्ट्रों में व्यापारिक सौदों में लेन-देन चैकों के माध्यम से होता है जिससे बैंकों के नगद कोष बढ़ते हैं और उनकी साख सृजन क्षमता भी बढ़ती है।

(4) प्राथगिक जमाओं की मात्रा—सभी बैंक में प्राथमिक जमायें उसकी साख सृजन क्षमता की आधारशिला होती हैं। प्राथमिक जमायें जितनी अधिक होती हैं बैंकों की साख सृजन क्षमता उतनी ही अधिक होती है। **लार्ड कीन्स** के मतानुसार, "जिस सीमा तक कोई बैंक ऋण देकर बिना कठिनाई के साख का सृजन करता है वह सीमा जमाकर्त्ताओं से नकदी के रूप में प्राप्त प्राथमिक जमाओं की मात्रा पर निर्भर करती है।"

(5) कुल दायित्व का नगद कोष में प्रतिशत—सभी बैंकों के पास नगद कोष होते हैं। वे अपनी जमाओं का एक निर्धारित अंश इसमें जमा करती हैं। बैंकों को नगद कोषों में जितनी अधिक राशि रखनी पड़ेगी उनकी साख सृजन क्षमता में भी उतनी ही गिरावट आयेगी। किस राष्ट्र में बैंकों द्वारा कितने नगद कोष रखे जायेंगे, यह उस राष्ट्र के निवासियों द्वारा अपनी बैंकिंग व्यवस्था पर निर्भर करता है। वर्तमान में प्रायः सभी देशों में बैंकों के नगद कोषों का प्रतिशत विधान द्वारा निश्चित कर दिया गया है, परन्तु समय-समय पर आर्थिक परिस्थितियों को ध्यान में रखते हुए इनमें परिवर्तन किया जाता है। जिन देशों के बैंकों में साख सृजन की क्षमता ज्यादा होगी, वहाँ के बैंकों द्वारा रखे जाने वाले नगद कोषों की मात्रा स्वाभाविक रूप से कम होगी।

(6) ऋण सीमा—बैंकों द्वारा साख की उपलब्धि किसी न किसी प्रकार की प्रतिभूति पर कराई जाती है और विभिन्न प्रकार की प्रतिभूतियों के लिए उधार या साख की सीमा अलग-अलग होती है। ऋण सीमा अधिक होने पर सृजित साख की मात्रा में स्वयं वृद्धि हो जाती है। उदाहरणार्थ गोदाम में रखे स्टाक पर ऋण सीमा 60 प्रतिशत से बढ़ाकर 80 प्रतिशत कर दी जाय तो साख की मात्रा में $33\frac{1}{3}$ प्रतिशत की बढ़ोत्तरी हो जायेगी।

(7) तेजी-मंदी के कुचक्र—बाजार की स्थिति हमेशा एक जैसी नहीं होती है इसमें तेजी व मंदी का दौर चलता रहता है। इस तरह से तेजी मन्दी के प्रभाव भी बैंकों की साख सृजन क्षमता को प्रभावित करते हैं। तेजी से समय अर्थव्यवस्था के प्रत्येक क्षेत्र में वित्तीय सहायता की माँग बढ़ जाती है अतः साख सृजन की मात्रा में भी वृद्धि हो जाती है और मंदी काल के आर्थिक जगत में अवसान के कारण आर्थिक क्रियायें मन्द पड़ जाती हैं। अतः वित्त की मांग भी कम हो जाती है। फलस्वरूप साख सृजन की क्रिया भी धीमी हो जाती है।

उक्त विवरणों के आधार पर यह कहा जा सकता है कि बैंकों द्वारा साख का सृजन एक महत्वपूर्ण कार्य है। इसीलिये कहा गया है कि "बैंक मुद्रा का व्यापार ही नहीं होता है वरन् मुद्रा का उत्पादक भी होता है।"

बैंकों का विनियोग प्रबन्ध

बैंक एक ऐसी संस्था है जो दूसरे के धन से ही अपना व्यवसाय चलाती है। इसलिए इसे अपने अंशधारियों तथा अपने निक्षेपकर्त्ताओं के धन का प्रभावी प्रबन्ध करना चाहिए। बैंक का लाभ उसी अन्तर पर निर्भर करता है जो अन्तर इसके द्वारा लोगों से जमाएं स्वीकार करने तथा लोगों को उधार देने पर उत्पन्न होता है। बैंकों को अपनी विनियोग नीति इस प्रकार निर्धारित करनी चाहिए जिससे विनियोगों द्वारा ज्यादा से ज्यादा आय प्राप्त की जा सके जिसमें से जमाकर्त्ताओं की जमाओं पर ब्याज का भुगतान करने के बाद भी आधिक्य बेच जिसका उपयोग बैंक अपने खुद के विकास में उपयोग कर सके।

बैंक कोषों का विनियोग

बैंक का संपूर्ण विनियोग दो प्रकार का होता है। पहला वह विनियोग है जिसमें लाभ प्राप्त होता है और दूसरा वह विनियोग है जिसमें लाभ नहीं मिलता है। अलाभप्रद विनियोग वह होता है, जिससे प्रत्यक्ष रूप से बैंक को कोई लाभ प्राप्त नहीं

होता है। परन्तु बैंक को ऐसे विनियोग करने होते हैं। ये विनियोग तरलता तथा सुरक्षा की दृष्टि से किये जाते हैं। लाभप्रद विनियोग वे विनियोग होते हैं, जिनसे बैंक को ब्याज लाभांश अथवा सेवा शुल्क के रूप में पर्याप्त आमदनी प्राप्त होती है। एक बैंक को अपने कुल कोषों में से दोनों ही प्रकार के विनियोग करने होते हैं तथा इन दोनों में संतुलन भी होना आवश्यक है। इस विनियोगों का विस्तृत विवरण निम्न प्रकार है–

(1) बैंक के लाभप्रद विनियोग–बैंक के पास जितना कोष रहता है उसका जो भाग अलाभप्रद विनियोजन के बाद बच जाता है, उसे लाभप्रद विनियोगों में लगाना होता है। जो बैंक जितने अधिक कोषों को लाभप्रद विनियोगों में लगाता है वही अधिक सफल होता है। प्रायः एक बैंक के लाभदायक विनियोग निम्न प्रकरण में होते हैं जो निम्न है–ऋण तथा अग्रिम, कोषागार विपत्र, प्रतिभूतियों में विनियोग, याचना राशि अथवा अल्पसूचना ऋण, विनिमय बिलों की कटौती।

(2) बैंक के अलाभकारी विनियोग–इसमें बैंक को कोई प्रत्यक्ष आय नहीं होती है। परन्तु बैंक के कार्य को सुगमता पूर्वक चलाने के लिए विनियोग करना आवश्यक होता है। ये विनियोग मुख्यतः भवन, फर्नीचर, स्टेशनरी आदि के रूप में एक तरफ मृत स्टॉक में करना होता है तथा दूसरी तरफ बैंकों को हर समय कुछ राशि नकद रूप में रखना होता है जिससे ग्राहकों की मांग पर उन्हें तुरन्त भुगतान कर सकें।

बैंकों में नकद राशि कितनी मात्रा में रखी जाय, यह विभिन्न तत्वों पर निर्भर करता है–लोगों में चैक के प्रयोग की आदत, ग्राहकों की प्रगति, समाशोधन गृहों का विकास, वैधानिक आवश्यकता, देश की बैंकिंग परम्परा, देश में बैंकिंग के विकास की स्थिति, ग्राहकों के निक्षेपों का आकार आदि पर निर्भर करता है।

(क) *ऋण तथा अग्रिम*–इसके अन्तर्गत व्यापारिक बैंक अपने कोषों का अधिकांश भाग ऋण व अग्रिम में विनियोजित करते हैं। ऋण तथा अग्रिम पर अन्य विनियोगों की तुलना में अधिक ऊँची दर से ब्याज लिया जाता है। ये ऋण अल्पकालीन तथा दीर्घकालीन हो सकते हैं। ये ऋण सुरक्षित अथवा असुरक्षित दोनों हो सकते हैं। इस तरह ग्राहकों को ऋण देते समय बैंकों को ग्राहकों के चरित्र, उनके द्वारा दी जाने वाली जमानत, ऋण के उद्देश्य, ऋण की अवधि, जोखिम की मात्रा तथा ऋणी की क्षमता पर विचार करना आवश्यक है।

(ख) *कोषागार विपत्र*–कोषागार विपत्रों के माध्यम से सरकार ऋण लेती है जिसका प्रयोग वह दैनिक खर्चों में करती है। यह ऋण अल्पकालीन होता है।

कोषागार विपत्र प्रायः 91 दिन की अवधि के होते हैं तथा भारत में रिजर्व बैंक कोषागार विपत्र बेचता है, जिन्हें व्यापारिक बैंक खरीद लेते हैं और अपने कोषों का एक भाग विनियोजित कर देते हैं। ये सुरक्षित होते हैं तथा बैंकों को पर्याप्त लाभ होता है।

(ग) *प्रतिभूतियों में विनियोग*–बैंकों द्वारा अपने कोषों का एक भाग विभिन्न प्रकार की प्रतिभूतियों में विनियोजित किया जाता है। ये प्रतिभूतियां स्वामित्व के आधार पर तीन तरह की होती हैं जिनका विवरण आगे दिया गया है–

(घ) *याचना राशि अथवा अल्पसूचना ऋण*–बहुत ही कम समय के लिए दिये जाने वाले ऋण अल्पसूचक ऋण की श्रेणी में आते हैं–इन ऋणों की अवधि प्रायः कुछ घण्टे अथवा कुछ दिन होती है। ये ऋण प्रायः एक बैंक द्वारा दूसरे बैंक को प्रदान किये जाते हैं।

(ङ) *विनिमय बिलों की कटौती*–बैंक अपने ग्राहकों को साख उपलब्ध कराने के लिए उनके बिलों की कटौती अथवा क्रय करते हैं। बैंक के स्वयं के पास धन की कमी होने पर बैंक इन बिलों को केन्द्रीय बैंक से दुबारा भुना लेता है। ये बिल अल्प अवधि के होते हैं और इनसे बैंकों को अधिक आमदनी होती है।

(i) *सरकारी प्रतिभूतियां*–ये प्रतिभूतियां केन्द्र सरकार या राज्य सरकारों द्वारा निर्गमित की जाती है। इनमें तरलता तथा सुरक्षा का गुण विद्यमान होता है। इसके अलावा अर्द्धसरकारी प्रतिभूतियां होती हैं, जो कि अर्द्धसरकारी संस्थाओं से सम्बन्धित होती है। इन प्रतिभूतियों का निर्गमन नगर निगमों, नगर तथा मण्डलों आदि द्वारा होता है।

(ii) *निजी प्रतिभूतियां*–इसके अन्तर्गत निजी प्रतिभूतियों में संयुक्त पूंजी वाली कम्पनियों के अंश तथा ऋण पत्र होते हैं।

बैंक की विनियोग नीति के सिद्धान्त

बैंक अपने जमाकर्त्ताओं द्वारा दिए गये कोषों का विनियोजन करने के लिए विभिन्न विनियोग नीति सिद्धान्तों को अपनाता है। कुछ प्रमुख सिद्धांतों पर निम्न रूप में प्रकाश डाला गया है–

(1) जोखिम की विविधता का सिद्धान्त–बैंक को अपने कोषों का विनियोजन किसी एक ही क्षेत्र या एक ही प्रकार के व्यवसाय में नहीं करना चाहिए। जोखिम को कम करने के लिए विभिन्न प्रकार के ऋणों, व्यवसायों एवं प्रतिभूतियों में विनियोजन होना चाहिए।

(2) राष्ट्रीय हित का सिद्धान्त—इसके अन्तर्गत बैंकों को ऐसा विनियोग करना चाहिए जिससे राष्ट्रीय हित की वृद्धि हो जैसे कृषि एवं लघु क्षेत्र में विनियोग।

(3) मूलधन की सुरक्षा का सिद्धान्त—बैंक को अपने मूलधन के सुरक्षा को ध्यान में रखकर ही किसी भी प्रकार का विनियोग करना चाहिए। अपर्याप्त जमानत तथा अधिक जोखिम वाले कार्यों में विनियोग नहीं होना चाहिए।

(4) प्रतिभूतियों की विक्रयशीलता का सिद्धान्त—प्रतिभूतियां विक्रयशील होती हैं। बैंक को जरूरत होने पर अपनी प्रतिभूतियों को बेचना पड़ सकता है इसलिए उसे ऐसी प्रतिभूतियों में विनियोग करना चाहिए जिन्हें सुगमता से विक्रय किया जा सके।

(5) तरलता का सिद्धान्त—वित्तीय संकट के दौर में यह सिद्धान्त अत्यधिक लोकप्रिय हो चुका है। बैंक को अपने विनियोजन में पर्याप्त तरलता रखनी चाहिए क्योंकि जमाकर्त्ता जब कभी अपना धन वापस मांगे तब बैंक उनका धन वापस लौटाने की स्थिति में होना चाहिए अन्यथा बैंक का स्वयं का अस्तित्व ही संकट में पड़ जायेगा।

(6) उत्पादकता का सिद्धान्त—आज के सभी बैंक उत्पादक गतिविधियों में हिस्सा लेते हैं। इसके लिए बैंकों को अपने कोषों में निश्चित मात्रा में धनराशि रखनी पड़ती है। इस कार्य के लिए उपयुक्त विनियोग पद्धति अपनानी पड़ती है। इस विनियोजन से बैंक को पर्याप्त आय होनी चाहिए जो जमाकर्त्ताओं को ब्याज के रूप में चुकाने के बाद भी पर्याप्त राशि में शेष बचनी चाहिए जिससे बैंक अपने व्ययों की पूर्ति कर और अपना विकास करने में सक्षम रहें।

(7) विनियोग निवेश की कीमतों में स्थिरता का सिद्धान्त—इसके अन्तर्गत को अपना धन उन्हीं प्रतिभूतियों में विनियोग करना चाहिए जिनके मूल्यों में स्थिरता हो क्योंकि अचानक मूल्यों में गिरावट होने से बैंकों को बड़े पैमाने पर नुकसान हो सकता है।

उपरोक्त सिद्धान्तों के अलावा विनियोग करते समय भारतीय रिजर्व बैंक अधिनियम, भारतीय बैंकिंग नियमन अधिनियम आदि कानूनों का पालन करना चाहिए तथा अपने कोषों एवं राष्ट्रीय हित की सुरक्षा को वरीयता के आधार पर होना चाहिए।

भारतीय बैंकिंग की आधुनिक प्रवृत्तियाँ

हमारे देश में आज की अपेक्षा पहले (1947 से पूर्व) बैंकों की स्थिति काफी चिंताजनक थी। आजादी से पूर्व ब्रिटिश शासकों ने देश के राष्ट्रीय हित पर बिल्कुल

ध्यान नहीं दिया, लेकिन बाद में जब भारत आजाद (1947) हुआ तो इसकी स्थिति तेजी से परिवर्तित हुई। आर्थिक विकास हेतु भारतीय बैंकों को विशेष उत्तरदायित्व सौंपा गया। इन बैंकों से यह अपेक्षा की गयी कि वे अपने वित्तीय साधनों में वृद्धि तथा अपनी नीतियों में क्रान्तिकारी परिवर्तन कर आर्थिक विकास हेतु पर्याप्त वित्तीय साधनों की उपलब्धि करने में सक्षम होंगे। भारतीय बैंकों ने राष्ट्रीयकरण के पश्चात् इस भूमिका को निभाने में महत्त्वपूर्ण उपलब्धियाँ अर्जित की हैं। इन उपलब्धियों में उपेक्षित क्षेत्रों को ऋण तथा समाजवादी लक्ष्यों की अनेक आकर्षक योजनाओं का क्रियान्वयन महत्त्वपूर्ण है। भारतीय बैंकों द्वारा विगत वर्षों में की गयी प्रगति से इनका संगठन पहले से अधिक सबल हो गया है तथा विकास का नवीन मार्ग प्रशस्त हुआ है। भारतीय बैंकिंग की कुछ आधुनिक या नवीन प्रवृत्तियाँ निम्नलिखित हैं–

(1) बैंकों के राष्ट्रीयकरण की प्रवृत्ति–आजादी के पूर्व भारत में विदेशी व्यापारिक बैंकों का वर्चस्व था। वे कुछ खास व्यापारियों को ही ऋण देते थे। भारत के ज्यादातर व्यापारियों को कम ब्याज पर ऋण दिया जाता था, इसलिए आजादी के बाद भारत में बैंकों के राष्ट्रीकरण की आवश्यकता महसूस की गयी। 1948 में रिजर्व बैंक का राष्ट्रीयकरण किया गया, 1955 में इम्पीरियल बैंक का राष्ट्रीयकरण कर स्टेट बैंक की स्थापना की गयी। जुलाई, 1969 में 14 बड़े व्यापारिक बैंकों का राष्ट्रीयकरण किया गया। इससे कुल जमाओं का 85 प्रतिशत भाग सार्वजनिक क्षेत्र के बैंकों के अन्तर्गत आना सम्भव हुआ। अप्रैल, 1980 में 6 अन्य बैंकों का राष्ट्रीयकरण किये जाने से कुल राष्ट्रीयकृत बैंकों की संख्या 20 हो गयी। इस प्रकार स्पष्ट है कि विगत कुछ वर्षों के दौरान बैंकों के राष्ट्रीयकरण में वृद्धि हुई है।

(2) बैंक शाखाओं में वृद्धि–भारत में स्थित बैंकों ने देश के विभिन्न क्षेत्रों में अपनी शाखायें स्थापित की हैं। राष्ट्रीयकरण के पश्चात् सार्वजनिक क्षेत्र के बैंकों ने दूर-दराज क्षेत्रों में अपनी शाखाएं स्थापित कर ग्रामीण क्षेत्रों की बचतों को आकर्षित करने में महत्त्वपूर्ण भूमिका अदा की है। अगर बैंक के शाखाओं का विस्तार किया जाय तो इससे लोगों की बचत खाते में वृद्धि होगी तथा देश के पूंजी निर्माण में सहायता मिलेगी। सन् 1951 में देश में सभी व्यापारिक अनुसूचित बैंकों की कुल शाखाएं 4,115 थीं, वह जून, 1969 में बढ़कर 8,262 हो गयीं। जून, 1996 तक इनकी संख्या में अप्रत्याशित वृद्धि हुई जो 62,887, तक पहुँच गयी।

(3) ग्रामीण क्षेत्रों में शाखा विस्तार–पहले बैंक ग्रामीण क्षेत्रों की तरफ कम ध्यान देते थे लेकिन अब वे ग्रामीण इलाकों में भी अपनी शाखाएँ स्थापित करने लगे हैं। 1969 में बैंकों के राष्ट्रीयकरण के पश्चात्, इस प्रवृत्ति में महत्त्वपूर्ण परिवर्तन

आया है। जून, 1969 में कुल बैंक शाखाओं का केवल 22.4 प्रतिशत भाग ही ग्रामीण क्षेत्रों में था वह बढ़कर जून, 1984 में 55.6 हो गया। जून, 1969 में ग्रामीण क्षेत्रों के बैंकों की केवल 1,832 शाखाएं थी जो निरन्तर बढ़ते हुए जून, 1995 में 34,949 हो गयीं।

(4) बैंकों का एकीकरण—बैंकिंग क्षेत्र में भी प्रतिस्पर्धा बहुत बढ़ गई है। वर्तमान समय में छोटे एवं बड़े बैंकों में बहुत ज्यादा प्रतिस्पर्धा हो रही है। छोटे बैंकों में विलीनीकरण हो जाता है। आपकी बैंकिंग व्यवस्था की यह प्रमुख विशेषता है। इसके फलस्वरूप केवल देश के व्यापारिक बैंकों के आकार में वृद्धि हुई है वरन् वे बैंकिंग संकटों का मुकाबला करने में पहले से अधिक सक्षम हो गये हैं। एकीकरण तथा विलीनीकरण की बढ़ती हुई प्रवृत्ति से निःसन्देह बैंक कार्यालयों की संख्या में कमी हुई है, किन्तु उनके शाखा कार्यालयों में निरन्तर वृद्धि का क्रम दृष्टिगत हुआ है। बैंकों का एकीकरण करने से प्रतिस्पर्धा समाप्त हुई है और बैंकों की कार्यक्षमता में वृद्धि हुई है।

(5) बैंक जमाओं में वृद्धि—भारतीय व्यापारिक बैंकों ने जमाओं के क्षेत्र में जो मुकाम हासिल किया है वह सराहनीय है। बैंकों की शाखा विस्तार योजना के सम्बन्ध में जागरूकता के कारण लोगों में बचत करने की आदत का विकास सम्भव हो सका है। जून, 1969 में प्रमुख 14 व्यापारिक बैंकों के राष्ट्रीयकरण के समय निक्षेपों की कुल राशि 4,645 करोड़ रुपये थी जो 20 जून, 1997 को बढ़कर 5,18,923 करोड़ रुपये तक हो गयी।

(6) भारतीय बैंकों का विदेशों में विस्तार—सन् 1947 के बाद से भारतीय बैंकों ने विदेशों में भी पाँव पसारना शुरू कर दिया है। भारत में विदेशी मुद्रा के आगमन की सम्भावनाओं को बढ़ाने, भारत के विदेशी व्यापार में उन्नति किये जाने और विदेशों में संयुक्त उद्यम स्थापित करने में भारतीय उद्यमियों को सहायता पर जोर देने की नीति को बैंकों द्वारा अपनाया गया है। इस उद्देश्य की पूर्ति के लिए भारतीय बैंकों द्वारा विगत वर्षों की तरह ही विदेशों में अपने कार्यालय खोलने की व्यवस्था की गई।

(7) निक्षेपों की संरचना में बदलाव —बैंकों की शाखाओं एवं निक्षेपों में वृद्धि होने के साथ-साथ इनके निक्षेपों की संरचना में भी महत्त्वपूर्ण परिवर्तन हुए हैं। माँग जमा और समयावधि जमा का अनुपात 1951 में 64:36 था, वह 1961 में पूर्णतः बदलकर 40:60 हो गया। यही क्रम जून, 1984 तक भी जारी रहा, जबकि यह अनुपात 19:81 हो गया। इस प्रकार यह कहा जा सकता है कि बैंकों की समग्र

जमाओं में माँग जमा का प्रतिशत निरन्तर घटता जा रहा है। समयावधि जमाओं में अधिक वृद्धि से बैंक प्राप्त जमा राशियों का विनियोग करने में सक्षम होंगे।

(8) ऋण तथा अग्रिमों में वृद्धि—बैंकों की जमाओं में वृद्धि होने के साथ-साथ बैंक साख में भी वृद्धि संभव हुई है। अनुसूचित बैंकों के अग्रिम की राशि जून, 1969 में 3,609 करोड़ रुपये थी जो 20 जून, 1997 को बढ़कर 2,76,816 करोड़ रुपये हो गयी। बैंकों के राष्ट्रीयकरण के पश्चात् ऋणों तथा अग्रिमों में अप्रत्याशित वृद्धि का प्रमुख कारण बैंकों द्वारा छोटे एवं फुटकर व्यापारियों, लघु उद्योगपतियों, स्वविनियोजकों को ज्यादा ऋण दिया जाना है।

(9) जमा-बीमा योजना—इस योजना को लागू करने का प्रमुख उद्देश्य व्यापारिक बैंकों में जमा की गई लोगों की राशि की सुरक्षा करना है। जमा बीमा अधिनियम, 1961 के अन्तर्गत 1 जनवरी, 1962 को जमा बीमा निगम की स्थापना की है। निक्षेप बीमा और प्रत्यय गारण्टी निगम (नि.बी.प्र.गा.नि.) ने अपने दोहरे उद्देश्य—(अ) बैंकों में कम राशि जमा करने वालों को बीमा रक्षा प्रदान करना और (ब) कतिपय श्रेणियों के छोटे ऋणकर्त्ताओं, विशेषकर, समाज के कमजोर वर्ग के ऋणकर्त्ताओं को ऋण देने वाली ऋण संस्थाओं द्वारा दी गयी ऋण सुविधा को गारण्टी समर्थन देना, को पूर्ण रूप से जारी रखा है।

यदि कोई बैंक इस योजना के अन्तर्गत सफल नहीं हो पाता है तो बीमा निगम 1,00,000 रु. तक के भुगतान का दायित्व स्वयं लेता है। इस पर बीमा प्रीमियम की दर प्रति सौ रुपये पर 522 है। बैंक जमाओं का लगभग 75 प्रतिशत भाग जमा बीमा के अन्तर्गत शामिल है।

(10) प्राथमिक एवं उपेक्षित क्षेत्रों को अधिक ऋण सुविधाएं—व्यापारिक बैंकों ने राष्ट्रीयकरण के पश्चात् प्राथमिक एवं उपेक्षित क्षेत्रों को अधिक से अधिक ऋण सुविधायें प्रदान कर राष्ट्रीयकरण के उद्देश्यों की सफलता का प्रमाण दिया है। राष्ट्रीयकृत बैंकों द्वारा विगत वर्षों में बड़े-बड़े संगठित उद्योगों के साथ लघु उद्योगों व कृषि को भी अधिक ऋण प्रदान कर प्राथमिक तथा उपेक्षित क्षेत्रों के हित में अपनी ऋण नीति में महत्त्वपूर्ण परिवर्तन किये हैं। इसका पता इस बात से चलता है कि जहाँ जून, 1969 में बैंकों द्वारा कृषि के लिए प्रदत्त ऋणों की राशि 188 करोड़ तथा लघु उद्योगों को प्रदत्त ऋणों की राशि 286 करोड़ रुपये थी जो बढ़कर मार्च 1995 में 60,802 करोड़ रुपये तक पहुँच गयी।

(11) बैंकों की साख नियन्त्रण विधि में बदलाव—भारत में सभी बैंकों पर रिजर्व बैंक ऑफ इण्डिया का नियंत्रण रहता है। इस उद्देश्य की प्राप्ति हेतु रिजर्व

बैंक अनेक विधियों का प्रयोग करता है। रिजर्व बैंक द्वारा इन विधियों के प्रयोग में बदलाव आया है। विगत कुछ वर्षों तक बैंक साख-नियन्त्रण की परम्परागत विधियों—बैंक दर में परिवर्तन व खुले बाजार की क्रियाओं का अधिक प्रयोग करता था। इधर हाल के वर्षों में आरक्षण अनुपात में परिवर्तन गुणात्मक साख नियन्त्रण तथा अनुसूचित बैंकों के ऋण तथा जमानत के रूप में रखी जाने वाली धरोहरों के मध्य न्यूनतम अन्तर में परिवर्तन आदि विधियों पर अधिक जोर देना प्रारम्भ किया गया है। इनमें सर्वाधिक महत्त्वपूर्ण गुणात्मक साख नियन्त्रण की विधि है।

(12) विनियोग संरचना में बदलाव—जब से भारत में वैश्वीकरण की नीतियों को अपनाया गया है तब से विनियोग संरचना में मूलभूत परिवर्तन हुआ है। इसके पहले भारत के बैंकों में विनियोग के रूप में 88 प्रतिशत सरकारी प्रतिभूतियां थीं। बैंकों के पास इस प्रकार की व्यवस्था नहीं थी कि वह विनियोगों की सुरक्षा के सम्बन्ध में पूर्णतः आश्वस्त हो सकें। अतः यह समझा जाता था कि सरकारी प्रतिभूतियों में विनियोग सबसे अधिक सुरक्षित है। किन्तु अब इस प्रवृत्ति में परिवर्तन आया है। अब बैंकों द्वारा अधिक लाभप्रद प्रतिभूतियों में विनियोग की शुरुआत हुई है।

(13) विभिन्न आकर्षक योजनाओं का जन्म—व्यापारिक बैंकों द्वारा जमाकर्त्ताओं की बचत को आकर्षित करने के उद्देश्य से अनेक नवीन आकर्षक योजनाओं जैसे अवयस्क बचत योजना, व्यक्तिगत ऋण योजना, उपहार योजना, चलते-फिरते बैंक आदि को प्रभावपूर्ण ढंग से लागू किया है। ये सभी योजनायें इस क्षेत्र में महत्त्वपूर्ण भूमिका निभा रही हैं।

(14) रिजर्व बैंक का विभिन्न बैंकों पर नियन्त्रण—जब से भारत में रिजर्व बैंक ऑफ इण्डिया की स्थापना की गई है तब से बैंकिंग प्रणाली में व्यापक सुधार हुआ है। इससे व्यापारिक बैंकों की स्थापना को विशेष प्रोत्साहन मिला है। इस समय इसका प्रभाव दिन-प्रतिदिन बढ़ता जा रहा है। सन् 1949 के बैंकिंग कम्पनीज एक्ट के अन्तर्गत रिजर्व बैंक को वाणिज्य बैंकों पर नियन्त्रण के सम्बन्ध में प्राप्त अधिकारों में अनेक संशोधनों के फलस्वरूप वृद्धि हुई है। राष्ट्रीयकरण के पश्चात् व्यापारिक बैंकों पर रिजर्व बैंक द्वारा नियन्त्रण की प्रवृत्ति और भी अधिक प्रबल हुई है।

(15) क्षेत्रीय ग्रामीण बैंक योजना—इस योजना के द्वारा ग्रामीण क्षेत्रों के विकास में काफी योगदान मिला है। क्षेत्रीय ग्रामीण बैंकों ने विगत वर्षों के दौरान शाखा विस्तार, जमा राशियों में वृद्धि और ऋण विस्तार के सम्बन्ध में उल्लेखनीय प्रगति की है। जून, 1995 में क्षेत्रीय ग्रामीण बैंकों की संख्या 196 तथा इनकी शाखाओं की संख्या 14,516 थी। कमजोर वर्गों की वित्तीय आवश्यकताओं को पूरा

करने के लिए ही क्षेत्रीय ग्रामीण बैंकों को विशेष रूप से स्थापित किया गया था। लेकिन क्षेत्रीय ग्रामीण बैंकों को विशेष अनुदेश दिये गये हैं कि वे 20-सूत्री कार्यक्रम के अन्तर्गत आने वाले हिताधिकारियों को राहत देने में वृद्धि करने के लिए हर सम्भव प्रयत्न करें और इस तरह की योजनाएँ तैयार करें, जिनसे यह सुनिश्चित किया जा सके कि उनसे बड़ी मात्रा में लोगों को राहत पहुँचायी जा सके, परन्तु इस कार्य में काफी त्रुटियाँ देखने को मिली हैं।

(16) अग्रणी बैंक योजना—इस योजना के तहत बैंकों को अलग-अलग क्षेत्र दिया गया है और उनके विकास का दायित्व उन्हीं पर है। क्षेत्र विशेष का अग्रणी बैंक सम्बन्धित जिले का सर्वेक्षण कर वहाँ की साख आवश्यकताओं, निक्षेप-क्षमता, शाखा विस्तार तथा सामान्य विकास की सम्भावनाओं का पता लगाकर विकास योजनायें तैयार करता है। 30 जून, 1995 तक देश के 504 जिलों में इस योजना को लागू कर दिया गया था।

(17) उद्यमशीलता का विकास—आज के सभी बैंक उद्योगों से अभिन्न रूप से जुड़े हुए हैं। बैंकों के समन्वित ग्रामीण विकास कार्यक्रम, जवाहर रोजगार योजना, ट्राईसम, एन आर ई पी कार्यक्रम आदि के अन्तर्गत बैंकों ने नये उद्यमियों की सहायता करके देश में उद्यमशीलता को बढ़ाया है। इससे स्वरोजगार भी बढ़ा है। बैंकों की कार्य प्रणाली में सुधार तथा इनकी सेवाओं को अधिक उपयोगी बनाने हेतु सरकार तथा रिजर्व बैंक द्वारा अनेक अध्ययन दलों एवं समितियों का गठन किया गया है तथा उनकी सिफारिशों को लागू किया गया है। इनमें बैंकिंग आयोग, तलवार समिति, टण्डन समिति, चोरे समिति तथा नरसिम्हम समितियां प्रमुख हैं।

(18) विशेष ऋण योजनाएं/सुविधाएं—बैंकों ने कुछ विशेष प्रकार की ऋण योजनायें भी चलाई हैं, जिससे लोगों को लाभ पहुँचाया जा सके। इन योजनाओं पर निम्न रूपों में प्रकाश डाला गया है—

(क) ऋण प्राधिकरण योजना—यह योजना अप्रैल 1983 में लागू की गई। इस योजना ने प्राथमिकताओं के अनुसार सरकारी और निजी क्षेत्र के बड़े ऋणकर्ताओं को बैंक ऋण देने में निगरानी रखने और ऋण मूल्यांकन तकनीकों को सुधारने में व्यापक सहयोग दिया है।

(ख) रुग्ण औद्योगिक उपक्रम—भारत विकासशील देशों की श्रेणी में आता है। यहाँ कोई भी उद्योग लम्बे समय तक नहीं चल पाता है। अप्रैल 1983 में भारत सरकार के सौजन्य से देश के सभी बैंकों को यह कहा गया था कि वे औद्योगिक इकाइयों की रुग्णता का शुरू के दौर में ही पता लगाने के लिए कदम उठायें और

इसकी सूचना सम्बन्धित मन्त्रालय को दे दें। बैंकों ने अपनी इस भूमिका का भली-भाँति निर्वाह किया है।

(ग) विभेदक ब्याज दर योजना—सरकारी बैंक द्वारा अनेक आकर्षक योजनाएं चलायी जाती है। इन योजनाओं पर लोगों का ध्यान हमेशा बना रहता है। मार्च, 1995 में 23 लाख खातों मे 701.8 करोड़ रुपया इस योजना में बकाया था। विभेदक ब्याज दर योजना के अन्तर्गत अनुसूचित जातियों और अनुसूचित–जनजातियों के उधारकर्त्ताओं को शामिल करने से और सुधार हुआ है। इस योजना द्वारा लोग 4% ब्याज पर ही ऋण प्राप्त कर लेते हैं।

(19) निजी बैंकों का प्रभुत्व—आज की बैंकिंग व्यवस्था में निजी बैंकों का अत्यधिक प्रभाव है। नरसिम्हम समिति ने सिफारिश की थी कि बैंकिंग क्षेत्र में निजी क्षेत्रों को प्रवेश दिया जाय। इस सिफारिश को सन् 1991 में स्वीकृति दे दी गयी। निजी बैंकों के खोलने की रिजर्व बैंक द्वारा अनुमति प्रदान कर दी है, जिसके परिणामस्वरूप अनेक निजी बैंक स्थापित हुये है, जिनमें से यू.टी.आई. बैंक, आई.सी.आई.सी.आई. बैंकिंग कारपोरेशन लिमिटेड, ग्लोबल ट्रस्ट बैंक लिमिटेड, सेन्चूरियन बैंक लिमिटेड, बैंक ऑफ पंजाब लिमिटेड, टाइम्स बैंक लिमिटेड आदि उल्लेखनीय हैं।

ऊपर दिये गए विभिन्न तथ्यों से इस बात का अंदाजा लगाया जा सकता है कि भारतीय बैंकिंग प्रणाली ने काफी उपलब्धियाँ हासिल की हैं। बैंकों ने राष्ट्रीयकरण के अनेक उद्देश्यों की प्राप्ति हेतु विशेष प्रयास किये हैं। राष्ट्रीयकरण के पश्चात् व्यापारिक बैंकों के विशाल साधनों का राष्ट्रीय आवश्यकताओं एवं प्राथमिकताओं के अनुरूप प्रयोग किया जाना अत्यन्त ही सराहनीय रहा है। बैंकों की उपर्युक्त वर्णित प्रवृत्तियों का सजगतापूर्वक अवलोकन करने से इस बात का सहज ही आभास होता है कि भारत के पिछड़े एवं ग्रामीण क्षेत्रों के विकास का सपना पूरा होने में अब अधिक विलम्ब नहीं है। लेकिन इस सपने को पूरा करने हेतु यह बहुत ही जरूरी है कि सभी बैंक राष्ट्रीय नीति के अनुकूल बनें।

2

बैंकिंग प्रणाली में सुधार

वर्तमान समय में बैंकिंग प्रणाली राष्ट्रीय विकास में सराहनीय भूमिका का निर्वहन कर रही है। विकसित देशों में बैंकिंग प्रणाली काफी विकसित हो गयी है। पश्चिमी राष्ट्रों ने समय-समय पर बैंकिंग प्रणाली में सुधार कर अपने यहाँ आर्थिक विकास को बढ़ावा दिया है। भारत में बैंकिंग प्रणाली को सुधारना आवश्यक ही नहीं अनिवार्य भी हो गया है। इस दिशा में केन्द्र सरकार ने पहल भी की है। सरकार द्वारा वित्तीय प्रणाली व्यवस्था की कार्यशैली, स्वरूप व्यवस्था के सर्वेक्षण के लिए भूतपूर्व गवर्नर बैंक ऑफ इण्डिया के साथ श्री एम नरसिम्हम की अध्यक्षता में कमेटी का सृजन किया गया। इस कमेटी ने 1991 में अपनी रिपोर्ट प्रस्तुत की जसके आधार पर बैंकिंग प्रणाली में मूलभूत परिवर्तन किया गया। इस समिति ने सार्वजनिक बैंकों के विभिन्न कमियों को उजागर किया। इसने भारत में विदेशी बैंकों को महत्त्व देते हुए बतलाया कि बैंक व्यवस्था अत्यंत राजनीतिक हस्तक्षेप का शिकार रही है, जिसके ये संस्थान अपने वाणिज्यिक लक्ष्यों के आधार पर कार्य नहीं कर सके और न ही इन्हें आन्तरिक स्वंतत्रता मिली थी।

नरसिम्हम समिति का मुख्य उद्देश्य सार्वजनिक क्षेत्र के बैंकों और विकास सम्बन्धी वित्तीय संस्थानों के वित्तीय स्वास्थ्य को उन्नत करना था, जिससे वे सुदृढ़ हो सकें। एवं अर्थव्यवस्था की उभरती हुई आवश्यकताओं को पूरा कर सकें। मुद्रा

बाजार, बैंकिंग पद्धति एवं वित्त संस्थानों पर समिति ने विशेष बल दिया, क्योंकि बिना इसके सुदृढ़ीकरण के किसी भी बैंकिंग व्यवस्था में सकारात्मक सुधार कर पाना मुश्किल था।

नरसिम्हम समिति ने जुलाई, 1969 में बैंक राष्ट्रीयकरण के पश्चात् सार्वजनिक क्षेत्र के बैंकों की आश्चर्यजनक सफलता को स्वीकार किया–

1. बैंक-उधार के बढ़ते हुए भाग का प्राथमिक क्षेत्रों अर्थात् कृषि, लघु उद्योगों, परिवहन आदि के लिए प्रयोग;
2. सापेक्षित बैंक-विहीन क्षेत्रों में अधिक रुचि और क्षेत्रीय असमानताओं को धीरे-धीरे कम करना।
3. अधिक संख्या में विस्तार, विशेषकर ग्रामीण एवं अर्द्धनगरीय क्षेत्रों में;
4. परिवार क्षेत्र की बचत को गतिशील करना;

जब बैंकों का राष्ट्रीयकरण किया गया तब बैंक पद्धतियों में काफी बदलाव हुआ। फलस्वरूप प्रगति तो हुई, परन्तु बताए गये निर्देश एवं ऋण कार्यक्रम के कारण उत्पादन एवं कुशलता में काफी गिरावट आयी। इसका परिणाम यह हुआ कि इसकी लाभदायकता में भारी कमी आई। इस स्थिति के दो मुख्य कारण थे–निर्देशित निवेश और निर्देशित उधार कार्यक्रम। इनके बारे में वृहद जानकारी निम्न प्रकार दी गई है–

(1) निर्देशित निवेश–पर्याप्त तरल परिसम्पत को कायम रखना सुदृढ़ बैंक-व्यवस्था का आधारभूत सिद्धान्त है। इसी कारण बैंकिंग नियमन कानून, 1949 (धारा 24) के अधीन भारत में वाणिज्यिक बैंकों को नकदी, स्वर्ण और बन्धनमुक्त अनुमोदित प्रतिभूतियों के रूप में कुल माँग तथा सावधि जमा दायित्वों के 25 प्रतिशत से कम राशि को तरल परिसम्पत के रूप में रखना अनिवार्य कर दिया गया। रिजर्व बैंक को यह अधिकार दिया गया कि वह न्यूनतम कानूनी तरलता अनुपात (Statutory Liquidity Ratio—SLR) को परिवर्तित कर सकता है। इस अधिकार के तहत, भारतीय रिजर्व बैंक ने नवम्बर 1972 में इसे 25 प्रतिशत से बढ़ाकर 30 प्रतिशत और बाद में धीरे-धीरे बढ़ाकर 38.5 प्रतिशत कर दिया। इसके पीछे प्रमुख दो कारण जिम्मेदार हैं– प्रथम वाणिज्य बैंकों के अपनी धनराशि के बड़े भाग को गारण्टीकृत प्रपत्रों को सरकारी प्रतिभूतियों में रखना पड़ता था, जिसका प्रमुख कारण कानूनी तरलता में आधिक्य होना था और इस कारण वाणिज्य बैंकों की उद्योग एवं व्यापार को ऋण तथा अग्रिम देने की क्षमता कम हो जाती थी और दूसरा कारण वह था कि भारत की मुद्रास्फीति अनियंत्रण होने के कारण महँगाई की समस्या हमेशा

बनी रहती है। इसके लिए ऊँचे कानूनी तरलता अनुपात (SLR) का निर्धारण किया गया, जिसके कारण बैंक अपनी राशियों को उधार एवं अग्रिम की अपेक्षा सरकारी प्रतिभूतियों एवं अन्य प्रतिभूतियों में रखना पड़ता था। यह माना जाता था कि इसका प्रभाव स्फीति को कम करना है।

नरसिम्हम कमेटी इस बात से भली-भाँति अवगत थी कि तरलता कारण ही बैंकों की विभिन्न योजनाएं घाटे में चल रही हैं। क्योंकि सरकारी प्रतिभूतियों पर ब्याज दर बाजार ब्याज दर से अपेक्षाकृत कम होती है। इसके अतिरिक्त, ऊँचे एस. एल. आर. के कारण बैंकों के पास उत्पादक आर्थिक क्षेत्रों जैसे कृषि, उद्योग एवं व्यापार को साधन उपलब्ध कराने के लिए कम राशि शेष रह जाती है। इस समिति ने बैंकों में रखी जाने वाली राशि को भी Tax (कर) संरक्षण प्रदान किया। इस समिति के सर्वेक्षण के पूर्व उच्च कानूनी तरलता के परिणामस्वरूप बैंक 38.5 प्रतिशत धन निजी खर्चे के लिए कम ब्याज पर रख लेती थी, इसके बजाय जमाकर्त्ताओं से अधिक ब्याज लिया जाता था। जब सरकार इन राशियों का प्रयोग विकासात्मक परियोजनाओं में करती। परन्तु हाल ही के वर्षों में सरकार बैंकों से प्राप्त राशियों का प्रयोग सरकारी कर्मचारियों के वेतन अदा करने के लिए भी करती रही है।

(2) नकद प्रारक्षण अनुपात—प्रारम्भ में रिजर्व बैंक को कम अधिकार दिये गये थे। आजादी के पूर्व रिजर्व बैंक अधिनियम (1934) के अधीन वाणिज्यिक बैंकों को रिजर्व बैंक के पास न्यूनतम नकद प्रारक्षण भी रखना पड़ता है। रिजर्व बैंक के अधिनियम में परिवर्तन कर 1962 में इसे यह अधिकार दिया गया कि वह नकद प्रारक्षण अनुपात को कुल मांग एवं सावधि जमा के 3 से 15 प्रतिशत के बीच निश्चित कर सकता है। अतः माँग प्रबन्ध की नीति के अधीन इस अनुपात में कई बार परिवर्तन किया गया।

सन् 1973 में यह अनुमान लगाया गया कि नकद प्रारक्षण अनुपात में 1 प्रतिशत की वृद्धि से 100 करोड़ रुपए की सीमा तक उधार क्षमता कम हो जाएगी। औसतन 25 प्रतिशत नगद प्रारक्षण अनुपात है। यदि इन दोनों अनुपातों—एस. एल. आर. और सी. आर. आर. को एक साथ लिया जाए, तो बैंकों को अपनी कुल जमा का 63.5 प्रतिशत रिजर्व बैंक के पास रखना पड़ता है। नकद प्रारक्षण अनुपात के अधीन वाणिज्यिक बैंकों द्वारा रखी गई राशि पर रिजर्व बैंक 10.5 प्रतिशत ब्याज देता है और अतिरिक्त शेष राशियों पर 5 प्रतिशत। ब्याज की ये राशियाँ प्रचलित ब्याज दरों से एक वर्ष के लिए रखी गई जो जमा से भी कम हैं।

(3) निर्देशित उधार कार्यक्रम—सन् 1969 में बैंक राष्ट्रीयकरण का उद्देश्य एक ओर तो बैंक उधार का विस्तार बैंक-विहीन क्षेत्रों में करना था, और दूसरी ओर कृषि तथा अन्य उपेक्षित क्षेत्रों में बढ़ावा देना था जिन्हें प्राथमिकता क्षेत्र की संज्ञा दी गई। बाद में सरकार ने निर्यात-क्षेत्र, खाद्य वसूली क्रियाएँ आदि कार्य जोड़कर इसका कार्य क्षेत्र बढ़ा दिया। ऐसा प्रमुख रूप से वाणिज्यिक बैंकों को प्रोत्साहन देने के लिए किया गया। बैंकों को यह निर्देश दिया गया कि नये उधार क्षेत्रों में सफलता प्राप्त करें। बैंकों को यह भी कहा गया कि वे प्रतिभूति-उन्मुख उधार की बाजार उद्देश्य-उन्मुख उधार की ओर अधिक ध्यान दें। इस नीति के परिणाम वाणिज्यिक बैंक-प्रणाली के लिए अत्यन्त भयानक एवं अनर्थकारी हुए।

बैंकों को जो भी क्षति उठानी पड़ी उसका प्रमुख कारण बिना किसी सर्वेक्षण से उधार दिया गया तथा उधार दी गयी राशि का समयानुसार सर्वेक्षण भी नहीं किया। बन्धक वस्तु या सम्पत्ति की तरफ ध्यान न देने के कारण विभिन्न प्रकार के ऋण में बढ़ोत्तरी हुई, जिसके कारण बैंकों को काफी हानि उठानी पड़ी।

(4) राजनीतिक एवं प्रशासनिक हस्तक्षेप—नरसिम्हम समिति ने बैंकिंग प्रणाली को पहुँची क्षति के लिए राजनीतिक व प्रशासनिक हस्तक्षेप को जिम्मेदार ठहराया। उदाहरणार्थ, कांग्रेस पार्टी द्वारा ग्राम एवं नगरीय क्षेत्रों में उधार मेले लगाए, जिनका उद्देश्य अपने समर्थकों को बैंक से उधार दिलवाना था। यह बात सुदृढ़ बैंक व्यवस्था के सिद्धान्तों के विरुद्ध थी। यह स्थिति समन्वित ग्राम विकास कार्यक्रम (IRDP) के दौरान ग्राम क्षेत्रों में निर्धनों एवं आर्थिक दृष्टि से कमजोर वर्गों के बीच ऋण वितरण के सन्दर्भ में हुई।

नरसिम्हम समिति ने यह स्पष्ट किया कि इस प्रकार कुल कृषि तथा लघु औद्योगिक उधार दूषित हो गया। राजनीतिक हस्तक्षेप की अभिव्यक्ति अन्य क्षेत्रों में भी हुई है। उदाहरणार्थ, केन्द्र एवं अन्य निर्देशित बैंक बीमार औद्योगिक इकाइयों को उधार देते रहे, जबकि उनकी अपनी सूझबूझ के अनुसार ऐसा नहीं करना चाहिए था। इसी प्रकार औद्योगिक एवं वित्तीय पुनर्निर्माण बोर्ड (BIFR) की सलाह और न्यायालयों के निर्देशों का परिपालन करते हुए वाणिज्यिक बैंक मजबूर होकर बीमार औद्योगिक इकाइयों को उधार उपलब्ध कराते रहे। इससे बैंकों को इतना ज्यादा नुकसान उठाना पड़ा कि इसका असर सार्वजनिक बैंकों के लाभ पर भी पड़ा।

(5) बैंकों का बढ़ता हुआ व्यय—नरसिम्हम समिति ने बैंकों के अनावश्यक योजनाओं पर धन व्यय करने से मना किया। इस संदर्भ में उन्होंने निम्नलिखित बातें बतलाईं—

1. स्टाफ की संख्या में तेजी से वृद्धि हुई और उनकी पदोन्नतियाँ भी भारी मात्रा में तीव्र की गईं। इसके कारण मानवशक्ति की गुणवत्ता में गिरावट और सभी स्तरों पर अत्यधिक स्टाफ की नियुक्ति हुई।
2. बैंकों के बढ़ते हुए व्यय से बैंकों को विभिन्न प्रकार की क्षति हुई इसका एक प्रमुख कारण यह भी है कि आचार-व्यवहार, पदोन्नति एवं अनुशासन को उपेक्षित किया गया। इसके अतिरिक्त यंत्रीकरण एवं कंप्यूटरीकरण आदि कार्यक्रमों का विरोध किया गया। मजदूरी और पदोन्नति को उत्पादिता के साथ न तो वैयक्तिक बैंकों और न ही समग्र बैंक प्रणाली में जोड़ा गया। इसके परिणामस्वरूप ग्राहक सेवा में अकुशलता और श्रम-उत्पादिता में गिरावट आई।
3. समिति के अनुसार बैंकों ने कुछ क्षेत्रों में आवश्यकता से अधिक ऋण दिया जो प्रशासन की इकाई लागत से काफी ऊँची थी। इससे भी बैंकों को हानि उठानी पड़ी।
4. कमान एवं नियंत्रण की बागडोर ने केन्द्रीय कार्यालय पर्यवेक्षण, आन्तरिक परीक्षण, अंकेक्षण, बिना मिलान के अन्तःशाखाओं और अन्तःबैंक प्रविष्टियों को कमजोर बनाया है।
5. शाखा वृद्धि में आश्चर्यजनक वृद्धि करते हुए यह ध्यान नहीं रखा गया कि क्या नई शाखाएँ आर्थिक दृष्टि से सक्षम हैं।

बैंकिंग प्रणाली पर नरसिम्हम समिति (1991) की सिफारिशें

नरसिम्हम समिति ने सन् 1991 में जो सिफारिशें प्रस्तुत कीं उनका भारतीय बैंकिंग प्रणाली के विकास में उल्लेखनीय योगदान रहा है। देश में व्यापार को बढ़ावा दिया गया तथा आर्थिक मामलों में राजनीतिक हस्तक्षेप को अनावश्यक तथा देश के विकास में बाधक माना गया। इस धारणा का अभिप्राय यह है कि सरकार को भी यह हक हासिल नहीं कि वह आर्थिक संसाधनों के आयोजन की आड़ में इन राष्ट्रीयकृत बैंकों की शोध-क्षमता, स्वास्थ्य और कुशलता को किसी प्रकार से खतरा पहुँचाए। साथ ही सरकार को यह अधिकार भी नहीं होना चाहिए कि वह बैंकों की राशियों को ब्याज की नीची दरों पर प्राप्त करे और फिर इनका प्रयोग उपभोग व्यय-कर्मचारियों के वेतन के भुगतान-के वित्त-प्रबन्ध के लिए करे। ऐसा करना जमाकर्त्ताओं के साथ धोखाधड़ी है। इस समिति की सिफारिशों के कुछ प्रमुख उद्देश्य हैं जो इस प्रकार है–

1. सार्वजनिक क्षेत्र के बैंकों को अपने निर्णयों में आन्तरिक स्वायत्तता प्रदान करना;
2. बैंक क्रियाओं में व्यावसायिकता की अधिक मात्रा का प्रयोग, और
3. संचालन लोचशीलता को एक सीमा तक बनाए रखना।

(1) निर्देशित उधार प्रोग्राम के बारे में—नरसिम्हम समिति ने उधार प्रोग्राम प्रणाली को खत्म किये जाने पर बल दिया। इसका एक कारण तो यह है कि कृषि एवं लघु उद्योग अब परिपक्व अवस्था में प्रवेश कर गए हैं और उन्हें अब विशेष आलम्बन की जरूरत नहीं है। दूसरे, दो दशकों तक रियायत के रूप में दी जाने वाली सहायता काफी है और इस कारण रियायती ब्याज दरों का परित्याग कर देना चाहिए। समिति ने जिस उधार प्रोगाम को निर्देशित किया उसका अर्थ यह है कि उसे नियमित पद्धति के रूप में प्रयोग किए जाने के बजाय आर्थिक रूप में कमजोर वर्गों के आलम्बन के रूप में प्रयुक्त किया जाय। इसके अतिरिक्त, यह कार्यक्रम अस्थायी होना चाहिए न कि स्थायी। प्राथमिकता क्षेत्र की पुनः परिभाषा करनी होगी और इसके अन्तर्गत ग्राम समाज के कमजोर वर्गों अर्थात् सीमान्त किसानों, ग्रामीण हस्तशिल्पियों, ग्राम तथा कुटीर उद्योगों, पिद्दी क्षेत्र आदि को शामिल करना चाहिए। इस प्रोग्राम की मात्रा कुल बैंक उधार के 10 प्रतिशत तक निश्चत कर देनी चाहिए।

(2) निर्देशित विनियोग—नगद प्रारक्षण अनुपात एवं कानून की तरलता अनुपात के लिए नरसिम्हम समिति ने कुछ प्रमुख सिफारिशें पेश कीं जिनको निम्न प्रकार स्पष्ट किया गया है—

(क) नकद प्रारक्षण अनुपात—नरसिम्हम समिति ने नगद प्रारक्षण अनुपात को रोकने पर बल दिया था लेकिन आज भी भारतीय रिजर्व बैंक इसका प्रयोग कर रही है। नरसिम्हम समिति ने सिफारिश की है कि भारतीय रिजर्व बैंक को अब खुले बाजार की क्रियाओं पर अधिकाधिक निर्भर करना चाहिए और नकद प्रारक्षण अनुपात पर अपनी निर्भरता कम कर देनी चाहिए। लक्ष्य प्राप्ति को ध्यान में रखते हुए समिति में नगद प्रारक्षण नीति की क्रमिक एवं उच्च स्तर के अन्तर्गत रखने का प्रयास किया और रिजर्व बैंक को वाणिज्यिक बैंकों की जब्त जमा पर अधिक ब्याज-दर देनी चाहिए, जो कि बैंकों के एक वर्ष की जमा पर बुनियादी न्यूनतम दर से थोड़ी अधिक हो। इस क्रिया से रिजर्व बैंक के पास वाणिज्यिक बैंकों से प्राप्त की हुई बहुत सी राशि जो निष्क्रिय नकदी के रूप में पड़ी रहती है, अधिक उत्पादक एवं लाभदायक कार्यों में प्रयोग की जा सकेगी। बैंक के अधिशेष बैंक

की सफलता के द्योतक हैं। ऐसा करने से बैंकों को सुनियोजित करने की प्रक्रिया काफी आसान हो जाती है–

(ख) कानूनी तरलता अनुपात—नरसिम्हम समिति ने यह भी सिफारिश की कि सरकार को सार्वजनिक क्षेत्र के वित्तीय संस्थान के लिए संसाधन गतिमान करने के लिए कानूनी तरलता अनुपात को प्रयोग में ही लेना चाहिए। पाँच वर्षों के दौरान एस. एल. आर. को 38.5 प्रतिशत से घटाकर 25 प्रतिशत के स्तर पर लाने के लिए समिति ने सरकार से आग्रह किया है। एस. एल. आर. में कटौती के फलस्वरूप बैंकों के पास अपेक्षाकृत अधिक राशि बच जाएगी, जिसका प्रयोग वे कृषि, उद्योग, व्यापार आदि को प्रोन्नत करने में कर सकते हैं। समिति ने यह भी सिफारिश की कि सरकार की उधार-प्राप्ति दर धीरे-धीरे बाजार दर से सम्बन्धित होनी चाहिए और इन ऊँची ब्याज दरों द्वारा बैंक अपनी आय को सुगमतापूर्वक बढ़ा सकेंगे।

(3) बैंकों का संरचनात्मक ढाँचा—बैंक-क्रियाओं में अधिक कुशलता लाने की दृष्टि से नरसिम्हम समिति ने सार्वजनिक क्षेत्र के बैंकों की विलयन एवं स्वामित्व-पुनर्गठन द्वारा संख्या कम करने का प्रस्ताव किया। इस समिति ने कुछ प्रमुख तथ्यों की तरफ सरकार का ध्यान आकर्षित किया जिससे बैंकिंग की संरचना को बदला जा सके। ये प्रमुख तथ्य निम्नलिखित हैं–

1. समिति का प्रमुख सुझाव यह है कि सर्वव्यापक बैंकिंग कार्य करने के लिए स्टेट बैंक ऑफ इण्डिया के साथ 3 या 4 बड़े बैंक भी होने चाहिएं।
2. 8 से 10 राष्ट्रीय बैंक होने चाहिएं जिनकी शाखाएँ देश भर में फैली हुई हों और जो सामान्य या सर्वव्यापक बैंकिंग कार्य करते रहे हों।
3. स्थानीय बैंकों की क्रियाएँ सामान्यतया किसी एक विशेष क्षेत्र तक सीमित हो जानी चाहिए।
4. ग्रामीण क्षेत्रों में कार्य करने के लिए समिति ने सुझाव दिया कि ग्रामीण क्षेत्रीय बैंकों को आगे आना चाहिए। इनका मुख्य कार्य कृषि तथा सम्बद्ध क्रियाओं के लिए वित्त जुटाना होना चाहिए।

बैंक आदतों को डालने के उद्देश्य से शाखाओं के विस्तार की दृष्टि से लाइसेंस देने की पद्धति समाप्त कर देनी चाहिए। समिति के अनुसार बैंकों की लाभदायकता के शुद्ध आधार पर ही शाखाएँ खोलने की स्वतंत्रता दी जानी चाहिए। नरसिम्हम समिति ने यह उल्लेखित किया कि सरकार घोषणा करे कि भविष्य में बैंकों का राष्ट्रीयकरण नहीं किया जाएगा। समिति ने सिफारिश की कि भारतीय रिजर्व बैंक

को समिति के अनुसार बैंक यदि अल्पतम पूँजी एवं शर्तों को पूरा करने में सक्षम हो तो उन्हें निजी क्षेत्र में कार्य करने की अनुमति होनी चाहिए। सार्वजनिक क्षेत्र और निजी क्षेत्र के अधीन कार्य कर रहे बैंकों के साथ व्यवहार में कोई पक्षपात नहीं होना चाहिए।

नरसिम्हम समिति ने यह सिफारिश की है कि सरकार को विदेशी बैंकों को यह सहमति देनी चाहिए कि वे अपनी शाखाओं या अनुषंगियों के कार्यालय भारत में खोल सकें। उन्हें भारतीय बैंक की तरह वही या मिलते-जुलते सामाजिक दायित्व पूरे करने पर बल देना चाहिए। विदेशी बैंकों और भारतीय बैंकों को मिल कर साझे उद्यम स्थापित करने की इजाजत होनी चाहिए, ताकि वे व्यापार एवं विनियोग बैंकिंग, पट्टेदारी एवं अन्य नवीन प्रकार की आर्थिक सेवाओं की व्यवस्था कर सकें।

(4) ब्याज-दरों के स्वरूप के बारे में—समिति की यह मान्यता है कि ब्याज दरों के निर्धारण में हमें बाजार की प्रभावशाली शक्तियों को आधार बनाना चाहिए। बैंकों और वित्तीय संस्थानों की जमा एवं उधार दरों पर लगाए गए सभी नियंत्रणों एवं नियमों को समाप्त कर देना चाहिए। प्राथमिकता क्षेत्र के अधीन छोटी राशियों पर मिलने वाली रियायती ब्याज दरें हटा ली जानी चाहिएं। समन्वित ग्राम विकास कार्यक्रम पर मिलने वाले ऋणों पर साहाय्यों को भी समाप्त कर देना चाहिए।

नरसिम्हम समिति ने सुझाव दिया कि ब्याज-दरों के ढाँचे को सरल बनाने का अधिकार भारतीय रिजर्व बैंक को होना चाहिए। केन्द्रीय बैंक दर लंगर दर होनी चाहिए और अन्य सभी ब्याज-दरें इससे घनिष्ठ रूप में सम्बन्धित होनी चाहिए। इस प्रकार की सिफारिशों का लक्ष्य संभावित ब्याज आय में वृद्धि करना है।

अन्य सिफारिशें—अन्य सिफारिशें निम्नलिखित हैं—

(क) परिसम्पत पुनर्निर्माण निधि की स्थापना—आज राष्ट्रीयकृत बैंकों और प्रत्यक्ष- वित्त संस्थानों पर अब—मानक, संदिग्ध एवं हानि वाली परिसम्पत्त का भार पड़ा हुआ है। सरकार को अगर राष्ट्रीयकृत बैंकों अथवा उन संस्थानों से अप्राप्य ऋण अथवा काला धन प्राप्त हो जाता है तो वह इस धन को देश के आर्थिक विकास के कार्य में लगा सकती है। इसके लिए सरकार को एक विशेष कानून बनाना होगा। समिति की एक अन्य सिफारिश के अनुसार न प्राप्त होने वाले एवं संदेहपरक कर्ज को शनैः शनैः संस्था को ही सौंपे जाने चाहिएं। इस प्रकार बैंक एवं वित्तीय संस्थान इन अप्राप्य एवं संदिग्ध ऋणों को अपने तुलना पत्रों पर से हटा लेंगे और इनका प्रयोग इस प्रक्रिया द्वारा अधिक उत्पादक कार्यों में कर सकेंगे। इसके अलावा नरसिम्हम समिति ने यह भी सिफारिश की कि किसी भी बैंकिंग व्यवस्था के सुदृढ़ीकरण के

लिए कभी भी दोहरा शासन प्रबंध उपयुक्त नहीं होता। अतः इसके लिए बैंकिंग प्रणाली पर वित्त मंत्रालय एवं भारतीय रिजर्व बैंक में से किसी एक को ही निर्देशन करना चाहिए और बैंकिंग प्रणाली के नियमन के लिए भारतीय रिजर्व बैंक प्रधान एजेन्सी होनी चाहिए।

(ख) स्वतंत्र एवं स्वायत्त बैंक—इस समिति ने बैंकों को स्वायत्त संस्था बनाने का सुझाव दिया। प्रत्येक बैंक को कार्य करने की तकनीक और संस्कृति में आमूल परिवर्तन करना चाहिए ताकि यह आन्तरिक रूप में प्रतियोगी हो सके और इस प्रकार यह विश्व में हो रहे परिवर्तनों के अनुसार कार्य कर सकता है। यह बहुत अनिवार्य है कि भारतीय रिजर्व बैंक एवं सरकार ने जिस प्रकार से व्यवस्था बनायी उसकी समीक्षा, निष्पक्षता एवं स्वायत्त शासिता के आधार पर की जाती है। अन्तिम, बैंक के सर्वोच्च अधिकारी (अध्यक्ष एवं प्रबन्ध-निदेशक) का आधार राजनीतिक कारण नहीं होने चाहिए। इसके लिए विशेषज्ञों का एक स्वतंत्र पैनल होना चाहिए, न कि सरकार द्वारा नियुक्तियाँ की जाने की वर्तमान पद्धति।

बैंकिंग सेवाओं के बाधित होने की अन्तिम जिम्मेदारी भारत सरकार के वित्त मंत्रालय की होगी। सरकारी बैंकों का उपयोग एवं दुरुपयोग सरकार, अधिकारियों, बैंक कर्मचारियों एवं मजदूर संघों द्वारा किया गया। नरसिम्हम समिति की सिफारिशें कई पहलुओं में क्रान्तिकारी हैं और इनका विद्रोह प्रतिवाद मजदूर संघों, वित्त मंत्रालय और प्रगतिशील अर्थशास्त्रियों द्वारा किया जाना स्वाभाविक है।

भारतीय मुद्रा बाजार में सुधार

इस समय हर क्षेत्र में तेजी से बदलाव हुआ है अतः भारतीय मुद्रा बाजार को अब एक नया रूप दिये जाने की आवश्यकता है। इस संदर्भ में प्रमुख जानकारी निम्न प्रकार दी गई है—

(1) नवीन संस्थाओं की स्थापना—भारत जैसे अल्पावधि विनिमय पत्रों के बाजार में विभिन्न प्रकार के नवीन संस्थान स्थापित किये जा चुके हैं। ऐसे भारतीय बट्टा एवं वित्त घर नई प्रतिभूतियाँ शामिल की गई हैं जैसे वाणिज्यिक विनिमय-पत्र और जमा-प्रमाण-पत्र। ये विशिष्ट एवं विनियोग संस्थान अब विकसित हो रहे बाजार की आवश्यकताओं को पूरा कर रहे हैं। वित्तीय संस्थानों एवं विनिमय-पत्रों का विस्तार होने की वजह से अब बचतकर्त्ताओं को परिसम्पत के चुनाव में विस्तृत किस्म के पत्र उपलब्ध हैं जिनमें से वे जोखिम, तरलता और प्रत्याय-दर के आधार पर चुनाव कर सकते हैं।

आज वित्तीय सेवाएँ प्रतिस्पर्धा के दौर से गुजर रही हैं। चाहे मुद्रा बाजार की क्रियाओं का विस्तार हो रहा हो या द्वितीयक बाजार के विकास की शुरुआत हो रही है, मांग मुद्रा बाजार की मुख्य समस्या इसमें अत्यधिक अस्थिरता का अंश है। हाल ही के वर्षों के दौरान, मांग मुद्रा सौदों की मात्रा बढ़ती जा रही है और औसत मांग मुद्रा दरों में वृद्धि हो रही है। मुद्रा बाजार में ऊंची दरों के विद्यमान होने के फलस्वरूप संभवतः वाणिज्यिक विनिमय-पत्रों के सौदों में वृद्धि नहीं हो रही है।

रिजर्व बैंक ने बैंकों और उनके अनुषंगियों को मुद्रा-बाजार में पारस्परिक निधियाँ स्थापित करने की इजाजत दे दी है, जिससे मुद्रा बाजार की निधियों की पूर्ति बढ़ेगी।

विनिमय-पत्रों के बट्टा द्वारा उधार मांगने वालों की संख्या यदि ज्यादा नहीं बढ़ाई जाती है तो मुद्रा बाजार का क्षेत्र व्यापक हो सकता है। साथ ही भारतीय रिजर्व बैंक को अपने बट्टा व्यापार का प्रयोग पुनर्वित्त उपाय के रूप में अधिकाधिक करना होगा, ताकि विनिमय-पत्र को वित्त उपकरण के रूप में लोकप्रिय बनाया जा सके। द्वितीयक बाजार की गतिशीलता के लिए यह अनिवार्य होता है कि मौद्रिक बाजार में भाग लेने वाले सदस्यों एवं साधनों की गुणवत्ता में वृद्धि की जाये। इस सम्बन्ध में भारतीय बट्टा एवं वित्त घर की स्थापना इस दिशा में एक महत्त्वपूर्ण कदम है, क्योंकि इससे मुद्रा-बाजार में उच्चावचनों को कम करने में सहायता मिलेगी और इससे द्वितीयक बाजार का निर्माण प्रोत्साहित हो सकेगा। नरसिम्हम समिति ने यह सुझाव दिया कि सुप्रबन्धित गैर-बैंकिंग वित्तीय अन्तर्वर्तियों जैसे किराया-खरीद और लीजिंग कम्पनियों एवं व्यापारी बैंकों को मुद्रा बाजार में कार्य करने की इज्जत होनी चाहिए। इसमें यह भी व्यवस्था है कि जिन कम्पनियों की पूँजी जोखिम है वे अपनी अल्पावधि निधियों को मुद्रा बाजार में लगा सकती हैं।

(2) भारतीय पूंजी बाजार—विगत कुछ वर्ष पहले पूंजी बाजार उतना विकसित नहीं था जितना कि आज है। विविधीकरण के क्षेत्र में आजकल अत्यधिक पूंजी निवेश किया जा रहा है। इससे पूंजी बाजार के सौदों में वृद्धि हुई है। नये वित्तीय संस्थान जैसे व्यापारिक बैंक, पारस्परिक निधियाँ एवं जोखिम पूंजी कम्पनियाँ कायम हो गई हैं और काफी सक्रिय रूप में कार्य कर रही हैं। नये वित्तीय उपकरण जैसे पूर्ण एवं आंशिक परिवर्तनीय ऋण पत्र, 182 दिन के राजकोषीय पत्र, वाणिज्यिक विनिमय-पत्र, जमा प्रमाणपत्र आदि चालू हो गए हैं। इससे बढ़ते हुए विविधीकरण का परिचय मिलता है और वित्तीय सेवाओं में सूक्ष्मता के विकास का आभास होता

है, जोकि बढ़ते हुए पूंजी एवं मुद्रा बाजार की आवश्यकताओं की पूर्ति कर संकती है।

आज नयी जारी पूंजी की मात्रा 6,500 करोड़ रुपए से 7,000 करोड़ रुपए के बीच है। हिस्सेदारों की संख्या कई करोड़ों तक पहुँच गई है, जिससे हिस्सा पूंजी की बढ़ती हुई संस्कृति का संकेत मिलता है।

पूंजी बाजार में वही बैंक अपना वर्चस्व बना पाते हैं जो मुद्रा बाजार में प्रमुख स्थान बनाए हुए हैं। इन्हें व्यापारिक बैंकों तथा पारस्परिक विधि अनुषंगियों द्वारा प्रवेश मिलता है। वर्तमान समय में विभिन्न वाणिज्यिक बैंक अपने प्रमुख कार्य लीजिंग एवं जोखिम पूंजीवित्त के क्षेत्र में करने लगे हैं।

गैर-बैंकिंग वित्तीय अन्तर्वर्ती—इस संदर्भ में वृहद जानकारी निम्न प्रकार दी गई है—

(1) लीजिंग और किराया-खरीद कम्पनियाँ—आज कई प्रबंध कम्पनियाँ पतन की कगार पर हैं। इसका प्रमुख कारण प्रबंध तंत्र का सही न होना माना जाता है। छोटे तथा मध्यम आकार वाली कम्पनियों के लिए लीजिंग एक लोकप्रिय तरीका बनता जा रहा है, जिससे प्लान्ट एवं मशीनरी के लिए वित्त प्राप्त किया जा सकता है। इनके विकास के कारणों में वैयक्तिक आवश्यकताओं की पूर्ति के लिए तीव्र गति अनौपचारिकता और लचीलापन के गुण हैं।

इस प्रकार लीजिंग एवं किराया-खरीद कम्पनियों के महत्त्व और बढ़ते हुए कार्यभाग को स्वीकार करते हुए नरसिम्हम समिति ने निम्नलिखित सिफारिशें की हैं—

1. व्यापार करने के विवेकपूर्ण मानदण्ड और मार्गदर्शी सिद्धान्त निर्धारित कर देने चाहिएं;
2. पर्यवेक्षण का आधार नियतकालिक तुलन-पत्र होने चाहिएं जिनका एकीकृत पर्यवेक्षण द्वारा परीक्षण होना चाहिए; और
3. एक न्यूनतम पूंजी आवश्यकता निश्चित कर देनी चाहिए।

(2) व्यापारी बैंकिंग—आज व्यवसाय का विस्तार होने के कारण वाणिज्यिक बैंकों का महत्त्व बढ़ा है। कुछ व्यापारी बैंक गैर-वित्तीय सेवा कम्पनियों के रूप में विदेशी बैंकिंग तथा मुद्रा बाजार संस्थानों के रूप में कायम किए गए हैं और कुछ ऐसी फर्मों द्वारा स्थापित किए गए हैं जो दलाली एवं वित्तीय परामर्श कार्य करती हैं।

हमारे देश में कुछ वाणिज्यिक बैंक हैं जो इस समय नवीन पूँजी प्रबंध पर ज्यादा ध्यान दे रहे हैं। वे उधार के व्यवसायी-संघ बनाने का कार्य करते हैं और वे अपने निगमीय ग्राहकों को राशियाँ प्राप्त करने तथा अन्य वित्तीय पहलुओं पर सलाह देते हैं। विदेशी व्यापारी बैंकों के विरुद्ध भारतीय व्यापारिक बैंक बैंकिंग कार्य अर्थात् जमा स्वीकार करना, उधार देना और विदेशी मुद्रा सेवाएँ भी उपलब्ध कराते हैं। नरसिम्हम समिति भारत की औद्योगिक अर्थव्यवस्था के अविनियमित ढाँचे में व्यापारिक बैंकों के कार्यभाग की काफी बड़ी क्षमता की कल्पना करती है। समिति चाहेगी कि सरकार सुप्रसिद्ध अन्तर्राष्ट्रीय व्यापारिक एवं विनियोग बैंकों के साथ साझे उद्यमों की स्थापना में प्रोत्साहन दे। नरसिम्हम समिति की यह भी सिफारिश है कि व्यापारिक बैंक उधार संसाधन एवं बीमा बैंकों से भी लाभ प्राप्त करें। इसके लिए यह बहुत जरूरी है कि वे भारतीय रिजर्व बैंक के सिद्धान्तों के अन्तर्गत कार्य करें।

व्यापारिक बैंक निम्नलिखित दो तरह के प्राधिकारों के तहत कार्य करते हैं—

1. व्यापारिक बैंकों से सम्बन्धित बैंकों का यह भी दायित्व है कि बैंकों का सर्वेक्षण करें एवं यदि व्यापारिक बैंक जमा को गतिशील करना चाहें तो उन्हें भारतीय रिजर्व बैंक की सकारात्मक गतिविधियों को अपनाने के लिए प्रेरित करें।
2. भारतीय प्रतिभूति एवं विनिमय बोर्ड को सभी व्यापारिक बैंकों की निर्गम क्रिया और उनके व्यापार के पोर्टफोलियो प्रबन्ध के नियमन का अधिकार प्राप्त है।

(3) जोखिम पूंजी कम्पनियां—वर्तमान समय में वित्त प्रबंध, पूंजी जोखिम, पूंजी बाजार के क्षेत्र में एक नवीन निवेशक है। इस प्रकार की पूंजी के लिए काफी बड़ा क्षेत्र उपलब्ध है, क्योंकि हाल ही के वर्षों में टेक्नोक्रैट उद्यमकर्ता उभरे हैं जिनके पास योग्यता एवं विशेषज्ञता है परन्तु पूंजी का अभाव है। वित्तीय संस्थान आमतौर पर विनियोग वित्त-प्रबन्ध में प्रवर्त्तक योगदान की अधिक मात्रा पर बल देते हैं, टेक्नोक्रैट उद्यमकर्त्ताओं को जोखिम पूंजी कम्पनियों के समर्थन की आवश्यकता पड़ती है, ताकि नये विचार और नई तकनीकी आरम्भ करके अपनी परिस्थितियों के अनुकूल ढाली जा सके। इस कार्य में अत्यधिक जोखिम उठाना पड़ता है।

समिति के अनुसार जोखिम पूंजी कम्पनियां इसलिए आगे नहीं बढ़ पाती हैं क्योंकि इनकी स्थापना के मार्गदर्शक सिद्धान्त वास्तविक नहीं हैं। समिति ने यह आशा व्यक्त की कि सरकार इन मार्गदर्शी सिद्धान्तों की समीक्षा कर इनमें संशोधन करेगी ताकि पात्रता की कसौटियों का विस्तार किया जा सके और जोखिम पूंजी कम्पनियों के कार्य-संचालन में कुछ हद तक लोचशीलता प्राप्त की जा सके। चूँकि जोखिम पूंजी वित्त-प्रबन्ध में जोखिम का अंश बहुत अधिक होता है, इसलिए

नरसिम्हम समिति ने यह सिफारिश की कि इन कम्पनियों पर पूंजी-लाभ कर में कटौती करनी चाहिए और जोखिम पूंजी कम्पनियों के साथ वहीं व्यवहार किया जाना चाहिए जो पारम्परिक निधियों के साथ किया जाता है।

(4) पारस्परिक निधियां—इस समय पूंजी बाजार से जुड़े विभिन्न संस्थान भारतीय बैंकिंग प्रणाली पर अत्यधिक प्रभाव डाल रहे हैं। इन संस्थाओं की उपयोगिता भी बढ़ गयी है। बहुत से सार्वजनिक बैंकों और वित्तीय संस्थानों ने कर-छूट आधार पर पारस्परिक निधियाँ स्थापित की हैं, ये लगभग भारतीय इकाई न्यास की भांति ही हैं। इन्होंने विनियोक्ता-समर्थन के रूप में काफी विकास किया है। अब सरकार निजी क्षेत्र और साझे क्षेत्र में भी पारस्परिक निधियों का क्षेत्र-विस्तार करना चाहती है। नवीन सिद्धान्त बनाने, कार्यों के पर्यवेक्षण तथा विनिमय विभिन्न प्रकार के अधिकार भी इसके पास हैं—

इस समिति ने पारस्परिक विधियों पर नियंत्रण रखने हेतु निम्नलिखित सुझाव दिये हैं।

(i) पारस्परिक निधियों की स्थापना और कार्य संचालन के लिए एक उचित कानूनी ढांचा होना चाहिए;

(ii) पारस्परिक निधियों के निर्माण के लिए एक उचित विनियामक ढाँचा कायम होना चाहिए ताकि सुदृढ़ सुव्यवस्थित और प्रतिस्पर्द्धी वातावरण में इनका विकास हो सके, और

(iii) कर-रियायतों के क्षेत्र में पारस्परिक निधियों (भारतीय इकाई न्यास भी जिसमें शामिल हो) को एक सा व्यवहार मिलना चाहिए।

पूंजी बाजार का नियमन—विदित है कि पूंजी बाजार बचतकर्त्ता और विनियोक्ता को विभिन्न सेवाएं उपलब्ध कराता है। इनके विकास और विस्तार को बढ़ावा देने की अत्यन्त आवश्यकता है। साथ ही विनियोक्ता संरक्षण की दृष्टि से पूंजी बाजार के नियमन की आवश्यकता है।

पूंजी निर्गम नियंत्रण या भारतीय प्रतिभूति एवं विनिमय बोर्ड द्वारा नियंत्रण लागू किए गए हैं। उदाहरण के तौर पर चाहे व्यापारी बैंकरों ने इसकी हामीदारी की हो और व्यवसायी परामर्श के आधार पर विनियोग का प्रकार, इसकी शर्तें, कीमत-निर्धारण आदि किया गया हो। शेयर बाजार की सूची में अंकित SEBI एवं CCT की प्रारम्भिक स्वीकृति को समिति ने पूरी तरह से नकारा है। सूची में न शामिल किए गए हिस्सों के सन्दर्भ में, जिनके बारे में विनियोक्ताओं को इनके भावी लाभ और प्रवर्त्तकों सम्बन्धी पृष्ठभूमि पर्याप्त नहीं, शेयर बाजारों को SEBI के मार्गदर्शी

सिद्धान्तों के आधार पर अनुमति प्रदान करनी चाहिए ताकि प्रवर्त्तक इनका किसी प्रकार दुरुपयोग न कर सकें।

समिति ने यह भी सिफारिश की है कि विनियोक्ताओं के हितों की सुरक्षा के लिए प्रतिभूति एवं विनिमय बोर्ड का उचित निर्देशन किया जाना बहुत जरूरी है जिसके परिणामस्वरूप पूंजी निर्गम नियंत्रक द्वारा लागू सिद्धान्तों द्वारा विस्थापन में सहायता मिलेगी। समिति ने यह सिफारिश की कि CCI के बाजार नियामक कार्य SEBI को सौंप देने चाहिएं जो सुविचारित सिद्धान्त और मार्गदर्शी सिद्धान्त प्रतिपादित करे, परन्तु पूंजी बाजार के दिन-प्रति दिन के कार्यों में दखल न दें। इस प्रकार पूँजी निर्गम नियंत्रण को समाप्त किये जाने की आवश्यकता है।

जहाँ तक पूंजी बाजार के विभिन्न संस्थानों का सम्बन्ध है, नरसिम्हम समिति ने उन सामान्य सिद्धान्तों की रूपरेखा तैयार की है जो विभिन्न संस्थानों के विनियामक ढाँचे को नियंत्रित करेंगे। जहाँ तक पर्यवेक्षण का सम्बन्ध है, नरसिम्हम समिति वित्तीय संस्थानों के पर्यवेक्षण के लिए संस्थानों के बाहुल्य के विरुद्ध है।

नरसिम्हम समिति का मानना है कि विदेशी पोर्टफोलियो विनियोग के लिए भारतीय पूंजी बाजार को खुला छोड़ना होगा एवं पूंजी बाजार की सहायता के लिए नवीन हिस्सा पूंजी एवं ऋण पत्र जारी करने के लिए भी प्रयास करने होंगे।

बैंकिंग क्षेत्र में सुधार (1992-2006)

नरसिम्हम समिति ने जो भी सिफारिशें की थीं उसे सरकार ने स्वीकार कर लिया। हालांकि बैंकिंग यूनियनों ने इसका बहुत विरोध किया लेकिन सरकार ने इस तरफ कोई ध्यान नहीं दिया। इस संदर्भ में वृहद जानकारी निम्न प्रकार दी गई है–

(1) रोक-आरक्षण अनुपात–वर्धमान रोक आरक्षण अनुपात जो 10 प्रतिशत था समाप्त कर दिया गया, लेकिन इसे इसलिए नहीं रोका जा सका, क्योंकि यह एक प्रकार की प्रक्रिया थी। जब परिस्थितियों में सुधार हुआ और मुद्रा की वृद्धि दर 1995-96 के पश्चात् मन्द होने लगी, रिजर्व बैंक ने रोक-आरक्षण अनुपात 15 प्रतिशत से कम करके दिसम्बर 2001 तक 5.5 प्रतिशत कर दिया। रोक-आरक्षण अनुपात को कम करने का उद्देश्य रिजर्व बैंक के पास ताले में बन्द राशियों को औद्योगिक और अन्य क्षेत्रों को उधार के लिए मुक्त करना था, क्योंकि ये क्षेत्र बैंक-उधार से वंचित थे।

(2) ब्याज दर की शिलापट्टियां–सन् 1991 और 92 के वित्तीय वर्ष के दौरान आर्थिक सुधारों में ब्याजदरों में कुछ महत्वपूर्ण परिवर्तन किये गये थे।

1994-95 में ब्याज दर 20 प्रतिशत हो गई थीं ब्याज दर की प्रमुख शिलापट्टियां निम्नलिखित हैं–

1. 2 लाख रुपये से ऊपर के बैंक-उधार पर ब्याज दर पूर्णतया अनियंत्रित कर दी गयी है।
2. स्टेट बैंक ऑफ इंडिया एवं अन्य बैंकों की प्रमुख उधार दर 2 लाख रुपये से ऊपर के सामान्य अग्रिमों पर कम कर दी गयी है।
3. देशी सावधि जमा पर ब्याज दरें अनियंत्रित कर दी गयी हैं।
4. सभी सहकारी बैंकों (शहरी सहकारी बैंकों को छोड़कर) की ब्याज दरें अनियंत्रित कर दी गयी हैं, बशर्ते कि वे अपनी उधार-दर 13 प्रतिशत के न्यूनतम स्तर पर रखें (पहले यह 12 प्रतिशत थी)।

इस प्रकार कहा जाय तो बैंक उधारों की ऊंची शिलापट्टियों पर ब्याज दर के अनियमन का उद्देश्य बैंकों में स्वस्थ प्रतियोगिता को त्वरित करना और उनकी कार्यसंचालन कुशलता को प्रोत्साहित करना था। वर्तमान समय में अपनी ब्याज दरों को न्यूनतम एवं अधिकतम सीमा के मध्य रखने के लिए अनुसूचित वाणिज्य बैंक स्वतंत्र हैं।

(3) पूंजी पर्याप्तता मापदण्ड–इस मापदण्ड का निर्धारण रिजर्व बैंक द्वारा अप्रैल 1992 में 8 प्रतिशत पर किया गया और यह निर्देश दिया गया कि बैंक इसे तीन वर्ष में पूरा करेंगे। मार्च 1996 की समाप्ति तक सभी सार्वजनिक क्षेत्र के बैंकों ने पूंजी के प्रति जोखिम आधारित परिसम्पत्तियों का 8 प्रतिशत अनुपात प्राप्त कर लिया था।

विवेकशील मार्गदर्शी सिद्धान्त और नये पूंजी पर्याप्तता मानदण्ड वाणिज्यिक बैंकों से यह प्रत्याशा रखते हैं कि वे अपने अप्राप्य एवं अस्पष्ट ऋणों के लिए अपने पोर्टफोलियो में 14,000 करोड़ रुपये से अधिक राशि का प्रावधान करें। इसके फलस्वरूप होने वाले घाटे से बैंकों के पास पहले ही अपर्याप्त पूंजी और तेजी से समाप्त हो जाएगी। बैंकिंग प्रणाली के वित्तीय स्वास्थ्य की रक्षा और इसे सक्षम बनाने के लिए केन्द्र सरकार ने अपने 1993-94 के बजट में 5,700 करोड़ रुपए और फिर 1994-95 में 5,600 करोड़ रुपए का प्रावधान किया, जिससे कि लाभ कमाने वाले राष्ट्रीयकृत बैंकों का पुनः पूँजीकरण किया जा सके। इस सहायता को प्राप्त करने वाले बैंकों से यह आग्रह किया गया कि दो या तीन वर्षों में समर्थ बनने के लिए अपनी योजनाएँ तैयार करें।

(4) कानूनी तरलता अनुपात—जो वर्तमान मांग एवं सावधि देयताओं पर लागू थी को 38.5 प्रतिशत से कम करके 25 प्रतिशत कर दिया गया और बकाया शुद्ध देशीय मांग और सावधि देयताओं को धीरे-धीरे कम कर 38.5 प्रतिशत से अक्टूबर 1997 में 25 प्रतिशत कर दिया गया। यह वह न्यूनतम अनुपात था जो बैंकिंग विनियम कानून (1949) में उल्लिखित था।

(5) विवेकपूर्ण मानदण्ड—भारतीय रिजर्व बैंक ने इस प्रकार के मानदण्डों का निर्धारण सुधार की दृष्टि से किया है। आय की पहचान, परिसम्पत्तियों के वर्गीकरण और अप्राप्य ऋणों के प्रावधान के लिए विवेकपूर्ण प्रणाली का उद्देश्य वाणिज्यिक बैंकों के बहीखातों द्वारा वित्तीय स्थिति को और अधिक सही रूप में प्रतिबिम्बित करना था और इसे अन्तर्राष्ट्रीय रूप में स्वीकार्य खाता-व्यवहारों के अनुकूल बनाना था।

विवेकपूर्ण मानदण्डों ने सभी गैर-निष्पादनीय परिसम्पत्तियों के सम्पूर्ण प्रावधान को आवश्यक बना दिया। चूंकि इसके लिए 10,000 करोड़ रुपये की आवश्यकता थी, इसलिए इसे दो वर्षों के ऊपर फैला दिया गया। बैंकों को अपने संदिग्ध ऋणों और अप्राप्य ऋणों के लिए कम-से-कम 30 प्रतिशत का प्रावधान 1992-93 में करना पड़ा और शेष 70 प्रतिशत का प्रावधान 1993-94 में करना पड़ा।

(6) पूंजी बाजार तक पहुंच—कम्पनियों के लिए बनाए गये नियमों को संशोधित किया जा चुका है एवं उन सभी बैंकों को जो राष्ट्रीयकृत हो चुके हैं पूंजी निर्गम द्वारा पूंजी एकत्र करने का अधिकार प्रदान कर दिया है। इसके साथ स्वामित्व के अधीन प्रदत्त पूंजी 51% से कम न होने की शर्त भी है।

स्टेट बैंक ऑफ इंडिया ने सर्वप्रथम सार्वजनिक निर्गम द्वारा 1,400 करोड़ रुपए की हिस्सा-पूंजी और 1,000 करोड़ रुपए बाण्डों के रूप में एकत्र किए। स्टेट बैंक ऑफ इंडिया में भारतीय रिजर्व बैंक की हिस्सा-पूंजी अब 67 प्रतिशत है, जबकि पहले यह 99 प्रतिशत थी। स्टेट बैंक के अधिनियम में भी संशोधन कर अब हिस्सेदारों को 10 प्रतिशत वोट-अधिकार दिए गए हैं। सार्वजनिक निर्गम प्रक्रिया द्वारा ओरिएंटल बैंक ऑफ कामर्स से 360 करोड़ रुपये की धनराशि का भी कारण किया। अन्य राष्ट्रीयकृत बैंकों ने भी पूंजी-बाजार में प्रवेश कर लिया है या वे इसमें प्रवेश करने की योजना बना रहे हैं।

(7) नये निजी क्षेत्र के बैंक—नवीन आर्थिक सुधार कार्यक्रम चलाकर गैर सरकारी दस बैंकों को कार्य करने हेतु प्रोत्साहित किया गया। विदेशी निवेशकों की 20 प्रतिशत एवं प्रवासी भारतीयों से 40% राशि प्राप्त करने का अधिकार निजी क्षेत्र के बैंकों को दिया गया। इसके अलावा अनुसूचित वाणिज्यिक बैंकों को नयी शाखाएं

खोलने और विस्तार काउंटरों का स्तर उन्नत करने की स्वतंत्रता दी गयी है। इसके लिए पूंजी पर्याप्तता मानदण्डों और विवेकपूर्ण लेखांकन मानक स्तर प्राप्त करने होंगे। घाटे में चल रही शाखाओं को, ग्रामीण क्षेत्रों को छोड़कर अन्य क्षेत्रों में बन्द करने की भी इजाजत दी गयी है। इतना ही नहीं इसके साथ उधार के मानदण्ड में भी बैंकों ने उदारीकरण की नीति अपनायी है।

(8) वाणिज्य बैंकों का पर्यवेक्षण—इस सुधार योजना में हुए बैंक घोटालों पर विशेष ध्यान दिया गया। इस रोकने हेतु महत्त्वपूर्ण कदम भी उठाए गये। 1992 के प्रतिभूति घोटाले के पश्चात्, भारतीय रिजर्व बैंक वाणिज्यिक बैंकों पर अपना पर्यवेक्षण कड़ा कर रहा है। इसके लिए रिजर्व बैंक ने गवर्नर की अध्यक्षता के आधीन एक परामर्श परिषद कायम की है, जिससे बैंकों एवं वित्तीय संस्थानों की पर्यवेक्षण एवं निगरानी प्रणाली मजबूत बनायी जा सके। भारतीय रिजर्व बैंक ने 1993 में इसके लिए एक नया विभाग अर्थात् पर्यवेक्षण विभाग स्थापित किया है। श्री एस. पद्मानाभन की अध्यक्षता में स्थापित कार्यदल ने बैंकों के स्थान पर पर्यवेक्षण के लिए बैंक-निरीक्षण सम्बन्धी बहुत-सी सिफारिशें की हैं जिनमें मुख्य पोर्टफोलियो की लक्ष्य समीक्षा और नियंत्रण प्रणाली शामिल है और पर्यवेक्षण की एक विभेदक पद्धति कायम करने का उल्लेख है, ऐसा इसलिए किया गया, जिससे मजबूत स्थिति वाले बैंकों एवं समस्याग्रस्त बैंकों की विभिन्नता को स्पष्ट किया जा सके।

(9) स्थानीय क्षेत्रों के बैंक—ग्रामीण इलाकों के विकास के उद्देश्य से भारत सरकार ने नये निजी स्थानीय बैंक स्थापित करने की घोषणा की जिनका कार्यक्षेत्र तीन निकटवर्ती जिलों तक होगा। ये बैंक ग्रामीण बचत को गतिशील करेंगे और इसका निवेश स्थानीय क्षेत्रों में करेंगे। सन् 1996 में भारतीय रिजर्व बैंक ने इनकी स्थापना के लिए मार्गदर्शी नियम जारी किए और "सैद्धान्तिक रूप" में सात स्थानीय क्षेत्र बैंक कायम करने के लिए अनुमति दे दी"। इनमें से 5 बैंक आंध्र प्रदेश, कर्नाटक, राजस्थान, पंजाब और गुजरात में स्थित हैं। इन बैंकों ने व्यापार-कार्य प्रारम्भ कर दिया है।

(10) ऋणों की वसूली—समिति के सुझाव पर भारत सरकार ने बैंकों तथा वित्तीय संस्थानों की बकाया राशि के बारे में 1993 में एक कानून पारित किया, ताकि ऋणों की वसूली को सुविधाजनक बनाया जा सके। इसके लिए छः विशेष वसूली न्यायाधिकरण कोलकाता, नई दिल्ली, जयपुर, अहमदाबाद, बंगलौर और चेन्नई में कायम किए गए और एक अपीलीय न्यायाधिकरण मुम्बई में कायम किया गया।

परिप्रेक्ष्य—सन् 1991 में नरसिम्हम समिति ने विनियमित क्षेत्रों की बैंकिंग प्रणाली की स्पष्टता, पर्यवेक्षक अनुशासन, विवेकशीलता, प्रतिस्पर्धा एवं अनुशासन को स्थापित करने का सुझाव दिया। 1992-93 की **भारत में बैंकिंग की प्रवृत्ति एवं प्रगति सम्बन्धी रिपोर्ट** में साफ कहा गया है—"वाणिज्यिक बैंकों को अब इस बारे में सचेत बनाना है वे एक चुनौतीपूर्ण पर्यावरण में प्रवेश कर रहे हैं और उन्हें वित्तीय उद्योग के अन्दर अपनी स्थिति की पुनः परिभाषा करनी होगी। नवीन तरीके और कार्यविधि निर्धारित करनी होगी ताकि नयी चुनौतियों का सफलतापूर्वक मुकाबला किया जा सके, विशेषकर ग्राहकों द्वारा उच्च स्तर की सेवा की बढ़ती हुई मांग का।

इसके लिए सभी बैंकों, विशेषकर सार्वजनिक क्षेत्र के बैंकों का "वाणिज्यिक दिशा निर्धारण" करना होगा और इसके लिए उन्हें कुछ प्रमुख कार्य करने होंगे जो निम्नलिखित हैं—

1. कम लाभदायकता और ऊँचे तथा बढ़ते हुए गैर-निष्पादनीय परिसम्पतों की समस्याओं पर तीव्र प्रहार करना;
2. लागत-आय अनुपात को उन्नत करना और कार्य संचालन की प्रभाविकता को बढ़ाना;
3. अतिरिक्त राजस्व जनन के लिए रणनीति तैयार करना; और
4. निवेशकों की बचत पर बेहतर प्रत्याय उपलब्ध कराना;
5. नयी सेवाओं द्वारा उभरते हुए वित्तीय जोखिम को कम करना।

बैंकिंग क्षेत्र सुधार समिति (1998)

भारत सरकार ने श्री नरसिम्हम की कुशलता को देखते हुए **बैंकिंग क्षेत्र सुधार समिति** का गठन किया। इस समिति का अध्यक्ष भी श्री नरसिम्हम को बनाया गया। इस समिति ने अपनी रिपोर्ट अप्रैल 1998 में प्रस्तुत की। इस समिति के कुछ प्रमुख परिणाम एवं सिफारिशें हैं जो इस प्रकार हैं—

(1) परिमित बैंकिंग अवधारणा का प्रयोग—यह समिति सार्वजनिक क्षेत्र के ऐसे कमजोर बैंकों के पुनःस्थापन के बारे में बहुत चिन्तित है। जिन्होंने गैर-निष्पादनीय परिसम्पतों का भारी प्रतिशत एकत्र कर लिया है। जो कुछ मामलों में कुल परिसम्पतों के 20 प्रतिशत के समान था। नरसिम्हम समिति ने इन कमजोर बैंकों की पुनः स्थापना करने के लिए परिमित बैंकिंग की अवधारणा को अपनाने का सुझाव दिया है। इस श्रेणी के तहत वे बैंक भी शामिल किए गये हैं जो कमजोर बैंक कहे जाते हैं, जिन्हें चलाने के लिए दूसरे की परिसम्पत्तियों की आवश्यकता होती है। ऐसे बैंक

अपनी मांग-जमा को सुरक्षित तरल परिसम्पतों के साथ संतुलित करते हैं। यदि परिमित बैंकिंग की अवधारणा कमजोर बैंकों के पुनः स्थापना के लिए अप्रयोज्य पायी जाती हैं, तब इन्हें बन्द करने के विचार का, समिति के अनुसार, निरीक्षण करना होगा।

(2) छोटे स्थानीय बैंक—सन् 1998 में नरसिम्हम समिति ने यह सुझाव दिया कि पूरे देश में कुछ छोटे स्तर के स्थानीय बैंक स्थापित किए जाएं। उसने इसकी महत्ता पर प्रकाश डालते हुए कहा कि "जबकि दो या तीन बैंक जिनकी अन्तर्राष्ट्रीय दृष्टि हो और 8-10 बड़े राष्ट्रीय बैंक, बड़े और मध्यम निगम क्षेत्र और बड़े एवं मध्यम उद्यमों की जरूरतों की देखभाल कर सकते हैं, फिर भी बहुत से स्थानीय बैंकों की आवश्यकता है।" स्थानीय विकास, लघु उद्देश्य एवं कृषि के सहयोग के लिए समिति ने स्थानीय बैंक स्थापित करने का सुझाव दिया। इसके साथ-साथ, इन बैंकों का बड़े राष्ट्रीय एवं अन्तर्राष्ट्रीय बैंकों के साथ तदनुरूप सम्बन्ध होना जरूरी है।

(3) मजबूत बैंकिंग प्रणाली की आवश्यकता—नरसिम्हम समिति यह मानती है देश के आर्थिक विकास को प्रोत्साहन देने हेतु बैंकिंग प्रणाली को मजबूत बनाया जाना चाहिए। इसलिए उसने मजबूत बैंकिंग प्रणाली कायम करने की पुरजोर वकालत की, विशेषकर पूंजी खाते पर परिवर्तनीयता के सन्दर्भ में जिसके अन्तर्गत पूंजी के भारी अन्तर्प्रवाह और उत्प्रवाह जुड़े हुए हैं और जिनके नतीजे के तौर पर विनिमय दर प्रबन्ध और देशीय तरलता सम्बन्धी कठिनाइयां उत्पन्न हो सकती हैं। इस उद्देश्य की प्राप्ति के लिए समिति ने मजबूत बैंकों के विलय की सिफारिश की जिसका उद्योग पर "गुणक प्रभाव" होगा। किन्तु समिति ने मजबूत और कमजोर बैंकों के विलय के प्रति सतर्क किया है क्योंकि इसका मजबूत बैंकों की परिसम्पत की क्वालिटी पर नकारात्मक प्रभाव पड़ सकता है। समिति ने यह भी सिफारिश की है कि दो या तीन बड़े भारतीय बैंकों को अन्तर्राष्ट्रीय या वैश्विक स्वरूप देना चाहिए। वर्तमान में भारतीय स्टेट बैंक को विश्व का सबसे बड़ा बैंक बनाने हेतु उसकी सहयोगी बैंकों के विलय की प्रक्रिया जारी है।

(4) सार्वजनिक स्वामित्व और वास्तविक स्वायत्तता—समिति ने स्पष्ट किया कि सरकारी स्वामित्व और प्रबन्ध से सरकारी क्षेत्र के बैंकों के कार्य संचालन में, इनकी स्वायत्तता और लोचशीलता में वृद्धि नहीं हुई है। इस सम्बन्ध में, समिति ने बोर्डों के कार्यों पर पुनर्विचार करने की सिफारिश की है, ताकि बैंकों के बोर्ड निगम रणनीति के निर्माण द्वारा हिस्सेदारों के मूल्य को बढ़ाने के प्रति उत्तरदायी रहे।

नरसिम्हम समिति (1998) ने भारतीय रिजर्व बैंक के वित्तीय पर्यवेक्षण बोर्ड के 'स्वायत्त स्तर' पर भी विचार किया है और भारतीय रिजर्व बैंक के विनियामक एवं पर्यवेक्षीय कार्य से अलग करने की आवश्यकता पर भी विचार किया है।

समिति यह मानती है कि भारतीय रिजर्व बैंक को जिनका विनियमन हो रहा है, उनसे दूर ही रहना चाहिए और बैंकों के बोर्डों से भारतीय रिजर्व बैंक के मनोनीत प्रतिनिधि को वापस बुलाने की भारतीय रिजर्व बैंक के मनोनीत प्रतिनिधि को वापस बुलाने की ओर इशारा भी किया है। समिति ने उल्लेख किया है: "विनियमन का सम्बन्ध सुदृढ़ कार्यविधि और प्रकटीकरण मानदण्ड तय करना होना चाहिए और इसे बैंकों के दिन-प्रति प्रबन्ध में अपने आपको लिप्त नहीं करना चाहिए।"

(5) पूंजी पर्याप्तता अनुपात—पूंजी को उन्नत करने के लिए समिति ने बैंकों को निजी शक्ति एवं हानि सहन करने की क्षमता में विकास करने का सुझाव दिया। समिति ने बैंकों के लिए ऊँचे पूंजी पर्याप्तता मानदण्डों का सुझाव दिया है और बैंकों के अप्राप्य ऋणों के लिए परिसम्पत पुनर्निर्माण निधि कायम करने की सिफारिश की है।

(6) बैंक अधिनियमों की समीक्षा व उनका आधुनिकीकरण—नरसिम्हम समिति (1998) ने भारतीय रिजर्व बैंक कानून, बैंकिंग विनियमन कानून, स्टेट बैंक ऑफ इंडिया कानून, बैंक राष्ट्रीयकरण कानून आदि के प्रावधानों की समीक्षा और इनके तुरन्त संशोधन का सुझाव दिया है ताकि इन्हें बैंकिंग उद्योग की वर्तमान आवश्यकताओं के अनुकूल बनाया जा सके।

अन्य सिफारिशों का सम्बन्ध सार्वजनिक क्षेत्र के बैंकों द्वारा कम्प्यूटरीकरण की प्रक्रिया की आवश्यकता, बैंकिंग बोर्डों के व्यवसायीकरण और इनके अराजनीतिकरण, भर्ती करने की कार्यविधि को समीक्षा, प्रशिक्षण एवं पारिश्रमिक आदि से है।

नरसिम्हम समिति (1998) का मूल्यांकन

द्वितीय नरसिम्हम समिति की आवश्यकता अनिवार्य नहीं थी, क्योंकि प्रथम समिति (1991) की सिफारिशें अभी लागू ही नहीं हो पायी थीं। जैसा कि एक आलोचक ने विचार व्यक्त किया "किसी इक्का-दुक्का सिफारिश को छोड़ जैसे कमजोर बैंक के मजबूत बैंकों के साथ विलय को नकार देना और परिमित बैंकिंग के सुझाव को लागू करने का प्रयास करना। जहां तक अन्य सभी मुद्दों का सम्बन्ध

है, चाहे वे संगठन, पुनर्गठन, बैंक-बोर्डों के दिन-प्रति-प्रबन्ध में हस्तक्षेप को कम करना या भारतीय रिजर्व बैंक के विनियामक और पर्यवेक्षीय कार्यभाग को बैंक के प्रबन्ध से अलग करना, ऐसा प्रतीत होता है जैसे कि यह पहली रिपोर्ट की पुनरावृत्ति ही है।"

नरसिम्हम समिति (1991) और 1998 की सिफारिशों की तुलना

1998 की सिफारिशें	1991 की सिफारिशें
1. अधिक मजबूत बैंक	1. संख्या कम करने के लिए बैंकों का विलय
2. बैंक बोर्डों को सरकारी हस्तक्षेप से मुक्त करना	2. बैंक बोर्डों को सरकारी हस्तक्षेप में मुक्त करना
3. तीन स्तरीय ढांचे की ओर बढ़ना	3. तीन स्तरीय ढांचे की ओर बढ़ना
4. पूंजी पर्याप्तता मानदण्डों की समीक्षा	4. पूंजी पर्याप्तता को 8 प्रतिशत पर निश्चित करना
5. विचार करना कि क्या स्वायत्तता सार्वजनिक स्वामित्व से युक्तिसंगत है।	5. बैंकों की स्वायत्तता सुनिश्चित करना; वित्त मंत्रालय के बैंकिंग विभाग को समाप्त करना।

नरसिम्हम समिति (1991) की इस सिफारिश से वित्त मंत्रालय के बैंकिंग विभाग को बन्द कर देना चाहिए, क्योंकि यह एक, अनावश्यक विभाग है और बैंकिंग सम्बन्धी सभी मामले केवल एक प्राधिकार अर्थात् भारतीय रिजर्व बैंक का उत्तरदायित्व होने चाहिए। जाहिर है कि वित्त मंत्रालय ने इस सिफारिश को अस्वीकार कर दिया।

3

राष्ट्रीकृत बैंक

भारत में बैंकिंग व्यवस्था बैंकों का राष्ट्रीयकरण किए जाने के बाद से काफी सुधरी है। बैंक देश के आर्थिक विकास में महत्त्वपूर्ण भूमिका निभाते हैं। भारत में बैंकों के राष्ट्रीयकरण की प्रक्रिया आजादी के कई बाद शुरू हुई जिसके कारण पूरे देश का समान विकास नहीं हो सका। लेकिन अब इससे व्यापक जन समुदाय को लाभ पहुँच रहा है। भारत में 19 जुलाई, 1969 को 14 बड़े व्यापारिक बैंकों का पहला राष्ट्रीयकरण तथा 15 अप्रैल, 1980 को 6 व्यापारिक बैंकों का दूसरा राष्ट्रीयकरण किया गया। पंजाब नेशनल बैंक में इण्डियन बैंक को मिला दिया गया अतः अब राष्ट्रीयकृत बैंकों की संख्या 19 है। 19 जुलाई, 1969 को भारत सरकार ने एक अध्यादेश जारी करके 14 ऐसे बड़े बैंकों का राष्ट्रीयकरण कर दिया जिनकी जमा राशि 50 करोड़ रु. से अधिक थी। राष्ट्रीयकरण की प्रक्रिया ने बैंकिंग प्रणाली को मजबूत बनाने में काफी योगदान दिया है।

बैंकों का राष्ट्रीयकरण

19 जुलाई 1969 को पंजाब नेशनल बैंक, बैंक ऑफ बड़ौदा, यूनाइटेड कमर्शियल बैंक, केनरा बैंक, देना बैंक, यूनियन बैंक ऑफ इण्डिया, इलाहाबाद बैंक,

सिंडीकेट बैंक, इण्डियन ओवरसीज बैंक, इण्डियन बैंक, बैंक ऑफ महाराष्ट्र, सेंट्रल बैंक ऑफ इण्डिया, बैंक ऑफ इण्डिया का राष्ट्रीयकरण किया गया।

द्वितीय बैंक राष्ट्रीयकरण (अप्रैल, 1980)

15 अप्रैल 1980 को बैंकों का दूसरा राष्ट्रीयकरण किया गया। इस दिन राष्ट्रपति ने एक अध्यादेश जारी कर ऐसे बैंकों का राष्ट्रीयकरण कर दिया जिनकी मांग एवं सावधि जमायें 14 मार्च, 1980 को 200 करोड़ रु. से अधिक थी। राष्ट्रीयकरण के इस दौर में शामिल बैंकों के नाम निम्न प्रकार हैं—ओरियण्टल बैंक ऑफ कामर्स लिमिटेड, पंजाब एण्ड सिन्ध बैंक लिमिटेड, विजया बैंक लिमिटेड, आन्ध्र बैंक लिमिटेड, कार्पोरेशन बैंक लिमिटेड, न्यू बैंक ऑफ इण्डिया लिमिटेड।

दोनों दौर में मिलाकर कुल राष्ट्रीयकृत बैंकों की संख्या इस समय 19 है। इसमें स्टेट बैंक तथा इसके सहायक बैंकों को सम्मिलित कर लिया जाय तो यह संख्या 27 हो जाती है।

बैंकों के राष्ट्रीयकरण की आवश्यकता

कई ऐसे प्रमुख कारण थे जिनकी वजह से बैंकों के राष्ट्रीयकरण की आवश्यकता महसूस की गई। कुछ प्रमुख कारणों को निम्न प्रकार स्पष्ट किया गया है—

1. अर्द्धविकसित या विकासशील राष्ट्रों में व्यापार चक्र सामान्यतया क्रियाशील रहते हैं। अतः यह आवश्यक समझा गया कि बैंकों द्वारा सृजित साख पर पर्याप्त मात्रा में नियंत्रण रखकर व्यापार चक्रों पर समुचित नियन्त्रण हो सकेगा। साख-सृजन पर राष्ट्रीय आवश्यकताओं के अनुरूप नियंत्रण केवल बैंकों के राष्ट्रीयकरण से ही सम्भव था।
2. बैंकों द्वारा बड़े पैमाने पर साख का सृजन किया जाता है। यदि बैंकों का प्रबन्ध निजी व्यक्तियों के हाथ में रहा तो इससे उनके द्वारा सृजित साख का उपयोग राष्ट्रहित में न होने की सम्भावना थी। राष्ट्र हित की दृष्टि से बैंकों का राष्ट्रीयकरण काफी सहायक सिद्ध हुआ।
3. भारतीय व्यापारिक बैंकों के मध्य विद्यमान अनुचित प्रतिस्पर्धा को रोकने हेतु राष्ट्रीयकरण एक उपयुक्त कदम था। इससे बैंकों के मध्य व्यर्थ एवं खर्चीली प्रतियोगिता समाप्त हो जायेगी।

4. समाजवादी समाज की स्थापना हेतु बैंकों का राष्ट्रीकरण आवश्यक समझा गया। इस उद्देश्य की पूर्ति हेतु बैंक लाखों-करोड़ों लोगों के बचत के संरक्षक तथा विभिन्न वर्गों को साख सुविधा प्रदान कर राष्ट्रीय अर्थव्यवस्था में महत्त्वपूर्ण भूमिका निभा सकते हैं।
5. हमारे देश में आर्थिक विकास का कार्य आर्थिक नियोजन के सिद्धान्तों के आधार पर किया जा रहा है। इन योजनाओं को क्रियान्वित एवं सफलतापूर्ण संचालन के लिए पर्याप्त मात्रा में वित्तीय कोषों की आवश्यकता होती है। पूंजी की समस्या के निवारण हेतु महत्त्वपूर्ण बैंकों का राष्ट्रीयकरण कर दिया जाय तो इस समस्या का समाधान किया जा सकता है।
6. निजी क्षेत्र में रहते हुए बैंकों द्वारा अर्जित किये गये लाभों का प्रयोग अंशधारियों के हित में होता है। बैंकों को सरकारी क्षेत्र में ले लिए जाने से उनके द्वारा अर्जित लाभ का प्रयोग राष्ट्रीय हित एवं विकास योजनाओं में किया जाना संभव हो सकेगा।
7. निजी बैंक और सरकारी बैंक में प्रमुख अंतर यह है कि सरकारी बैंकों के संबंधों का दायरा निजी बैंकों की तुलना में विस्तृत होता है। अतः बैंकिंग व्यवस्था के अधिकांश भाग पर सरकार का अधिकार एवं नियंत्रण होने से विशिष्ट प्रकार के बैंकों—कृषि बैंक, औद्योगिक बैंक, विदेशी विनिमय बैंक तथा निर्यात-आयात बैंक के अभाव की पूर्ति की जा सकेगी।
8. आज के ज्यादातर लोग सरकारी बैंकों को विश्वसनीय मानते हैं। अगर सरकार बचतों को प्रोत्साहन दे तो इससे लोग निःसंकोच बैंकों में जमा कराने के लिए तत्पर होंगे। निजी क्षेत्र के बैंकों की अपेक्षा सरकारी बैंकों में जनता के अधिक विश्वास की प्रवृत्ति होने के कारण बचतों को प्रोत्साहन मिल सकेगा।
9. सरकारी नियन्त्रण के अन्तर्गत आ जाने के पश्चात् बैंक अपने विस्तृत वित्तीय साधनों का प्रयोग कुशल, अनुभवी एवं प्रशिक्षित कर्मचारियों को बैंकिंग कार्यों पर लगाने में सक्षम हो सकेंगे। इससे बैंकों की कार्य कुशलता निजी क्षेत्र के बैंकों की अपेक्षा निश्चित सुधरेगी।

बैंकों के राष्ट्रीयकरण के दोष

भारत में बैंकों का राष्ट्रीयकरण किये जाने से कई क्षेत्रों को लाभ मिला है लेकिन जनसमुदाय के लिए यह अधिक लाभकारी साबित नहीं हो सका क्योंकि—

1. भारत में स्वतंत्रता प्राप्ति के पश्चात् महत्त्वपूर्ण उद्योगों के संचालन हेतु सरकारी उद्योग व्यवस्था का प्रयोग किया गया। किन्तु यह प्रयोग अधिक सफल नहीं रहा। अतः आलोचकों का सुझाव था कि बैंकों के राष्ट्रीयकरण से उन पर सरकार का नियंत्रण हो जाने से बैंकिंग व्यवस्था का कुशलता स्तर भी गिर जायेगा।
2. निजी क्षेत्र के बैंक स्वामियों को राष्ट्रीयकरण से यह भय था कि इससे उनके व्यवसाय की गोपनीयता समाप्त हो जायेगी।
3. हमारे देश में बैंकिंग व्यवस्था अभी अपनी विकास की शिशु अवस्था में है। अतः आलोचकों का सुझाव था कि किसी उद्योग का बिना पूर्ण विकास किये राष्ट्रीयकरण कर लेना उपयुक्त नहीं होगा।
4. हमारे देश में सरकारी उद्योगों के साथ-साथ निजी उद्योगों का भी समान महत्त्व है। यदि निजी क्षेत्र के बैंकों का राष्ट्रीयकरण कर दिया गया तो इससे निजी क्षेत्र के विकास पर विपरीत प्रभाव पड़ेगा।
5. आलोचकों का यह भी सुझाव था कि देश में कुशल, अनुभवी एवं ईमानदार कर्मचारियों का अभी भी अभाव है। अतः अभी बैंकों के राष्ट्रीयकरण से अधिक असफलता ही प्राप्त होगी।

मूल्यांकन

जैसा कि पूर्व में बताया जा चुका है कि बैंकों का राष्ट्रीयकरण दो चरणों में किया गया। प्रथम चरण 1969 में पूरा हुआ जिसमें 14 महत्त्वपूर्ण बैंकों का राष्ट्रीयकरण किया गया था तथा द्वितीय चरण 1980 में पूरा हुआ जिसमें 6 अन्य बैंकों का राष्ट्रीयकरण कर दिया गया। भारत में व्यापारिक बैंकों के राष्ट्रीयकरण के प्रथम चरण को पूरा हुए काफी वर्ष व्यतीत हो चुके हैं। अतः यह उपयुक्त ही होगा कि इस अवधि में इन बैंकों द्वारा की गयी प्रगति का मूल्यांकन करके यह पता लगाया जाय कि बैंकों के राष्ट्रीयकरण से संबंधित निर्णय कितना सफल रहा। राष्ट्रीयकरण के कुछ सकारात्मक प्रभावों को निम्न प्रकार स्पष्ट किया गया है–

(1) जमाओं में वृद्धि–यह सच है कि राष्ट्रीयकरण होने से इसमें शामिल बैंकों के प्रति लोगों में विश्वास उत्पन्न हुआ है जिसके कारण बैंकों की जमाओं में महत्त्वपूर्ण वृद्धि हुई। राष्ट्रीयकरण के समय बैंक जमाओं की मात्रा, जून, 1969 में 4,625 करोड़ रु. थी वह बढ़कर 1990 में 1,63,771 करोड़ रु. तथा 18-7-1997

को 5,12,287 करोड़ रु. हो गये। बैंकों की जमाओं में बहुत अधिक वृद्धि का एक प्रमुख कारण ग्रामीण क्षेत्रों में बिखरी हुई बचतों को एकत्र कर बैंकों में जमा करना है।

(2) शाखा विस्तार—स्वतन्त्रता प्राप्ति के पश्चात् भारत में बैंकों के राष्ट्रीयकरण की प्रक्रिया तीव्र गति से हुई है। जून, 1969 में अनुसूचित बैंकों की शाखाओं की संख्या भारत में की संख्या जो 8,262 थी। समस्त 30 जून, 1996 को बढ़कर 62,881 हो गई। इनमें से स्टेट बैंकों तथा सम्बद्ध बैंकों की शाखाएं 12,903, राष्ट्रीयकृत बैंकों की शाखाएं 31,055 तथा क्षेत्रीय ग्रामीण बैंकों की शाखाएं 14,516 थी अर्थात् सार्वजनिक क्षेत्र के बैंकों की शाखाओं की संख्या 58,474 थी।

(3) बैंक अग्रिमों में वृद्धि—आज विभिन्न बैंकों ने विभिन्न क्षेत्रों में नई-नई शाखाएँ खोलकर अपनी शाखा की संख्या में काफी वृद्धि की है। राष्ट्रीयकरण के समय कुल बैंक साख 3,599 करोड़ रुपये थी जो बढ़कर अधिक वृद्धि हुई है। राष्ट्रीयकरण के समय कुल बैंक साख 3,599 करोड़ रुपये थी जो बढ़कर 18-7-1997 को 2,78,917 करोड़ रुपये हो गई। भारत में साख-जमा अनुपात सन् 1970-71 में 79.30 प्रतिशत था जो घटकर 1994-95 में 59.2 प्रतिशत रह गया। बैंकों द्वारा प्रदत्त ऋण व साख में केवल वृद्धि ही नहीं हुई है बल्कि साख के ढाँचे में भी परिवर्तन हुआ है। अब प्राथमिक क्षेत्र को कुल साख का 37.8 प्रतिशत भाग प्राप्त है जो राष्ट्रीयकरण के समय केवल 14 प्रतिशत ही था।

(4) बैंकों का मजबूत संगठनात्मक ढाँचा—राष्ट्रीयकरण के चलते ही आज भारतीय बैंकिंग प्रणाली इतनी सशक्त बन सकी है। इसके लिए कमजोर बैंकों के सुदृढ़ बैंकों में विलय की योजना बनाई है। बैंकों की वित्तीय क्षमता को ठीक करने, शाखा विस्तार को संतुलित करने तथा रुग्ण इकाइयों की आर्थिक क्षमता बढ़ाने हेतु रिजर्व बैंक को आवश्यक कार्य योजना तैयार करने के लिए कहा गया है।

(5) प्राथमिकता वाले क्षेत्रों को अधिक ऋण—बैंकों का राष्ट्रीयकरण हो जाने से बहुत लोगों को लाभ मिल रहा है। बैंकों के राष्ट्रीयकरण से पूर्व किसानों, लघु उद्योगों, छोटे-छोटे दुकानदारों तथा परिवाहकों आदि को बैंक साख नगण्य सी प्राप्त थी क्योंकि उस समय बैंक ऋणों के लिए पर्याप्त सम्पत्ति की जमानत मांगी जाती थी तथा ये लोग ऐसा करने में असमर्थ होते थे। अतः इन्हें साख नहीं मिल पाती थी। राष्ट्रीयकरण के बाद बैंकों की साख नीति में आवश्यक परिवर्तन हुआ है जिसके कारण अब इन लोगों को भी बैंक साख प्राप्त होने लगी है। जहाँ प्राथमिकता क्षेत्र को बैंक साख जून, 1969 में 504 करोड़ रुपया था वह बढ़कर 1995 में 60,802

करोड़ रु. तक पहुँच गई है। बैंकों के लिए कुल साख का 40 प्रतिशत प्राथमिकता क्षेत्र को देने का लक्ष्य रखा गया है।

(6) ग्रामीण तथा अर्द्धनगरी क्षेत्रों में बैंकों का प्रसार—राष्ट्रीयकरण के चलते ही आज शहरों के अलावा ग्रामीण इलाकों में भी बैंकों का प्रसार हुआ है। इसकी शहरी तथा ग्रामीण इलाकों में अनेक समस्त अनुसूचित और गैर-अनुसूचित बैंकों की शाखाओं की संख्या 30, जून 1995 को 62,346 थी जिसमें से 34,949 अर्थात् कुल का 56.1 प्रतिशत ग्रामीण क्षेत्रों में थी। अर्द्धशहरी क्षेत्रों में 12,362 शाखाएं थीं। इस प्रकार 75.9 प्रतिशत शाखाएं ग्रामीण तथा अर्द्ध शहरी क्षेत्रों में थीं।

ऊपर दिये गये विभिन्न बिंदुओं का अध्ययन करने से पता चलता है कि राष्ट्रीकृत बैंकों द्वारा राष्ट्रीयकरण के पश्चात् अनेक क्षेत्रों में शाखा विस्तार, जमाओं, निक्षेपों तथा प्राथमिकता प्राप्त क्षेत्रों को साख में महत्त्वपूर्ण उपलब्धियाँ अर्जित की हैं। राष्ट्रीकृत बैंकों के निर्बाध कार्य संचालन में अनेक बाधाएँ हैं जिनका समाधान किया जाना आवश्यक है। इन समस्याओं के समाधान से ही राष्ट्रीकृत बैंक राष्ट्रीय आर्थिक नीति का महत्त्वपूर्ण बन सकेंगे।

राष्ट्रीकृत बैंकों की असफलताएं

राष्ट्रीकृत बैंकों का मूल्यांकन करने से तो यह पता चलता है कि ये कई क्षेत्रों में सफलताएँ अर्जित की हैं लेकिन कुछ असफलताएँ भी इसके हाथ लगी हैं जो निम्नलिखित हैं—

(1) राजनैतिक हस्तक्षेप एवं प्रभुत्व—व्यापारिक बैंकों के राष्ट्रीयकरण से बैंकों की कार्य-प्रणाली में राजनैतिक पार्टियों का हस्तक्षेप एवं प्रभुत्व अत्यन्त ही बढ़ गया है। बैंकों के संचालक मण्डलों में सत्तारूढ़ राजनैतिक पार्टी द्वारा असफल राजनीतियों की नियुक्ति या मनोनयन की प्रवृत्ति इसका उपयुक्त प्रमाण है।

(2) नौकरशाही—भारत में सार्वजनिक संस्थाओं के तहत् नौकरशाही का व्यापक प्रभाव रहा है। बैंकों के राष्ट्रीयकरण के पश्चात् ऐसी मान्यता है कि राष्ट्रीकृत बैंकों के कर्मचारियों में अनुशासनहीनता एवं अनैतिकता में वृद्धि तथा ग्राहक सेवा भावना में गिरावट आयी है।

(3) भ्रष्टाचार—राष्ट्रीयकरण के कारण धन का केन्द्रीकरण होता जा रहा है जिससे बैंकिंग प्रणाली भ्रष्टाचार का शिकार हो गयी है। किसान, लघु उद्योगपति एवं साधारण नागरिक बैंकों की ऋण सम्बन्धी औपचारिकताएं पूरी करने में असमर्थ होते

हैं। अतः ऋण प्राप्तकर्त्ता को अपनी मदद के लिए नये उत्पन्न वर्ग को बड़ी राशि कमीशन के रूप में देनी पड़ती है। इस प्रवृत्ति से बैंकों में भ्रष्टाचार बढ़ा है।

(4) क्षेत्रीय संकीर्णता—बैंकों के राष्ट्रीयकरण का लाभ कुछ ही राज्यों को ही प्राप्त हुआ है। इस वजह से भारत के विभिन्न राज्यों में क्षेत्रीय संकीर्णता बढ़ गई है। बैंकों के राष्ट्रीयकरण के पश्चात् कुछ राज्यों ने तो यह मांग करना प्रारम्भ कर दिया कि उनके क्षेत्र या राज्य से राष्ट्रीकृत बैंक द्वारा प्राप्त जमा राशि का विनियोग उन्हीं के राज्य में किया जाना चाहिए। कुछ राज्यों में इन बैंकों के संचालन मण्डल में राज्य के प्रतिनिधित्व की मांग भी की गयी है।

(5) बैंक साधनों का विवर्तन—राष्ट्रीयकरण हो जाने से बैंकों पर नौकरशाही एवं राजनीतिज्ञों का प्रभुत्व होने के कारण बैंकों के प्रति जनआस्था में कमी हुई है। इससे जमा राशियों का एक बड़ा भाग गैर-राष्ट्रीकृत बैंकों की तरफ जाना प्रारम्भ हो चुका है।

महत्वपूर्ण सुझाव

राष्ट्रीयकृत बैंकों को अपनी कार्य प्रणाली में कुछ सुधार लाना चाहिए। इस संदर्भ में महत्त्वपूर्ण सुझाव निम्न प्रकार दिये गये हैं—

(1) वैज्ञानिक प्रबन्ध व्यवस्था—वैज्ञानिक प्रबंध पर आधारित बैंकिंग प्रणाली में सुधार लाया जाना चाहिए। इससे भ्रष्टाचार एवं लालफीताशाही हतोत्साहित होगी। कर्मचारियों की नियुक्ति व्यवस्था को विवेकपूर्ण बनाया जाना चाहिए तथा कर्मचारियों के मध्य अधिकारों एवं उत्तदायित्वों का उपयुक्त एवं स्पष्ट वितरण होना चाहिए।

(2) कर्मचारियों की मनोवृत्ति में बदलाव—राष्ट्रीकृत बैंकों के कर्मचारी स्वयं को सरकारी कर्मचारी समझकर उसी प्रकार का व्यवहार करते हैं। कर्मचारियों में जन सेवा का नितान्त ही अभाव पाया जाता है। अतः उनकी इस प्रवृत्ति में परिवर्तन की आवश्यकता है जिससे ग्राहक सेवाओं में सुधार हो सके। इसके लिए विशिष्ट पाठ्यक्रमों का आयोजन किया जाना चाहिए।

(3) शाखा विस्तार—राष्ट्रीयकरण के उद्देश्यों की पूर्ति के लिए अ-बैंकिंग क्षेत्रों में शाखाओं को अधिक से अधिक विस्तार किया जाना चाहिए। ताकि वहाँ के लोगों को भी बैंकों से लाभ मिल सके।

(4) संगठनात्मक सुधार—राष्ट्रीकृत बैंकों में एकरूपता की स्थापना की जानी चाहिए। इसके लिए संगठनात्मक सुधार की आवश्यकता होगी। इसके लिए सभी

राष्ट्रीकृत बैंकों को मिलाकर क्षेत्रीय निगमों के रूप में संगठित करने की योजना पर विचार किया जा सकता है।

(5) सरकारी नीति—बैंकों के संबंध में सरकार को ऐसी नीति बनानी चाहिए जिसके अन्तर्गत अनावश्यक सरकारी हस्तक्षेप नगण्य हो। यदि सम्भव हो तो बैंकों को अपने-अपने अधिकार क्षेत्र के संबंध में स्वयं नीति निर्माण का अधिकार दे दिया जाना चाहिए।

यदि उपरोक्त सुझावों को ध्यान में रखा जाए तो राष्ट्रीकृत बैंकों की सफलता अवश्यम्भावी हो जायेगी।

4

केन्द्रीय बैंक एवं भारतीय रिजर्व बैंक

प्रत्येक देश में कई बैंक होते हैं जो देश के विभिन्न हिस्सों में अपनी शाखाएँ स्थापित करते हैं। सभी बैंकों की अपनी-अपनी कार्य प्रणाली व नियम होते हैं। ये आम जनता के साथ मनमानी न कर सकें इसलिए इनको नियंत्रित करने हेतु प्रत्येक देश में एक केन्द्रीय बैंक स्थापित किया जाता है। भारत में केन्द्रीय बैंक के रूप में सन् 1935 में रिजर्व बैंक की स्थापना की गई है। प्रथम विश्व युद्ध के बाद आर्थिक संकट की समस्या के निवारण के प्रयासस्वरूप सन् 1920 में ब्रुसेल्स में सम्पन्न हुए सम्मेलन ने प्रत्येक देश में एक केन्द्रीय बैंक स्थापित करने की सिफारिश की गयी थी। इस सिफारिश को विश्व के सभी बड़े देशों ने स्वीकार करते हुए अपने यहां केन्द्रीय बैंक की स्थापना की थी।

केन्द्रीय बैंक की कार्य प्रणाली अन्य बैंकों की कार्य प्रणाली से भिन्न होती है। केन्द्रीय बैंक का किसी देश की बैंकिंग तथा मौद्रिक व्यवस्था में केन्द्रीय स्थान होता है। अतः इस बैंक पर देश की समस्त बैंकिंग एवं मौद्रिक व्यवस्था के समुचित विकास एवं नियमन हेतु जिम्मेदारी होती है। देश में स्थापित अन्य बैंकों के लिए यह बैंक उनके मित्र एवं सहायक के रूप में कार्य करने के साथ उनके

नियमन एवं नियन्त्रण का उत्तरदायित्व भी स्वीकार करता है। यह बैंक देश के मौद्रिक संचालन का कार्य भी करता है। केन्द्रीय बैंक सरकार को भी कई तरह की सुविधाएँ प्रदान करता है। अतएव वर्तमान समय में केन्द्रीय बैंक की स्थापना प्रत्येक देश की अर्थ व्यवस्था में एक प्रमुख खोज के रूप में जानी जाती है। अनेक विद्वानों ने केन्द्रीय बैंक को 'पत्र मुद्रा निर्गमन बैंक' के रूप में परिभाषित किया है। केन्द्रीय बैंकिंग को प्रो. सैम्युलसन और प्रो. आर. पी. केन्ट ने निम्न प्रकार परिभाषित किया है–

प्रो. आर. पी. केन्ट (Prof. R.P. Kent) के शब्दों में, "केन्द्रीय बैंक एक ऐसी संस्था है जिसे जनहित में मुद्रा के परिमाण में विस्तार तथा संकुचन का कार्य दिया गया है।"

प्रो. सैम्युलसन (Prof. Samuelson) के शब्दों में, "केन्द्रीय बैंक एक ऐसा बैंक है जिसे देश की सरकार अपने लेन-देन के कार्य करने, व्यावसायिक बैंकों को नियंत्रित करने तथा राष्ट्र की मुद्रा की पूर्ति एवं साख-व्यवस्था के नियन्त्रण में सहयोग देने के लिए स्थापित करती है।"

केन्द्रीय बैंक के प्रमुख सिद्धान्त

केन्द्रीय बैंक के लिए कई प्रमुख सिद्धांत बनाए गये हैं। कुछ प्रमुख सिद्धांतों को निम्न प्रकार स्पष्ट किया गया है–

(1) राष्ट्रीय कल्याण की भावना–केन्द्रीय बैंक सदैव राष्ट्रीय कल्याण की भावना से प्रेरित होता है जबकि व्यापारिक बैंक प्रायः लाभ के उद्देश्य से प्रेरित होते हैं। **प्रो. डी. काक** के अनुसार, "केन्द्रीय बैंक का निर्देशक सिद्धान्त यह है कि केवल लोकहित और समूचे देश के कल्याण के लिए ही कार्य करे और लाभ को प्राथमिक उद्देश्य के रूप में स्वीकार न करे।"

(2) राजनीतिक प्रभाव से स्वतन्त्रता–अन्तर्राष्ट्रीय बैंकों की श्रेणी में केन्द्रीय बैंक आते हैं। ये बैंक राजनीतिक हस्तक्षेप से मुक्त होते हैं। किसी भी देश में केन्द्रीय बैंक और सरकार एक साथ मिलकर देश की आर्थिक समस्याओं का निवारण कर सकती है। अतः यह आवश्यक है कि केन्द्रीय बैंक का विशुद्ध आर्थिक सिद्धान्तों पर संचालन होने के साथ ही बैंक तथा सरकार के बीच पूर्ण सहयोग भी हो।

(3) मौद्रिक तथा वित्तीय स्थिरता–केन्द्रीय बैंकिंग का मुख्य सिद्धान्त देश में मौद्रिक तथा वित्तीय स्थिरता बनाये रखने में सहयोग देना है। इस प्रयोजन हेतु

केन्द्रीय बैंक के शस्त्र-भण्डार में अनेक शस्त्र हैं जिनका उपयुक्त समय पर बैंक द्वारा प्रयोग करके इस उद्देश्य को पूरा किया जाता है।

केन्द्रीय बैंक और व्यापारिक बैंक में समानता

इन दोनों बैंकों में कुछ समानताएँ पाई जाती हैं जो निम्नलिखित हैं—

1. केन्द्रीय बैंक तथा व्यापारिक बैंक दोनों ही यथासम्भव सम्पत्तियों को तरल बनाये रखने हेतु अल्पकालीन ऋण देते हैं। ऐसा करके उनकी परिसम्पत्तियों में तरलता बनायी जा सकती है।
2. यहाँ केन्द्रीय बैंक तथा व्यापारिक बैंक प्रायः अचल सम्पत्ति के आधार पर ऋण नहीं देते हैं। ऐसा करने से उन, की सम्पत्तियों में अतरलता उत्पन्न हो जाती है जो उनके लाभों के विपरीत है।
3. केन्द्रीय बैंक द्वारा बिना प्रतिभूतियों के कागजी मुद्रा का निर्गमन करना वास्तव में साख का निर्माण किया जाना ही है। व्यापारिक बैंक नकद जमाओं के आधार पर साख जमाओं का निर्माण करते हैं। इस प्रकार दोनों ही बैंकों में साख का निर्माण किये जाने सम्बन्धों में एकरूपता है।
4. दोनों ही बैंक मुद्रा व्यवसाय करती हैं। दोनों ही प्रकार के बैंक प्रमुखतः किसी न किसी रूप में मुद्रा के लेन-देन का कार्य करते हैं। केन्द्रीय बैंक द्वारा मुद्रा का निर्गमन करते हैं तथा व्यावसायिक बैंक मुद्रा का व्यवसाय करते हैं।

केन्द्रीय बैंक तथा व्यापारिक बैंक में असमानताएँ

इनके बीच पाई जाने वाली कुछ प्रमुख असमानताओं को निम्न प्रकार स्पष्ट किया गया है—

1. केन्द्रीय बैंक सरकार का बैंकर होता है। केन्द्रीय बैंक सरकारी कोषों को रखता है, सरकार की तरफ से भुगतान करता है तथा सरकार की समस्त आय इसी बैंक में जमा रहती है। केन्द्रीय बैंक सार्वजनिक ऋणों की व्यवस्था, सरकार को ऋण देने तथा समय-समय पर सरकार को आर्थिक, वित्तीय एवं मौद्रिक विषयों पर सलाह देने का कार्य भी करते हैं। व्यापारिक बैंकों को इस तरह के अधिकार प्रदान नहीं किये जाते हैं।
2. केन्द्रीय बैंक पर सरकार का नियन्त्रण रहता है। व्यापारिक बैंकों पर इस प्रकार का कोई नियन्त्रण नहीं रहता। इन बैंकों को कार्य करने की पूरी आजादी होती है।

3. केन्द्रीय बैंक मुद्रा का निर्गमन करती है। अतः इस बैंक को निर्गमन बैंक भी कहते हैं। केन्द्रीय बैंक को मुद्रा निर्गमन का एकाधिकार प्राप्त होता है। व्यापारिक बैंक को मुद्रा के निर्गमन का अधिकार प्राप्त नहीं होता है। अन्तिम ऋण दाता की दृष्टि से दोनों बैंकों में भेद है। केन्द्रीय बैंक व्यापारिक बैंकों के अन्तिम ऋणदाता का कार्य करता है क्योंकि आवश्यकता पड़ने पर केन्द्रीय बैंक ही व्यापारिक बैंकों को ऋण देता है। इसीलिए केन्द्रीय बैंक को अन्तिम ऋणदाता अथवा बैंकों का बैंक के नाम से जाना जाता है।
4. केन्द्रीय बैंकों के स्थापना काल में जबकि इसमें अधिकांश में पूंजी का व्यक्तिगत प्रभुत्व था। विगत वर्षों में स्थापित केन्द्रीय बैंकों की स्थापना सरकार द्वारा की गयी है। इसके अतिरिक्त अधिकांश पुराने केन्द्रीय बैंकों को भी सरकारी स्वामित्व में ले लिया गया है। इस प्रकार वर्तमान में केन्द्रीय बैंकों पर सरकारी स्वामित्व की परम्परा है। परन्तु व्यापारिक बैंकों की स्थापना सामान्यतः संयुक्त पूंजी कम्पनियों के रूप में की जाती है। व्यापारिक बैंकों की पूंजी में निजी पूंजी का ही प्रभुत्व रहता है।
5. केन्द्रीय बैंक का उद्देश्य लाभ कमाना नहीं है। वस्तुतः इसका प्रमुख उद्देश्य देश में मौद्रिक स्थिरता बनाये रखना है जबकि, व्यापारिक बैंकों का मुख्य उद्देश्य लाभ प्राप्त करना है।
6. दोनों बैंक व्यवसाय की प्रकृति में भी असामनता है। केन्द्रीय बैंक जनता से अप्रत्यक्ष व्यवसाय करता है, जबकि व्यापारिक बैंक जनता से प्रत्यक्ष व्यवसाय करता है।
7. केन्द्रीय बैंक को देश का सर्वोच्च बैंक कहा जाता है। बाकी सभी बैंक इसके अधीन होते हैं। यह बैंक देश की सम्पूर्ण बैंकिंग व्यवस्था को नियन्त्रित करता है। इसके विपरीत किसी व्यापारिक बैंक का आकार चाहे कितना ही बड़ा क्यों न हो किन्तु सम्पूर्ण बैंकिंग व्यवस्था में वह एक इकाई मात्र ही होता है। व्यापारिक बैंक केन्द्रीय बैंक के नियन्त्रण में कार्य करता है। इसके अलावा प्रमुख बात यह भी है कि देश में मात्र एक ही केन्द्रीय बैंक होता है।
8. दोनों बैंक की मौद्रिक नीति में अन्तर है। केन्द्रीय बैंक द्वारा स्वतन्त्र एवं सक्रिय मौद्रिक नीति का पालन किया जाता है। यह नीति अर्थ-व्यवस्था के नियमन हेतु एक अत्यन्त प्रभावशाली उपकरण है। जबकि व्यापारिक बैंकों की साख नीति मुक्त नहीं होती है।

उपरोक्त बिन्दुओं के अध्ययन से स्पष्ट होता है कि बैंकिंग व्यवस्था में केन्द्रीय बैंक एक प्रमुख संस्था है। इसका प्रमुख कार्य व्यापारिक बैंकों को नियन्त्रित कर मौद्रिक नीति को कार्यान्वित करना है। देश की मौद्रिक व्यवस्था में महत्त्वपूर्ण स्थान प्राप्त होने के कारण यह देश की अर्थ-व्यवस्था को बहुत अधिक प्रभावित करता है।

भारतीय रिजर्व बैंक की स्थापना

भारत में केन्द्रीय बैंक की आवश्यकता ब्रिटिश काल के दौरान ही महसूस की जाने लगी थी। इसका सुझाव सर्वप्रथम तत्कालीन वायसराय लॉर्ड थैरेन हेस्टिंग्स ने दिया था। उन्होंने सन् 1773 में ब्रिटिश सरकार प्रेषित एक पत्र में तत्संबंधी सुझाव प्राप्त किया थे। इसके बाद समय-समय पर अनेक प्रमुख विद्वानों, सम्मेलनों एवं जाँच आयोगों ने केन्द्रीय बैंक की स्थापना हेतु सुझाव दिये। इन सुझावों में प्रमुखतः सन् 1913 के चेम्बरलेन आयोग के सदस्य लार्ड कीन्स, सन् 1920 में ब्रुसेल्स के अन्तर्राष्ट्रीय वित्तीय सम्मेलन, सन् 1929 में 'हिल्टन यंग आयोग' तथा सन् 1931 की केन्द्रीय बैंकिंग जाँच समिति के सुझावों की प्रमुख भूमिका थी। इन सभी ने भारत में केन्द्रीय बैंक की स्थापना की आवश्यकता का सुझाव दिया था। इस प्रकार भारत में शीघ्र ही केन्द्रीय बैंक की स्थापना से सम्बन्धित प्रश्न लगभग एक शताब्दी तक विवादास्पद बने रहने के पश्चात् भारत सरकार ने सन् 1934 में 'रिजर्व बैंक ऑफ इंडिया' अधिनियम को स्वीकृति प्रदान की। इस अधिनियम के आधार पर रिजर्व बैंक ऑफ इंडिया की स्थापना हुई जो 1 अप्रैल, 1935 से कार्य करने लगी।

उद्देश्य

जिस देश की मौद्रिक व्यवस्था मजबूत होती है उसका आर्थिक विकास बहुत ही सही तरह से होता है। ऐसे देशों में जहाँ मुद्रा बाजार तथा बैंकिंग व्यवस्था अविकसित होती है या पूर्ण विकसित नहीं होती है, वहाँ केन्द्रीय बैंक को मुद्रा के नियमन एवं नियन्त्रण के साथ-साथ मुद्रा बाजार तथा मौद्रिक और बैंकिंग व्यवस्था का विकास करना पड़ता है। इससे सम्बन्धित राष्ट्र का आर्थिक विकास निर्बाध गति से संचालित होता है तथा राष्ट्रीय अर्थव्यवस्था के सभी क्षेत्रों के विकास हेतु पर्याप्त वित्तीय सुविधाएं उपलब्ध होती हैं। इन्हीं कारणों से भारत में केन्द्रीय बैंक के रूप में रिजर्व बैंक ऑफ इंडिया की स्थापना की गयी। भारत में रिजर्व बैंक ऑफ इंडिया की स्थापना के निम्नलिखित उद्देश्यों की पूर्ति हेतु की गई—

(1) कृषि साख की व्यवस्था—भारत में कृषि कार्य व्यापक स्तर पर किया जाता है इसलिए यहाँ कृषि क्षेत्र के समुचित विकास हेतु पर्याप्त तथा अधिक मात्रा में साख एवं अन्य बैंकिंग सहायता की आवश्यकता अनुभव की गयी। रिजर्व बैंक की स्थापना से पूर्व कृषि साख हेतु देश में कोई उचित व्यवस्था नहीं थी। अतः कृषि साख की व्यवस्था के लिए एक केन्द्रीय बैंक की स्थापना हुई है।

(2) विदेशों से मौद्रिक सम्पर्क—विदेशी व्यापार के बढ़ने के साथ ही भुगतान संतुलन को समायोजित रखने के प्रयास स्वरूप भी केन्द्रीय बैंक की स्थापना की आवश्यकता अनुभव की गयी थी। अन्तर्राष्ट्रीय स्तर पर विश्व के अन्य देशों के बैंकों से मौद्रिक सम्पर्क स्थापित करने के लिए केन्द्रीय बैंक की जरूरत थी।

(3) मुद्रा-बाजार का एकीकरण—आजादी से पूर्व भारत में मुद्रा बाजार अव्यवस्थित एवं असंगठित था। मुद्रा बाजार के विभिन्न भागों में किसी प्रकार के सहयोग एवं समन्वय का नितान्त अभाव था। मुद्रा बाजार के इस दोष को दूर करने के लिए एक केन्द्रीय बैंक की स्थापना को जरूरी माना गया।

(4) आन्तरिक एवं बाह्य मूल्य में स्थिरता—जनसमुदाय केन्द्रीय बैंकों के प्रति पूरी तरह आश्वस्त होता है। यह राष्ट्रीय मुद्रा में जनविश्वास बनाये रखने के लिए देश की मुद्रा के आन्तरिक एवं बाह्य मूल्य में स्थिरता बनायी। अतः रिजर्व बैंक की स्थापना कर मुद्रा के मूल्य में स्थिरता लाने का प्रयत्न किया गया।

(5) सार्वजनिक ऋणों का प्रबन्ध—हमारे देश की अर्थ-व्यवस्था में सार्वजनिक ऋण का प्रमुख स्थान है। इन ऋणों में जनता का विश्वास बनाये रखने के लिए यह आवश्यक था कि इनकी प्राप्ति एवं भुगतान एवं लेखा-जोखा रखने की व्यवस्था केन्द्रीय बैंक के द्वारा की जाय। अतः केन्द्रीय बैंक के रूप में रिजर्व बैंक को स्थापित करना बहुत ही जरूरी था।

(6) बैंकों के नकद कोषों का केन्द्रीकरण—केन्द्रीय बैंक की स्थापना से पहले भी सभी बैंक अपने नकद कोषों को अलग-अलग रखा करते थे। इससे न तो बैंकिंग व्यवस्था में जनता का विश्वास उत्पन्न होता था और न ही बैंकिंग प्रणाली में दृढ़ता आ पाती थी और न ही कोषों का समुचित एवं ठीक उपयोग हो पाता था। अतः यह अनुभव किया गया कि सभी बैंकों के नकद कोषों के केन्द्रीकरण के लिए एक केन्द्रीय बैंक की स्थापना जरूरी है।

(7) बैंकिंग का समुचित विकास—पूरे देश में बैंकिंग का समुचित विकास केन्द्रीय बैंकों पर निर्भर करता है। रिजर्व बैंक की स्थापना का एक कारण यह भी था कि देश में बैंकिंग व्यवस्था का विकास केन्द्रीय बैंक की सहायता के बिना सम्भव

नहीं था। इस बैंक की सहायता, निर्देशन एवं मार्गदर्शन के अन्तर्गत देश में एक समुचित बैंकिंग व्यवस्था का विकास करना होता है।

(8) मुद्रा एवं साख नीति में समन्वय—रिजर्व बैंक की स्थापना से पूर्व भारत में मुद्रा निर्गमन का कार्य सरकार स्वयं करती थी तथा साख नियन्त्रण का कार्य इंपीरियल बैंक द्वारा किया जाता था। अतः यह आवश्यक था कि इनका संचालन किसी एक ही संस्था द्वारा किया जाय। इस उद्देश्य की पूर्ति हेतु रिजर्व बैंक ऑफ इंडिया की स्थापना कर साख नीति में समन्वय स्थापित किया गया।

रिजर्व बैंक का राष्ट्रीयकरण

रिजर्व बैंक को अंशधारियों का बैंक भी कहते हैं क्योंकि इसकी स्थापना एक अंशधारियों के बैंक के रूप में की गई थी। इस बैंक की स्थापना से ही जनभावना रिजर्व बैंक का राष्ट्रीयकरण किये जाने के पक्ष में थी। स्वतन्त्रता के पश्चात् तो बैंक के राष्ट्रीयकरण की बात जोरदार मांग के रूप में की जाने लगी। अतः भारत सरकार ने सन् 1948 में रिजर्व बैंक (जन अधिकार में हस्तांतरण) अधिनियम पारित कर, 1 जनवरी, 1949 को रिजर्व बैंक का राष्ट्रीयकरण कर दिया। रिजर्व बैंक के राष्ट्रीयकरण हेतु निम्नलिखित कारण उत्तरदायी माने गये—

(1) बैंकिंग प्रणाली पर समुचित नियन्त्रण—बैंकों में जनता का विश्वास बनाये रखने हेतु उन पर समुचित नियन्त्रण आवश्यक है। अतः देश की बैंकिंग व्यवस्था पर समुचित नियन्त्रण हेतु रिजर्व बैंक को राष्ट्रीय प्रभुत्व में लेना जरूरी था।

(2) आर्थिक तथा मौद्रिक नीतियों में समन्वय—तीव्र गति से आर्थिक विकास हेतु आर्थिक एवं मौद्रिक नीतियों में समन्वय जरूरी है। अतः यह मत व्यक्त किया गया कि रिजर्व बैंक के राष्ट्रीयकरण से इन नीतियों में अधिक सामंजस्य स्थापित किया जा सकेगा। इस बैंक के राष्ट्रीयकरण हेतु समर्थकों ने यह तर्क प्रस्तुत किया कि सार्वजनिक कोषों के प्रयोग तथा मौद्रिक व्यवस्था के प्रबन्ध से प्राप्त आय का अंशधारियों के मध्य लाभांश के रूप में वितरण अनुपयुक्त है। रिजर्व बैंक का राष्ट्रीयकरण कर इस लाभ को देश के हित में प्रयोग करना सम्भव था।

(3) राष्ट्रीय तथा सामाजिक हितों की सुरक्षा—रिजर्व बैंक के राष्ट्रीयकरण के सम्बन्ध में यह तर्क भी प्रस्तुत किया गया कि सरकार के नियन्त्रण में ही रिजर्व बैंक सामाजिक तथा राष्ट्रीय हितों को सुरक्षा दे सकेगा।

(4) राजनैतिक स्वतंत्रता तथा नियोजन का प्रारम्भ—भारत में आजादी के बाद आर्थिक विकास हेतु आर्थिक नियोजन का चयन किया गया। नियोजन की सफलता के सम्बन्ध में पर्याप्त धन की आवश्यकता के संदर्भ में रिजर्व बैंक का राष्ट्रीयकरण जरूरी माना गया।

(5) दूसरे देशों के केन्द्रीय बैंकों का राष्ट्रीयकरण—संसार के प्रत्येक राष्ट्रों में केन्द्रीय बैंकों के राष्ट्रीयकरण की प्रवृत्ति ने रिजर्व बैंक के राष्ट्रीयकरण सम्बन्धी निर्णयों को प्रभावित किया। रिजर्व बैंक के राष्ट्रीयकरण के पक्ष में भारतीय जनमत का यह तर्क था कि जब स्वस्थ प्रजातन्त्रात्मक शासन व्यवस्था तथा निजी साहस पर्याप्त महत्त्व देने वाले देशों में भी केन्द्रीय बैंकों का राष्ट्रीयकरण हो चुका है तो भारत में केन्द्रीयकरण क्यों नहीं हो। उल्लेखनीय है कि 1945 में कामनवैल्थ बैंक ऑफ आस्ट्रेलिया तथा बैंक ऑफ फ्रान्स तथा 1946 में बैंक ऑफ इंग्लैण्ड का राष्ट्रीयकरण कर दिया गया था।

भारतीय रिजर्व बैंक का प्रबन्ध

रिजर्व बैंक के प्रबंधन हेतु एक संचालक मण्डल का गठन किया गया है। इसमें 20 सदस्य होते हैं। ये सदस्य निम्न प्रकार के होते हैं —

(1) स्थानीय बोर्ड—केन्द्रीय बोर्ड में 4 संचालक (प्रत्येक स्थानीय बोर्ड से एक) होते हैं जिनकी नियुक्ति केन्द्र सरकार द्वारा की जाती है। रिजर्व बैंक के ये स्थानीय बोर्ड मुम्बई, कोलकाता, चेन्नई, मद्रास तथा नई दिल्ली में स्थित हैं। इन संचालकों की कार्यकाल अवधि भी 5 वर्ष की होती है। इनका कार्यकाल खत्म होने पर फिर मनोनीत कर सकते हैं।

(2) एक प्रशासनिक अधिकारी—केन्द्रीय संचालक मण्डल में एक प्रशासनिक अधिकारी भी होता है जिसकी नियुक्ति केन्द्र सरकार करती है। इसे बोर्ड की बैठक में मतदान करने का अधिकार नहीं दिया गया है।

(3) एक गवर्नर तथा चार उप-गवर्नर—गवर्नर पांच वर्ष के लिए चुने जाते हैं। इनके वेतन का निर्धारण केन्द्रीय सरकार के परामर्श पर केन्द्रीय संचालक मण्डल द्वारा निश्चित होता है।

(4) अन्य संचालक—केन्द्रीय बोर्ड में दस संचालक और नियुक्त किये जाते हैं जो विभिन्न वर्गों का प्रतिनिधित्व करने वाले होते हैं इनका मनोनयन केन्द्रीय सरकार द्वारा चार वर्ष के लिए किया जाता है।

रिजर्व बैंक के स्थानीय मण्डल

रिजर्व बैंक प्रशासनिक ढाँचे को कुशल बनाने के उद्देश्य से बैंक के सम्पूर्ण कार्य क्षेत्र को चार प्रशासनिक क्षेत्रों में विभक्त किया गया है। इनमें से प्रत्येक क्षेत्र में एक-एक स्थानीय मण्डल की स्थापना की गई है। इन चारों क्षेत्रों का कार्य क्षेत्र निम्नलिखित है–

(1) पूर्वी क्षेत्र–इसमें पश्चिमी बंगाल, बिहार, उड़ीसा, असम, मेघालय, नागालैण्ड, मणिपुर, त्रिपुरा, अरुणाचल प्रदेश, मिजोरम, सिक्किम, अण्डमान एवं निकोबार द्वीप समूह का क्षेत्र सम्मिलित है। इस क्षेत्र का मुख्य कार्यालय कोलकाता में स्थित है।

(2) पश्चिमी क्षेत्र–रिजर्व बैंक के पश्चिमी क्षेत्रों में गुजरात, महाराष्ट्र, मध्यप्रदेश, गोआ, दमन तथा दीव क्षेत्र को शामिल किया गया है। इस क्षेत्र का मुख्य कार्यालय मुम्बई में स्थित है।

(3) उत्तरी क्षेत्र–इस क्षेत्र में जम्मू-कश्मीर, पंजाब, हिमाचल प्रदेश, हरियाणा, राजस्थान, उत्तर प्रदेश, चण्डीगढ़ एवं दिल्ली को शामिल किया गया है। इस क्षेत्र का मुख्य कार्यालय नई दिल्ली में स्थित है।

(4) दक्षिणी क्षेत्र–इस क्षेत्र में आन्ध्रप्रदेश, तमिलनाडु, कर्नाटक, केरल, पाण्डिचेरी तथा लक्षद्वीप आदि सम्मिलित हैं। इस क्षेत्र का मुख्य कार्यालय चेन्नई में स्थित है।

रिजर्व बैंक का कार्यालय

रिजर्व बैंक का प्रमुख या केन्द्रीय कार्यालय मुम्बई में स्थापित है। बैंक ने अपने प्रशासनिक ढाँचे को कुशल बनाने के उद्देश्य से सम्पूर्ण देश को चार स्थानीय मण्डलों में बाँटा है। इन स्थानीय मण्डलों के प्रधान कार्यालय नई दिल्ली, कोलकाता, मुम्बई तथा चेन्नई में स्थित है। बैंक द्वारा अहमदाबाद, बंगलौर, भुवनेश्वर, बायकुला (बम्बई), गुवाहाटी, हैदराबाद, जयपुर, कानपुर, नागपुर, पटना तथा त्रिवेन्द्रम् में शाखा कार्यालयों की स्थापना की गयी है। इसके अलावा बैंक के प्रतिबन्धित कार्य करने वाले कार्यालय श्रीनगर, जम्मू, लखनऊ, चण्डीगढ़, भोपाल, इन्दौर एवं कोचीन में भी खोले गये हैं। रिजर्व बैंक को अपने शाखा कार्यालयों को खोलने के लिए केन्द्र सरकार से अनुमति लेनी पड़ती है। भारत में कुछ क्षेत्र ऐसे हैं जहाँ अभी भी रिजर्व बैंक का कोई कार्यालय नहीं है। ऐसे स्थानों पर स्टेट बैंक ऑफ इण्डिया, रिजर्व बैंक के

अभिकर्त्ता के रूप में कार्य करता है। वर्तमान दौर में इस बैंक का कोई भी कार्यालय अस्तित्व में नहीं है।

रिजर्व बैंक के कार्य

वर्तमान दौर में रिजर्व बैंक उन सभी कार्यों को करता है जो किसी देश के केन्द्रीय बैंक से अपेक्षित हैं। रिजर्व बैंक का प्रमुख कार्य ''मौद्रिक स्थिरता की प्राप्ति के लिए मुद्रा निर्गमन को नियन्त्रित करना तथा कोषों को रखना है और देश के हित में मुद्रा तथा साख का संचालन करना है।'' रिजर्व बैंक के कार्यों को प्रमुख रूप से निम्नलिखित दो भागों में बांटा गया है–

(क) केन्द्रीय बैंकिंग सम्बन्धी कार्य

रिजर्व बैंक आज केन्द्रीय बैंक के रूप में कार्य कर रहा है जो निम्नवत हैं–

(1) पत्र-मुद्रा का निर्गमन–भारतीय रिजर्व बैंक अधिनियम के तहत केन्द्रीय बैंक पत्र मुद्रा के निर्गमन का भी कार्य करेगी। इसके धारा 24 के बैंक को 2, 5, 10, 20, 50, 100, 500, 1000, 5000, 10,000 रुपये के नोट छापने का अधिकार प्राप्त है। एक रुपये के नोट का निगमन भारत सरकार द्वारा किया जाता है। 1978 से पूर्व रिजर्व बैंक 1,000, 5000 व 10,000 रुपये के नोटों का भी निर्गमन करता था, किन्तु अब इन्हें बन्द कर दिया गया है। नोट निर्गमन के लिए रिजर्व बैंक में एक अलग नोट निर्गमन विभाग कार्यरत है।

पत्र मुद्रा निर्गमन विभाग नोट निर्गमन के बदले अपने पास कुछ कोष रखती है ताकि पत्र मुद्रा में जनता का विश्वास बना रहे। इस कोष को ''पत्र मुद्रा कोष'' कहते हैं। यह कोष स्वर्ण सिक्कों, स्वर्ण धातु, विदेशी प्रतिभूतियों, रुपया तथा रुपये की प्रतिभूतियों के रूप में रखा जा सकता है। अक्टूबर, 1957 के संशोधनानुसार पत्र मुद्रा निधि में कम से कम 115 करोड़ रुपये का सोना तथा 85 करोड़ रुपये की विदेशी प्रतिभूतियाँ रखना आवश्यक है। अतः भारत की वर्तमान मुद्रा निर्गमन प्रणाली न्यूनतम कोष प्रणाली पर निर्भर करती है।

(2) साख का नियन्त्रण–संसार के प्रत्येक राष्ट्रों में स्थित केन्द्रीय बैंकों का एक महत्त्वपूर्ण कार्य साख का नियन्त्रण है। भारत के केन्द्रीय बैंक, रिजर्व बैंक ऑफ इण्डिया को भी इस सम्बन्ध में व्यापक एवं शक्तिशाली अधिकार प्राप्त हैं। अतः रिजर्व बैंक देश की मुद्रा एवं साख के नियमन एवं नियन्त्रण के लिए विभिन्न प्रत्यक्ष एवं अप्रत्यक्ष अस्त्रों का प्रयोग करता है।

(3) सरकार का बैंकर –अन्य देशों में स्थित केन्द्रीय बैंक के समान रिजर्व बैंक ऑफ इण्डिया केन्द्रीय एवं राज्य सरकारों के बैंकर के रूप में भी कार्य करता है। सरकार के बैंकर के रूप में रिजर्व बैंक निम्नलिखित सेवाएं देता है–

1. बैंक सरकार के लिए विदेशी विनिमय की व्यवस्था करता है।
2. रिजर्व बैंक पर्याप्त जमानत लेकर सरकार को ऋण प्रदान करता है।
3. बैंक जिस सीमा तक रुपया जमा करता है उस सीमा तक सरकार के आदेश से भुगतान प्रक्रिया भी करता है।
4. जरूरत पड़ने पर रिजर्व बैंक सरकार की ओर से टेण्डर तथा ट्रेजरी बिल्स बेचने आदि का प्रबन्ध करता है।
5. बैंक सरकार के लिए सार्वजनिक ऋण की व्यवस्था भी करता है। इसके अन्तर्गत बैंक ऋणों की राशि को एकत्र करना, उन पर देय ब्याज एवं मूलधन का भुगतान करना तथा ऋणों का हिसाब-किताब रखना आदि कार्य करता है।
6. यह बैंक केन्द्रीय सरकार, विभिन्न राज्य सरकारों तथा सरकारी संस्थाओं से रुपया जमा करता है। बैंक सरकारी जमा राशियों पर किसी प्रकार का ब्याज प्रदान नहीं करता है।

(ख) बैंकों के बैंक के रूप में कार्य करना

रिजर्व बैंक भारत में स्थित सभी बैंकों के बैंक के रूप में कार्य करता है। अपनी इस भूमिका के निर्वाह हेतु बैंक निम्नलिखित दो प्रकार का कार्य करता है–

(1) मुद्रा का स्थानान्तरण–भारतीय रिजर्व बैंक सरकार तथा बैंकों के लिए बहुत सस्ते में मुद्रा के एक स्थान से दूसरे स्थान पर स्थानान्तरण का कार्य करता है। यह कार्य अपने स्वयं के कार्यालयों, स्टेट बैंक तथा इसके सहयोगी बैंकों के कार्यालय द्वारा करता है।

(2) समंकों का संकलन एवं प्रकाशन–राष्ट्र मुद्रा, साख तथा आर्थिक स्थिति के बारे में विश्वसनीय सूचना एकत्र करना तथा प्रकाशित करना रिजर्व बैंक का प्रमुख कार्य है। रिजर्व बैंक अनेक प्रकाशन, मासिक, वार्षिक तथा अन्य आधारों पर प्रकाशित करता है। रिजर्व बैंक का मासिक बुलेटिन तथा करैन्सी एवं फाइनेन्स की वार्षिक रिपोर्ट अत्यधिक प्रमुख प्रकाशन है।

(3) विदेशी विनिमय पर नियन्त्रण–विदेशी विनिमय पर नियंत्रण रखना भी रिजर्व बैंक का एक प्रमुख कार्य है। वह रुपये के बाह्य मूल्य को स्थिर बनाये रखने

तथा केन्द्र एवं राज्य सरकारों की विदेशी विनिमय की आवश्यकता को पूरा करने के लिए, विदेशी विनिमय का क्रय-विक्रय भी करता है। बैंक केवल विदेशी विनिमय अधिनियम के अन्तर्गत ''अधिकृत व्यक्ति'' के साथ ही विदेशी विनिमय का क्रय-विक्रय करता है। भारतीय रिजर्व बैंक भारतीय रुपये की विनिमय दर में स्थिरता लाने हेतु भी विदेशी विनिमय बाजारों में डालर तथा अन्य अन्तर्राष्ट्रीय मुद्राओं का क्रय विक्रय का कार्य करता है।

(4) बैंकिंग संस्थाओं पर नियन्त्रण—भारत में रिजर्व बैंक सभी बैंकों का मार्गदर्शन और उन पर नियन्त्रण का कार्य करता है। किसी नये बैंक की स्थापना अथवा बैंक की किसी नई शाखा खोलने के लिए रिजर्व बैंक की पूर्व अनुमति अनिवार्य है। इससे बैंकों के अनुचित विस्तार एवं प्रतिस्पर्धा पर नियन्त्रण रहता है। वर्तमान व्यवस्था के अनुरूप प्रत्येक अनुसूचित बैंक को अपने वर्तमान निक्षेपों का 10 प्रतिशत भाग रिजर्व बैंक के पास अनिवार्य रूप से नकद कोष में रखना पड़ता है। विकट परिस्थितियों में बैंक आदि के फ़ेल अथवा भुगतान करने में असमर्थ रहने पर इस राशि से जमाकर्त्ताओं को भुगतान कर रिजर्व बैंक उनके हितों की सुरक्षा प्रदान करता है।

(5) बैंकिंग शिक्षा एवं प्रशिक्षण—रिजर्व बैंक ने भारत में बैंकिंग की शिक्षा तथा प्रशिक्षण का महत्त्वपूर्ण कार्य किया है। भारतीय बैंकिंग प्रबन्ध संस्थान पुणे, कृषि बैंकिंग कालेज पुणे तथा स्टाफ ट्रेनिंग कालेज चेन्नई, लिपिकों के लिए क्षेत्रीय ट्रेनिंग केन्द्र बम्बई, कलकत्ता, चेन्नई तथा दिल्ली में स्थापित किये गये हैं।

(6) औद्योगिक वित्त की व्यवस्था—उद्योगों हेतु वित्तीय व्यवस्था प्रबंध का दायित्व भी रिजर्व बैंक के ऊपर होता है। भारतीय रिजर्व बैंक ने औद्योगिक वित्त प्रदान करने वाली अनेक संस्थाओं की स्थापना में सहायता देकर अप्रत्यक्ष रूप से औद्योगिक वित्त निगम भारतीय औद्योगिक विकास बैंक, भारतीय लघु उद्योग विकास बैंक तथा राज्य वित्त निगम प्रमुख हैं। इनमें रिजर्व बैंक ने अंश पूंजी में योगदान किया है। रिजर्व बैंक राष्ट्रीय औद्योगिक साख (दीर्घकालीन) कोष का भी नियन्त्रण करता है।

(7) समाशोधन कार्य—केन्द्रीय बैंक को अन्तिम ऋणदाता तथा बैंकों का बैंक भी कहा जाता है। इस रूप में इसे बैंकों के आपसी लेन-देन का निपटारा करने के लिए समाशोधन गृह का कार्य करना होता है। भारत के अनेक नगरों जैसे बंगलौर, बम्बई, कलकत्ता, कानपुर, चेन्नई, नागपुर, नई दिल्ली, पटना तथा हैदराबाद आदि नगरों में समाशोधन गृहों का कार्य रिजर्व बैंक करता है। अन्य स्थानों पर जहाँ रिजर्व

बैंक के कार्यालय नहीं हैं इस कार्य को स्टेट बैंक ऑफ इण्डिया तथा इसके सहयोगी बैंक करते हैं।

(8) कृषि साख का नियमन—भारत की अर्थ-व्यवस्था कृषि पर आधारित है इसी कारण कृषि के सम्यक् विकास के लिए सस्ती संस्थागत साख की अधिक आवश्यकता है। इस उद्देश्य की पूर्ति हेतु रिजर्व बैंक देश में कृषि साख का नियमन एवं नियंत्रण करता है। रिजर्व बैंक में एक पृथक् से कृषि साख विभाग है। यह विभाग कृषि साख सम्बन्धी समस्याओं का अध्ययन करता है तथा केन्द्रीय एवं राज्य सरकारों के कृषि साख विभाग, सहकारी विभाग तथा बैंकों को सलाह देता है तथा उनसे सम्बन्ध बनाये रखता है। रिजर्व बैंक में कृषि साख के विकास हेतु दो कोषों—राष्ट्रीय कृषि साख (दीर्घकालीन कोष) तथा राष्ट्रीय कृषि साख (स्थिरीकरण कोष) की स्थापना की थी जो सन् 1982 में स्थापित राष्ट्रीय कृषि एवं ग्रामीण विकास बैंक (NABARD) में मिला दिया गया है।

साधारण बैंकिंग कार्य

भारतीय रिजर्व बैंक सोना, चांदी व सोने के सिक्कों के क्रय-विक्रय का कार्य भी सम्पन्न करता है। इसके अलावा रिजर्व बैंक भारत के बाहर अन्य देशों की प्रतिभूतियों का क्रय-विक्रय कर सकता है। इनका भुगतान खरीदने की तारीख से 10 वर्षों के अन्दर हो जाना आवश्यक है। रिजर्व बैंक अपने कार्यों के निर्बाध संचालन हेतु अन्तर्राष्ट्रीय मुद्रा कोष के सदस्य राष्ट्रों के केन्द्रीय बैंकों के साथ खाता खोल सकता है। उनके साथ ऐजेन्सी सम्बन्ध रख सकता है तथा उनके ऐजेन्ट के रूप में भी कार्य कर सकता है। भारतीय रिजर्व बैंक विदेशी बैंक से भी आदान-प्रदान कर सकता है।

(1) जमा स्वीकार करना—भारतीय रिजर्व बैंक केन्द्रीय सरकार, राज्य सरकारों, पोर्ट ट्रस्ट एवं अन्य बैंकों तथा व्यक्तियों का निक्षेप स्वीकार करता है। इन निक्षेपों पर बैंक किसी प्रकार का ब्याज प्रदान नहीं करता है।

(2) कृषि बिलों का क्रय-विक्रय—रिजर्व बैंक भारत में भुगतान होने वाले कृषि बिलों के क्रय-विक्रय का कार्य भी करता है, बैंक ऐसे बिलों पर समय सम्बन्धी छूट भी देता है। इन बिलों का कार्यकाल पन्द्रह माह से ज्यादा नहीं होना चाहिए।

(3) वाणिज्यिक बिलों का क्रय-विक्रय—रिजर्व बैंक के साधारण बैंकिंग कार्यों में वाणिज्यिक बिलों के क्रय विक्रय का भी कार्य किया जाता है। रिजर्व बैंक भारत में भुगतान किये जाने वाले वाणिज्यिक बिलों को खरीदने, बेचने एवं उनकी

पुनर्कटौती भी करता है किन्तु यह कार्य केवल ऐसे बिलों के संदर्भ में ही करता है जो 90 दिन से अधिक न हो।

(4) ऋण प्रदान करना –भारतीय रिजर्व बैंक केन्द्रीय एवं राज्य सरकारों को ऋण देने का कार्य भी करता है। इन ऋणों की अधिकतम समय 90 दिन का है।

रिजर्व बैंक के निषेधकार्य

रिजर्व बैंक को कुछ निषेधात्मक कार्य भी हैं जो निम्नलिखित हैं–

1. भारतीय रिजर्व बैंक न तो किसी कम्पनी के अंश खरीद सकता है और न ही उनकी जमानत पर ऋण प्रदान कर सकता है।
2. गैर-जमानती ऋण प्रदान नहीं कर सकता है।
3. निश्चित समय से अधिक ऋण स्वीकृत नहीं किया जा सकता है।
4. ऐसे बिलों को न तो लिख सकता है और न ही स्वीकार कर सकता है, जो माँग पर शोधनीय न हों।
5. अचल सम्पत्ति की जमानत पर न तो ऋण दे सकता है और न ही अपने प्रयोग के अतिरिक्त अन्य किसी कार्य हेतु अचल सम्पत्ति खरीद सकता है। बैंक किसी ऐसी प्रतिभूति की जमानत पर भी ऋण नहीं दे सकता जो स्वयं द्वारा अनुमोदित न किया गया हो।
6. जनता से ब्याज पर जमाएँ स्वीकार नहीं कर सकता है।
7. किसी प्रकार का व्यापार प्रारम्भ नहीं कर सकता, सामान्यतः किसी व्यापारिक संस्था में हिस्सा प्राप्त नहीं कर सकता और न ही उसे किसी प्रकार की आर्थिक मदद दे सकता है।
8. किसी कम्पनी के अंश न तो क्रय करना तथा न उनकी जमानत पर कर्ज देता है।

रिजर्व बैंक द्वारा साख-नियमन

भारतीय रिजर्व बैंक देश की साख व्यवस्था को नियमित और नियंत्रण करने का भी कार्य करता है। **डॉ. डी. काक** के अनुसार "साख नियन्त्रण ऐसे कार्य है जिसके अन्तर्गत केन्द्रीय बैंकिंग नीति के महत्त्वपूर्ण पक्ष आ जाते हैं तथा व्यावहारिक रूप में इससे सभी अन्य कार्य जुड़े हुए हैं और एक सम्मिलित उद्देश्य की प्राप्ति कराते हैं।" साख नियन्त्रण के कार्य द्वारा केन्द्रीय बैंक मौद्रिक नीति के तीन उद्देश्यों, अर्थात्

आन्तरिक मूल्य स्तर में स्थायित्व, विनियम दर में स्थायित्व तथा ऊँची आय व रोजगार के स्तर पर आर्थिक स्थायित्व का प्रयास करता है। रिजर्व बैंक द्वारा साख नियन्त्रण दो प्रक्रियाएँ अपनाई जाती है जो निम्नलिखित हैं—

साख नियन्त्रण की मात्रात्मक प्रक्रिया

इसके तहत निम्नलिखित क्रियाएँ करनी पड़ती हैं—

(1) बैंक दर की नीति—रिजर्व बैंक व्यावसायिक बैंकों को सरकारी प्रतिभूतियों के आधार पर ऋण देता है अथवा उनके प्रथम श्रेणी के विनिमय बिलों को पुनः बट्टा करता है। बैंक दर की नीति साख नियन्त्रण हेतु तब ही प्रभावशाली होती है जब देश की बैंकिंग संस्थाएँ आर्थिक संकट के समय अपने बिलों के पुनः भुगतान के लिए केन्द्रीय बैंकों पर आश्रित रहती हैं। दुर्भाग्यवश रिजर्व बैंक ऑफ इण्डिया की बैंक दर नीति आरम्भ से अधिक सफल नहीं रही है। आज भी साख नियन्त्रण की यह कोई प्रभावपूर्ण नीति नहीं है। सम्भवतः इसका प्रमुख कारण हमारे देश के विभिन्न स्थानों पर ब्याज दरों में विभिन्नता है। इसके अतिरिक्त भारत में रिजर्व बैंक तथा देश की अन्य बैंकिंग संस्थाओं में निकट का सम्बन्ध न पाये जाने के कारण तथा संगठित बिल बाजार के अभाव के कारण भी बैंक दर की नीति भी अधिक सफल नहीं हो पायी है।

भारतीय रिजर्व बैंक ने बैंक दर में कई बार बदलाव किये। सन् 1951 तक बैंक दर 3 प्रतिशत थी जो 1965 तक 6 प्रतिशत हो गयी। मार्च 1968 में बैंक दर गिरकर 5 प्रतिशत हो गयी। इसके बाद लगातार बैंक दर में वृद्धि ही हुई है। अक्टूबर, 1991 में बैंक दर बढ़कर 12 प्रतिशत हो गयी। 1997 में यह दर घटकर 10% हो गयी यदि हम 1951 की तुलना में 1997 में बैंक दर की तुलना करें तो प्रतीत होगा कि विगत पाँच दशकों में रिजर्व बैंक की बैंक दर में तीन गुना ज्यादा बढ़ा है।

(2) वैधानिक तरल कोषानुपात में परिवर्तन—यह वह अनुपात है जो राष्ट्र के सभी व्यापारिक बैकों को बनाये रखना पड़ता है। इसमें व्यापारिक बैंकों को अपने कुल दायित्वों का एक निश्चित भाग सदैव अपने पास तरल रूप में रखना पड़ता है। इस अनुपात का निर्धारण रिजर्व बैंक द्वारा किया जाता है जिसे प्रत्येक व्यापारिक बैंक को मानना अनिवार्य होता है। भारतीय बैंकिंग अधिनियम की धारा 24 के अन्तर्गत पूर्व में बैंकों को अपने कुल दायित्वों का 20 प्रतिशत भाग तरल कोषों में रखना पड़ता था। मई, 1974 से रिजर्व बैंक इस अनुपात में हमेशा वृद्धि करता रहा है। 1974

में यह अनुपात 25 था जो 2 जनवरी, 1988 को 38 प्रतिशत हो गया। अब इसमें बार-बार कमी की गई है। दिसम्बर 1997 में यह 25 प्रतिशत था।

(3) नकद कोषानुपात में परिवर्तन–रिजर्व बैंक भारतीय अर्थ-व्यवस्था का प्रमुख अंग है। इसकी शक्ति का अंदाजा इस बात से भी लगाया जा सकता है कि यह देशों के जमा राशियों पर नियंत्रण रखने की भी क्षमता रखता है। रिजर्व बैंक ऑफ इण्डिया एक्ट की धारा 41(1) के अनुसार अनुसूचित बैंक को रिजर्व बैंक के पास अपने मांग दायित्वों का 5 प्रतिशत तथा काल दायित्वों का 2 प्रतिशत नकद के रूप में रखना अनिवार्य था। 1956 के एक्ट में संशोधन कर रिजर्व बैंक को मांग दायित्वों की प्रतिशत सीमा को 5 से 20 के बीच तथा काल दायित्वों की प्रतिशत सीमा को 2 प्रतिशत से 8 प्रतिशत के बीच परिवर्तित करने का अधिकार प्राप्त हो गया।

व्यवहार में माँग और सावधि जमाओं के लिए अलग-अलग कोषानुपात निर्धारित करने में अनेक कठिनाइयों का सामना करना पड़ता था। अतः 15 सितम्बर, 1962 को एक्ट में पुनः संशोधन कर मांग और सावधि जमाओं का अन्तर समाप्त कर दिया गया। इस संशोधन के फलस्वरूप सभी अनुसूचित बैंकों को अपनी कुल जमा राशि का न्यूनतम 3 प्रतिशत रिजर्व बैंक में जमा करना अनिवार्य कर दिया गया। इस राशि में रिजर्व बैंक 15 प्रतिशत तक बढ़ोत्तरी कर सकता है।

भारतीय रिजर्व बैंक द्वारा नकद कोष अनुपात में समय-समय पर बदलाव करता रहा है। वर्तमान में नकद कोषानुपात अक्टूबर, 1997 में 10 प्रतिशत था जिसे 8 मार्च, 1998 तक 8 प्रतिशत कर दिया जायेगा। इस अनुपात में परिवर्तन कर रिजर्व बैंक आवश्यकतानुसार अन्य बैंकों की उधार देने की क्षमता में कमी करने हेतु नकद कोषों में वृद्धि करता रहता है अर्थात् इसी अनुपात को बढ़ाता रहता है तथा साख क्षमता में वृद्धि करने के लिए इसमें कमी करता है।

(4) मुक्त बाजार की क्रियाएँ–1991 के आर्थिक नीतियों के परिणामस्वरूप भारत में मुक्त बाजार को प्रोत्साहन मिला है। इस नीति का अर्थ केन्द्रीय बैंक द्वारा मुद्रा बाजार में सरकारी प्रतिभूतियों तथा प्रथम श्रेणी के बिलों व प्रतिज्ञा-पत्रों का साख नियंत्रण के उद्देश्य से क्रय-विक्रय किया जाना है। भारतीय रिजर्व बैंक को जब यह आभास होता है कि मुद्रा बाजार में मुद्रा की बहुतायत है तो वह बैंक दर में वृद्धि कर प्रतिभूतियों के धारकों को प्रतिभूतियों का विक्रय रिजर्व बैंक को करना प्रारम्भ कर देता है। इससे मुद्रा बाजार में पर्याप्त मुद्रा आना प्रारम्भ हो जाती है। इन दोनों ही स्थितियों का साख सृजन करने की शक्ति पर प्रभाव पड़ता है। रिजर्व बैंक देश

की आर्थिक स्थिति के अनुसार इस विधि का प्रयोग करता रहता है। इसके परिणाम स्वरूप रिजर्व बैंक अपनी बैंक दर नीति को ज्यादा प्रभावशाली बनाने में सफल होता है।

साख-नियंत्रण की गुणात्मक प्रक्रिया

इस प्रक्रिया के तहत निम्नलिखित क्रियाएँ करनी पड़ती हैं–

(1) चयनात्मक साख नियंत्रण–साख नियन्त्रण की गुणात्मक प्रक्रिया में चयनात्मक साख नियंत्रण की विधि अत्यन्त ही महत्त्वपूर्ण है। इसके द्वारा केवल चयनित क्षेत्रों में ही साख का नियंत्रण संभव होता है। भारतीय बैंकिंग कम्पनी अधिनियम की धारा 35(1) के अन्तर्गत रिजर्व बैंक को ऋण देने के संबंध में बैंकों को आदेश देने का अधिकार है। भारत में रिजर्व बैंक अपने इस अधिकार का प्रयोग निम्न प्रकार से करता है–

(क) साख सीमा का निर्धारण–कई बार रिजर्व बैंक को ऋण अत्यधिक मात्रा में हो जाने के कारण उसे अपने साख सीमाओं का निर्धारण भी करना होता है।

(ख) आयात-पूर्व जमा–रिजर्व बैंक को विदेशी विनिमय को प्रोत्साहन देने के लिए अपने पास अतिरिक्त रकम आयात पूर्व जमा के रूप में रखना पड़ता है। आयात क्षेत्र में साख नियंत्रण हेतु रिजर्व बैंक ने आयातकर्त्ताओं को लाइसेन्स प्राप्त करने के आवेदन के साथ ही आयात का मूल्य जमा कराने की व्यवस्था कर रखी है।

(ग) पूर्वानुमति से ऋण देना–कई बार भारतीय रिजर्व बैंक यह प्रतिबन्ध भी लगा देता है कि बिना उसकी पूर्व अनुमति के किन-किन क्षेत्रों को कर्ज नहीं प्रदान किया जायेगा।

(घ) भिन्न-भिन्न कटौती दरें–इस प्रक्रिया के अन्तर्गत रिजर्व बैंक विभिन्न प्रकार के विनिमय बिलों की पुनर्कटौती की अलग-अलग दर निर्धारित करता है। स्पष्ट है कि जिन क्षेत्रों के लिए रिजर्व बैंक अधिक साख देनी उपयुक्त समझता है उनके लिए कटौती की नीची दरें निर्धारित करता है, जैसे कृषि बिलों की कटौती बैंक दर से 1/2 प्रतिशत कम पर की जाती है। इसके विपरीत जिन क्षेत्रों में ऋण-संकुचन चाहता है उनकी कटौती दर ऊँची निश्चित कर देता है।

(ङ) मूल्यान्तर निर्धारण–बैंकिंग अधिनियम के अन्तर्गत रिजर्व बैंक, बैंकों द्वारा दिये जाने वाले ऋणों पर मूल्यान्तर निर्धारित कर सकता है। रिजर्व बैंक द्वारा मई, 1956 में अनुसूचित बैंकों को यह आदेश दिया गया कि वे चावल व धान की जमानत पर किसी व्यक्ति अथवा संस्था को 50 हजार रुपये से अधिक का ऋण न

दें और इनके मूल्यान्तर में 10 प्रतिशत वृद्धि करें। सितम्बर, 1956 से इस प्रकार के नियम अन्य खाद्यान्नों (दाल, तिलहन, कपास, जूट, मूँगफली, वनस्पति आदि) पर प्रभावी है।

(2) नैतिक दबाव तथा प्रचार—भारतीय रिजर्व बैंक समयानुसार नैतिक असर डालकर तथा बैंकों को समझा-बुझा कर भी साख नियंत्रण करता है। इसके लिए रिजर्व बैंक समय-समय पर अनुसूचित बैंकों के प्रतिनिधियों की सभा तथा अपने गश्ती-पत्रों द्वारा सलाह देने का कार्य करता है। विगत वर्षों में रिजर्व बैंक ने बैंकों को समय-समय पर अपने अग्रिमों को कम करने, साख का अधिक विस्तार न करने किन्तु कृषि, लघु तथा प्राथमिक क्षेत्रों को उदारतापूर्वक ऋण देने के लिए नैतिक रूप से तैयार करने में सफलता प्राप्त की है। अन्य रिजर्व बैंक बैंकों को यह सलाह भी देता है कि वे सरकारी प्रतिभूतियों में अपने विनियोग बढ़ायें तथा अपने तरल कोषानुपात में भी वृद्धि करें। वस्तुतः रिजर्व बैंक द्वारा प्रयुक्त साख नियंत्रण के समस्त तरीकों में नैतिक प्रभाव का तरीका अत्यन्त कमजोर उपकरण माना जाता है। इसके निष्कर्ष भी निश्चित नहीं होते हैं।

(3) साख का राशनिंग—भारत के बैंकिंग अधिनियम 1949 के अनुसार रिजर्व बैंक को यह अधिकार प्रदान किया गया है कि वह देश के हित में समस्त बैंकों की अथवा किसी एक बैंक की ऋण-नीति को निर्धारित कर सकता है। रिजर्व बैंकों द्वारा इस प्रकार निर्धारित की गयी नीति का पालन समस्त बैंकों अथवा संबंधित संस्थाओं को करना पड़ता है। इसके अतिरिक्त रिजर्व बैंक को यहाँ तक अधिकार प्राप्त है कि वह अन्य बैंकों को यह आदेश दे सके कि वे किस कार्य के लिए ऋण तथा किस ब्याज पर दें। बैंकिंग संस्थाओं को रिजर्व बैंक के इन आदेशों का पूरी तरह पालन करना रहता है। जिसके कारण कभी-कभी रिजर्व साख की राशनिंग प्रभावित हो जाती है।

(4) प्रत्यक्ष कार्यवाही—भारतीय रिजर्व बैंक को साख नियन्त्रण हेतु प्रत्यक्ष कार्यवाही के लिए बैंकिंग अधिनियम, 1949 में व्यापक अधिकार प्रदान किये गये हैं। इन अधिकारों के अन्तर्गत रिजर्व बैंक किसी भी बैंक की या बैंक विशेष की ऋण नीति निर्धारित कर सकता है, किसी बैंक विशेष को एक क्षेत्र विशेष को ऋण देने, ऋण एवं जमानत में अन्तर, ऋणों पर ब्याज की दर को विशेष रूप से अपनाने, ऋण देने की शर्तों, असुरक्षित ऋण देने पर नियंत्रण आदि लगा सकता है। भारतीय रिजर्व बैंक सभी बैंकों को किसी भी मामले पर सलाह दे सकता है तथा उस पर विचार करने के लिए बैंक के संचालकों की बैठक बुला सकता है। किसी भी बैंक को उसकी

कार्यप्रणाली के दोषों को सुधारने के लिए भी रिजर्व बैंक द्वारा दिये गये सुझावों का पालन करने के लिए आदेश दे सकता है। इस प्रकार रिजर्व बैंक प्रत्यक्ष कार्यवाही द्वारा प्रत्येक बैंकों की साख शक्ति को नियत्रित करता है।

उपरोक्त वर्णित साख नियन्त्रण की प्रक्रियाओं का अध्ययन करने के बाद इस निष्कर्ष पर पहुँचते हैं कि रिजर्व बैंक को साख नियंत्रण हेतु प्रयुक्त विधियों में अभी इच्छित सफलता नहीं मिली है।

अप्रभावी साख नियंत्रण नीति के कारण

साख नियन्त्रण की उपयुक्त प्रणाली के अध्ययन से मालूम होता है कि बैंक को देश में साख-नियंत्रण हेतु व्यापक अधिकार प्राप्त हैं। विगत वर्षों में बैंक द्वारा इन पद्धतियों का व्यापक प्रयोग कर साख नियंत्रण का प्रयास किया गया है। किन्तु बैंक की साख नियंत्रण की नीति अधिक सफल नहीं हो सकी है। रिजर्व बैंक की साख-नियंत्रण संबंधी नीति के अप्रभावी होने वाले निम्न कारक जिम्मेदार हैं–

(1) अर्थ-व्यवस्था में लोच का अभाव–भारतीय अर्थ-व्यवस्था में लोच का सर्वाधिक अभाव है। बैंक दर नीति की सफलता के लिए अर्थ-व्यवस्था में लोच का गुण परम् आवश्यक है जिससे बैंक दर में परिवर्तन के साथ-साथ ब्याज, मजदूरी की दरें तथा सामान्य मूल्य स्तर में भी परिवर्तन संभव हो सके। किन्तु बेलोचदार अर्थ-व्यवस्था में बैंक दर में परिवर्तन के अनुपात में ब्याज दरों, मजदूरी की दरों तथा सामान्य मूल्य स्तर में परिवर्तन संभव नहीं होता। अतः रिजर्व बैंक की साख नियंत्रण संबंधी नीति ज्यादा प्रभावी नहीं होते हैं।

(2) असंगठित मुद्रा बाजार–भारत के मुद्रा बाजार से सम्बन्धित विभिन्न संगठनों में आपसी समन्वय का अभाव है। इस वजह से यहाँ के मुद्रा बाजार को असंगठित मुद्रा बाजार कहा जाता है। इस अभाव के कारण बाजार में एक ही समय में भिन्न-भिन्न स्थानों पर ब्याज की दरों में विभिन्नता पाई जाती है। इसके अतिरिक्त अनेक बार बैंक दर में परिवर्तन के साथ-साथ बाजार ब्याज दरों में उसी अनुपात में बदलाव नहीं होता है।

(3) बैंकों के पास नकद कोषों का बाहुल्य–अनुसूचित बैंकों अपनी कुल जमाओं का एक निश्चित प्रतिशत भाग रिजर्व बैंक के पास जमा करना पड़ता है। यह कार्य उसे बैंकिंग अधिनियम के प्रावधानों के अनुसार अनिवार्य रूप से करना होता है। किन्तु मुद्रा स्फीति से उद्योगों तथा व्यापार आदि में अधिक लाभ प्राप्ति से बैंकों के नकद कोषों में भारी वृद्धि हुई है। बैंकों को ऋण प्रदान करने के लिए रिजर्व

बैंक पर आश्रित नहीं रहना पड़ता। यही कारण है कि साख नियंत्रण की यह विधि भी ज्यादा सफल नहीं रही है।

(4) असंगठित बिल बाजार—भारतीय बिल बाजार भी पूर्णतः विकसित नहीं है। इस कारण रिजर्व बैंक की खुले बाजार की क्रियाओं की नीति लागू नहीं हो पायी है।

(5) देशी बैंकर्स का स्वतंत्र होना—भारतीय मुद्रा बाजार में आज भी देशी बैंकर्स का प्रभुत्व है जो कुल साख आवश्यकता के एक बहुत बड़े भाग की पूर्ति करते हैं। रिजर्व बैंक का इन बैंकर्स पर किसी तरह का मजबूत नियन्त्रण नहीं होता है।

भारतीय रिजर्व बैंक का आर्थिक विकास में योगदान

देश के आर्थिक विकास में रिजर्व बैंक की महत्वपूर्ण भूमिका है। वर्तमान में रिजर्व बैंक देश के आर्थिक विकास सम्बन्धी निम्नलिखित कार्य कर रही हैं—

(1) बैंकिंग सुविधाओं का विस्तार—हमारे देश में रिजर्व बैंक अपनी स्थापना काल से ही जरूरी बैंकिंग सुविधाओं का विस्तार करने हेतु प्रयत्नशील है। इस प्रयत्न के परिणामस्वरूप अर्थ-व्यवस्था में वित्तीय साधनों के अभाव तथा ब्याज की ऊँची दर की समस्या काफी हद तक दूर हुई। विस्तार कार्यक्रम को पर्याप्त महत्त्व देकर रिजर्व बैंक में एक पृथक् बैंकिंग विकास विभाग खोला गया है। यह विभाग बैंक के बम्बई स्थित प्रधान कार्यालय में एक उप-गर्वनर की देख-रेख में कार्य करता है।

(2) रिजर्व बैंक एवं कृषि साख—भारतीय रिजर्व बैंक अपनी स्थापना काल से ही एक कृषि-साख विभाग की स्थापना की। इस विभाग ने समय-समय पर अनेक प्रमुख कार्य किये हैं—

1. राज्य सहकारी बैंकों को रिजर्व बैंक 15 माह की अवधि के कृषि बिलों की पुनर्कटौती करके ऋण देता है।
2. रिजर्व बैंक राज्य सहकारी बैंकों तथा भूमि विकास बैंकों को स्वीकृति प्रतिभूतियों तथा ऋण-पत्रों के आधार पर अल्पकालीन कर्ज देता है।
3. भूमि विकास बैंकों के ऋण-पत्र खरीदकर उनकी कार्यशील पूंजी को बढ़ाने में रिजर्व बैंक मदद देता है।

भारतीय मुद्रा बाजार एवं पूंजी बाजार अत्यन्त ही असंगठित एवं अनेक समस्याओं से परिपूर्ण है। बैंक इस दिशा में अत्यन्त ही सजग है तथा इन बाजारों को सुदृढ़ बनाने हेतु बैंकिंग कानून के अन्तर्गत इसके द्वारा अनेक प्रयत्न किये गये हैं।

रिजर्व बैंक की उपलब्धियाँ एवं सफलताएं

रिजर्व बैंक अपने कार्यकाल में भारत के केन्द्रीय बैंक के रूप में पिछले वर्षों में अनेक उपलब्धियों की प्राप्ति की है। रिजर्व बैंक को सफलताओं एवं उपलब्धियों का संक्षिप्त वर्णन निम्नलिखित है–

(1) बैंकों का बैंक के रूप में उपलब्धि–भारत में रिजर्व बैंक के स्थापना काल के पहले देश में समुचित बैंकिंग विकास हेतु किसी शीर्ष बैंक का नितान्त अभाव था। रिजर्व बैंक की स्थापना से यह कमी पूरी हुई है। रिजर्व बैंक ने बैंकों के बैंक के रूप में कार्य करते हुए विगत वर्षों में अनेक बैंकों को संकट के समय आर्थिक सहायता पहुँचाकर न केवल उनकी स्थिति मजबूत की है वरन् उन्हें असफल होने से भी बचाया है। सुदृढ़ बैंकिंग की नींव डालने हेतु दूरी एक महत्त्वपूर्ण उपलब्धि कहा जा सकता है।

(2) मुद्रा निर्गमन नीति–रिजर्व बैंक की स्थापना काल से ही बैंक पर मुद्रा निर्गमन का महत्त्वपूर्ण दायित्व है। प्रारम्भ से ही रिजर्व बैंक को ही मुद्रा निर्गमन का एकाधिकार प्राप्त है। रिजर्व बैंक द्वारा कागजी मुद्रा का निर्गमन किया गया तथा मुद्रा के पीछे पर्याप्त धातु कोष बनाये रखे। सन् 1956-57 में रिजर्व बैंक द्वारा आनुपातिक कोष पद्धति का परित्याग करके न्यूनतम कोष पद्धति को अपनाया गया। इससे भारत की मुद्रा प्रणाली में अत्यन्त ही लोच उत्पन्न हो गई। रिजर्व बैंक की यह उपलब्धि भारत जैसे विकासशील देश के लिए महत्त्वपूर्ण उपलब्धि है।

(3) सार्वजनिक ऋणों की व्यवस्था–भारत में रिजर्व के द्वारा सार्वजनिक ऋणों का कुशलतापूर्वक एवं मितव्ययितापूर्वक प्रबन्ध एवं संचालन किया गया है। अनेक बार रिजर्व बैंक द्वारा कम ब्याज पर शीघ्र सरकार की सार्वजनिक ऋणों की उपलब्धि बैंक द्वारा की गयी है।

(4) मुद्रा का बाहरी एवं आन्तरिक मूल्य बनाये रखना–यहाँ पर रिजर्व बैंक ने भारतीय मुद्रा का आन्तरिक एवं बाहरी मूल्य बनाये रखकर जन आस्था के विश्वास में वृद्धि करने में भी सफलता प्राप्त की है। इससे भारतीय मुद्रा की कई बार अवमूल्यन से बचाव हुआ है।

(5) कृषि वित्त व्यवस्था–भारतीय कृषि के लिए पर्याप्त वित्तीय साधन उपलब्ध करवाने में रिजर्व बैंक की महत्त्वपूर्ण भूमिका रही है। सहकारी आन्दोलन के विकास में भी बैंक का महत्त्वपूर्ण योगदान रहा है जिसका परिचय रिजर्व बैंक ने भूमि विकास बैंकों तथा राज्य सहकारी बैंकों को अनेक प्रकार की सहायता देकर दिया है।

12 जुलाई, 1982 को रिजर्व बैंक द्वारा कृषि साख कार्यक्रम को विवेकपूर्ण बनाने के उद्देश्य से "नाबार्ड" की स्थापना की है। इसका निष्कर्ष बहुत उत्तम रहा है।

(6) बैंकिंग विकास—रिजर्व बैंक ने देश में बैंकिंग विकास का समुचित ध्यान रखा है। रिजर्व बैंक ने विधान द्वारा स्वयं को प्राप्त अधिकारों का पूर्ण एवं उपयुक्त, प्रयोग कर देश में एक सुव्यवस्थित एवं सुसंगठित बैंकिंग व्यवस्था की नींव रखी। बैंक ने कमजोर एवं गैर आर्थिक बैंकों के एकीकरण में भी किसी तरह का संकोच नहीं हुआ है।

(7) ब्याज दरों में स्थायित्व—भारतीय रिजर्व बैंक द्वारा समयानुसार बैंक दर में कमी-वृद्धि कर उसे बराबर नियंत्रित रखने का प्रयास किया गया है। बैंक के निरन्तर प्रयत्नों के फलस्वरूप ब्याज दरों में उच्चावचन अब पहले की अपेक्षा कम हो गये हैं।

(8) आविष्कार, अनुसंधान एवं प्रकाशन—अनुसंधान के क्षेत्र में रिजर्व बैंक में एक पृथक् से अनुसंधान एवं आंकड़ा विभाग है। यह विभाग अपने अनेक प्रकार के कार्यों से महत्त्वपूर्ण सेवायें कर रहा है। रिजर्व बैंक द्वारा मुद्रा, साख, बैंकिंग, कृषि, सहकारिता तथा औद्योगिक उत्पादन के संबंध में आंकडों का एकीकरण कर समय-समय पर उनके प्रकाशन का कार्य करता है।

(9) औद्योगिक वित्त-व्यवस्था—भारत में रिजर्व बैंक के स्थापना काल के पहले तथा बैंक की स्थापना के बाद भी कुछ वर्षों तक औद्योगिक वित्त के लिए उपयुक्त प्रकार की संस्थायें नहीं थीं। रिजर्व बैंक ने स्वयं अपने प्रयासों से अनेक विकास वित्त संस्थायें जैसे-औद्योगिक विकास बैंक आदि की स्थापना में रुचि दिखलाकर औद्योगिक वित्त के क्षेत्र में सराहनीय कार्य किया है। रिजर्व बैंक ने औद्योगिक साख कोष की स्थापना भी की है जिसमें से औद्योगिक विकास बैंक को दीर्घकालीन ऋण प्रदान किये जाते हैं। रिजर्व बैंक औद्योगिक वित्त निगम, राज्य वित्त निगमों तथा औद्योगिक विकास बैंक को औद्योगिक वित्त प्रदान करता है तथा ये संस्थायें उद्योगों को वित्तीय मदद प्रदान करती हैं।

(10) बिल बाजार एवं मुद्रा बाजार का विकास—मुद्रा बाजार की स्थापना एवं बिल बाजार के विकास में रिजर्व बैंक का विशिष्ट योगदान रहा है। 1958 से पूर्व भारत में बिल बाजार का सर्वथा अभाव था। सन् 1958 में रिजर्व बैंक ने इस दिशा में एक योजना क्रियान्वित कर महत्त्वपूर्ण कार्य किया है। इससे देश में संगठित मुद्रा बाजार के निर्माण में सहयोग मिला। यद्यपि इस क्षेत्र में बैंक को मामूली सफलता मिली है।

(11) स्फीति पर नियंत्रण–रिजर्व बैंक द्वारा मुद्रा स्फीति को नियंत्रित करने हेतु समय-समय पर विभिन्न प्रकार के कदम उठाये गये है। इस दिशा में साख नियंत्रण की चयनात्मक लाख नियंत्रण नीति का विशेष योगदान रहा है। बैंक इस उद्देश्य की प्राप्ति हेतु हमेशा प्रयास करता है।

(12) समाशोधन व्यवस्था–अनुसूचित बैंकों को रिजर्व बैंक से समाशोधन गृह की सुविधा प्राप्त होती है। इस व्यवस्था को अधिक कारगर बनाने के संबंध में रिजर्व बैंक निरन्तर प्रयत्नशील है। रिजर्व बैंक द्वारा अपने विभिन्न केन्द्रों पर संचालित समाशोधन गृहों में चैकों के समायोजन के कार्य की गति को बढ़ाने के लिए इन गृहों के कार्यो को कम्प्यूटरीकृत किया है।

(13) सस्ती मुद्रा नीति–देश में केन्द्रीय बैंक की स्थापना के लिए एक उपयुक्त मौद्रिक नीति की प्राप्ति भी महत्त्वपूर्ण थी। इस दिशा में बैंक अधिकांशतः सफल हो रहा है। बैंक ने देश की आवश्यकता के अनुरूप उसे सस्ती मुद्रा नीति प्रदान की है। सस्ती मुद्रा नीति का अनुसरण कर रिजर्व बैंक मुद्रा बाजार में ब्याज की दरों को कम करने में सफल हुआ।

(14) बैंकिंग अधिनियम का निर्माण–इसमें मौद्रिक नीति के सतत् संचालन में उपयुक्त बैंकिंग अधिनियम का विशेष महत्त्व होता है। रिजर्व बैंक ने बैंकिंग नियमन अधिनियम, 1949 का निर्माण करने में भी सफलता अर्जित की है जिससे वह सभी सदस्य एवं असदस्य बैंकों के नियंत्रण एवं निर्देशन के वृहत् अधिकार प्रदत्त किये गये हैं।

(15) साख-नियंत्रण नीति–रिजर्व बैंक ने साख नियंत्रण सम्बन्धी उल्लेखनीय कार्य किये हैं। वह समय-समय पर मात्रात्मक स्वयं गुणात्मक विधियों का प्रयोग करती रहती है। इस संबंध में चयनात्मक साख नियंत्रण की विधि की सफलता प्रमुख रूप से सराहनीय है।

अगर रिजर्व बैंक के नकारात्मक पक्ष पर ध्यान दिया जाय तो स्पष्ट होता है कि रिजर्व बैंक अपने कार्यकाल में भारतीय अर्थ-व्यवस्था को सुदृढ़ आधार प्रदान करने हेतु अनेक महत्त्वपूर्ण कदम उठाये हैं। इनमें कुछ में सफलता भी मिली है किन्तु अभी भी रिजर्व बैंक को विश्व के अन्य देशों में स्थापित केन्द्रीय बैंक के समान कहलाने हेतु बहुत कुछ करना है। पिछले कुछ वर्षों से रिजर्व बैंक को जो नुकसान उठाने पड़े हैं, वे निम्न प्रकार हैं–

(1) असंगठित मुद्रा बाजार–अपने कार्यकाल की अर्द्ध शताब्दी पूर्ण हो जाने तथा इस दिशा में निरन्तर प्रयत्नशील रहने के बाद भी रिजर्व, बैंक भारतीय मुद्रा

बाजार को पूर्णत संगठित करने में असफल रहा है। आज भी देशी बैंकर्स रिजर्व बैंक के संधि कार्य पद्धति में नहीं हैं।

(2) बैंकिंग सुविधाओं की अपर्याप्तता—यद्यपि विगत कुछ वर्षों में बैंकिंग सुविधाओं का पर्याप्त विस्तार हुआ है किन्तु देश के क्षेत्रफल एवं जनसंख्या के दृष्टिकोण से यह सुविधाएं असंतोषजनक हैं।

(3) बैंकिंग संकट से रक्षा में असमर्थ—रिजर्व बैंक, बैंकों का बैंक है। अतः इसका यह कर्त्तव्य है कि वह व्यापारिक बैंकों की संकट के समय रक्षा करे तथा उन्हें असफल होने से बचाये। दुर्भाग्यवश रिजर्व बैंक अपने इस दायित्व का निर्वाह भली-भाँति नहीं कर सकता है। विगत वर्षों में फेल हुए कई बैंक इसके स्पष्ट प्रमाण हैं।

(4) ब्याज दरों में भिन्नता व अस्थिरता—मुद्रा बाजार में प्रचलित ब्याज दरों की भिन्नता के कारण रिजर्व बैंक ब्याज दरों में एकरूपता व स्थिरता लाने में असफल रहा है। अभी तक रिजर्व बैंक भारतीय बैंकों को विदेशी विनिमय व्यवसाय में उनका समुचित हिस्सा दिलवाने में असफल रहा है। विदेशी विनिमय व्यवसाय पर आज भी विदेशी विनिमय बैंकों का स्वामित्व बना हुआ है।

(5) मुद्रा के आन्तरिक मूल्य में अस्थिरता—रिजर्व बैंक मुद्रा के आन्तरिक मूल्य को स्थायी रखने में भी असफल रहा है। मुद्रा के मूल्य में अस्थिरता तथा अनिश्चितता रिजर्व बैंक की असफलता का प्रमाण है। विगत वर्षों में निरन्तर मुद्रा प्रसार के कारण देश के कीमत स्तर में सर्वाधिक वृद्धि हुई है जिससे मुद्रा के आन्तरिक मूल्य में गिरावट आयी है।

(6) कृषि साख की अपर्याप्तता—जब से रिजर्व बैंक की स्थापना हुई है तब से रिजर्व बैंक कृषि क्षेत्र को साख उपलब्ध कराने का कार्य कर रही है। किन्तु आज तक देश में कृषि साख की समुचित एवं पर्याप्त व्यवस्था नहीं हो पायी है।

(7) बिल बाजार के विकास में असफलता—इन बाजारों को विकसित करने के लिए रिजर्व बैंक द्वारा 1952 में एक योजना प्रारम्भ की गई थी। रिजर्व बैंक अपने काफी प्रयत्नों के बावजूद भी देश में सुसंगठित बिल बाजार का विकास करने में असफल रहा है। इस अभाव के कारण बैंकों को बिलों की पुनः कटौती की पूरी सुविधाएं उपलब्ध नहीं हैं।

5

विकास बैंक

किसी भी देश के आर्थिक विकास में वित्तीय प्रणाली एक महत्त्वपूर्ण भूमिका निभाती है। ऐसे आधुनिक समाज की आज कल्पना भी नहीं की जा सकती जिसमें बैंकिंग तथा अन्य वित्तीय संस्थाएं न हों। उन्नत देशों में मुद्रा बाजार का आधार स्तम्भ ये संस्थाएँ होती हैं। हालांकि द्वितीय विश्व युद्ध के उपरांत विश्व की अर्थ-व्यवस्था काफी चरमरा गयी थी। इस समस्या को हल करने के लिए सभी लोगों का ध्यान विकास बैंकों की ओर आकर्षित हुआ। अतः द्वितीय विश्व युद्ध के बाद ही अर्थ-व्यवस्था के विकास हेतु सम्मिलित प्रयास के लिए किसी विशेष वित्तीय संस्था की जरूरत महसूस की गयी। फलस्वरूप संपूर्ण विश्व में विशेष वित्तीय संस्थाओं की स्थापना बड़ी तीव्र गति से होने लगी। इन संस्थाओं का प्रमुख उद्देश्य था, उद्योग व्यापार का समुचित विकास करना।

यदि विकास बैंकों के इतिहास पर दृष्टिपात किया जाए तो विश्व का पहला विकास बैंक, जापानी औद्योगिक विकास बैंक की 1902 में स्थापना हुई; किन्तु इस बैंक ने विस्तृत रूप से सन् 1945 के बाद ही विकास बैंक का कार्य आरम्भ किया था। इसी काल अवधि में कनाडा औद्योगिक विकास 1944 में, कॉमन वेल्थ बैंक ऑफ ऑस्ट्रेलिया 1946 में, जर्मनी औद्योगिक बैंक 1949 में स्थापित हुए। इस तरह आजादी के पश्चात् राष्ट्र की विकास जनित वित्तीय आवश्यकता पूर्ति हेतु भारत में

भी विकास बैंकिंग का शुभारम्भ हुआ तथा देश में विश्व बैंक द्वारा प्रायोजित विशिष्ट वित्तीय संस्थाएँ स्थापित हुईं, जिन्हें विकास बैंक कहा जाता है। भारत का प्रथम विकास बैंक औद्योगिक वित्त निगम 1946 में स्थापित हुआ। एशिया के प्रथम विकास बैंक की स्थापना सन् 1967 में हुई।

विकास बैंक का अर्थ

इस बैंक का तात्पर्य ऐसी वित्तीय संस्थाओं से लगाया जाता है जो औद्योगिक एवं वित्तीय संस्थाओं को वित्त प्रदान करती हैं। उनकी सभी वित्तीय आवश्यकताओं की पूर्ति करती हैं तथा तकनीकी एवं व्यावहारिक सलाह एवं परामर्श का कार्य भी करती हैं। इस प्रकार विकास बैंकों के अन्तर्गत उन संस्थाओं को शामिल किया जाता है जो वृहत्-स्तर पर औद्योगिक विकास हेतु वित्त प्रदान करने के साथ-साथ अन्य औद्योगिक सेवाएँ भी देती हैं। भारतीय बैंकिंग संरचना में व्यापारिक बैंकिंग के अतिरिक्त विकास बैंकों का विशेष महत्त्व है। ये बैंक ऐसे बैंक हैं जो देश की अर्थ-व्यवस्था के उन क्षेत्रों में वित्त प्रदान करते हैं जहाँ व्यापारिक बैंक वित्त प्रदान नहीं करते हैं। सामान्य बैंकिंग कार्य करने वाले व्यापारिक बैंकों के लिए व्यापार एवं उद्योग को दीर्घकालीन वित्त प्रदान करना सम्भव नहीं होता है। अतः व्यापार एवं उद्योगों की दीर्घकालीन वित्तीय आवश्यकताओं की पूर्ति हेतु विशिष्ट संस्थाओं की स्थापना की गई, जिनको विकास बैंक के नाम से जाना जाता है।

विकास बैंक शब्द का प्रयोग विशिष्ट नियमों के लिए किया जाता है जो दीर्घकालीन पूंजी व्यवस्था को कार्य करते हैं। अतः स्पष्ट है कि उद्योग व्यापार को मध्यमकालीन तथा दीर्घकालीन वित्त प्रदान करने वाली संस्थाएँ विकास बैंक कहलाती हैं। **वोस्की** के मतानुसार, "एक वित्तीय मध्यवर्ती संस्थान जो बैंक योग्य आर्थिक विकास परियोजनाओं के लिए मध्यम तथा दीर्घावधि के ऋण तथा सम्बन्धित सेवाएँ प्रदान करता है।"

विकास बैंकों के कार्य

विकास बैंक जनता से जमाएं स्वीकार नहीं करते हैं। इनके कार्य व्यापारिक बैंकों से काफी मिलते-जुलते हैं। ये बैंक जनता को अल्पकालीन ऋण प्रदान नहीं करते हैं अर्थात् यदि यह कहा जाए तो ठीक ही होगा कि विकास बैंक सामान्य बैंकिंग कार्य नहीं करते हैं। विकास बैंकों की स्थापना का उद्देश्य सामाजिक लाभ

प्राप्त करना होता है जबकि व्यापारिक बैंक निजी लाभ के उद्देश्य से स्थापित होते हैं। विकास बैंक के निम्नलिखित कार्य हैं–

1. उद्योगों को मध्यम एवं दीर्घकालीन ऋण प्रदान करना।
2. पूंजी बाजार के विकास हेतु प्रयास करना।
3. नवीन उद्योगों की स्थापना में सहायता प्रदान करना।
4. औद्योगिक दृष्टि से पिछड़े क्षेत्रों के लिए प्रयास करना।
5. औद्योगिक इकाई के आधुनिकीकरण के लिए सहायता प्रदान करना।
6. उद्यमिता विकास के लिए प्रशिक्षण एवं परामर्श प्रदान करना।
7. अंश-पत्रों का अभिगोपन करना।
8. उद्योग व्यापार हेतु ऋणों को गारण्टी देना।
9. अंश-पत्रों, बन्ध-पत्रों तथा ऋण-पत्रों का निर्गमन करना।
10. तकनीकी विकास हेतु वित्त प्रदान करना।

विकास बैंकों की उपयोगिता

विकास बैंकों का भारतीय अर्थ-व्यवस्था में एक महत्त्वपूर्ण भूमिका रही है। विकास बैंकों की स्थापना होने से भारत के औद्योगिक विकास में गति आयी। भारत में विकास बैंकों का क्या महत्त्व एवं उपयोगिता है, इसे निम्न बिंदुओं द्वारा समझा जा सकता है–

(1) शोध एवं सर्वेक्षण–विभिन्न उद्योगों के विकास हेतु औद्योगिक बाजार में शोध एवं सर्वेक्षण का कार्य सम्पन्न देकर उपयोगी एवं सारगर्भित निष्कर्ष प्रदान करते हैं। फलस्वरूप बाजार आवश्यकताओं की पूर्ति होती है। इन बैंकों द्वारा आर्थिक सर्वेक्षण करवाया जाता है तो उद्यमियों एवं नीति निर्माताओं के लिए लाभकारी होता है।

(2) विदेशी पूंजी की प्राप्ति में सहायक–विकास बैंक उद्योग एवं व्यापार के विकास के लिए विदेशी पूंजी प्राप्त कराने में भी प्रमुख योगदान देते है। विश्व बैंक, अन्तर्राष्ट्रीय विकास एजेन्सी, एशियाई विकास बैंक आदि संस्थाओं से वित्त प्राप्त कर औद्योगिक परियोजनाओं का वित्त पोषण करता है। देश की अर्थ-व्यवस्था में औद्योगिक विकास हेतु वित्त आपूर्ति कर विकास बैंक महत्त्वपूर्ण भूमिका का निर्वहन करते हैं। इन बैकों के माध्यम से विकास के लिए वित्त उपलब्ध कराया जाता है। ये बैंक उद्योगों की स्थापना तथा उनके विकास में महत्त्वपूर्ण सहयोग करते हैं।

(3) प्रबन्धकीय एवं तकनीकी विकास में सहायक—विकास बैंकों के माध्यम से प्रबन्धकीय कौशल, विकास के कार्यक्रम संचालित किये जाते हैं। इन बैंकों के द्वारा नवीन तकनीक का विकास, प्रशिक्षण, सलाह एवं परमर्श प्रदान किया जाता है, जिसके फलस्वरूप द्रुत गति से औद्योगिक विकास हो।

(4) उद्यमिता विकास में सहायक—विकास बैंक भावी उद्यमियों, युवाओं में उद्यमिता विकास हेतु सहायता पहुँचाते हैं। प्रशिक्षण, सलाह, परामर्श इत्यादि के माध्यम से देश में उद्यमिता का विकास कर नये उद्योगपतियों का निर्माण करते हैं।

भारत में विकास बैंक

वित्त आपूर्ति के लिए राष्ट्र में विशेष वित्तीय संस्थाओं के रूप में विकास बैंकों की स्थापना की गई। कृषि, विकास के लिए भूमि विकास बैंक स्थापित किये गये, उद्योगों के विकास के लिए राष्ट्रीय तथा राज्य-स्तर पर विकास बैंक की स्थापना की गई। राष्ट्रीय स्तर पर भारतीय औद्योगिक विकास बैंक, भारतीय औद्योगिक साख एवं विनियोग निगम, भारतीय लघु उद्योग विकास बैंक, भारतीय यूनिट ट्रस्ट, भारतीय आयात-निर्यात बैंक की स्थापना की गई, राज्य-स्तर पर विकास बैंक के रूप में राज्य वित्त निगम तथा राज्य औद्योगिक विकास निगम स्थापित किया गया। देश में राष्ट्रीय स्तर के विभिन्न बैंक हैं जो औद्योगिक विकास बैंकों के रूप में कार्य कर रहे हैं।

भारतीय औद्योगिक वित्त निगम

देश के उद्योगों को मध्यकालीन तथा दीर्घकालीन साख उपलब्ध कराने के उद्देश्य से सन् 1948 में भारतीय औद्योगिक वित्त निगम की स्थापना की गयी। इस निगम द्वारा ऋणों के अतिरिक्त गारण्टी देने का कार्य भी सम्पन्न किया जाता है। औद्योगिक उपक्रमों द्वारा व्यापारिक बैंकों तथा राज्य सरकारी बैंकों से लिये गये ऋणों तथा भारत सरकार की पूर्वानुमति से विदेशी मुद्रा में लिये गये ऋणों की गारण्टी भी प्रदान की जाती है। निगम औद्योगिक संस्थाओं के अंशों में प्रत्यक्ष विनियोग भी करते हैं। भारतीय औद्योगिक वित्त निगम के कार्य संचालन में निगम व्यापारिक बैंकों भारतीय जीवन बीमा निगम तथा औद्योगिक साख एवं विनियोग निगम उल्लेखनीय सहायता पहुँचाती है। निगम द्वारा स्थगित भुगतान की गारण्टी, विदेशी ऋणों की गारण्टी के साथ ही प्रवर्तन सम्बन्धी कार्य को भी करना होता है। इस प्रकार पूँजी संगृहीत करने के मुख्य स्रोतों में अंश पूंजी, ऋण-पत्र, भारतीय रिजर्व बैंक से ऋण, भारत सरकार से प्राप्त ऋण तथा अन्य विदेशी संस्थाओं से प्राप्त ऋण प्रमुख है।

प्रारंभ में निगम की अधिकृत पूंजी 10 करोड़ रुपये निर्धारित की गई थी जिसमें 50 प्रतिशत प्रदत्त पूंजी निश्चित की गई। बाद में निगम की अधिकृत पूंजी को बढ़ाकर 50 करोड़ रुपये किया गया तथा इसी अनुरूप चुकता पूँजी भी बढ़कर 55 प्रतिशत हो गई। निगम के अंश मुख्य रूप से औद्योगिक विकास बैंकों, व्यापारिक बैंकों, भारतीय जीवन बीमा निगम तथा साधारण बीमा निगम और सहकारी बैंकों द्वारा खरीदे जाते हैं।

भारतीय औद्योगिक वित्त निगम में 13 सदस्यों की नियुक्ति की जाती है जो निगम के कार्य को सम्पादित करते हैं। भारत सरकार द्वारा निगम के अध्यक्ष की नियुक्ति की जाती है। इसके अतिरिक्त केन्द्र सरकार दो संचालकों का मनोनयन भी करती है। चार संचालक औद्योगिक विकास बैंक द्वारा मनोनीत किये जाते हैं। शेष सदस्य व्यापारिक बैंकों तथा बीमा निगमों द्वारा मनोनीत किये जाते हैं। इस निगम में प्रशासनिक सेवा के अधिकारियों को नियुक्त किया जाता है। इसका अध्यक्ष संवैधानिक एवं पूर्णकालिक होता है। निगम के क्षेत्रीय कार्यालयों, यथा—कोलकाता, पटना, भुवनेश्वर, अहमदाबाद, बंगलोर, भोपाल, चण्डीगढ़, जयपुर आदि शाखाओं में कार्यकारी अधिकारियों को नियुक्त किया जाता है। शीर्ष कार्यालय के अलावा निगम की कुल 17 शाखाएँ स्थापित की गयी हैं जो निगम के कार्य का संचालन करती हैं। निगम द्वारा अपने ऋण सम्बन्धी कार्यों को सम्पन्न करने हेतु विभिन्न समितियाँ बनाई जाती हैं जो मुख्यतः रसायन, इंजीनियरिंग, वस्त्र उद्योग, चीनी उद्योग, होटल उद्योग आदि से सम्बन्धित होती हैं। निगम के दिन-प्रतिदिन के कार्यों के संचालन हेतु एक संचालक मण्डल कार्यरत है जिसमें एक अध्यक्ष और चार सदस्य अपनी-अपनी भूमिका निभाते हैं।

मुख्यतः औद्योगिक वित्त निगम द्वारा माल के निर्माण हेतु माल की फिनिशिंग तथा जहाजरानी हेतु, खनन कार्य हेतु, ऊर्जा निर्माण तथा होटल व्यवसाय हेतु ऋण प्रदान किया जाता है। निगम ऋण प्रदान करने के अतिरिक्त ऋणों की गारण्टी देने का कार्य भी करता है इसके अलावा निगम कई कार्यों का संचालन भी करता है जिनमें अंशों का अभिगोपन करना, अंश-पत्रों का क्रय करना, प्रत्यक्ष ऋण देना आदि प्रमुख हैं।

अल्पविकसित क्षेत्रों में सहायता—औद्योगिक वित्त निगम द्वारा गरीबी उन्मूलन एवं पिछड़े तथा अल्पविकसित क्षेत्रों में स्थापित उद्योगों के लिए विशेष सहायता की व्यवस्था की गई है जो निम्नलिखित कार्यों का संपादन करते हैं—

1. पिछड़े क्षेत्रों में स्थापित औद्योगिक इकाइयों के अंशों का क्रय निगम द्वारा प्राथमिकता से किया जाता है।

2. पिछड़े क्षेत्रों में स्थापित औद्योगिक इकाइयों को उनकी आवश्यकतानुरूप दीर्घ अवधि के लिए ऋण दिये जाने का प्रावधान।
3. पिछड़े क्षेत्रों में स्थापित औद्योगिक इकाइयों की ऋण वसूली विशेष परिस्थिति होने पर पाँच वर्ष तक के लिए स्थगित की जा सकती है।
4. पिछड़े क्षेत्रों में स्थापित इकाइयों को निगम की सामान्य दरों का 50 प्रतिशत शुल्क ही प्रदान करने की छूट है।
5. पिछड़े क्षेत्रों में स्थापित औद्योगिक इकाइयों को निगम द्वारा रियायती ब्याज दर पर ऋण प्रदान किये जाते हैं।

इस प्रकार आद्यौगिक वित्त निगम द्वारा न केवल पूर्व में स्थापित औद्योगिक इकाइयों को ही सहायता प्रदान की जाती है वरन् नव उद्यमियों को भी विभिन्न योजनाओं के माध्यम से आर्थिक मदद दी जाती है।

प्रगति–औद्योगिक वित्त निगम भारतीय औद्योगिक विकास बैंक की एक सहायक संस्था है जिसकी 50 प्रतिशत अंश पूंजी भारतीय औद्योगिक विकास बैंक के पास है तथा शेष 50 प्रतिशत व्यापारिक बैंक, जीवन बीमा निगम तथा सहकारी बैंकों के पास है। स्थापना के बाद ही यह बैंक उत्तरोत्तर प्रगति पथ पर अग्रसर रहा है। वित्त निगम ने पिछड़े क्षेत्रों तथा उद्योगों में विविधीकरण को प्रोत्साहन देने हेतु आर्थिक सहायता प्रदान की है। निगम द्वारा सन् 1980-81 में 210 करोड़ रुपये के ऋण स्वीकृत किये गए तथा 110 करोड़ रुपये के ऋण आवंटित किये गये, जो बढ़कर 25 वर्षों के बाद 25,365 करोड़ रुपये के ऋण स्वीकृत किये गए इसमें से 15,448 करोड़ रुपये की राशि कर्ज के रूप में वितरित की गई है। इस कर्ज वितरण के अलावा वित्त निगम द्वारा विभिन्न औद्योगिक समस्याओं के निदान हेतु कार्यशालाओं तथा प्रशिक्षण कार्यक्रमों के माध्यम से प्रशिक्षण भी प्रदान किया जाता है।

इस निगम ने शोध एवं प्रशिक्षण कार्यो को प्रोत्साहन देने के लिए प्रबंध विकास संस्थान की स्थापना की है। निगम द्वारा विभिन्न राज्य-स्तरीय वित्तीय संस्थाओं को तकनीकी सलाह, औद्योगिक विकास सम्बन्धी योजनाओं पर परामर्श आदि भी प्रदान किया जाता है। वित्त निगम ने नये उद्यमियों के लिए एक सूचना कोष भी स्थापित किया है जिसमें विभिन्न विषयों से सम्बन्धित जानकारी लघु-पुस्तिकाओं के द्वारा की जाती है।

भारतीय औद्योगिक विकास बैंक

भारतीय औद्योगिक विकास बैंक दीर्घावधि औद्योगिक वित्त व्यवस्था के क्षेत्र में एक शीर्षस्थ बैंकिंग व्यवस्था है। सन् 1964 में इस संस्था की स्थापना की गई। इसे

बैंक को संक्षेप में आई. डी. बी. आई. भी कहा जाता है। यह बैंक भारतीय रिजर्व बैंक के पूर्ण स्वामित्व वाली संस्था के रूप में स्थापित हुआ, जिसे सन् 1976 में स्वायत्तता प्रदान कर दी गई। इस बैंक की स्थापना का मुख्य उद्देश्य औद्योगिक विकास में आने वाली समस्याओं को दूर करना तथा औद्योगिक विकास में प्रवर्तन में प्राथमिकताओं को ऋण प्रदान करने वित्तीय संस्थाओं द्वारा उद्योगों को दिये गये ऋणों को वित्त प्रदान करने, वित्तीय संस्थाओं द्वारा उद्योगों को दिए गए ऋणों को पुनर्वित्त करने, उद्योगों के अंश-पत्रों में विनियोजन करने आदि का कार्य सम्पन्न करता है। यह बैंक तकनीकी एवं आर्थिक अध्ययन करना ऋणों की गारण्टी देना तथा अंशों का अभिगोपन करना जैसी सेवाएं भी प्रदान करता है। इस प्रकार यह एक स्वायत्तशासी वित्तीय संस्थान के रूप में औद्योगिक विकास बैंक उद्योगों के नियोजन, प्रवर्तन एवं विकास का उत्तरदायित्व निभाता है।

वर्तमान दौर में विकास बैंक की अनेक सहयोगी संस्थाएं हैं जिनमें भारतीय औद्योगिक वित्त निगम, भारतीय यूनिट ट्रस्ट, लघु उद्योग विकास बैंक प्रमुख है। विकास बैंक भारत सरकार तथा रिजर्व बैंक के केपिटल बॉण्ड, निवेश जमा खाता आदि माध्यमों से धनराशि संग्रह करता है। आज इस बैंक की कुल जमा पूंजी 10,04,348 करोड़ रुपये है। प्रारंभिक वर्षों में इस संस्था पर रिजर्व बैंक का नियंत्रण था। वह संचालक मंडल के रूप में इससे सम्बन्धित विभिन्न निर्णय लेने का अधिकार है । वर्तमान में इस बैंक के पृथक् निर्देशक मण्डल गठित करने की प्रक्रिया जारी है और शीघ्र ही रिजर्व बैंक के नियन्त्रण से मुक्त होकर इस बैंक की स्वतन्त्र प्रबन्धन व्यवस्था होने लगेगी। इस बैंक का मुख्य कार्यालय मुम्बई में है तथा क्षेत्रीय कार्यालय अहमदाबाद, भोपाल, चण्डीगढ़, हैदराबाद, जयपुर, कानपुर, पटना, भुवनेश्वर आदि क्षेत्रों में स्थापित किये गये हैं जो वर्तमान में अपने-अपने क्षेत्रों में कार्य का संचालन कर रहे हैं। बैंक की अधिकृत पूंजी 50 करोड़ रुपये है जिसे 100 करोड़ रुपये तक बढ़ाया जा सकता है। अतिरिकत पूंजी की आवश्यकता होने पर बैंक द्वारा रिजर्व बैंक से ऋण लेने की सुविधा भी उपलब्ध है। यह बैंक अपनी धन आवश्यकताओं की पूर्ति हेतु भारत सरकार द्वारा ऋण पाने का हकदार है।

औद्योगिक विकास बैंक के कार्य

औद्योगिक विकास बैंक विभिन्न कार्यों का संचालन करता है जिनमें से इसके कुछ प्रमुख कार्यों को निम्न पंक्तियों में स्पष्ट किया गया है—

1. औद्योगिक इकाइयों के अंशों का अभिगोपन करना।

2. वाणिज्यिक बैंकों को पुनर्वित्त सुविधा प्रदान करना।
3. निर्यात व्यापार हेतु विशिष्ट आर्थिक सहायता प्रदान करना।
4. विनियम बिलों के पुनर्कटौती की सुविधा प्रदान करना।
5. प्रत्यक्ष ऋणों के माध्यम से वित्तीय सहायता प्रदान करना।
6. वृहद् औद्योगिक इकाइयों के ऋणों की गारण्टी प्रदान करना।
7. मध्यम आकार की इकाइयों को विशेष सहायता प्रदान करना।
8. अर्द्ध-विकसित एवं पिछड़े क्षेत्रों के लिए रियायती शर्तों पर सहायता प्रदान करना।

उपर्युक्त वर्णित कार्यों के अलावा औद्योगिक विकास बैंक, औद्योगिक इकाइयों, वित्तीय संस्थाओं तथा वाणिज्यिक बैंकों को वित्तीय सुविधा उपलब्ध कराने का कार्य निष्पादित करता है। वित्तीय विशेषज्ञों का यह मत है कि औद्योगिक विकास बैंक द्वारा परम्परागत कार्य ही सम्पन्न किये जाते हैं; नवोन्मेष तथा अधिक जोखिमपूर्ण कार्य यह बैंक सामान्यतः सम्पन्न नहीं करते हैं, इसलिए इनके कार्यों में नवीनता लाने की जरूरत है।

प्रगति—औद्योगिक विकास बैंक के द्वारा परियोजना वित्तीयन योजना के अन्तर्गत उद्योगों को पर्याप्त सहायता प्रदान की है। इसके अतिरिक्त कुछ चुने हुए उद्योगों के लिए सरल ऋण योजना भी संचालित की है। देश में तकनीकी विकास हेतु तकनीकी विकास कोष स्थापित किया है। निर्यात संवर्द्धन हेतु निर्यात वित्त योजना का भी सफल संचालन किया है। इस प्रकार बैंक की प्रगति सन्तोषप्रद रही है। सन् 1980-81 में बैंक द्वारा 1698 करोड़ रुपये के ऋण स्वीकृत किये गये, जिनमें से 1259 करोड़ रुपये का ऋण आवंटित किये गये 2004-05 में 39,475 करोड़ रुपये के ऋण स्वीकृत किये गये जिनमें से 23,272 करोड़ रुपये स्वीकृत किये तथा 4,253 करोड़ रुपये के अंशों का अभिगोपन भी हुआ।

औद्योगिक विकास बैंक द्वारा वित्तीय सहायता प्रदान करने के अतिरिक्त देश में औद्योगीकरण को प्रोत्साहन देने हेतु शोध एवं सर्वेक्षण कार्य भी किया गया है। यह बैंक उन क्षेत्रों के विकास के लिए 1,800 करोड़ रुपये व्यय करेगी जो कि औद्योगिक दृष्टि से अल्पविकसित क्षेत्रों में गिने जाते हैं। इस बैंक ने ऐसे क्षेत्रों का व्यापक सर्वेक्षण किया है। बैंक के द्वारा नवीन उद्योगों के समक्ष उत्पन्न समस्याओं का निराकरण भी किया जाना है। वृहद्-स्तर पर समस्या निराकरण हेतु बैंक द्वारा अपने संसाधनों से समस्याओं का अध्ययन कर समस्या का समाधान किया जाता है।

यह बैंक विभिन्न उद्योगों को तकनीकी सहायता भी देता है। इस हेतु विभिन्न स्थानों पर तकनीकी सेवा केन्द्र भी स्थापित किये गये हैं। मुख्यतः पटना, गोहाटी एवं कोचीन में बैंक के तकनीकी सेवा केन्द्र कार्यरत हैं। इसके अतिरिक्त उत्तरी पूर्वी राज्यों, बिहार, केरल आदि राज्यों में स्थापित होने वाली औद्योगिक इकाइयों को बैंक से तकनीकी मदद दी जाती है।

विकास बैंक ने औद्योगिक विकास को बढ़ावा देने के लिए राष्ट्रीय स्तर पर विशेष रूप से रुचि रखने वाले संगठनों एवं निगमों को सम्मिलित करके राज्यवार समूह का निर्माण किया है जो अपने-अपने राज्य में औद्योगिक विकास को तीव्र करने हेतु सुझाव प्रदान करते हैं। बैंक द्वारा सलाह-परामर्श के अतिरिक्त औद्योगिक संस्थाओं के प्रबन्ध कौशल में वृद्धि हेतु भी कई प्रशिक्षण कार्यक्रम भी संचालित किये गये हैं। बैंक विभिन्न प्रबन्ध संस्थाओं का सहयोग लेकर प्रबन्धकीय कौशल विकास हेतु कार्यक्रमों को संचालित भी करता है।

भारतीय औद्योगिक साख एवं विनियोग निगम

भारतीय औद्योगिक साख एवं विनियोग निगम को संक्षेप में आई. सी. आई. सी. आई. भी कहा जाता है। इस निगम की स्थापना सन् 1955 में एक संयुक्त स्कन्ध वाली कम्पनी के रूप में इस उद्देश्य से की गयी कि वह भारत में उद्योगों के लिए विश्व बैंक से धन उपलब्ध कराने के माध्यम के रूप में कार्य करेगा और देश में पूंजी बाजार विकसित करने में सहायक होगा। अतः संस्था की स्थापना में विश्व बैंक का सहयोग रहा है। इसके लगभग 11 प्रतिशत अंश विश्व बैंक तथा अन्य विदेशी संस्थाओं द्वारा क्रय किये गये हैं। इसकी प्रदत्त पूंजी 5 करोड़ स्थापना में सहयोग करते हुए, इसे ब्याज रहित ऋण प्रदान किया था।

ICICI की स्थापना का मुख्य उद्देश्य विदेशी मुद्रा विनियोजन वाले उद्योगों का वित्त पोषण करना तथा स्थापित उद्योगों के आधुनिकीकरण को प्रोत्साहन देना रहा है। बैंक की क्रिया-कलापों तथा उल्लेखनीय सफलताओं को देखते हुए, भारतीय रिजर्व बैंक ने इस बैंक को सन् 1994 से व्यापारिक बैंकिंग गतिविधियों की अनुमति भी प्रदान की तथा आई.सी.आई.सी.आई. बैंक के नाम से नवोन्मेशी बैंक स्थापित हुआ। तत्पश्चात् आई.सी.आई.सी.आई की कुल 12 सहयोगी संस्थाएँ विपणन कार्य, अभिगोपन कार्य आदि के लिए स्थापित हैं। इस संस्था को आई.सी.आई.सी.आई. के नाम से भी जाना जाता है।

इस निगम का प्रमुख उद्देश्य भारत के व्यावसायिक जगत में वित्तीय सहायता प्रदान करना। साथ ही उद्योग जगत में विनियोगों को प्रोत्साहन देना है। यह निगम विनियोगों को प्रेरित कर वित्तीय बाजार का विस्तार करता है। इस निगम के माध्यम से स्वदेशी एवं विदेशी पूंजी को देश में वित्तीय बाजार में उपलब्धता रहती है। निगम नवीन उद्योगों की स्थापना, नवीन तकनीक का प्रयोग आदि कार्यों के लिए भी आर्थिक सहायता प्रदान करता है। इस प्रकार औद्योगिक साख एवं विनियोग निगम का मूल उद्देश्य औद्योगिक क्षेत्र का वित्त प्रबन्धक करना तथा पूंजी बाजार में वित्त की उपलब्धता निर्धारित करना है।

औद्योगिक साख एवं विनियोग निगम का निजी क्षेत्रीय स्वरूप—भारतीय औद्योगिक साख एवं विनियोग निगम की स्थापना एक निजी क्षेत्रीय संस्था के रूप में की गई। इसकी स्थापना के पीछे भारत सरकार की एक सुनियोजित नीति थी। देश में औद्योगिक विकास के लिए अतिरिक्त रकम की जरूरत थी। विश्व बैंक से आर्थिक सहायता तभी प्राप्त हो सकती थी जब आर्थिक सहायता का प्रस्ताव किसी निजी क्षेत्रीय वित्तीय संस्था द्वारा भेजा जाए। फलस्वरूप विश्व बैंक के सुझाव के आधार पर भारत सरकार द्वारा 5 जनवरी, 1955 को भारतीय औद्योगिक साख एवं विनियोग निगम की स्थापना भारतीय औद्योगिक अधिनियम के अन्तर्गत की गई। फलस्वरूप ऐसा प्रतीत होने लगा कि यह निगम एक विशुद्ध निजी संस्था है जो निजी अंशधारियों द्वारा स्थापित की गई, किन्तु यह एक निजी क्षेत्रीय निगम होते हुए भी इसकी स्थापना में भारत सरकार की महत्त्वपूर्ण भूमिका रही है। इसके अंशधारियों में राष्ट्रीयकृत बैंक है अर्थात् अधिकांश पूंजी सरकारी क्षेत्र की है। निगम ने जो विश्व बैंक से ऋण प्राप्त किये हैं उसमें भारत सरकार की शत-प्रतिशत गारण्टी है। भारत सरकार द्वारा भी निगम को 25 करोड़ रुपये से अधिक ऋण प्रदान किये गये हैं। इस प्रकार निगम की कुल पूंजी का बहुत बड़ा हिस्सा भारत सरकार द्वारा प्रत्यक्ष एवं अप्रत्यक्ष रूप से लगाया गया है। फलस्वरूप इसकी प्रबन्ध व्यवस्था में भी भारत सरकार का पूर्ण हस्तक्षेप रहता है। परिणामस्वरूप यहाँ पर निजी क्षेत्रीय वित्तीय संस्था होते हुए भी अप्रत्यक्ष तौर से इसमें सरकारी लाभ दिखाई देता है।

इस प्रकार औद्योगिक साख एवं विनियोग निगम की प्रबन्ध व्यवस्था उच्च-स्तरीय संचालक मण्डल के माध्यम से होती है। इसमें मुख्य संचालक तथा 14 अन्य संचालक होते हैं। संचालक मण्डल में एक सदस्य भारत सरकार द्वारा मनोनीत किया जाता है। निगम की कई सहायक कम्पनियाँ हैं। जैसे—आई.सी.आई.सी. बैंक, आई.सी.आई.सी.आई. मार्केटिंग, आई.सी.आई.सी.आई. फाइनेन्स इत्यादि।

औद्योगिक साख एवं विनियोग निगम के कार्य

भारत उद्योग के मामले में विकसित देशों की तुलना में काफी पिछड़ा हुआ है। यह निगम देश के औद्योगिक क्षेत्रों के विकास के लिए वित्तीय सहायता है। इसके अतिरिक्त तकनीकी सलाह, परामर्श एवं औद्योगिक प्रशिक्षण आदि कई कार्य निगम द्वारा सम्पन्न किये जाते हैं। निगम द्वारा निम्नलिखित कार्य किये जाते हैं–

1. औद्योगिक संस्थाओं के अंशों का अभिगोपन करना।
2. औद्योगिक संस्थाओं को प्रत्यक्ष ऋण प्रदान करना।
3. निर्यात योग्य उत्पादन करने वाली इकाइया के लिए विदेशी मुद्रा में ऋण उपलब्ध करना।
4. विभिन्न वित्तीय संस्थाओं के कर्मचारियों के उचित प्रशिक्षण की व्यवस्था करना।
5. लघु उद्योगों के लिए देश एवं विदेश से ऋण उपलब्ध कराना।
6. नवीन उद्योगों की स्थापना में प्रवर्तक की भूमिका का निर्वहन करना।
7. पिछड़े एवं अल्पविकसित क्षेत्रों में आर्थिक मदद पहुँचाना।

उपर्युक्त वर्णित तथ्यों का अध्ययन करने के उपरांत यह निष्कर्ष निकलता है कि भारतीय औद्योगिक साख एवं विनियोग निगम एक ऐसी क्षेत्रीय संस्था है जिसका सुदृढ़ वित्तीय आधार है तथा यह संस्था अधिक तीव्रता से, गतिशीलता से तथा उदार नीतियों के अन्तर्गत वित्तीय सहायता प्रदान कर औद्योगिक इकाइयों को प्रोत्साहन प्रदान कर रही है।

वर्तमान समय में यह निगम औद्योगिक जगत की प्रगति हेतु मूलभूत संरचना उपलब्ध करवाया है। पिछड़े क्षेत्रों में स्थापित उद्योगों को रियायती दर पर वित्त प्रदान किया है। ग्रामीण विकास परियोजना पर आसान शर्तों पर ऋण दिया है। ऋण के अलावा इस निगम ने विभिन्न व्यावसायिक केन्द्रों में प्रौद्योगिक विकास में महत्त्वपूर्ण योगदान दिया है। इसमें प्रमुख रूप से बायो तकनीक, सूचना तकनीकी तथा अभियांत्रिकी के क्षेत्र में भारत अमेरिका सहयोग परियोजनाओं के लिए 20 मिलियन अमेरिकन डॉलर की परियोजना संचालित की है। इन सब के अतिरिक्त बैंक द्वारा अंश पंजीकरण तथा हस्तान्तरण सेवाएँ भी प्रदान की हैं। सन् 1980-81 में आई. सी.आई.सी.आई द्वारा 310 करोड़ रुपये के ऋण स्वीकृत किये गये थे 180 करोड़ रुपये के ऋण वितरित किये गये

भारतीय लघु उद्योग विकास बैंक

देश में लघु उद्योगों की उपयोगिता एवं महत्त्व को देखते हुए इस बैंक की स्थापना सन् 1990 में की गयी। भारतीय लघु उद्योग विकास बैंक को संक्षेप में आई. डी. बी. आई. भी कहा जाता है। यह बैंक इस अधिनियम के अन्तर्गत भारतीय औद्योगिक विकास बैंक की सहायता से स्थापित किया गया है जिसकी अधिकृत पूंजी 250 करोड़ रुपये है। यह बैंक संक्षिप्त रूप में सिडबी के नाम से मशहूर है। इसकी स्थापना का मूल उद्देश्य लघु उद्योगों को आर्थिक सहायता प्रदान करना, उन्हें तकनीकी रूप से समृद्ध करना तथा लघु उद्योगों द्वारा उत्पादित वस्तुओं के विपणन हेतु बाजार तैयार करना रहा है। देश में लघु उद्योगों के विकास में सिडबी की प्रमुख भूमिका रही है। सिडबी द्वारा लघु उद्योगों के माध्यम से रोजगार सृजन का उल्लेखनीय कार्य किया गया है। कई योजनाएँ तैयार कर लघु उद्योगों के उत्पादों के विक्रय हेतु मार्ग प्रशस्त किया है। नवीन तकनीकी आधारित लघु उद्योग, जैसे—कम्प्यूटर तथा उसके सहायक उपकरणों के लिए विशेष वित्त योजना का संचालन किया है। महिला उद्यमियों के लिए 'महिला उद्यम निधि' की स्थापना की है। लघु उद्यमियों को एक ही छत के नीचे सभी प्रकार की सहायता प्रदान करने हेतु 'एकल खिड़की योजना' की शुरुआत की गयी है।

प्रगति—भारतीय लघु उद्योग विकास बैंक अपनी स्थापना के बाद द्रुतगति से विकास परियोजनाएँ संचालित करने लगा। कई-कई योजनाएँ सिडबी के माध्यम से संचालित की जा रही हैं जिसमें निर्यात आधारित लघु उद्योग इकाइयों से उद्यम पूंजी योजना के अलावा निर्यातोन्मुखी इकाइयों को आई.एस.ओ. 9,000 शृंखला के प्रमाण-पत्र पाने के लिए वित्तीय सहायता प्रदान करना आदि प्रमुख हैं। सिडबी द्वारा वर्तमान में 15,485 करोड़ रुपये के ऋण स्वीकृत किये तथा 9,772 करोड़ रुपये के ऋण वितरित किये। इसमें से अधिकांश राशि सावधि ऋणों के रूप में प्रदान की गयी है।

भारतीय यूनिट ट्रस्ट

भारतीय यूनिट ट्रस्ट सार्वजनिक क्षेत्र की एक सर्वाधिक विनियोजन संस्था है जिसे सन् 1964 में स्थापित की गयी। भारतीय यूनिट ट्रस्ट को संक्षेप मे यू.टी.आई. भी कहा जाता है। यू.टी.आई. की स्थापना एक वित्तीय मध्यस्थ संस्था के रूप में की गई, जो छोटे बचतकर्ताओं से धन एकत्रित कर उत्पादक कार्यों में विनियोग करती है और प्राप्त धनराशि अपने सदस्यों में वितरित करती है। यह संस्था सदस्यों से जो

धन राशि प्राप्त करती है, उसे एक प्रमाण-पत्र दिया जाता है जो यूनिट कहलाता है। इस प्रकार यू.टी.आई. में रकम देने वाला आदमी यूनिट धारक कहलाता है तथा यू. टी.आई. दर एवं शर्तों पर यूनिटों का क्रय-विक्रय करने की छूट होती है। फलस्वरूप यूनिट-धारकों को तरलता का लाभ भी प्राप्त होता है। यूनिट ट्रस्ट अपने विभिन्न साधनों के माध्यम से व्यापक रूप से औद्योगिक क्षेत्र में विनियोग कर लाभ अर्जित करता है जो लाभांश के रूप में यूनिट-धारकों में वितरित किया जाता है। इस प्रकार यूनिट ट्रस्ट समाज की बचतों को एकत्रित कर उत्पादक विनियोग में परिवर्तित करता है। यूनिट ट्रस्ट की स्थापना 5 करोड़ रुपये की पूँजी से हुई जिसमें स्टेट बैंक, व्यापारिक बैंक, रिजर्व बैंक आदि ने साझेदारी की है।

देश की प्रगति में भारतीय यूनिट ट्रस्ट का योगदान

भारतीय अर्थ-व्यवस्था के विकास में इस ट्रस्ट का विशिष्ट योगदान रहा है। इस ट्रस्ट ने लोगों में बचत करने की प्रेरणा को अत्यधिक बढ़ावा दिया है। प्रमुख रूप से वेतनभोगी वर्ग को सुरक्षित निवेश का अवसर भारतीय यूनिट ट्रस्ट के माध्यम से ही प्राप्त हुआ है। यूनिट ट्रस्ट में धन संग्रहण के लिए 47 योजनाओं का संचालन किया है। इसमें यू.टी.आई. 1964, यू.टी.आई. 1971, यू.टी.आई. 1976, अप्रवासी भारतीयों के लिए इण्डिया फण्ड 1986, इन्दिरा ग्रोथ फण्ड 1989, म्युच्युअल फण्ड तथा मास्टर शेयर्स आदि योजनाएँ लोकप्रिय रही हैं। यूनिट ट्रस्ट पृथक्-पृथक् वर्गों या समुदायों के निवेशकर्त्ताओं हेतु भिन्न-भिन्न योजनाएँ संचालित करता है। जैसे—यूनिट लिन्क्ड बीमा योजना, 1971, यू.टी.आई. गृह विकास कोष, यू.टी.आई. पुनर्विनियोग योजना 1966, एम.ई.पी. योजना आदि महत्त्वपूर्ण हैं।

भारतीय यूनिट ट्रस्ट का राष्ट्रीय बचत में भी कम भूमिका नहीं रही है। इसके लघु बचतों को संग्रह करने से देश को अत्यधिक फायदा हुआ है। दूसरी ओर संगृहीत धनराशि को उद्योग-व्यापार के विकास हेतु विनियोजित कर देश के विकास में महत्त्वपूर्ण भूमिका का निर्वाह किया है। भारतीय यूनिट ट्रस्ट ने सुरक्षित विनियोगकर्त्ताओं के लिए अत्यधिक उपयोगी भूमिका निभाई है, साथ ही पूंजी आवश्यकता वाले महत्त्वपूर्ण क्षेत्रों में धन विनियोजित कर उद्योग व्यापार को प्रोत्साहन दिया है। अभी हाल में यूनिट-1064 योजना के अन्तर्गत निवेशकों को हुई हानि तथा म्युच्युअल फण्ड के अन्तर्गत यूनिट की गिरती कीमतों ने भारतीय यूनिट ट्रस्ट की छवि को धूमिल किया है।

भारतीय जीवन बीमा निगम

भारतीय जीवन बीमा निगम देश में सबसे बड़ा संस्थागत विनियोजक है। 1956 में इस निगम को स्थापित किया गया। इस निगम को संक्षेप में एल. आई. सी. भी कहा जाता है। निगम द्वारा भारत सरकार की प्रतिभूतियों के अतिरिक्त विभिन्न प्रतिष्ठित संस्थाओं को ऋण प्रदान किया जाता है। यह संयुक्त पूंजी कम्पनियों के अंश-पत्रों व ऋण-पत्रों का क्रय करते हैं। विभिन्न विकास बैंकों तथा राज्य वित्त निगमों के अंश-पत्रों तथा बन्ध-पत्रों को क्रय करता है। जीवन बीमा निगम अपनी 8,081 योजनाओं के माध्यम से विपुल धनराशि एकत्रित करता है।

देश की प्रगति में भारतीय जीवन बीमा निगम का योगदान—भारतीय जीवन बीमा निगम अपनी विभिन्न योजनाओं के माध्यम से जीवन सुरक्षा तो प्रदान करता ही है, साथ ही गृह निर्माण के लिए वित्त प्रदान करने हेतु बीमा निवास योजना संचालित की है, जिसके अन्तर्गत निगम द्वारा भवन निर्माण हेतु ऋण प्रदान किये जाते हैं। जीवन बीमा निगम सुरक्षित विनियोग के माध्यम से बीमाकर्त्ता के हितों की सुरक्षा करता है निगम द्वारा विभिन्न सरकारी योजनाओं में वित्त प्रदान किया गया है। सन् 1990-91 में 688 करोड़ रुपये के कर्ज दिये गये हैं।

भारत का आयात-निर्यात बैंक

भारतीय निर्यात-आयात बैंक विदेश व्यापार के क्षेत्र में शीर्षस्थ बैंकिंग संस्था है। इसकी स्थापना 1 जनवरी 1982 को की गयी। भारत में आयात-निर्यात बैंक का मुख्य उद्देश्य निर्यातकों की निर्यात सम्बन्धी समस्याओं का निदान करना, पूंजीगत माल, तकनीकी सेवाएँ तथा अन्तर्राष्ट्रीय मर्चेन्ट बैंकिंग सेवाएँ प्रदान करता रहा है। बैंक द्वारा निर्यात संवर्द्धन हेतु निर्यात एवं आयात का नियोजन, प्रवर्तन एवं विकास हेतु वित्त प्रदान किया जाता है। निर्यातकों को प्रबन्धकीय एवं तकनीकी सुविधाएँ उपलब्ध कराई जाती हैं। बाजार का अध्ययन, निर्यातकों की मध्यकालीन व दीर्घकालीन वित्तीय आवश्यकताओं की पूर्ति इस बैंक द्वारा की जाती है। बैंक निर्यात कार्य के लिए स्थगित भुगतानों के आधार पर अवधि ऋण प्रदान करता है। इसके अतिरिक्त बैंक द्वारा तकनीकी एवं सलाहकारी सेवाएँ भी उपलब्ध करायी जाती हैं। इस समय आयात-निर्यात बैंक की अधिकृत पूंजी 200 करोड़ रुपये है जिसमें 500 करोड़ रुपये तक की वृद्धि की जा सकती है। बैंक अपने आर्थिक संसाधनों में वृद्धि करने हेतु भारत सरकार से ऋण प्राप्त कर सकता है। साथ ही देशी एवं विदेशी बाजारों से भी संसाधन इकट्ठा कर सकता है।

भारतीय औद्योगिक विनियोग बैंक

भारत में इस बैंक की स्थापना 27 मार्च सन् 1997 में की गयी। इस बैंक की स्थापना भारतीय औद्योगिक पुनर्निर्माण व पुनर्गठन के पश्चात् की गई। यह बैंक उद्योग-व्यापार हेतु निगम वित्त प्रदान करता है। मुख्य रूप से रुग्ण एवं बन्द इकाइयों के पुनर्स्थापना के लिए आर्थिक सहायता प्रदान करता है। निगम की पूंजी स्रातों में भारत सरकार, रिजर्व बैंक तथा अन्य वित्तीय संस्थाओं के अंश-पत्र तथा बन्ध-पत्र आते हैं। यह औद्योगिक इकाइयों के आधुनिकीकरण करने, नवीन उपकरण क्रय करने हेतु सावधि ऋण प्रदान करता है। बैंक द्वारा संयुक्त पूंजी वाली कम्पनियों के अंश-पत्रों एवं ऋण-पत्रों को अभिगोपन भी किया जाता है। औद्योगिक इकाइयों के लिए आधारभूत संरचना का विकास, मर्चेन्ट बैंकिंग सेवाएँ तथा वैश्वीकृत अर्थव्यवस्था की नवीन माँग को पूरा करने की दृष्टि से इस बैंक का अत्यधिक महत्त्व रहा है।

देश की प्रगति में भारतीय औद्योगिक विनियोग बैंक का योगदान—भारत की अर्थ-व्यवस्था के विकास में औद्योगिक विनियोग बैंक का प्रमुख योगदान रहा है। देश के विभिन्न औद्योगिक इकाईयों को पर्याप्त मात्रा में आर्थिक सहायता न मिल पाने के कारण समय से पहले रूगण हो जाती है। इस समस्या का समाधान करने तथा उद्योगों को पुनर्स्थापित करने में इस बैंक में महत्त्वपूर्ण भूमिका निभाई है। इसके अतिरिक्त उद्योगों का आधुनिकीकरण करने तथा तकनीकी सहायता प्रदान करने में भी बैंक का योगदान रहा है। बैंक द्वारा वर्तमान में 3,880 करोड़ रुपये के ऋण स्वीकृत किये गए है। ऋणों के अतिरिक्त बैंक द्वारा 180 करोड़ रुपये के अंशों का अभिगीपन भी हुआ है।

आधारभूत संरचना विकास वित्त कम्पनी

स्वतंत्रता के उपरांत भारत में पंचवर्षीय योजनाएँ चलाई गयी। इस योजना में इस बैंक के आधारभूत संरचना को विकसित करने के लिए प्रावधान किया गया। जब तक आधारभूत संरचना का पूर्णरूपेण विकास नहीं होता है औद्योगिक विकास संभव नहीं है इसलिए 30 जनवरी, 1997 को कम्पनी अधिनियम के अन्तर्गत आधारभूत संरचना के विकास के लिए वित्त कम्पनी की स्थापना की गई है। इस कम्पनी की अधिकृत पूंजी 5,000 करोड़ रुपये रखी गई है। इस कम्पनी की स्थापना का मुख्य उद्देश्य आधारभूत संरचना से सम्बन्धित 5 महत्त्वपूर्ण क्षेत्रों जैसे—विद्युत,

टेलीफोन, बन्दरगाह, सड़क तथा शहरीकरण के विकास हेतु वित्त पोषण करना रहा है।

वित्त कम्पनी के माध्यम से उपरोक्त पाँचों क्षेत्रों में आर्थिक मदद देकर सम्बन्धित विकास परियोजनाओं को सफल बनाया जाता है। कम्पनी द्वारा देश में आधारभूत संरचना का विकास विशुद्ध वाणिज्यिक आधार पर किया जाता है तथा मूलभूत सुविधाओं वाली परियोजनाओं में वित्त पोषण कर विकास का मार्ग प्रशस्त किया जाता है। कम्पनी द्वारा आधारभूत संरचना के विकास हेतु किसी एक उद्योग को पोर्टफोलियो का 15 प्रतिशत तक ऋण प्रदान किया जाता है। इस नवस्थापित कम्पनी ने विगत वर्षों में आधारभूत संरचना के विकास में उल्लेखनीय भूमिका निभाई है। मौजूदा समय में विद्युत क्षेत्र के लिए चार परियोजनाएं और एक बन्दरगाह परियोजना में 840 करोड़ रुपये की वित्तीय मदद दी गयी है।

राज्य-स्तरीय विकास बैंक

इसके अन्तर्गत दूरस्थ आंचालिक क्षेत्रों में औद्योगिक विकास करने हेतु तथा पिछड़े क्षेत्रों में उद्योगों को प्रोत्साहन देने हेतु राज्य सरकार को यह अधिकार दिया गया कि वे अपने राज्य में संस्थाएँ स्थापित करें। देश के विभिन्न राज्यों में लघु एवं मध्यम उद्योगों के विकास की दृष्टि से राज्य-स्तर पर वित्तीय संस्थाओं की स्थापना की गई ये संस्थाएँ लघु व मध्यम उद्योगों को ऋण प्रदान करते हैं। उनके ऋणों की गारण्टी देते हैं। इस प्रकार राज्य-स्तर पर कार्यरत रहकर अपना कार्य संचालित करती हैं। राज्य-स्तर पर स्थापित होने वाले इन विकास बैंकों को निम्नलिखित दो भागों में बांटा जा सकता है—

(1) राज्य वित्त निगम—प्रान्तीय स्तर पर छोटे एवं मझोले वर्ग के उद्योगों को ऋण देने के लिए राज्य वित्त निगम की स्थापना हुई है। इस हेतु राज्य वित्त निगम अधिनियम, 1951 पारित किया गया। यह वित्त निगम उद्योगों को अवधि ऋण प्रदान करती है, साथ ही प्रत्यक्ष अंशदान तथा गारण्टी प्रदान करने का कार्य भी करती हैं। इन वित्त निगमों द्वारा लघु व मध्यम उद्योगों को सम्पत्ति क्रय करने हेतु भी ऋण प्रदान किया जाता है। देश के पिछड़े क्षेत्रों में इन बैंकों की ओर से भी कई महत्त्वपूर्ण योजनाओं का संचालन किया जाता है। कुल 18 राज्यों में स्थापित राज्य वित्त निगमें राज्य के औद्योगिक विकास के लिए अत्यधिक महत्त्वपूर्ण भूमिका निभा रहे हैं।

वर्तमान में राज्य वित्त निगमों द्वारा 10.542 करोड़ रुपये के ऋण स्वीकृत किए, जिनमें से 7,596 करोड़ रुपये में सेवा क्षेत्र, खाद्य कपड़ा, रसायन आदि उद्योगों के लिए ऋण स्वीकृत किये गये हैं। इन निगमों द्वारा कुल स्वीकृत ऋण राशि का 51 प्रतिशत ऋण पिछड़े क्षेत्रों को प्रदान किया है। नवीन औद्योगिक परियोजनाओं में राज्य वित्त निगम सबसे अधिक कर्ज देता है।

(2) राज्य औद्योगिक विकास निगम—राज्य औद्योगिक विकास निगम की स्थापना प्रान्तीय स्तर पर की गई है। ये औद्योगिक विकास निगम सन् 1960 के दशक में प्रारम्भ किये गये। इनका मुख्य उद्देश्य सम्बन्धित राज्यों में उद्योगों को विकास को गति प्रदान करने के अतिरिक्त अंश-पत्रों तथा ऋण-पत्रों की गारण्टी भी प्रदान करना है। इस तरह राज्य औद्योगिक विकास निगम मूल रूप से राज्य-स्तर पर मध्यम एवं वृहत् उद्योगों को प्रोत्साहन देने तथा राज्यों में औद्योगिक विकास को गति प्रदान करने के उद्देश्य से स्थापित किये जाते हैं। इनका परिचालन क्षेत्र राज्य तक सीमित रहता है। यह विकास निगम उद्योगों के प्रवर्तन की क्रियाएँ भी सम्पन्न करते हैं, जिसमें तकनीकी एवं आर्थिक सर्वेक्षण, औद्योगिक परियोजनाओं की उपादेयता तथा लाभदायकता, उद्यमकर्ता का चुनाव और प्रशिक्षण मुख्य होता है।

औद्योगिक विकास निगम उद्योगों के लिए आहार सुविधाओं का विस्तार भी करती है। इन निगमों द्वारा प्रदान किये गये अवधि ऋणों का पुनर्वित्तीयन भारतीय औद्योगिक विकास निगम द्वारा किया जाता है। इन निगमों द्वारा जहाँ 1990-91 में 698 करोड़ रुपये के ऋण स्वीकृत किये गये थे, वे वर्तमान में बढ़कर 3600 करोड़ रुपये के हो गए हैं। इन निगमों द्वारा प्रदत्त सहायता का 60 प्रतिशत भाग केवल उत्तरप्रदेश, महाराष्ट्र, गुजरात, कर्नाटक, आन्ध्रप्रदेश, पंजाब एवं तमिलनाडु औद्योगिक विकास निगमों द्वारा ही प्रदान किया गया है तथा बाकी दूसरे राज्य के विकास निगमों द्वारा दिया जाता है।

स्वतंत्रता के पश्चात कुछ दशकों तक भारत में विकास बैंकों की स्थापना काफी धीमी गति से हो रहा था लेकिन पूर्व के कुछ वर्षों में उसकी गति में काफी तीव्रता आयी है। 1990 के बाद वित्तीय क्षेत्रों में हुए सुधारों के फलस्वरूप व्यापारिक बैंकों तथा विकास बैंकों के मध्य अन्तर को कम किया है। अब व्यापारिक बैंक भी पूंजी बाजार के अभिन्न अंगों के रूप में अंश-पत्रों व ऋण-पत्रों का क्रय करने में लगे हैं तथा कार्य सम्पन्न किये जाने लगे हैं। इस तरह विकास बैंकों की प्रारम्भिक अवस्था में इन बैंकों की कार्यप्रणाली सामाजिक उद्देश्यों को ध्यान में रखकर निर्धारित होती

थी अर्थात् ये बैंक काफी निम्न एवं उचित ब्याज दर पर ऋण प्रदान करते थे तथा इनका प्रतिफल काफी कम होता था, किन्तु अब व्यापारिक बैंकों से प्रतियोगिता के कारण स्थिति पूरी तरह विपरीत हो चुकी है तथा व्यापारिक बैंकों की तरह ही इनकी कार्यप्रणाली निर्धारित होने लगी है। देश के सभी लगभग बड़े विकास बैंक, यथा—आई.सी.आई.सी. आई.डी.बी.आई., यू.टी.आई. आदि नवोन्मेषी व्यापारिक बैंकिंग भी करने लगे हैं। अतः देश में बैंकिंग संरचना में औद्योगिक एवं विकास दोनों बैंकों की शाखाओं में अंतर स्पष्ट करना संभव नहीं है।

6

वाणिज्यिक बैंकिंग

संगठित क्षेत्र की बैंकिंग संस्थाओं में सबसे अधिक प्राचीन संस्था वाणिज्यिक बैंकों की है जिनकी शाखाओं का जाल संपूर्ण भारत में व्यापक रूप से बिछा हुआ है तथा उसे लोगों का सबसे अधिक विश्वास प्राप्त है और उसका कुल बैंकिंग काम काज में सबसे बड़ा हिस्सा है। आरंभ में ये बैंक निगमित निकायों के रूप में गठित किये गये थे जिनमें निजी व्यक्ति ही अंशधारी थे लेकिन बाद में वे राज्य स्वामित्य तथा नियंत्रण के अधीन ले आये गये। आज भारत में 27 बैंकों का एक सशक्त सार्वजनिक क्षेत्र वाणिज्यिक बैंकिंग का कार्य कर रहा है। उस प्रकरण के अंतर्गत कुछ प्रमुख वाणिज्यिक बैंकों के संदर्भ में अध्ययन करेंगे।

भारतीय औद्योगिक विकास बैंक

देश में औद्योगिक विकास के लिए वणिज्यिक बैंकिंग प्रणाली को अपनाया गया है। भारतीय औद्योगिक विकास बैंक है। यह देश की सर्वोत्तम संस्था है। इसे रिजर्व बैंक की सहायक संस्था कहा जाता है। उद्योगों की बढ़ती हुई आवश्यकताओं को पूरा करने के लिए ऐसी संस्था की आवश्यकता शुरू से ही थी क्योंकि विभिन्न औद्योगिक वित्त संस्थाओं में तालमेल बैठाने में कठिनाई आती थी। इसने रिजर्व बैंक की सहायक संस्था के रूप में अपना कार्य 1 जुलाई, 1964 से प्रारम्भ किया

है। 16 फरवरी, 1976 से भारतीय औद्योगिक विकास बैंक, रिजर्व बैंक से अलग हो गया। रिजर्व बैंक के अधिकार और इसके अंश केन्द्रीय सरकार को हस्तान्तरित कर दिये गये। अब यह रिजर्व बैंक की सहायक संस्था नहीं। इसके प्रबन्ध के लिए एक प्रमुख प्रशासक तथा 22 सदस्यों का एक संचालक-बोर्ड की स्थापना की गयी है।

भारतीय औद्योगिक विकास बैंक के पूँजी के साधन

प्रारंभ में इस बैंक की अधिकृत पूंजी मात्र 1 करोड़ थी। इसी पूंजी से इस बैंक ने अपना व्यवसाय शुरू किया था परंतु बाद में उसकी अधिकृत पूंजी में वृद्धि की गयी। नवम्बर 1982 में भारतीय औद्योगिक विकास बैंक अधिनियम में किये गये संशोधन के अन्तर्गत इसकी अंश-पूँजी 200 करोड़ से बढ़ाकर 500 करोड़ रुपये कर दी गयी। औद्योगिक विकास बैंक केन्द्रीय सरकार तथा रिजर्व बैंक से ऋण प्राप्त करता रहा है। इस बैंक को पूँजी-बाजार में बॉण्ड और ऋण-पत्र जारी करने तथा रिजर्व बैंक द्वारा स्वीकृत शर्तों पर कम से कम 12 माह की अवधि के लिए जनता से जमा प्राप्त करने का भी अधिकार है। इसकी पूँजी का मुख्य साधन बॉण्ड तथा ऋण-पत्रों से प्राप्त राशियाँ हैं। भारतीय औद्योगिक विकास बैंक मुम्बई स्टाक एक्सचेंज एवं शेयर बाजार से सूचीबद्ध किया गया है।

भारतीय औद्योगिक विकास बैंक के कार्य

यह बैंक देश की एक शीर्षस्थ संस्था है। फरवरी 1976 में अपने पुनर्गठन के पश्चात् अब इसका यह कार्य हो गया है कि औद्योगिक विकास के लिए वित्त-व्यवस्था करने वाली संस्थाओं तथा बैंकों के साथ यह मिलकर कार्य करे और उनकी क्रियाओं में समन्वय स्थापित करे। यह केवल एक वित्तीय संस्था ही नहीं है, बल्कि विशेष महत्त्व वाले उद्योगों, जैसे रासायनिक खाद, मिश्रधातु एवं विशेष इस्पात, पेट्रो-केमिकल आदि के विकास में मदद प्रदान करना इस बैंक का प्रमुख कार्य है। यह बैंक देश के उद्योगों के विकास के लिए वित्तीय सुविधाएं तो उपलब्ध कराती ही है, साथ में तकनीकी सहायता भी उपलब्ध कराती है। इसका कार्यक्षेत्र काफी विस्तृत रखा गया है। वस्तु-निर्माण, खनन, जहाजरानी, रूपान्तरण, परिवहन और होटल उद्योग इससे सहायता प्राप्त कर सकते हैं, चाहे वे निजी क्षेत्र में हों अथवा सार्वजनिक क्षेत्र में। भारतीय औद्योगिक विकास बैंक की कार्य पद्धति को निम्न पंक्तियों में स्पष्ट किया गया है—

1. औद्योगिक ऋणों की पुनर्वित्त योजना के अन्तर्गत पुनर्वित के रूप में औद्योगिक विकास बैंक द्वारा अप्रत्यक्ष सहायता दी जाती है। इस प्रकार के मदद का लाभ लघु या मध्यम श्रेणी के औद्योगिक इकाइयों एवं यातायात परिचालकों को मिलता है। वित्तीय संस्थाओं, द्वारा 3 से 25 वर्ष के लिए दिये गये ऋणों पर तथा अनुसूचित बैंकों और राज्य सहकारी बैंकों द्वारा 3 से 10 वर्ष के लिए दिये गये ऋणों पर पुनर्वित्त की सुविधा दी जाती है। अनुसूचित और राज्य सरकारी बैंकों द्वारा दी गयी मध्यकालीन निर्यात साख पर भी पुनर्वित्त की सुविधा प्राप्त होती है।
2. भारतीय औद्योगिक विकास बैंक विभिन्न उद्योगों की प्रगति हेतु मध्यकालीन एवं दीर्घकालीन ऋण भी देती है। यह ऋण उद्योगों को प्रत्यक्ष रूप में दी जाती है। परियोजना वित्त योजना के अन्तर्गत औद्योगिक इकाइयों को प्रत्यक्ष सामान्य ऋण दिये जाते हैं। ये ऋण निर्यातों के लिए दिये जाने वाले ऋणों के अतिरिक्त हैं। इस योजना के अन्तर्गत दी जाने वाली सहायता का दूसरा रूप है औद्योगिक इकाइयों के शेयरों तथा डिबेंचरों का अभिगोपन करना अथवा इनमें प्रत्यक्ष रूप में पूंजी की व्यवस्था करना। कुछ विशेष उद्योगों की मशीनें तथा साज-सामान आदि बदलने अथवा खरीदने के लिए नरम ऋण योजना के अन्तर्गत रियायती ब्याज-दरों पर ऋण दिये जाते हैं। ये ऋण उन्हीं इकाइयों को दिये जाते हैं जिनकी स्थापना कम से कम 10 वर्ष पहले की गयी थी। ऋणों और अस्थगित भुगतानों के लिए गारण्टियाँ भी विकास बैंक द्वारा दी जाने वाली प्रत्यक्ष सहायता में सम्मिलित की जाती है। उद्योगों के प्राविधिक विकास के लिए 'प्राविधिक विकास कोष योजना' के अन्तर्गत ऋण दिये जाते हैं। औद्योगिक कम्पनियों द्वारा पूँजीगत पदार्थ तथा साज-सामान आयात करने के लिए विदेशी मुद्राओं में ऋण उपलब्ध कराने के लिए उपकरण वित्त योजना शुरू हुई है।
3. यह बैंक बिलों की पुनर्कटौती योजना के तहत देश में विभिन्न उद्योगों तथा सार्वजनिक उपक्रमों को देश में मशीनरी आदि की विलम्बित भुगतानों के आधार पर की गयी बिक्री से उत्पन्न मुद्दती बिलों की पुनर्कटौती की सुविधा प्रदान करता है।
4. इस बैंक के द्वारा उन उद्यमकर्ताओं को भी पूंजी उपलब्ध कराया जाता है जो कम पूंजी होने के कारण अपने उद्योग को दीर्घावधि तक संचालित करने में सक्षम नहीं होते। छोटे उद्योगों के लिए सहायता राज्य वित्त निगमों के माध्यम

से तथा मध्य स्तर के उद्योगों के लिए सहायता राज्य औद्योगिक विकास निगमों के माध्यम से दी जाती है। कुछ विशेष परियोजनाओं के लिए प्रत्यक्ष रूप से भी पूँजी स्वीकृत की अनुमति दी जाती है।

5. इस प्रकार औद्योगिक वित्त-व्यवस्था में सर्वोच्च संस्था होने के नाते औद्योगिक विकास बैंक दीर्घकालीन तथा मध्यकालीन औद्योगिक ऋण देने वाली संस्थाओं के शेयर, बॉण्ड तथा डिबेंचर खरीदकर उन्हें सहायता देता है। इन सब संस्थाओं के कार्यों में तालमेल रखना भी बैंक का कार्य है। बैंक के वरिष्ठ प्रशासनिक अधिकारियों की इन संस्थाओं के अधिकारियों के साथ नियमित रूप से बैंठकें आयोजित की जाती हैं, जिससे पारस्परिक विचार-विमर्श का अवसर प्राप्त होता है।

6. औद्योगिक विकास बैंक औद्योगिक परियोजनाओं की जाँच-पड़ताल का कार्य करता है। बिक्री तथा निवेश सम्बन्धी अनुसन्धान व सर्वेक्षण तथा तकनीकी व आर्थिक अध्ययन करता है। नये उद्योगों, विशेषतया मूल उद्योगों की स्थापना में सहायता करता है। देश में सन्तुलित औद्योगिक विकास, नये उद्यमियों को प्रोत्साहन तथा विभिन्न प्रवर्तक समूहों के कार्यक्रमों के लिए सहायता के प्रवाह को नियमित करने के उद्देश्य से प्राथमिकताएँ तय करता है।

7. 1 मार्च, 1982 से निर्यात-आयात बैंक के आरम्भ के पूर्व आई. डी. बी. आई निर्यातों के लिए भी प्रत्यक्ष ऋण और पुनर्वित्त की सुविधा प्रदान की गयी है।

8. आई. डी. बी. आई. पट्टेदारी कम्पनियों को ऋण देते हैं।

9. इसके अन्तर्गत, भारतीय शेयर बाजारों का आधुनिकीकरण करने के उद्देश्य से भारतीय औद्योगिक विकास बैंक ने राष्ट्रीय शेयर बाजार शुरू किया है जो वृहत् राष्ट्रवार शेयरों के लेन-देन के स्किन वाले इलेक्ट्रॉनिक सुविधायुक्त काउण्टर और शेयरों के लेन-देन के बाद समाशोधन और कार्य को पूरा करने की व्यवस्था करता है। भारतीय औद्योगिक बैंक ने ऋण विश्लेषण अनुसन्धान लिमिटेड तथा इनवेस्टर सर्विसेज ऑफ इण्डिया लिमिटेड नाम की कम्पनी की भी स्थापना की है।

10. भारतीय औद्योगिक विकास बैंक द्वारा औद्योगिक दृष्टिकोण से पिछड़े हुए क्षेत्रों में विकास के लिए रियायती शर्तों पर वित्तीय सहायता दी जाती है। विकास बैंक औद्योगिक परियोजनाओं के अध्ययन तथा पिछड़े क्षेत्रों में औद्योगिक समस्याओं के विशेष अध्ययन का कार्य करता है। यह परियोजनाओं के

निरूपण करने तथा उन्हें कार्यान्वित करने में उद्यमियों तथा राज्य औद्योगिक विकास निगमों की सहायता करता है। यह क्षेत्रीय शोधशालाओं तथा संस्थाओं के संनिकट में रहता है।

सुधारात्मक दृष्टिकोण से यह निश्चित किया गया है कि 1 अक्टूबर, 2004 से आईडीबीआई उपक्रम 'भारतीय औद्योगिक विकास बैंक लिमिटेड' नामक कम्पनी को प्रदान किया जायेगा। नई कम्पनी एक बैंकिंग कम्पनी के रूप में बैंकिंग कारोबार करेगी। आईडीबीआई का जब तक इसमें विलय नहीं होता है तब तक इसकी एक सहायक संस्था के रूप में कार्यरत रहेगा।

उपर्युक्त वर्णित तथ्यों का अध्ययन करने के पश्चात निष्कर्ष रूप में यह कहा जा सकता है कि इस बैंक का कार्य औद्योगिक वित्त के क्षेत्र में पथ-प्रदर्शन व नेतृत्व प्रदान करना है। औद्योगिक वित्त की सुविधाएँ बढ़ाने, उनमें समन्वय स्थापित करने तथा उनको नयी दिशा देने की जिम्मेदारी औद्योगिक विकास बैंक की होती है।

भारतीय औद्योगिक विकास बैंक द्वारा दी गयी सहायता—इस बैंक द्वारा दी जाने वाली सहायता का आकार देश की आर्थिक परिस्थितियों, औद्योगिक विकास की आवश्यकताओं, औद्योगिक परियोजनाओं की प्रगति, अन्य वित्तीय संस्थाओं द्वारा दी जाने वाली सहायता की मात्रा आदि तत्त्वों पर निर्भर करती है। इसलिए बैंक द्वारा दी जाने वाली सहायता के आकार में प्रतिवर्ष परिवर्तन होते रहना स्वाभाविक ही है। सहायता प्रदान करने में बैंक ने सुरक्षा-उन्मुख, आयात-बचत, निर्यातोन्मुख उद्योगों और कृषि विकास व औद्योगीकरण का आधार बनाने वाले उद्योगों को प्राथमिकता दी है। अब तक बैंक से पेट्रो-केमिकल, रासायनिक खाद, मशीनरी, कपड़ा, मिश्र धातु एवं विशेष इस्पात तथा सीमेण्ट और कागज के उत्पादन से सम्बन्धित उद्योगों द्वारा विशिष्ट प्रकार से मदद मिली है।

इस प्रकार प्रत्यक्ष सहायता के अन्तर्गत सम्मिलित की जाने वाली मदें इस प्रकार रही हैं—साझेदारी और प्रत्यक्ष अभिदान, संयन्त्र पट्टेदारी, रुपयों तथा विदेशी मुद्राओं में परियोजना ऋण, ऋणों और अस्थगित भुगतन के लिये गारंटियाँ।

अप्रत्यक्ष रूप में दी जाने वाली सहायता इस प्रकार हैं—बिल वित्तपोषंण, मूल पूँजी सहायता, औद्योगिक ऋणों का पुनर्वित्त, वित्तीय संस्थाओं के शेयरों और बांडों में अभिदान।

औद्योगिक वित्त-व्यवस्था में विकास बैंक को मुख्य स्थान प्राप्त है। विश्व भर की सभी बड़ी विकास वित्तीय संस्थाओं में भारतीय औद्योगिक विकास बैंक को दसवाँ स्थान प्राप्त है। इसके 34,000 करोड़ रुपये से अधिक के साधन भारत में सभी बैंकों

और वित्तीय संस्थाओं की तुलना में सर्वाधिक हैं। परन्तु इसके बावजूद औद्योगिक विकास बैंक द्वारा दी गयी सहायता को सन्तोषजनक नहीं कहा जा सकता है। इससे बड़े औद्योगिक गृहों को ही अधिक लाभ हुआ है। इसके द्वारा दी गयी प्रत्यक्ष सहायता का महत्त्वपूर्ण भाग निजी क्षेत्र के उन उपक्रमों को मिला है जिनमें से प्रत्येक की लागत 50 करोड़ रुपये से अधिक है। औद्योगिक विकास में प्रादेशिक असन्तुलन की समस्या का समाधान करने के संदर्भ में इस संस्था द्वारा अभी तक कोई विशेष ध्यान नहीं दिया गया है। इस संस्था ने महाराष्ट्र को सबसे ज्यादा धन उपलब्ध कराया। अन्य राज्यों में गुजरात, तमिलनाडु, आन्ध्र प्रदेश तथा पश्चिम बंगाल हैं। इसके अतिरिक्त बाकी राज्यों ने इससे बहुत ही कम सहायता प्राप्त की है। मध्यम आकार की औद्योगिक इकाइयाँ भी बैंक से अधिक मदद नहीं ले सकीं। इस प्रकार दिसम्बर 2003 में एक अधिनियम पास किया गया, जो कि 2 जुलाई, 2004 से लागू हुआ। इसके अन्तर्गत 1 अक्टूबर, 2004 से आई. डी. बी. आई. को आई. डी. बी. आ.ई. लिमिटेड के रूप में एक कम्पनी में बदल दिया गया जो कि 1956 के कम्पनी अधिनियम के अधीन है। 11 अक्टूबर, 2004 से इसे एक अनुसूचित बैंक के रूप में स्थापित किया गया है जो कि रिजर्व बैंक के अधीन है। वाणिज्यिक बैंकिंग के कार्यों के अतिरिक्त यह अपने परम्परागत विकास वित्त का कार्य भी करता रहेगा। इसके अलावा सरकार ने भारतीय औद्योगिक विकास निगम की मदद हेतु एक कोष का निर्माण किया है। इसमें उसके 9,000 करोड़ रुपये के दबाव वाली अस्तियाँ हस्तान्तरित की गयी हैं। सरकार ने इसके लिए 20 वर्षीय बॉण्ड जारी करने की स्वीकृति दी है।

भारतीय औद्योगिक वित्त निगम लि.

भारतीय औद्योगिक वित्त निगम भारत के औद्योगिक संस्थाओं को साधन तथा दीर्घावधि ऋण उपलब्ध कराने के उद्देश्य से मार्च 1948 में पारित एक अधिनियम के अधीन 1 जुलाई सन् 1948 को इस निगम की स्थापना किया गया है। 11 जुलाई, 1993 से इसे कम्पनी अधिनियम के अन्तर्गत पुनर्गठन हुआ और इसकी उत्पत्ति भारतीय वित्त निगम लिमिटेड के रूप में हुई। निगम का उद्देश्य ऐसे उद्योगों के लिए मध्यकालीन तथा दीर्घकालीन वित्त की व्यवस्था करना है जिनका सम्बन्ध उत्पादन, खनन अथवा किसी अन्य प्रकार के उत्पादन से हो और जिनको देश की बैंकिंग संस्थाओं या अन्य साधनों से वित्त प्राप्त न होती हो।

भारतीय औद्योगिक वित्त निगम के कार्य

निगम का कार्य क्षेत्र और इसके द्वारा प्रदत्त मदद की सीमा बढ़ाने से सम्बन्धित अधिनियम में परिवर्तन होते रहे हैं। पहले निगम को केवल सार्वजनिक सीमित कम्पनियों तथा सहकारिता के आधार पर गठित औद्योगिक संस्थाओं को ऋण देने का अधिकार था। निजी सीमित कम्पनियों, साझेदारी तथा एकाकी संस्थाओं तथा सहकारी औद्योगिक संस्थाओं को सहायता नहीं दी जा सकती थी, परन्तु अब सरकार ने निगम को अनुमति दे दी है कि वह लोक-क्षेत्र के उपक्रमों तथा सरकारी कम्पनियों को भी वित्तीय सहायता दे सकता है, यदि उनके द्वारा कुछ विशेष शर्तें पूरी की जाती हों। भारत में पंजीकृत निजी सीमित कम्पनियाँ भी अब निगम से वित्तीय सहायता प्राप्त कर सकती हैं। सन् 1960 के संशोधन के अनुसार निगम को औद्योगिक संस्थाओं के शेयर खरीदने का अधिकार दिया गया, जो पहले नहीं था। इस प्रकार निगम के इच्छानुसार उसके द्वारा प्रदत्त धनराशि उद्योग के स्टाक या शेयर में बदला जा सकता है। वित्त निगम औद्योगिक संस्थाओं की कई प्रकार से सहायता कर सकता है जो निम्नलिखित है–

1. अनेक प्रकार से वित्तीय सहायता प्रदान करने के अतिरिक्त औद्योगिक वित्त निगम कई दिशाओं में प्रवर्तकों को बहुमूल्य परामर्श व निर्देशन प्रदान कर सकता है। औद्योगिक संस्थाओं की विभिन्न प्रकार से की जाने वाली सेवाओं के बदले निगम कमीशन लेता है।
2. कुछ परियोजनाओं के लिए सुलभ ऋणों की योजना के अन्तर्गत सहायता प्रदान की जाती है।
3. मशीनों, संयन्त्रों तथा कम्प्यूटरों आदि के अपने उपयोग के लिए क्रय हेतु क्रेता ऋण योजना तथा संयन्त्र ऋण योजना शुरू हुई है।
4. कुछ स्वीकृत औद्योगिक संस्थाओं द्वारा विदेशों से आयात की गयी व देश में खरीदी गयी पूँजीगत वस्तुओं पर विलम्बित भुगतान पद्धति के सम्बन्ध में गारण्टी की व्यवस्था है।
5. औद्योगिक संस्थाओं के स्टॉक व शेयर क्रय करता है।
6. देश के बाहर के किसी बैंक वित्तीय संस्था के लिये प्राप्त ऋण व साख-प्रबन्ध पर गारण्टी होता है।
7. कुछ विशेष उद्योगों को विदेशी मुद्रा में मदद करता है।
8. यह औद्योगिक संस्थाओं को 25 वर्ष तक की अवधि के अग्रिम व ऋण देकर अथवा उनके ऋणपत्र खरीदकर सहायता प्रदान कर सकती है।

9. औद्योगिक कम्पनियों द्वारा खुले बाजार से लिये गये 25 वर्ष तक की अवधि वाले ऋणों पर यह गारण्टी देता है।
10. यह कम्पनियों के स्टॉक, शेयर, बॉण्ड या ऋणपत्रों का निम्नांकन अथवा अभिगोपन कर सकता है, परन्तु यह कार्य करते समय जो ऋणपत्र व शेयर निगम के पास रह जायें वे सात वर्ष के भीतर जरूर बेच दें।

इस निगम द्वारा प्रदान की गयी सहायता में रुपयों में प्रदान किये गये ऋणों के अलावा अंतर्राष्ट्रीय मुद्राओं में प्रदान किये गये ऋण तथा शेयरों व डिबेंचरों के अभिगोपन तथा प्रत्यक्ष अंशदान, गारण्टियाँ तथा संयन्त्र पट्टेदारी सम्मिलित किये गये हैं। 1994-95 से 1996-97 तक के तीन वर्षों के लिए निगम ने ऋण की स्वीकृतियों तथा संवितरणों की राशि में 50 प्रतिशत वार्षिक तथा इसके बाद के वर्षों में 30 प्रतिशत वार्षिक वृद्धि का लक्ष्य निर्धारित किया था। पहले दो वर्षों में वृद्धि की दर अच्छी थी, परन्तु 1996-97 में वृद्धि-दर में कमी हो गयी।

सन् 1994-95 से 1996-97 की अवधि में औसत वार्षिक वृद्धि स्वीकृतियों में 35 प्रतिशत तथा संवितरण में 41 प्रतिशत रही थी। 1997-98 में स्वीकृतियाँ तो 52.3 प्रतिशत बढ़ीं, परन्तु संवितरण में वृद्धि केवल 9.6 प्रतिशत थी। इस वर्ष निगम द्वारा स्वीकृतियों तथा संवितरण की राशियाँ, क्रमशः 5,708 करोड़ रुपये तथा 5,615 करोड़ रुपये थीं। 2003-04 में कुछ सुधार के बाद 2004-05 में फिर से कमी हो गयी। अनुमान है कि 2004-05 में स्वीकृतियों की राशि 1,394 करोड़ रुपये थी तथा संवितरण 281 करोड़ रुपये का हुआ।

निगम पिछड़े इलाकों में कम ब्याज पर ऋण प्रदान करती है। नियमित रूप से अदायगी करने पर भी छूट दी जाती है। वित्त निगम द्वारा 10 मार्च, 1975 को जोखिम पूँजी प्रतिष्ठान की स्थापना की गयी। इसका उद्देश्य उद्यमियों को औद्योगिक परियोजनाएँ विकसित करने के लिए ब्याज-मुक्त अथवा नाममात्र की ब्याज-दर पर ऋण देना है। निगम ने एक मर्चेण्ट बैंकिंग डिवीजन की स्थापना की है।

भारतीय औद्योगिक वित्त निगम लिमिटेड की पूँजी के साधन

जैसाकि पूर्व में स्पष्ट किया जा चुका है कि प्रारंभ में निगम की कुल अधिकृत पूँजी 10 करोड़ रुपये निश्चित की गयी थी जो पाँच-पाँच हजार रुपये के 20 हजार अंशों में विभक्त थी। आरम्भ में निगम द्वारा केवल 10 हजार शेयर निर्गमित किये गये थे। बाद में और अंश निर्गमित किये गये। मार्च 1996 के अन्त में निगम की प्रदत्त पूँजी 352.59 करोड़ रुपये थी। आरम्भ में निगम के अंशों का वितरण भारत

सरकार, रिजर्व बैंक, बीमा कम्पनियों और सहकारी बैंकों के बीच किया गया था। 1 जुलाई, 1964 को भारतीय औद्योगिक विकास बैंक (IDBI) स्थापित हो जाने पर भारत सरकार तथा रिजर्व बैंक द्वारा क्रय किये गये शेयर उसको हस्तान्तरित कर दिये गये। औद्योगिक वित्त निगम की अंश-पूँजी के सम्बन्ध में उल्लेखनीय बात यह है कि इसके अंश केवल वित्तीय संस्थाओं को ही दिये हैं। शेयरों में लगी पूँजी तथा लाभांश पर केन्द्रीय सरकार ने गारण्टी दी है। निगम अपना कार्य करने के लिए निम्न स्रोतों से पूँजी की व्यवस्था करता है।

1. ऋणपत्र तथा बॉण्ड बेचकर बाजार से ऋण।
2. केन्द्रीय सरकार से ऋण।
3. रिजर्व बैंक से ऋण।
4. औद्योगिक विकास बैंक से ऋण।
5. विश्व बैंक व अन्य साधनों से केन्द्रीय सरकार की सहमति से विदेशी मुद्रा में ऋण।
6. LIC, UTI, GIC इत्यादि से ऋण।

प्रबन्ध

इस निगम के संचालक मण्डल में 13 सदस्य होते हैं जो कि एक प्रकार का प्रबंधकीय व्यवस्था का एक संचालक परिषद होता है। दो संचालक केन्द्रीय सरकार द्वारा तथा चार औद्योगिक विकास बैंक द्वारा मनोनीत होते हैं। छह संचालक अनुसूचित बैंकों, सहकारी बैंकों तथा वित्तीय संस्थाओं द्वारा नियुक्त किये जाते हैं। प्रबन्ध-संचालक की नियुक्ति केन्द्रीय सरकार करती है। इसके अतिरिक्त पाँच सदस्यों की एक केन्द्रीय समिति भी होती है जिसमें प्रबन्धक-संचालक भी सम्मिलित होता है। यह समिति दिन-प्रतिदिन के कार्यों में संचालक मण्डल की सहायता करती है। पाँच विशेष परामर्शदाता समितियाँ हैं, जिनका सम्बन्ध वस्त्र, इंजीनियरिंग, रसायन, चीनी तथा अनेक प्रकार के उद्योगों से है।

आलोचना

औद्योगिक वित्तनिगम ने अपने कार्यक्षेत्र में विस्तार किया है। औद्योगिक ढाँचे में अपना निश्चित स्थान बना लिया है, परन्तु कई कारणों से निगम के कार्यों की आलोचना की जाती है। सबसे बड़ा आरोप तो यह है कि इसने देश में आर्थिक शक्ति के केन्द्रीयकरण में सहायता दी है। ऋण स्वीकृत करने में मनमानी और पक्षपात से

काम लिया गया है। अधिकतर लाभ बड़े उद्योगपतियों को ही मिला है। निगम से प्राप्त ऋणों के सम्बन्ध में विभिन्न राज्यों में काफी अन्तर पाया जाता है जो राज्य काफी पिछले हुए हैं उन्हें सहायता की राशि बहुत कम प्राप्त हुई है। ऐसे औद्योगिक उपक्रमों को अधिक ऋण मिले हैं जो पंचवर्षीय योजनाओं के प्राथमिकता क्रम में अधिक महत्त्वपूर्ण नहीं समझे गये थे। ऋण केवल सार्वजनिक लिमिटेड कम्पनियों तथा सहकारी संस्थाओं तक ही सीमित रखे गये हैं। निगम द्वारा दिये गये अधिकांश ऋण मध्यमकालीन रहे हैं, दीर्घकालीन नहीं। प्रशासनिक व्यवस्था कुशल न होने के कारण ऋण स्वीकार करने तथा बाँटने में काफी समय लगता है। अतः निगमन की कार्य पद्धतियों में सुधार लाना अति आवश्यक है क्योंकि ऐसा करने से देश में विकास की गति तीव्र होगी।

भारतीय औद्योगिक साख एवं निवेश निगम

विश्व बैंक के विशेषज्ञों की सिफारिशों पर इस निगम की स्थापना जनवरी 1995 में की गयी थी। इस निगम ने प्रारंभ में एक निजी कम्पनी के रूप में कार्य की शुरूआत की थी। इसकी पूँजी में विदेशी वित्तीय संस्थाओं तथा विदेशी निजी निवेशक भी सम्मिलित हुये। यह निगम ऐसे उद्योगों में देशी व विदेशी निजी पूँजी के प्रवेश को प्रोत्साहन देना, औद्योगिक निवेश के निजी स्वामित्व को बढ़ावा देना और निवेश बाजार का विस्तार करना, निजी क्षेत्र के उद्योगों के निर्माण, विकास तथा नवीनीकरण में सहायता देना आदि कार्य करती है। इस निगम की स्थापना के पीछे निम्नलिखित उद्देश्य छिपे हुए थे–

1. निजी क्षेत्र के उद्योगों को मध्यमकालीन व दीर्घकालीन ऋण देना या उनके शेयर खरीदना।
2. शेयरों तथा ऋणपत्रों का अभिगोपन करना।
3. जितनी शीघ्र सम्भव हो सके, एक पर्यावर्ती निवेश द्वारा उसके पुनःनिवेश की व्यवस्था करना।
4. अन्य निजी निवेश के साधनों से प्राप्त ऋणों पर गारण्टी देना,
5. भारतीय उद्योगों को प्रबन्धकीय, तकनीकी एवं प्रशासनीय परामर्श देना और इनसे सम्बन्धित सेवाएँ प्राप्त करने में मदद करना।

सन् 1992-93 के कार्यकाल में निगम ने दो नवीन योजनाओं की शुरुआत की जो इस प्रकार हैं–पर्यावरण सम्बन्धी सेवाओं में व्यापार और तकनीकी कार्यक्रम; कृषि-वाणिज्यीकरण और उद्यम (ACE) परियोजना।

भारतीय औद्योगिक साख एवं निवेश निगम में विदेशों से प्राप्त ऋणों को भी शामिल किया गया है। आन्तरिक ऋणों की प्राप्ति भारत सरकार, औद्योगिक विकास बैंक तथा ऋणपत्रों के आधार पर बाजार से की गयी। निश्चित अवधि की जमाराशियाँ भी प्राप्त की गयीं। निगम द्वारा सरकारी प्रतिभूतियों, बॉण्डों तथा ऋणपत्रों, शेयर एवं स्टॉक, यूनिट ट्रस्ट तथा औद्योगिक पुनर्निर्माण निगम तथा गृह-निर्माण विकास वित्त निगम में निवेश किये गये थे। 2000-2001 में इस निगम द्वारा कुल 55,815 करोड़ रुपये की सहायता स्वीकृत की गयी तथा 31,664 करोड़ रुपये का संवितरण हुआ था।

पिछले वर्ष की तुलना में ये राशियाँ क्रमशः 37.4 प्रतिशत तथा 34.4 प्रतिशत अधिक थी। अखिल भारतीय वित्तीय संस्थाओं के कुल संवितरण में इस संस्था का हिस्सा 56 प्रतिशत था जोकि दूसरी संस्थाओं की अपेक्षा सबसे अधिक था। इस प्रकार जनवरी 1997 में यह निर्णय किया गया कि एक अन्य विकास वित्त निगम SCICI का विलय ICICI के साथ कर दिया जाये। SCICI सबसे छोटी संस्था थी और इसे अपने साधन जुटाने में कठिनाई होती थी। यह विलय ICICI के लिए लाभपूर्ण समझा गया। अक्टूबर 2001 में निर्णय किया गया है कि इस निगम का विलय ICICI Bank के साथ किया जाये। 30 मार्च 2002 से ICICI का ICICI Bank Ltd. में विलय हो गया है। इस विलय के बाद ICICI Bank भारतीय स्टेट बैंक के बाद दूसरे स्थान पर देश के सबसे बड़े व्यावसायिक बैंक के रूप में कार्य कर रहा है।

भारतीय औद्योगिक निवेश बैंक

भारतीय औद्योगिक निवेश बैंक की स्थापना एक पब्लिक लिमिटेड कम्पनी के रूप में 12 अप्रैल, 1971 को की गयी थी। मूल रूप में इसका नाम भारतीय औद्योगिक पुनर्निर्माण निगम था। 1985 में इसे एक निगम के रूप में पुनर्गठित करके भारतीय औद्योगिक पुनर्निर्माण बैंक का नाम दिया गया। इसकी अंश-पूंजी का 50 प्रतिशत औद्योगिक विकास बैंक ने दिया था और बाकी का वित्त निगम, साख एवं निवेश निगम, जीवन बीमा निगम तथा सार्वजनिक क्षेत्र के बैंकों से मिला था। इस प्रकार जनवरी 1997 में जारी किये गये एक अध्यादेश के अन्तर्गत इसका नाम भारतीय औद्योगिक निवेश बैंक कर दिया गया। इसे अधिक सुदृढ़ संस्था के रूप में गठित करने के उद्देश्य से इसकी पूँजी के लिए 1,000 करोड़ रुपये का

प्रस्ताव किया गया। पिछले रुके हुए ऋणों को समाप्त करने जैसे कुछ विषय भी मान लिये गये।

निगम का मुख्य उद्देश्य रुग्ण औद्योगिक प्रतिष्ठानों की समस्याओं की ओर ध्यान आकृष्ट करना है। वित्तीय सहायता देने तथा विकास की सुविधाओं को प्रोत्साहन देने के अतिरिक्त यह निगम उन इकाइयों का प्रबन्ध अपने हाथ में ले सकता है जो सन्तोषजनक ढंग से कार्य नहीं कर रही हैं। इस निगम का कार्य मुख्यतया पूर्वी क्षेत्र में औद्योगिक इकाइयों के पुनः स्थापना करने के लिये रहा। सन् 2003-04 में इस निगम द्वारा स्वीकृत सहायता की राशि 2,412 करोड़ रुपये थी। संवितरण की राशि 2,252 करोड़ रुपये थी। ये दोनों राशियाँ पिछले वर्ष की अपेक्षा ज्यादा थीं।

भारतीय लघु उद्योग विकास बैंक (सिडबी)

2 अप्रैल सन् 1990 में भारतीय औद्योगिक विकास बैंक के रूप स्थापित यह बैंक छोटे पैमाने के उद्योगों की स्थापना, वित्त पोषण, विकास तथा ऐसे कार्यों में संलग्न अन्य संस्थाओं के कार्यों में समन्वय स्थापित करने वाली एक प्रमुख वित्तीय संस्था है। इसका मुख्यालय लखनऊ में है। यह सुनिश्चित करने के लिए लघु उद्योग क्षेत्र को वित्तीय व गैर-वित्तीय सहायता और अधिक मात्रा में उपलब्ध हो सके, भारतीय लघु उद्योग विकासं बैंक ने तुरन्त मुख्य तथ्यों पर ध्यान दिया जो निम्न हैं–

1. लघु क्षेत्र के उत्पादों के देश-विदेश के बाजारों में विपणन के लिए अधिक रास्ते तैयार करना।
2. वर्तमान समय की विभिन्न इकाईयों का प्राविधिक उन्ननयन और उसके आधुनिकीकरण पर विशेष ध्यान देना।
3. रोजगारोन्मुख उद्योगों का फैलाव, विशेषतः अर्द्धशहरी क्षेत्रों में सिडबी के प्रमुख कार्यकलाप, ऋणों और अग्रिमों का पुनर्वित्तपोषण, बिलों की भुनाई और पुनर्भुनाई, मूल पूंजी/उदार ऋण देने, प्रत्यक्ष सहायता प्रदान करने, ऋणों का पुनर्वित्तीयन, आढ़त, लीज इत्यादि सेवाएँ उपलब्ध कराने और लघु उद्योग विकास निगमों को वित्तीय सहायता देने से है।

छोटी-छोटी औद्योगिक इकाइयों द्वारा देर से किये गये भुगतानों के कारण अनुभव की जाने वाली कठिनाइयों को कम करने के उद्देश्य से सिडबी ने भारतीय

स्टेट बैंक तथा केनरा बैंक द्वारा स्थापित आढ़तिया सहयोगी संस्थाओं में इक्विटी भागीदारी की है।

सिडबी द्वारा लघु औद्योगिक इकाइयों द्वारा उत्पादों की बिक्री प्राप्तियों की वसूली में होने वाली देरी को कम करने के उद्देश्य से लघु औद्योगिक इकाइयों के उत्पादों की बिक्री हेतु विपणन माध्यमों को स्थापित करने के लिये वित्त पोषण योजना आरम्भ की गयी है। स्वीकृतियाँ और संवितरण में वित्तीय संस्थाओं द्वारा वाणिज्यिक क्षेत्र को दी गयी सकल वित्तीय सहायता आती है, जिसमें अन्य बातों के साथ-साथ विभिन्न संदर्भों में दी गयी सहायता सम्मिलित हैं—परियोजना ऋण, उद्यम पूँजी निधि ऋण, हामीदारी, प्रत्यक्ष अभिदान, गारण्टी, गैर-परियोजना वित्त, पुनर्वित्त, बिलों की पुनर्भुनाई, प्रत्यक्ष बट्टा देना, वित्तीय संस्थाओं के शेयरों/बॉण्डों के प्रति ऋण और अभिदान तथा लीजिंग कम्पनियों को कर्ज प्रदान करना है। सन् 2002-03 में सिडबी द्वारा स्वीकृत ऋणों की राशि 10,903 करोड़ रुपये थी तथा 6,789 करोड़ रुपये का संवितरण हुआ। पिछले वर्ष की तुलना में ये राशियाँ क्रमशः 20.8 प्रतिशत तथा 14.7 प्रतिशत अधिक रही हैं।

राज्य वित्त निगम

बड़े उद्योगों को भारतीय औद्योगिक वित्त निगम की स्थापना से मदद मिल सकती है। मध्यम श्रेणी के उद्योगों की दीर्घ तथा मध्यमकालीन आवश्यकताओं की पूर्ति के लिए, जैसा कि पहले बताया जा चुका है, सन् 1951 के राज्य वित्त निगम अधिनियम के अन्तर्गत राज्यों में राज्य वित्त निगम स्थापित हैं। इस अधिनियम के अनुसार राज्य वित्त निगम की अधिकृत पूँजी का 75 प्रतिशत राज्य सरकार, रिजर्व बैंक, अनुसूचित बैंकों, सहकारी बैंकों, बीमा कम्पनियों तथा अन्य वित्तीय संस्थाओं से प्राप्त होना चाहिए। शेष 25 प्रतिशत पूँजी शेयर बेचकर जनता से प्राप्त की जा सकती है। इसके शेयरों पर राज्य सरकार की गारण्टी होती है। कुल 18 राज्य वित्त निगम कार्य कर रहे हैं। शेयर पूँजी के अतिरिक्त राज्य वित्त निगम अपनी चुकता पूँजी व सुरक्षित कोष के 5 गुने तक बॉण्ड व ऋणपत्र बेचकर पूँजी प्राप्त कर सकते हैं। ये निगम औद्योगिक विकास बैंक तथा राज्य सरकारों से भी ऋण प्राप्त करते हैं। आवश्यकता पड़ने पर रिजर्व बैंक से अल्पकालीन अथवा माँग पर देय ऋण प्राप्त करते हैं। कम से कम 5 वर्ष की अवधि के लिए जनता से जमा प्राप्त कर सकते हैं, परन्तु कुल जमाराशि चुकता पूँजी की राशि से अधिक न हो।

राज्य वित्त निगम लघु व मध्यम आकार की मिश्रित पूँजी वाली कम्पनियों, सहकारी संस्थाओं, निजी कम्पनियों, साझेदारी अथवा एकाकी फर्मों को अधिक से अधिक 20 वर्ष के लिए ऋण दे सकते हैं। 20 वर्ष तक की अवधि के ऋणपत्रों में धन लगा सकते हैं। ये निगम औद्योगिक संस्थाओं द्वारा जारी किये गये अंशों, बॉण्डों तथा ऋणपत्रों का अभिगोपन भी करते हैं। इन्हें औद्योगिक संस्थाओं द्वारा 10 वर्ष की अवधि हेतु लिये गये ऋणों की गारण्टी देने का अधिकार है। स्वतंत्र रूप से आर्थिक सहायता प्रदान करने के अतिरिक्त राज्य वित्त निगम या केन्द्रीय सकरार, औद्योगिक विकास बैंक एवं दूसरे वित्तीय संस्थाओं के एजेन्ट के रूप में कर्ज देने के अधिकार रखते हैं। इसके अतिरिक्त बॉण्डों और ऋण पत्रों में धन लगा सकते हैं।

राज्य वित्त निगमों में 2001-02 में कुल 2,076 करोड़ का ऋण स्वीकृत किये। इस वर्ष संवितरण की राशि 1,762 करोड़ रुपये थी। राज्य वित्त निगमों द्वारा स्वीकृत सहायता का अधिकांश भाग छोटे उद्योगों को प्राप्त हुआ है। सड़क परिवहन परिचालकों को भी ऋण दिये गये हैं। पिछड़े हुए क्षेत्रों में स्थापित की गयी औद्योगिक इकाइयों को उदारता से रियायती दरों पर कर्ज दिये गये।

इस विकास बैंक के अधीन पूंजी की मात्रा अधिक नहीं होता है। इसी कारण से यह राज्य वित्तनिगमों की भांति कार्य नहीं कर पाती है। इसका राज्य वित्त निगमों के कार्यों में उल्लेखनीय योगदान है। इन्होंने साख गारण्टी योजना का भी पूरा लाभ नहीं उठाया है। इन्होंने अभिगोपन के कार्य में पर्याप्त प्रगति नहीं की और न ही ऋणों की गारण्टी करने के कार्य की ओर विशेष ध्यान दिया है। कुछ के पास कोषों का अभाव रहता है तो कुछ अन्य के पास कोष निष्क्रिय पड़े रहते हैं। इससे कार्यक्षमता में कमी होने के कारण राज्य वित्त निगम द्वारा प्रदत्त कर्ज की वसूली भी सफल नहीं रही है।

राज्य औद्योगिक विकास निगम

भारत में विभिन्न राज्य सरकारों ने पूर्ण स्वामित्वाधीन कम्पनियों के रूप में अपने राज्य औद्योगिक विकास निगमों की स्थापना की है। ये निगम औद्योगिक विकास से सम्बन्धित सर्वेक्षण तथा अध्ययन करते हैं और औद्योगिक बस्तियाँ स्थापित कर सकते हैं। इनको निजी अथवा सार्वजनिक उद्योगों की अंश-पूँजी में सम्मिलित होने, अभिगोपन करने तथा ऋणों पर गारण्टी देने के भी अधिकार प्राप्त हैं। व्यावहारिक रूप में इन निगमों ने अपने कार्य-क्षेत्र को अपने राज्य की औद्योगिक

आवश्यकताओं से सम्बन्धित कुछ मुख्य कार्यों तक ही सीमित रखा है। सन् 2001-02 में इनके द्वारा स्वीकृत सहायता की राशि 1,593 करोड़ रुपये थी 1,717 करोड़ रुपये को बाँटा गया था।

भारतीय यूनिट ट्रस्ट

यह देश की प्रमुख वित्तीय संस्था है। इसका औद्योगिक व निवेश के क्षेत्र में विशिष्ट योगदान है। इसके माध्यम से छोटी व मध्यम आय वाले लोगों को देश के विभिन्न उद्योगों में निवेश करने तथा औद्योगिक समृद्धि से लाभ उठाने का अवसर मिला है। सन् 1954 में श्रॉफ कमेटी ने इसकी स्थापना का सुझाव दिया था। 1 फरवरी, 1964 को एक कानून के अन्तर्गत इसकी स्थापना की गयी। यूनिट ट्रस्ट की प्रारम्भिक पूँजी 5 करोड़ रुपये रखी गयी जिसमें रिजर्व बैंक का भाग 2.5 करोड़ रुपये, जीवन बीमा निगम का 75 लाख रुपये, स्टेट बैंक और उसके सहायक बैंकों का 75 लाख रुपये तथा अनुसूचित बैंकों और अन्य वित्तीय संस्थाओं का भाग 1 करोड़ रुपये रखा गया। तत्कालीन वित्त मन्त्री ने आशा व्यक्त की थी कि यूनिट ट्रस्ट के कोष अन्ततः 100 करोड़ रुपये तक हो जायेंगे।

भारतीय यूनिट ट्रस्ट ने छोटे निवेशकों की बचत एकत्र करने के लिए 'यूनिटों' की बिक्री की थी। इनकी बिक्री 1 जुलाई, 1964 से आरम्भ हुई। 31 जुलाई, 1964 तक उन्हें 10 रुपये प्रति यूनिट के निर्धारित मूल्य पर ही बेचा गया, परन्तु उसके बाद इनकी बिक्री बाजार पर करने की व्यवस्था की गयी। यूनिटों को बेचने की व्यवस्था के साथ-साथ इनका हस्तान्तरण भी किया जा सकता था। ट्रस्ट इनको स्वयं भी खरीदने को तैयार रहता था। यूनिटों की जमानत पर बैंकों से ऋण प्राप्त किया जा सकता था। यूनिटों की बिक्री से प्राप्त पूँजी लाभपूर्ण ढंग से प्रतिभूतियों में लगायी गयी है, जिनमें वैधानिक निगमों, कम्पनियों व अन्य संस्थाओं के शेयर, बॉण्ड व अन्य स्टॉक सम्मिलित किये गये थे।

1 अक्टूबर, 1971 से यूनिटों को बीमा-योजना के साथ जोड़ा गया था। यह योजना (ULIP) कहलाती है। इस प्रकार 1 अक्टूबर, 1981 से यूनिट ट्रस्ट ने एक नयी योजना (CRTS-81) आरम्भ की थी। इसके अन्तर्गत पुण्यार्थ तथा धार्मिक ट्रस्टों और पंजीकृत समितियों से निवेश के लिए धन प्राप्त किया था। 1 मई, 1982 से आय यूनिट योजना लागू की गयी। इसे केवल दो माह के लिए चालू रखा गया। इसका उद्देश्य निम्न तथा मध्यम आय वाले वर्गों से पूँजी हासिल करना था।

मार्च, 1983 में मासिक आय यूनिट योजना तथा मई, 1983 में विकास एवं आय यूनिट योजना लागू की गयी। निवेशों पर स्थिर आय प्राप्त करने के लिए ये बहुत आकर्षक योजनाएँ थीं। दिसम्बर 1983 से पूँजीगत लाभ यूनिट योजना लागू की गयी। इन यूनिटों में निवेश करने पर दीर्घकालीन पूँजीगत परिसम्पत्तियों के अन्तरण पर देय कर में छूट प्राप्त की जा सकती थी। इस तरह 1985 में आय यूनिट योजना की सफलता के पश्चात् यूनिट ट्रस्ट द्वारा समय-समय पर इस प्रकार की अनेक योजनाओं के अन्तर्गत साधन जुटाये गये। ये योजनाएँ वृद्धिशील आय यूनिट योजना, वृद्धि के साथ मासिक आय यूनिट योजना तथा मासिक आय यूनिट, अतिरिक्त बोनस और वृद्धि के साथ के रूप में हैं। इन्हें सीमित अवधि के लिए ही लागू किया जाता है। 1986 में बच्चों के लिए उपहार वृद्धि निधि यूनिट योजना तथा मास्टर शेयर योजना आरम्भ की गयी थी। जोखिम पूँजी यूनिट योजना 1989 में लागू की गयी थी। अन्य योजनाओं में मास्टर शेयर प्लस, मास्टर गेन, मास्टर ग्रोथ तथा मास्टर इक्विटी योजनाएँ मुख्य हैं।

यूनिट ट्रस्ट का कार्य सन् 1998 तक सही तरह से क्रियान्वित हो रहा था। सितम्बर-अक्टूबर 1998 में ट्रस्ट की मुख्य योजना US-64 संकट में फँस गयी। इसके अन्तर्गत प्राप्त की गयी राशि का मुख्य भाग शेयरों में लगा हुआ था। शेयरों के मूल्य गिर जाने पर 12,400 करोड़ रुपये के शेयरों का मूल्य गिरकर 8,200 करोड़ रुपये रह गया। इस एक-तिहाई गिरावट के बाद भी गिरावट का क्रम जारी रहा। इन परिस्थितियों में श्री दीपक पारिख की अध्यक्षता में एक समिति नियुक्त की गयी जिसने US-64 योजना को आगामी तीन वर्षों में सुदृढ़ करने के सुझाव दिए। सरकार ने छोटे निवेशकों की US-64 योजना के लिए सभी देयताओं तथा अन्य आश्वस्त आय योजनाओं को पूरा करने के लिए प्रतिबद्धता की घोषणा की। US-64 यूनिटों की निर्धारित दरों पर पुनः खरीद की गयी अथवा बॉण्डों में परिवर्तित कर दिया गया। यूनिट ट्रस्ट में निवेशकों ने विश्वास किया था, परन्तु इसके अकुशल और अविवेकपूर्ण संचालन के कारण निवेशकों के साथ धोखा हुआ। यूनिट ट्रस्ट के अधिकारियों ने संदिग्ध स्थिति वाली कम्पनियों में निवेश किए। स्टॉक-एक्सचेंज के दलालों ने भी ट्रस्ट के साधनों का दुरुपयोग किया। वित्त मन्त्रालय की लापरवाही भी यूनिट ट्रस्ट की असफलता का कारण थी।

इस प्रकार 30 अक्टूबर, 2002 को जारी अध्यादेश के अन्तर्गत यूटीआई को दो हिस्सों में बाँटा गया है। यूटीआई-I में यू एस-64 शामिल है तथा सरकार द्वारा नियुक्त प्रशासक के अन्तर्गत आश्वासित प्रतिफल योजनाएँ रखी गयी हैं। यूटीआई-II

(जिसे यूटीआई म्युचूअल फण्ड का नाम दिया गया है) में एनएवी (NAV) आधारित योजनाएँ शामिल हैं तथा इसे सेबी की विनियामक सीमा में रखा गया है। इसके चार प्रायोजक भारतीय स्टेट बैंक, पंजाब नेशनल बैंक, बैंक ऑफ बड़ौदा तथा भारतीय जीवन बीमा निगम हैं। इसने कुछ अपनी योजनाएँ शुरू की हैं जिसके फलस्वरूप संसाधन जुटाये जा रहे हैं।

7

भारतीय स्टेट बैंक

हालांकि सार्वजनिक क्षेत्र के समस्त 27 बैंक निगमित निकाय हैं। लेकिन ये सभी अलग-अलग अधिनियमों के अंतर्गत स्थापित किये गये। इन्हीं 27 राष्ट्रीयकृत बैंकों में एक बैंक भारतीय स्टेट बैंक भी है। प्रारंभ में इस बैंक को इम्पोरियल बैंक के नाम से जाना जाता था। इस बैंक की स्थापना स्वतंत्रता से पूर्व सन् 1920 में की गयी थी परंतु इसके तीन दशक के बाद अर्थात 1 जुलाई 1955 में इस बैंक का नाम बदलकर भारतीय स्टेट बैंक कर दिया। इसने राष्ट्रीयकरण के पश्चात् विकास सम्बन्धी विभिन्न कार्य किये हैं। एक व्यापारिक बैंक के रूप में स्टेट बैंक वह सभी कार्य करता है जो पूर्व में इम्पीरियल बैंक द्वारा संपन्न किये जाते थे। इसके अतिरिक्त इस बैंक को ग्रामीण क्षेत्रों में बैंकिंग सुविधाओं के विकास एवं विस्तार का विशिष्ट उत्तरदायित्व भी सौंपा गया है। यहाँ इस बैंक के उद्भव एवं विकास के संदर्भ में संक्षिप्त उल्लेख किया गया है–

इम्पीरियल बैंक ऑफ इंडिया : उद्भव एवं विकास

इम्पीरियल बैंक ऑफ इंडिया अधिनियम 1920 के अंतर्गत मुम्बई, बंगाल तथा मद्रास तीन प्रेसीडेन्सी बैंकों के सयुंक्त रूप से इम्पीरियल बैंक ऑफ इंडिया की स्थापना की गयी। इस अधिनियम के अंतर्गत बैंक का प्रबंध केन्द्रीय संचालक मंडल

द्वारा होता था। यह 16 गवर्नरों का एक मंडल हो गया था। यह मंडल बैंक की नीति निर्धारण का कार्य करता था। बैंक सम्बन्धी नीति निर्धारण का कार्य इस मंडल द्वारा ही किया जाता था। इस बैंक के पास 500 रुपये के 2.25 लाख अंशों में विभाजित 11.25 करोड़ 1 रुपये की अधिकृत पूंजी थी। यह बैंक सरकारी बैंक तथा बैंकों के बैंक के रूप में केन्द्रीय बैंकिंग कार्य करता था। रिजर्व बैंक की स्थापना से पूर्व इम्पीरियल बैंक इन कार्यों का संचालन विस्तृत स्तर पर करता था परंतु सन् 1935 में रिजर्व बैंक की स्थापना से इन कार्यों में काफी कमी हो गई। सामान्य बैंकिंग से संबंधित कार्य इम्पीरियल बैंक के द्वारा किये जाते थे।

इम्पीरियल बैंक ने भारतीय बैंकिंग प्रणाली को सुव्यवस्थित एवं प्रभावी बनाने में विशेष रूप से योगदान दिया। हालांकि 1935 में केन्द्रीय बैंक के रूप में रिजर्व बैंक आफ इंडिया की स्थापना के पश्चात् भी इम्पीरियल बैंक की स्थिति खासतौर से प्रभावित नहीं हुई। रिजर्व बैंक की स्थापना के बाद इस बैंक की रिजर्व बैंक के एजेंट के रूप में विशिष्ट स्थिति बनी रही। निःसंदेह उस समय इम्पीरियल बैंक भारत का सबसे बड़ा बैंक था लेकिन इस बैंक की कार्य पद्धति में कई दोष पैदा हो गये जिनमें से कुछ दोषों को निम्न बिंदुओं में स्पष्ट किया गया है–

(1) विभेदात्मक नीति–बैंक के अधिकांश शीर्ष अधिकारी विदेशी होने के कारण ऋण इत्यादि देने में जातीय तथा राजनीतिक आधार पर भेद किया करते थे। भारतीय व्यापारियों के हितों को अनदेखा कर विदेशी व्यापारियों को उनके सामर्थ्य से अधिक ऋण प्रदान कर दिये जाते थे। इसके अतिरिक्त यह बैंक भारतीय बैंकों की अपेक्षा विदेशी विनिमय बैंकों के प्रति अधिक उदार था।

(2) शाखा विस्तार की दोषपूर्ण नीति : इम्पीरियल बैंक की शाखा विस्तार की नीति अत्यन्त ही दोष पूर्ण एवं विकास विरोधी थी। बैंक अपनी शाखायें ऐसे स्थान पर खोलता था जहाँ पहले से ही अन्य बैंकों की शाखायें खुली होती थीं। इससे भारत में बैंकिंग सुविधाओं के विस्तार के स्थान पर उनमें प्रतियोगिता बढ़ने लगी।

(3) बिल बाजार के विकास की समस्या : बैंक द्वारा अधिकांश साख नकद रूप में प्रदान की जाती थी। इससे भारत में बिल बाजार को पर्याप्त अवसर प्राप्त नहीं हो सका। इसे किसी भी नजरिये से भारतीय अपने हित में नहीं मानते थे।

(4) प्रबंधकीय कार्यों में अत्यधिक व्यय–इम्पीरियल बैंक प्रबंधकीय कार्यों में अत्यधिक व्यय करती थी। इस बैंक का कोई भी केन्द्रीय कार्यालय नहीं था। केवल तीन मुख्य कार्यालय बंबई, कलकत्ता, एवं मद्रास में स्थित थे। बैंक को इन कार्यालयों

के प्रबन्ध पर काफी अधिक धन खर्च करना पड़ता था। इस प्रकार अमितव्ययी प्रबन्ध को राष्ट्रीय साधनों के दुरूपयोग के नजरिए से अच्छा नहीं माना जाता है।

(5) ग्रामीण क्षेत्र की बचतों का दुरुपयोग—बैंक ग्रामीण क्षेत्रों से प्राप्त जमाओं का प्रयोग शहरी क्षेत्रों में व्यापार की वित्त व्यवस्था आदि करने में करता था। इसे भी क्षेत्र विरोधी भावना कहकर आलोचना की गयी।

(6) विदेशी प्रभुत्व—यह एक साम्राज्यवादी बैंक था। इस बैंक के समस्त पूंजी अथवा प्रबंध पर यूरोपीय देशों का नियंत्रण था। उसके अधिकारी एवं प्रबंधक विदेशी थे जिनकी भावना भारतीय हितों के विरुद्ध थी। यह बैंक भारत के लोगों को उच्च पदों पर नियुक्त नहीं करता था। इससे भारतीयों की उन्नति के अवसर अत्यन्त कम हो गये थे।

इस बैंक की दोषपूर्ण व्यवस्था के कारण बैंक के राष्ट्रीयकरण की भावना उत्पन्न हुई। स्वतन्त्रता के बाद इस मांग ने काफी जोर पकड़ लिया। जनभावना तथा राष्ट्रीय हितों को ध्यान में रखते हुए 16 अप्रैल, 1955 को इम्पीरियल बैंक का राष्ट्रीयकरण कर दिया गया।

स्टेट बैंक ऑफ इंडिया की स्थापना

स्वतन्त्रता प्राप्ति के पश्चात् बैंकों का राष्ट्रीयकरण किया गया। राष्ट्रीयकरण की इस प्रक्रिया के दौरान 1 जुलाई, 1955 को स्टेट बैंक ऑफ इंडिया की स्थापना की गयी। इस बैंक की स्थापना इम्पीरियल बैंक को राष्ट्रीयकरण के फलस्वरूप की गयी। यद्यपि राष्ट्रीयकरण से पूर्व इम्पीरियल बैंक आफ इंडिया को भारतीय बैंकिंग व्यवस्था में महत्वपूर्ण स्थान प्राप्त था। किन्तु इसकी कार्यप्रणाली में उपर्युक्त विवेचन में वर्णित दोषों की उत्पति के कारण भारतीय बैंकों का राष्ट्रीयकरण कर दिया गया तथा स्टेट बैंक की स्थापना की गई। वर्तमान में स्टेट बैंक ऑफ इंडिया का भारतीय बैंकिंग प्रणाली में विशेष स्थान हैं। वर्ष 1996-1997 के अंत में स्टेट बैंक के भारत में कुल 8,888 शाखा कार्यालय थे।

स्टेट बैंक की स्थापना निम्नलिखित उद्देश्यों से की गई थी—

(1) लघु उद्योगों को प्रोत्साहन : स्टेट बैंक को स्थापित करने के पश्चात् यह महसूस किया गया कि यह बैंक लघु उद्योगों की स्थापना में तकनीकी एवं वित्तीय सहायता प्रदान करेगा जिससे देश के औद्योगिक विकास को प्रोत्साहन मिलेगा। भारत में व्यापारिक तथा कृषि उद्देश्यों को पूरा करने के लिए बड़े पैमाने पर गोदामों की

आवश्यकता थी। यह कार्य राष्ट्रीय स्तर के बैंक द्वारा किया जा सकता था। इसी वजह से स्टेट बैंक की स्थापना की गयी। गाँवों में बचत को प्रोत्साहन देना भी स्टेट बैंक का प्रमुख उद्देश्य है। गाँवों में साहूकारी प्रथा के प्रचलन के कारण ग्रामीण व्यक्तियों को लाभ न देकर बल्कि उन्हें अत्यधिक हानि उठानी पड़ती है।

(2) धन के हस्तान्तरण की सुविधा : बैंकों के विकास के लिए विभिन्न संस्थाओं के मध्य धन हस्तान्तरण की सुविधा बेहद आवश्यक है। स्टेट बैंक की स्थापना से इस उद्देश्य की पूर्ति नहीं की गयी।

(3) ग्रामीण साख व्यवस्था में सहयोग : भारतीय अर्थव्यवस्था में कृषि के महत्व को देखते हुए कृषि का विकास करना आवश्यक समझा गया। ग्रामीण साख व्यवस्था के प्रसार के लिए किसी सुदृढ़ वित्तीय एवं कुशल प्रबन्ध वाले बैंक की आवश्यकता महसूस की गई।

स्टेट बैंक आफ इंडिया की पूँजी

प्रारंभ में इस बैंक की अधिकृत पूंजी 1000 करोड़ रुपये हैं जो 10-10 रुपये वाले 100 करोड़ अंशों में वर्गीकृत हैं। बैंक अधिनियम की धारा 5(2) के अनुसार स्टेट बैंक की निर्गमित पूँजी का कम से कम 55 प्रतिशत रिजर्व बैंक के अधिकार में रहेगा, किन्तु वास्तव में उसका लगभग 42 प्रतिशत ही रिजर्व बैंक के पास है।

स्टेट बैंक का प्रबन्धन

एक केन्द्रीय संचालक मंडल द्वारा इस बैंक का प्रबंधन किया जाता है। इस संचालक मंडल के अलावा तेरह स्थानीय बोर्ड हैं। इन बोर्डों का भी बैंक के प्रबन्ध में अत्यन्त महत्वपूर्ण स्थान है। भारतीय स्टेट बैंक की वर्तमान व्यवस्था के अनुरूप केन्द्रीय संचालक मंडल तथा स्थानीय बोर्डों का गठन किया जाता है।

स्टेट बैंक का केन्द्रीय निदेशक बोर्ड

भारतीय स्टेट बैंक अधिनियम के आधार पर केन्द्रीय निदेशक मंडल का गठन किया जाता है। 19 जून, 1997 को अध्यक्ष सहित 17 निदेशक निम्न प्रकार थे–

अध्यक्ष-श्री एम.एस.वर्मा

भारतीय स्टेट बैंक अधिनियम, 1955 की धारा 19 खाख के अन्तर्गत पदेन-

श्री परमपाल सिंह मान, श्री यावर रशीद, डा. रजत कुमार चक्रवर्ती, श्री के पूर्णचन्द्र राव, श्रीमती अनिला आर. ढोलकिया तथा डा. किसरन कानूनगो।

अधिनियम की धारा 19 (ग) के अन्तर्गत निर्वाचित।

डा.एस.रमणी, श्री शशिकान्त बी. गरवारे, डा. आई.जी. पटेल तथा श्री अजय जी. पीरामल।

अधिनियम की धारा 19 के अंतर्गत केन्द्र सरकार द्वारा नामित-श्री रोद्दम प्रभाकर राव, श्री सी.एन. रामचन्द्रन, डॉ. वी. बी. कौजलगी तथा श्री आर. एस. लोढ़ा।

अधिनियम की धारा 19 (च) के अंतर्गत केन्द्र सरकार द्वारा नामित-श्री.सी. एम.वासुदेव

अधिनियम की धारा 19 (छ) के अंतर्गत भारतीय रिजर्व बैंक द्वारा नामित - डॉ. वाई. वी. रेड्डी।

स्थानीय बोर्ड : गोवाहाटी तथा बंगलौर आदि स्थानों पर इसके स्थानीय कार्यालय हैं इसके अलावा इसका केन्द्रीय कार्यालय है। इन स्थानीय कार्यालयों के बोर्ड के सदस्यों में सामान्यतः एक सभापति, एक उप सभापति, पदेन सदस्य तथा कुछ सदस्य होते हैं। सदस्यों की कुल संख्या सभी बोर्डों में पृथक्-पृथक् है।

प्रमुख कार्यालय - स्टेट बैंक आफ इंडिया का प्रमुख कार्यालय मुम्बई में है।

स्टेट बैंक के कार्यालय - वर्ष 1996-97 के अंत में स्टेट बैंक के भारत में कुल 8,888 शाखा कार्यालय थे।

स्टेट बैंक के सहायक बैंक : वर्तमान में स्टेट बैंक आफ इंडिया के 7 सहायक बैंक हैं। इनके नाम हैं 1. बैंक ऑफ हैदराबाद, 2. बैंक ऑफ मैसूर, 3. बैंक ऑफ बीकानेर एण्ड जयपुर, 4. बैंक ऑफ पटियाला, 5. बैंक ऑफ सौराष्ट्र, 6. बैंक ऑफ ट्रावनकोर, 7. बैंक ऑफ इन्दौर। सभी बैंकों के नाम से पूर्व "स्टेट" शब्द लगा दिया गया है। स्टेट बैंक के साथ इन बैंकों का भी महत्वपूर्ण स्थान है। इनमें से बैंक ऑफ सौराष्ट्र व स्टेट बैंक ऑफ इन्दौर का भारतीय स्टेट बैंक में विलय हो चुका है।

स्टेट बैंक ऑफ इंडिया के कार्य

वे कार्य जो पहले इम्पीरियल बैंक द्वारा संपन्न होते थे अब स्टेट बैंक द्वारा किये जाते हैं। आर्थिक विकास एवं परिस्थितियों में बदलाव से इन कार्यों की प्रकृति में कुछ परिवर्तन अवश्य हुआ है। स्टेट बैंक ऑफ इंडिया एक्ट, 1955 के आधार पर निम्नलिखित कार्यों का संचालन करता है—

(1) स्टेट बैंक के निषिद्ध कार्य—स्टेट बैंक अधिनियम के तहत यह बैंक किसी व्यक्ति या संस्था को उसकी पूर्व निर्धारित राशि से अधिक राशि के बिलों को न तो भुना सकता है और न ही इस राशि से अधिक राशि उधार दे सकता है। यह बैंक उद्योगों को उनकी संपत्ति की जमानत पर ऐसे मध्यकालीन ऋण नहीं दे सकता जिनकी अवधि 7 वर्ष से अधिक हो। यह बैंक अचल संपत्ति तथा अपने शेयर्स की जमानत पर धन उधार नहीं दे सकता है। यह बैंक ऐसे विनिमय बिलों को नहीं भुना सकता जिन पर दो अच्छे प्रतिष्ठित व्यक्तियों के हस्ताक्षर नहीं हों। यह बैंक अपने कार्यालय प्रयोग हेतु किसी भी प्रकार की अचल सम्पति नहीं खरीद सकता है।

(2) केन्द्रीय बैंक के रूप में कार्य—यह बैंक केन्द्रीय बैंक के रूप में भी कार्य करता है जिसे निम्न पंक्तियों में स्पष्ट किया गया है—

1. स्टेट बैंक व्यापारिक बैंकों से जमाएं स्वीकार करता है। जरूरत पड़ने पर बैंक उन्हें आर्थिक सहायता भी देता है। यह बैंक व्यापारिक बैंकों के बिलों को पुनः कटौती भी करता है।
2. स्टेट बैंक की कृषि साख के विस्तार में महत्वपूर्ण भूमिका है। स्टेट बैंक कृषि को प्रत्यक्ष एवं अप्रत्यक्ष दोनों प्रकार से ऋण प्रदान करता हैं।
3. स्टेट बैंक रिजर्व बैंक की ओर से समाशोधन गृह का कार्य भी करता हैं। इसके अलावा देश के बैंकों का धन एक स्थान से दूसरे स्थान पर स्थानान्तरित करने का कार्य भी यह बैंक करता है।
4. स्टेट बैंक सरकार की ओर से जनता तथा विविध संस्थाओं से धन इकट्ठा करता और सरकार के आदेशानुसार भुगतान करता है। सरकार द्वारा लिए जाने वाले सार्वजनिक ऋणों का प्रबन्ध भी बैंक के माध्यम से किया जाता हैं।

(3) व्यापारिक बैंक के रूप में कार्य—स्टेट बैंक व्यापारिक बैंक के रूप में भी विभिन्न कार्य करता है जिनमें से कुछ प्रमुख कार्यों को निम्नलिखित पंक्तियों में स्पष्ट किया गया है—

1. स्टेट बैंक भी अन्य व्यापारिक बैंकों के समान व्यावसायियों को ऋण तथा अग्रिम नकद साख के रूप में उधार देता है। यह अन्य बैंकों के समान ही स्वीकृत प्रतिज्ञा पत्रों, बॉण्ड्स, विनिमय बिलों, तैयार माल के अधिकार पत्रों तथा उपयुक्त प्रतिभूतियों एवं प्रलेखों की जमानत आदि पर विभिन्न रूपों में उधार देता है।
2. यह जनता से विभिन्न प्रकार के खातों में जमाएं स्वीकार करता है। बैंक जमाकर्त्ताओं को अन्य प्रकार की बैंकिंग सुविधायें प्रदान करता है।

3. स्टेट बैंक अन्य व्यापारिक बैंकों के समान ही अपने धन का विनियोजन भारत सरकार की प्रतिभूतियों, रेलवे, अन्य सरकारी निगमों की प्रतिभूतियों तथा कोषागार में विनियोग करता है।
4. ग्राहकों के ऐजेन्ट के रूप में स्टेट बैंक ग्राहकों की ओर से भुगतान करने, प्रतिज्ञा पत्र आदि को भुनाने एवं उनकी राशि एकत्र करने, चेक एवं हुण्डियां भुनाने, कमीशन एजेन्ट, प्रन्यासी, यात्री चेक जारी करना, विनियोग संबंधी सलाह तथा स्थायी आदेशों का पालन करने संबंधी कार्य करता है।

(4) मिश्रित कार्य—उपर्युक्त वर्णित कार्यों के अलावा निम्नलिखित कार्यों को स्टेट बैंक द्वारा किया जाता है—

1. विशिष्ट परिस्थितियों में सहकारी बैंकों के ऐजेन्ट के रूप में कार्य करना।
2. अपनी शाखाओं तथा संबंधित बैंकों पर ड्राफ्टों आदि का निर्गमन करंना।
3. ग्राहकों के लिये साख पत्र निर्गमित करना।
4. रिजर्व बैंक द्वारा सौंपे गए अन्य कार्यों को करना।
5. बैंकिंग कंपनियों के निस्तारक के रूप में कार्य करना।
6. जनता की बहुमूल्य वस्तुओं को अपने संरक्षण में रखना।

स्टेट बैंक की उपलब्धियाँ

स्टेट बैंक ने देश के आर्थिक विकास एवं ग्रामीण क्षेत्रों की प्रगति में प्रमुख योगदान दिया है। स्टेट बैंक की स्थापना से लेकर आज तक यह बैंक अपने निश्चित निर्धारित लक्ष्यों को पूरा करता है। स्टेट बैंक की प्रमुख उपलब्धियों को निम्नलिखित बिंदुओं के तहत स्पष्ट किया गया है—

(1) लघु उद्योगों को वित्तीय सहायता—वित्तीय तथा गैर वित्तीय तौर पर लघु उद्योगों को इसके द्वारा सहायता प्रदान की गयी। इसके लिए बैंक ने लघु उद्योगों को एक तरफ वित्तीय सहायता ऋणों के रूप में उपलब्ध करवायी है तथा दूसरी तरफ लघु उद्योगों को परामर्श, सलाह और प्रशिक्षण देने तथा पिछड़े क्षेत्रों में उद्यमशीलता का विकास करने की नीति को आगे बढ़ाया है। स्टेट बैंक ने 1956 में लघु उद्योगों के विकास के लिये एक योजना प्रारंभ की थी। इस योजना के अंतर्गत स्टेट बैंक राज्य वित्त निगमों, राष्ट्रीय लघु उद्योग निगम, लघु उद्योग सेवा संस्थान जैसी संस्थानों के सामंजस्य से लघु उद्योगों को उत्पादन सम्बन्धी अवस्थाओं के लिए ऋण उपलब्ध कराती है मार्च, 1996 से 10.34 लाख खातों में लघु औद्योगिक इकाइयों की तरफ

से बैंक की बकाया राशि 7,790 करोड़ रुपये थी। छोटी व्यावसायिक इकाइयों के 23.41 लाख खातों में बकाया राशि 2,434 करोड़ रुपये थी।

(2) क्षेत्रीय ग्रामीण बैंकों का विकास : इस बैंक के द्वारा विभिन्न राज्यों में क्षेत्रीय ग्रामीण बैंकों की स्थापना की गयी है। इसकी 13 राज्यों में ऐसी 30 शाखाएं हैं। अप्रैल, 1996 से सितंबर 1996 की अवधि के दौरान इन बैंकों की जमाएं 2,119 करोड़ रुपये से बढ़ कर 2251 करोड़ रुपए तक तथा अग्रिम 933 करोड़ रुपये से 1023 करोड़ रूपये तक पहुंच गये। बैंकों के समाधान से क्षेत्रीय ग्रामों में नियोजन तथा नुकसानदायक शाखाओं को ज्यादा लाभप्रद बनाने हेतु भारतीय रिजर्व बैंक द्वारा व्यावसायिक कार्यकलापों में दी गई रियायतों के अनुरूप लक्ष्येतर समूहों को ऋण प्रदान करने और उनको प्रदान की जा सकने वाली सेवाओं से संबंधित भावनाओं का पता लगाया है।

(3) सामाजिक सेवाएं : यह बैंक सामाजिक कार्य भी करती है। यह विभिन्न सामाजिक संस्थाओं को सामाजिक कार्य करने के लिए वित्तीय सहायता भी देती है। बैंक ने 20 सूत्री कार्यक्रम तथा अल्पसंख्यकों के लिए 15 सूत्री कार्यक्रम को सक्रिय वित्तीय सहायता प्रदान की है। बैंक ने पूरे देश में अपनी शाखाओं के माध्यम से अपने शोध एवं विकास कोष से कई शोध परियोजनाओं को प्रायोजित किया है। वित्तीय सहायता प्रदान करने के साथ-साथ बैंक ने कई सामाजिक कल्याण के कार्यकलापों जैसे—रक्तदान शिविर, चिकित्सा शिविर, औषधि बैंक, पशु चिकित्सा शिविर, परिवार नियोजन शिविर तथा स्कूली बच्चों के लिये विशेष कार्यक्रम आयोजित किये हैं। इस प्रकार स्टेट बैंक की सफलतायें बहुआयामी हैं तथा भारतीय अर्थव्यवस्था में यह विशेष स्थान बनाये हुए है।

(4) कृषि वित्त पोषण : कृषि से संबद्ध विविध प्रकार के ऋण बैंक द्वारा प्रदत्त किये जाते हैं। इसके लिये विभिन्न प्रकार की शाखायें बैंक द्वारा खोली गयी हैं। इन शाखाओं के माध्यम से कृषि तथा संबंधित गतिविधियों को व्यापक सहायता पहुँचाने हेतु कृषकों को प्रत्यक्ष ऋण दिये जाते हैं। कृषि को अप्रत्यक्ष सहायता के अंतर्गत स्टेट बैंक राज्य सहकारी बैंकों तथा केन्द्रीय सहकारी बैंकों को निशुल्क धन प्रेषण की सुविधा देकर, सहकारी बैंकों के चेक, विनिमय पत्र तथा अन्य साख पत्रों का कार्य रियायती दरों पर करके तथा राज्य सरकारों, राज्य विद्युत मंडलों व भारतीय खाद्य निगम को ऋण प्रदान करके करता है।

प्रत्यक्ष ऋण सहायता की बकाया अग्रिम मार्च, 1996 में 54.45 लाख खातों में 8,982 करोड़ रुपया थी। अप्रत्यक्ष ऋण सहायता की बकाया अग्रिम मार्च, 1996

में 1.24 लाख खातों में 767 करोड़ रुपये थी। कृषि अग्रिमों की वसूली 1996 में 60 प्रतिशत थी जो बढ़कर 1997 में 62 प्रतिशत होने की संभावना रही है।

(5) ऋण तथा अग्रिम—बैंक वृद्धि के साथ-साथ बैंक के ऋण तथा अग्रिम राशि में बढ़ोतरी होती है। बैंक के ऋण व अग्रिमों की मात्रा 1955 में 110 करोड़ रुपये थी जो बढ़कर 1991 में 26,666 करोड़ रुपये हो गई। सन् 1995-96 में अग्रिम 59,826 करोड़ तथा 1996-1997 में 62,333 करोड़ रुपये के हो गये। कुल अग्रिमों में से प्राथमिकता प्राप्त क्षेत्र को ऋण 1995-96 में 34.4 प्रतिशत थे जो 1996-97 में 38.3 प्रतिशत रहे।

(6) विनियोग—स्टेट बैंक द्वारा सरकारी प्रतिभूतियों में विनियोग किया जाता है। इस विनियोग की राशि निरन्तर बढ़ रही है। सरकारी प्रतिभूतियों में निवेश की मात्रा सन् 1991 में 17,162 करोड़ रुपये थी। सन् 1995-96 में बढ़कर 30,507 करोड़ तथा 1996-97 में 33,973 करोड़ रूपये हो गयी। सरकारी प्रतिभूतियों में समस्त अनुसूचित बैंकों द्वारा किये गये निवेश का लगभग 40 प्रतिशत भाग स्टेट बैंक द्वारा किया गया। इस निवेश से सरकार को विकास कार्यों के संचालन के लिये बड़ी राशि प्राप्त हुई है।

(7) शाखा विस्तार—स्टेट बैंक ने देश में अपनी सबसे ज्यादा शाखाएं विस्तृत की हैं। इसने शहर से लेकर गाँवों तक में भी शाखाओं का विस्तार किया है। स्टेट बैंक की स्थापना के समय इसकी कुल शाखाओं की संख्या 497 थी। बैंक को अपने अधिनियम की धारा 16 (5) के अनुसार अपनी स्थापना के प्रथम पाँच वर्षों में 400 नई शाखायें खोलनी थीं तथा इनमें से अधिकांश शाखायें ग्रामीण क्षेत्रों में खोलनी थीं। बैंक ने 30 जून, 1960 तक की पाँच वर्ष की अवधि में 416 नई शाखायें खोली थीं जो लक्ष्य से अधिक थीं। इनमें से 274 शाखायें 25 हजार से कम जनसंख्या वाले स्थानों पर खोली गईं। आज भी स्टेट बैंक का लगातार शाखा विस्तार का कार्य चल रहा है।

(8) जमाओं में वृद्धि—स्टेट बैंक ने 202 करोड़ रुपये की पूंजी से कार्य करना प्रारम्भ किया था। जो 1969 में बढ़कर 1,200 करोड़ रुपया तथा 1990 में 49,084 करोड़ रुपया हो गई। 1995-96 में जमायें बढ़कर 96, 935 करोड़ रूपया तथा 1996-97 में 1,10,701 करोड़ रुपये हो गई। बैंक की जमाओं में वृद्धि प्रमुख रूप से शाखा विस्तार, ग्रामीण क्षेत्रों में बैंकिंग के विकास, जमा संग्रहण की आकर्षक योजनाओं तथा सरकारी जमाओं के कारण हुई।

(9) अलाभकारी संपत्तियों का प्रबन्ध अथवा संपत्तियों की गुणवत्ता में सुधार : स्टेट बैंक अलाभकारी सम्पत्तियों का प्रबंध करती है। इस प्रक्रिया में वह सम्पत्ति की गुणवत्ता में सुधार करने का प्रयास भी करती है। अलाभकारी संपत्तियों के प्रबन्ध तथा वसूली हेतु कर्मचारियों को अभिप्रेरित करने के लिये बैंक ने ऐसी शाखाओं को नगद पुरस्कार, श्रेष्ठता प्रमाण पत्र तथा ट्राफियां प्रदान करने की एक योजना तैयार की है जो इस संबंध में उत्कृष्ट कार्य निष्पादन करती है।

(10) निर्यात वित्त : स्टेट बैंक निर्यात को प्रोत्साहन देने के लिए निर्यातकों को वित्तीय सेवाएं उपलब्ध कराती है। यह लदान से पूर्व तथा लदान के बाद दोनों ही प्रकार की आवश्यकताओं की पूर्ति हेतु दिये जाते हैं। स्टेट बैंक ने विदेशों से भारतीय कंपनियों द्वारा टर्न की परियोजनाएं पूरी करने, स्थगित भुगतान की शर्तों पर इंजीनियरिंग का सामान निर्यात करने तथा विदेशों में निर्माण सम्बन्धी कार्यों को करने हेतु भारतीय कंपनियों को ऋण प्रदान किये हैं।

8

भारतीय निर्यात-आयात बैंक

इस बैंक की स्थापना 1 जनवरी सन् 1982 से किया गया। इस बैंक पर केन्द्र सरकार का नियंत्रण है। भारत में योजनाबद्ध विकास के लिए इन बैंकों की स्थापना की गयी। भारतीय निर्यात-आयात बैंक निर्यात वित्त की शीर्ष संस्था है। शुरुआती दौर में इस बैंक की कुल अधिकृत पूंजी मात्र 200 करोड़ रुपये निर्धारित की गयी थी लेकिन इस पूंजी को सन् 1987 में 500 करोड़ रुपये कर दी गयी। भारतीय निर्यात-आयात बैंक ने 1 मार्च, 1982 को 75 करोड़ रु. की प्रदत्त पूँजी से कार्य प्रारम्भ किया और भारत सरकार ने 20 करोड़ रु. तथा रिजर्व बैंक ने 70 करोड़ रु. कार्यशील पूँजी लम्बे समयों के लिये प्रदान किया। अपने साधनों को बढ़ाने के लिये सन् 1982 में बैंक ने यूरो-डॉलर बाजार से 2.5 करोड़ डॉलर का ऋण भी लिया था। 2005-06 के अन्त में बैंक के कुल पूँजीगत संसाधन 20140.1 करोड़ रु. थे। जापान तथा अमेरिका के निर्यात-आयात बैंकों की भाँति इस बैंक का मुख्य उद्देश्य भी एक शीर्षस्थ बैंक के रूप में विदेशी व्यापार में निर्यातों एवं आयातों को प्रतिस्पर्द्धात्मक शर्तों पर पर्याप्त वित्तीय सहायता प्रदान कर निर्यातों को बढ़ाना तथा विदेशी व्यापार वित्त-पोषण में संलग्न विभिन्न बैंकिंग संस्थाओं के कार्य में समन्वय बैठाना है। विदेशों में भारतीय संयुक्त उपक्रमों में प्लान्ट, मशीनरी, भारी उपकरणों आदि के रूप में अंश पूँजी को प्रोत्साहन दिया है। इस बैंक की बढ़ती हुई उपयोगिता एवं प्रसिद्धि

को देखते हुए भारतीय औद्योगिक विकास बैंक ने अपने विदेशी वाणिज्य वित्त विभाग को भारतीय निर्यात-आयात बैंक में विलय कर दिया।

भारत में निर्यात-आयात बैंक की स्थापना के उद्देश्य एवं आवश्यकता

देश में योजनाबद्ध उन्नति की वजह से निर्यात क्षेत्र में विभिन्न उपकरणों, इन्जीनियरिंग सामान, विद्युत एवं परिवहन उपकरणों का भाग निरन्तर बढ़ा है। अतः इन उत्पादनों के निर्यातों को पर्याप्त, सस्ती एवं दीर्घकालीन वित्तीय सहायता उपलब्ध कराने की आवश्यकता कई निर्यात सम्बर्द्धन परिषदों ने भी महसूस करते हुए निर्यात-आयात बैंक की स्थापना की माँग की थी। भारत के विदेशी व्यापर में बढ़ते भुगतान असन्तुलन के समाधान के लिए निर्यात वृद्धि के प्रयासों पर विशेष रूप से योगदान रहा है। विदेशी परियोजनाओं में भारतीय उद्योगों के माल का निर्यात बढ़ाने, विदेशी विनियोगों की वित्त व्यवस्था करने तथा निर्यात वृद्धि के लिए वित्तीय सहायता प्रदान करने में इस बैंक की सदैव आवश्यकता महसूस की गई है। इस संदर्भ में बैंक की आवश्यकता एवं उद्देश्य को निम्नलिखित पंक्तियों के अंतर्गत स्पष्ट किया गया है–

1. भारतीय निर्यातकों द्वारा विदेशों में परियोजनाएँ स्थापित करने के लिए वित्त की व्यवस्था करना।
2. इसके लिए बैंक व्यापारिक बैंकों के निर्यात-बिलों की पुनर्कटौती करता है।
3. निर्यात उद्योगों के लिए मशीनरी, उपकरण एवं कच्चा माल खरीदने के लिए वित्त की व्यवस्था करना।
4. विदेशी सरकारों एवं वित्तीय संस्थाओं को साख-सुविधा प्रदान करना, ताकि वे उसके बदले भारतीय पूँजीगत माल की खरीद कर आयातकों को सस्ते ऋण पर दे सकें।
5. भारतीय माल के विदेशी आयातकर्ताओं को दीर्घकालीन ऋण देना–ताकि भारत के पूँजीगत निर्यातों में वृद्धि हो।
6. भारतीय निर्यात-आयात बैंक का एक प्रमुख उद्देश्य समुद्र पार संयुक्त उपक्रमों में भारतीय प्रवर्तकों द्वारा विनियोगों के लिए लम्बी अवधि तक वित्तीय सहायता देना है।
7. बैंक की स्थापना का एक प्रमुख उद्देश्य भारतीय निर्यातकों को मध्यकालीन प्रत्यक्ष वित्तीय सहायता देना है।

8. बैंक विदेशों में निर्यात के लिए गारण्टी प्रदान करता है।
9. भारतीय विदेशी व्यापार की वित्त विभाग संबंधी समस्याओं का अध्ययन एवं विश्लेषण कर अपने सुझावों से सरकार को नीति-निर्धारण में मदद करना।

भारतीय निर्यात-आयात बैंक की पूँजी तथा पूँजीगत संसाधन

इस बैंक की अधिकृत पूंजी प्रारंभ में 200 करोड़ रु निश्चित की गयी थी वर्तमान दौर में यह संगठन आठ समूहों में बँटा हुआ है और अभिदत्त एवं प्रदत्त पूँजी केवल 75 करोड़ रु. भारत सरकार ने दी थी। उस समय भारत सरकार ने 20 करोड़ रु. तथा रिजर्व बैंक ऑफ इण्डिया ने 70 करोड़ रु. दीर्घकालीन ऋण के रूप में दिये थे। इसको अन्य कोषों से लगभग 171.74 करोड़ रु. हस्तान्तरण किये गये थे। इस प्रकार 1982 के अन्त में निर्यात-आयात बैंक के कुल पूँजीगत संसाधन 358.6 करोड़ रुपये थे। उसके उपरान्त बैंक की पूँजीगत सहायता साधनों में सतत रूप से बढ़ोत्तरी होती गयी। 1987 में बैंक की अधिकृत पूँजी को बढ़ाकर 500 करोड़ रु. कर दिया गया। सन् 1990-91 ई. में बैंक की अभिदत्त एवं प्रदत्त पूँजी 256.8 करोड़ रु. तथा कुल पूँजीगत संसाधन 1994.3 करोड़ रु. थे। 1995-96 के अन्त में बैंक की अभिदत्त एवं प्रदत्त पूँजी 500 करोड़ रु. तथा कुल पूँजीगत संसाधन 3969.4 करोड़ रु. हो गये। 31मार्च, 2000 के अन्त में बैंक की अभिदत्त एवं प्रदत्त पूँजी 550 करोड़ रु. हो गई। 2005-06 के दौरान निर्यात-आयात बैंक की प्रदत्त पूँजी बढ़कर 950 करोड़ रु. हो गई। 2005-06 के अन्त में बैंक के रिजर्व कोष 1770.3 करोड़ रु. नोट्स, बॉण्ड्स एवं डिवेन्चर राशि 12672.7 करोड़ रु., जमाएँ 45.4 करोड़ रु. तथा अन्य उधारियाँ 3290.9 करोड़ रु. जोड़कर कुल पूँजीगत संसाधन 20140 करोड़ रु. थे जो सन् 1990-91 ई. से अपेक्षाकृत दस गुणा अधिक वृद्धि है।

एक विशेष अधिनियम के अन्तर्गत बैंक को आवश्यकता पड़ने पर भारत में जमाएँ स्वीकार करने, बॉण्ड जारी करने तथा विदेशों से ऋण लेने का अधिकार प्राप्त है।

भारतीय निर्यात-आयात बैंक का प्रबन्ध एवं संगठन

भारतीय निर्यात-आयात बैंक एक स्वतन्त्र तथा निर्यात-वित्त की शीर्षस्थ संस्था है, जिस पर केन्द्र सरकार का पूर्ण स्वामित्व है, अतः इसका प्रबन्ध एक 16 सदस्यीय संचालक मण्डल द्वारा होता है जो रिजर्व बैंक से विचार-विमर्श के बाद केन्द्र सरकार

द्वारा विभिन्न क्षेत्रों का प्रतिनिधित्व करने के लिए नियुक्त किये जाते हैं। बैंक के प्रबन्ध के सर्वोच्च स्तर पर एक अध्यक्ष एवं प्रबन्ध निदेशक के अलावा दो अन्य कार्यकारी निदेशक होते हैं। यह कुछ संचालक मंडल के सदस्यों द्वारा संचालित होते हैं।

संगठन के दृष्टिकोण से बैंक में अध्यक्ष एवं प्रबंधक संचालन का प्रमुख स्थान है क्योंकि ये बैंक के सबसे उच्च अधिकारी होते हैं। अध्यक्ष एवं प्रबंध संचालक के कार्यों में सहयोग देने हेतु एक अलग से सचिवालय, विधि विभाग तथा आन्तरिक अंकेक्षक एवं सतर्कता विभाग की स्थापना की गयी है। उसके नीचे कार्यकारी निदेशक होता है।

बैंक का मुख्य कार्यालय तथा शाखा कार्यालय

भारत के महाराष्ट्र प्रान्त के मुंबई शहर में इस बैंक के मुख्यालय को स्थापित किया गया है। इस बैंक की कुल 18 शाखाएं हैं जिनमें 8 भारत में क्रमशः नई दिल्ली, कोलकाता, चेन्नई, मुम्बई, बंगलौर, हैदराबाद, पुणे तथा अहमदाबाद में स्थित हैं जबकि पाँच विदेशी कार्यालय क्रमशः वाशिंगटन (अमेरिका), सिंगापुर, बुडापेस्ट (हंगरी), मिलान (इटली) तथा जोहन्सबर्ग (दक्षिण अफ्रीका) में स्थित हैं।

भारतीय निर्यात-आयात बैंक के कार्य एवं प्रगति

यह बैंक भारत के अंतर्राष्ट्रीय वाणिज्य अथवा विदेशी व्यापार के लिए एक लम्बी अवधि हेतु वित्त का प्रबंधन करता है। यह बैंक निर्यात वित्त की शीर्षस्थ संस्था के रूप में कार्य करते हुए अनेकों निर्यात साख संस्थाओं के कार्यों में समन्वय स्थापित करता है। निर्यातकों को विदेशी आयातकर्त्ताओं से भुगतानों की गारण्टी प्रदान करता है। विदेशी व्यापार की वित्त समस्याओं का अध्ययन एवं विश्लेषण कर सरकार को तत्सम्बन्धी नीति निर्धारण में उपयोगी सुझाव देता है। जरूरत पड़ने पर विदेशी व्यापार के लिए अल्पकालीन एवं मध्यकालीन वित्तीय सहायता भी उपलब्ध कराता है।

भारतीय निर्यात-आयात बैंक के प्रमुख ऋण कार्यक्रम

यह बैंक ऋण देने का कार्य भी करता है। ऋण कार्यालय के जरिए भारत के निर्यात को आर्थिक सहयोग उपलब्ध होता है। इस भारतीय निर्यात-आयात बैंक

विभिन्न ऋण कार्यक्रमों का संचालन करता है जिनमें से कुछ प्रमुख कार्यक्रमों को निम्न शीर्षकों में उल्लेख किया गया है–

निर्यातकों के लिए ऋणदायी कार्यक्रम

भारतीय निर्यात-आयात बैंक द्वारा भारतीय निर्यातकों के लिए संचालित किये गये ऋण कार्यक्रमों को निम्नलिखित बिन्दुओं के अन्तर्गत स्पष्ट किया गया है–

(1) **पोतलदानोत्तर आपूर्तिकर्ता ऋण**–भारतीय निर्यातों में प्रतियोगिता की भावना को बढ़ावा देने के उद्देश्य से बैंक ने 1991-92 से विदेशी मुद्रा आपूर्तिकर्ता ऋण की शुरुआत की।

(2) **पोतलदान पूर्व ऋण**–निर्यात आदेशों के सम्मुख रुपया मुद्रा में पोतलदान पूर्व वाणिज्य बैंकों की सहभागिता में ऐसी वस्तुओं के लिए दिया जाता है जिनका विनिर्माण चक्र 180 दिनों से अधिक होता है।

(3) **निर्यात गारण्टियाँ**–यह बैंक भारत के व्यापारिक बैंकों के साथ-साथ विदेशी आयातकर्ताओं के पक्ष में भारत के निर्यातकों एवं ठेकेदारों के लिए विदेशी मुद्रा में गारण्टियाँ जारी करता है। ये गारण्टियाँ अग्रिम भुगतान सौदा पूरा करने, विदेशों में वित्त संग्रह, नीलामी बॉण्ड आदि के रूप में हो सकती हैं। बैंक ने 1990 से 2000 तक कुल मिलाकर 1937.9 व.रोड़ रु. की गारण्टियाँ स्वीकृत की हैं तथा उसमें से लगभग 1480.9 करोड़ रु. की गारण्टियाँ जारी की हैं। वर्ष 1996-2006 के दौरान लगभग 9926.5 करोड़ रु. की गारण्टियाँ स्वीकृत कीं, जबकि 1982 में लगभग 102 करोड़ रु. की गारण्टियाँ स्वीकृत कीं थीं। 2005-06 के अन्त में गारण्टियों की कुल बकाया राशि लगभग 3404.4 करोड़ रु. थी।

(4) **निर्यातोन्मुख इकाइयों को निवेश-ऋण**–यह बैंक सन् 1996-97 ई. के दौरान इस प्रकार के 637 करोड़ रु. के सर्वाधिक ऋण मंजूर किये हैं और लगभग 548 करोड़ रु. के ऋण वितरित किये हैं और वर्ष के अन्त में बकाया 985 करोड़ रु. रहा। बैंक ने चमड़ा, चमड़े की वस्तुएँ, वस्त्र, मशीन, औजार, ग्रेनाइट स्टोन, कम्प्यूटर, साफ्टवेयर, दवाइयों, आभूषण, प्लास्टिक, रत्न आदि क्षेत्रों में सभी निर्यान्तोन्मुख इकाइयों को निवेश वित्त से लाभान्वित किया है।

(5) **निर्यात विपणन वित्त**–हमारे देश में उत्पादित सेवाओं के निर्यातों को बढ़ावा देने के लिए इस योजना के अन्तर्गत उन कम्पनियों को वित्त-पोषण किया जाता है जो निर्यात विकास की योजनाएँ तैयार करती हैं। इस योजना के अन्तर्गत

गुणवता उन्नयन, उत्पादकता में सुधार, क्षमता सृजन, परीक्षण एवं निर्माण सुविधाओं का उन्नयन, उत्पाद विकास एवं बाजार विकास कार्यकलापों का समावेश होता है। चमड़ा, कीटनाशक, जड़ीबूटी उत्पाद, इन्जीनियरिंग सामान, कपड़ा, रसायन, साफ्टवेयर और उपभोक्ता उत्पाद विनिर्माता कम्पनियों को इस सुविधा का लाभ दिया है। वर्ष 1996-97 के दौरान 18 कम्पनियों को 129 करोड़ रु. का निर्यात विपणन वित्त की सुविधा प्रदान की और करीबन 88.4 करोड़ रूपये का ऋण दिया।

बैंक द्वारा विदेशी संस्थाओं के लिए ऋणदायी कार्यक्रम

भारतीय निर्यात-आयात द्वारा विदेशी निगमों व संस्थाओं के लिए ऋणदायी कार्यक्रमों का संचालन किया है। इस बैंक ने सन् 1996-97 में विदेशी वित्त निगम को 2.5 करोड़ अमेरिकी डॉलर की एक ऋण व्यवस्था मंजूर की है और लगभग 27.47 करोड़ रु. के समकक्ष ऋणों का संवितरण किया है। इस कार्यक्रम के अधीन उत्पादों के एक समूह को वित्त पोषित किया है जिसमें वाणिज्यिक वाहन, मशीन औजार, ट्रान्सफार्मर, कपड़ा मशीनें, ऑटो अनुषंगी एवं पुर्जे सम्मिलित हैं।

वाणिज्यिक बैंकों हेतु ऋणदायी कार्यक्रम

भारतीय निर्यात-आयात द्वारा भारतीय वाणिज्यिक बैंकों के लिए संचालित किये गये ऋण कार्यक्रमों को निम्नलिखित बिंदुओं के अंतर्गत स्पष्ट किया गया है–

(1) निर्यात बिल पुनर्भुनाई–निर्यात बिल पुनर्भुनाई के अन्तर्गत भारतीय निर्यात-आयात बैंक विदेशी मुद्रा के व्यवसाय करने के अधीकृत व्यापारिक बैंकों के 90 दिन से कम अवधि के निर्यात बिलों की पुनर्कटौती द्वारा साख सुविधा उपलब्ध कराता है। जहाँ 1985 में बैंक ने इस योजना के अन्तर्गत लगभग 199.5 करोड़ रु. की साख-सुविधा प्रदान की वहीं 1988-90 में यह बढ़कर 252.2 करोड़ रु. तथा 1990-91 के अन्त में बकाया राशि लगभग 176 करोड़ रु. थी। अब यह बढ़कर लगभग दुगुनी हो गई है।

(2) आपूर्तिकर्ता के ऋणों का पुनर्वित्त–समयावधि साख प्रदान करने वाले आयातकर्त्ताओं को यह बैंक साख सुविधा प्रदान करती है, जो भारतीय पूँजीगत सामान का आयात करते हैं। जहाँ 1982 में केवल 14 करोड़ रु. की पुनर्वित्त सुविधा प्रदान की गई थी वहीं 1985 में बढ़कर 31.5 करोड़ रु. हो गई। 1996-97 में 48.21 करोड़ रु. की सहायता मंजूर की गई और 5 करोड़ रु. वितरित हुए।

(३) थोक आयात वित्त—यह बैंक व्यापारिक बैंकों के माध्यम से थोक आयात करने वालों को औद्योगिक कच्चा माल एवं अन्य सामान आयात करने के लिए वित्तीय सुविधा प्रदान करता है। 1996-97 के दौरान बैंक ने कच्चे माल के आयात हेतु 81.47 करोड़ रु. ऋण स्वीकृत किया तथा 8.53 करोड़ रु. वितरित किये और अन्त में बकाया 34.41 करोड़ रु. था।

निर्यात सम्वर्द्धन कार्यक्रम

यह बैंक वित्त, परामर्श एवं सूचना तथा अनुसंधान एवं विश्लेषण के जरिये निर्यातों का सम्वर्द्धन कर रहा है। निर्यातकों को नये वित्त स्रोत देने के लिये अग्रलिखित निर्यात संवर्धन कार्यक्रम प्रारम्भ किये गये हैं—

(1) विदेशी मुद्रा पोत-लदान-पूर्व वित्त—इस बैंक ने भारत में सर्वप्रथम अन्तर्राष्ट्रीय मुद्रा का अल्पावधि पोत-लदानपूर्व ऋण देना शुरू किया है। इसके अन्तर्गत भारतीय निर्यातक वाणिज्य बैंकों के माध्यम से निर्यात उत्पादन के लिये आवश्यक कच्चे माल, घटक एवं खपत होने वाली वस्तुओं जैसी आयातित निविष्टियों की विदेशी मुद्रा की लागतों के लिए वित्त प्राप्त कर सकते हैं। यह विनिर्मित एवं योजित मूल्य के उत्पादों के लिए वित्त पोषण का नया स्रोत है। 1996-97 में बैंक ने 13 लाख डॉलर तुल्य ऋण स्वीकृत एवं वितरण किये और बकाया 10 लाख डॉलर रहे।

(2) व्यवस्था, परामर्श एवं तकनीकी सहायता कार्यक्रम—इसके अन्तर्गत एक्जिम बैंक का 1991-92 में केरेबियन, मध्य अमेरिका, दक्षिणी प्रशान्त एवं अन्य यूरोपीय देशों के लिए भारतीय विशेषज्ञों द्वारा अन्तर्राष्ट्रीय वित्त निगम को परामर्श सेवाएँ प्रदान करने का नया कार्यक्रम है।

(3) उत्पादन उपकरण वित्त पोषण कार्यक्रम—यह कार्यक्रम निर्यात से जुड़ी संस्थाओं को उत्पादन संबंधित यंत्र उपलब्ध करने हेतु ऋण प्रदान करता है। इस कार्यक्रम का उद्देश्य एक सर्वव्यापी व्यवस्था के अन्तर्गत छोटे-छोटे मूल्य के सौदों के वित्त पोषण को आसान बनाना है। 1996-97 में 26 कम्पनियों को 213 करोड़ रु. ऋण स्वीकृत किया और कुल वितरण 293 करोड़ रु. रहा।

(4) विदेशी व्यापार में अनुसंधान कार्यक्रम—"अन्तर्राष्ट्रीय व्यापार एवं सम्बन्धित वित्त पोषण" के क्षेत्र में अनुसंधान हेतु इस बैंक ने 1989 में एक वार्षिक पुरस्कार की स्थापना की है। 1996 का पुरस्कार डॉ. अवधूत नाडकरनी तथा डॉ. लवीश भंडारी को संयुक्त रूप में मिला।

(5) यूरोपीय समुदाय के अन्तर्राष्ट्रीय निवेश में साझेदार कार्यक्रम—यूरोपीय समुदाय के अन्तर्राष्ट्रीय निवेश के लिए बैंक ने साझेदारी सुविधा लागू विषयक करार पर हस्ताक्षर किये हैं। इसका उद्देश्य भारत में निजी क्षेत्र के छोटे एवं मझोले उपक्रमों वाले संयुक्त उद्यमों का सम्वर्द्धन करना है। इस सुविधा के अन्तर्गत यूरोपीय समुदाय से अनुदान, ऋण और इक्विटी के रूप में वित्त की परिकल्पना की गई है।

भारतीय निर्यात-आयात बैंक द्वारा वित्तीय सहायता की प्रगति

इस बैंक ने सन् 1996 से लेकर सन् 2006 तक भिन्न-भिन्न ऋणदायी योजनाओं हेतु कुल 67603.7 करोड़ रुपये बैंकों के लिए स्वीकृत किये गये और उसमें से 49728.5 करोड़ रु. संवितरित किये हैं। जहाँ 1982 में बैंक द्वारा स्वीकृत एवं संवितरित ऋण की राशि क्रमशः 199 करोड़ रु. तथा 178.5 करोड़ रु. थी, वह 2005-06 में बढ़कर क्रमशः 20488.7 करोड़ रु. तथा 15.38.9 करोड़ रु. के लगभग हो गई जो लगभग 100 गुना वृद्धि का सूचक है।

विगत दस वर्षों में यह बैंक जारी गारण्टी राशि में लगातार दस वर्षों तक वृद्धि की है। पिछले दस वर्षों 1996-2006 में स्वीकृत गारण्टियों का संचयी योग 4326. 4 करोड़ रु. तथा जारी गारण्टियों का संचयी योग लगभग 2195.9 करोड़ रु. पहुँच गया है। 2005-06 के अन्त में ऋणों का बकाया 17593.1 करोड़ रु. तथा गारन्टियों का बकाया 3404.3 करोड़ रु. था। बैंक द्वारा स्वीकृत एवं संवितरित सहायता की प्रगति को निम्न सारणी में दर्शाया गया है—

भारतीय निर्यात-आयात बैंक द्वारा प्रदत्त साख-सुविधाएँ (1982-2006)

विवरण	*1982*	*(राशि करोड़ संचयी योग रुपये में)*			
		1987	*1991-92*	*2005-06*	*1996-06*
ऋण :					
मंजूरियाँ	199.0	690.5	1139.9	20488.7	67603.7
संवितरण	178.5	598.9	1107.3	15038.9	49728.5
बकाया राशियाँ	219.9	723.2	1616.1	17593.1	
गारण्टियाँ :					
मंजूर गारण्टियाँ	101.9	51.7	53.0	4326.4	9926.5
जारी की गई गारण्टियाँ	56.4	54.8	94.6	2195.9	6636.8
बकाया गारण्टियाँ	398.6	484.4	1214.2	3404.3	-

उपर्युक्त वर्णित स्वीकृत गारण्टियों के अतिरिक्त भारतीय निर्यात-आयात बैंक ने पूर्व के बीस वर्षों में 356139 करोड़ रु. के निर्यात नीलामी बोलियों का अनुमोदन किया है तथा कुल 25877.3 करोड़ रु. तुल्य निर्यात अनुबन्ध उपलब्ध किये हैं।

भारतीय निर्यात आयात बैंक ने अपनी बढ़ती हुई माँग पर ध्यान देते हुए अपनी पूँजीगत संसाधनों में भी सतत प्रगति की है। जैसा कि पूर्व में स्पष्ट किया जा चुका है। अब बैंक भारतीय अर्थव्यवस्था को वैश्वीकरण की ओर अग्रसर करने में सतत प्रयत्नशील है। समुद्र पार निवेशों को प्रोत्साहन देने में भी बैंक महत्त्वपूर्ण भूमिका निभा रहा है। विदेशों में 13 संयुक्त उद्योग स्थापित करने हेतु 12 कम्पनियों को 74.21 करोड़ रु. ऋण स्वीकृत किया है। कम्प्यूटर सॉफ्टवेयर क्षेत्र में प्रशिक्षित एवं योग्य मानव शक्ति आपूर्ति हेतु सॉफ्टवेयर ट्रेनिंग इन्स्टीट्यूट की स्थापना के लिये वर्ष 1996-97 में 24.83 करोड़ रु. के तीन ऋण स्वीकृत किये थे।

भारतीय निर्यात-आयात बैंक की 2005-06 की उपलब्धियाँ

सन् 2005-06 में भारतीय निर्यात-आयात बैंक ने सराहनीय प्रगति की। बैंक द्वारा मंजूर ऋण की राशि 20488.7 करोड़ रु. रही जो पिछले वर्ष के मुकाबले 25% अधिक तथा अब तक की रिकार्ड ऋण मंजूरियाँ हैं। इसी प्रकार ऋण वितरण भी 15038.9 करोड़ रु. रिकार्ड है। बैंक के बकाया ऋण 2005-06 के अन्त में 17593.1 करोड़ रु. रहे।

बैंक ने 2005-06 में क्रमशः 4326.4 करोड़ रु. की गारन्टियाँ मंजूर कीं जो पिछले वर्ष 2004-05 के अपेक्षाकृत बहुत अधिक है।

भारतीय निर्यात-आयात बैंक द्वारा स्वीकृत एवं संवितरित ऋणों का क्षेत्रीय वितरण (1992-2002)

भारतीय निर्यात-आयात बैंक द्वारा दस वर्षों (1992-2002) में स्वीकृत एवं संवितरित ऋणों का क्षेत्रीय वितरण काफी परिवर्तित रहा है। जहाँ एक ओर पश्चिमी एशिया का स्वीकृत एवं संवितरित ऋणों में सर्वोच्च स्थान रहा है वहीं दक्षिणी एशिया का दूसरा स्थान रहा है। बैंक के स्वीकृत एवं संवितरित ऋणों का क्षेत्रीय वितरण निम्न सारणी में प्रदर्शित किया गया है–

भारतीय निर्यात-आयात बैंक के स्वीकृत एवं संवितरित ऋणों का क्षेत्रीय विभाजन (1992-2002)

क्रम संख्या	*क्षेत्र*	*स्वीकृत ऋण (राशि करोड़ रु.)*	*संवितरित ऋण (राशि करोड़ रु.)*
1.	पश्चिमी एशिया	1315.6	972.4
2.	दक्षिणी एशिया	476.3	411.2
3.	दक्षिणी-पूर्वी एशिया, मध्यपूर्व एवं अफ्रीका	537.3	208.1
4.	सब सहारन अफ्रीका	563.0	391.8
5.	उत्तरी अफ्रीका	28.5	190.9
6.	यूरोप एवं CIS	456.3	366.9
7.	अमेरिका	800.2	190.6

भारतीय निर्यात-आयात बैंक द्वारा स्वीकृत ऋणों का औद्योगिक वितरण (1992-2002)

जैसा कि पूर्व में स्पष्ट किया जा चुका है, 1 जनवरी सन् 1982 में इस बैंक की स्थापना की गयी थी। अतः इन बीस वर्षों में यानि 2002 तक इस बैंक के स्वीकृत ऋणों का औद्योगिक वितरण बहुत ही असमान रहा है। 1992-2002 के दस वर्षों में स्वीकृत कुल ऋणों में सर्वाधिक भाग 3242 करोड़ रु. केमिकल दवा तथा औषधि उद्योगों का रहा है, जबकि पूँजीगत सामान एवं इन्जीनियरिंग सामान उद्योगों को 2211.4 करोड़ रु. होने से दूसरा स्थान रहा है। विभिन्न प्रमुख उद्योगों में निर्यात-आयात बैंक के स्वीकृत ऋणों का वितरण निम्न सारणी में दर्शाया गया है–

क्रम	*उद्योग*	*कुल स्वीकृत ऋण (करोड़ रु.)*
1.	रसायन, दवा एवं औषधि उद्योग	3242.0
2.	पूँजीगत एवं इन्जीनियरिंग उद्योग	2211.4
3.	निर्माण सामान एवं उपकरण उद्योग	824.5
4.	टैक्सटाइल एवं गारमेन्ट्स	2171.7
5.	मोटर वाहन उद्योग	508.1
6.	पावर जेनेरेशन एवं वितरण उपकरण	398.4

उपर्युक्त वर्णित ऋणों के अतिरिक्त मशीन टूल्स एवं एसेसरीज को 112.9 करोड़ रु., कम्प्यूटर सॉफ्टवेयर उद्योग को 1208 करोड़ रु. तथा कन्सल्टेन्सी सर्विसेज को 103.7 करोड़ रु. स्वीकृत किया है।

2005-06 में ऋणों का औद्योगिक वितरण

सन् 2005 में इस बैंक द्वारा विभिन्न प्रकार की वस्तुओं पर ऋण की मंजूरी दी गयी जिनमें टेक्सटाइल एवं गार्मेन्ट्स 11%, पूँजीगत सामान 8%, इन्जीनियरिंग सामान 8%, पेट्रोलियम-पेट्रोकेमीकल्स 6%, केमीकल्स, दवा एवं औषधि उद्योग 10%, मेटल एवं मेटल प्रोसेसिंग 10% तथा अन्य उत्पादों पर 47% ऋण मंजूर किया है।

भारतीय निर्यात-आयात बैंक के वित्तीय परिणाम

इस बैंक के वित्तीय परिणाम काफी अच्छे रहे हैं। जहाँ 1982 में बैंक का शुद्ध लाभ केवल 6.3 करोड़ तथा लाभांश 1 करोड़ रु. था वह 2005-06 में बढ़कर क्रमशः 376.9 करोड़ रु. तथा 86.8 करोड़ रु. हो गया है। केवल 24 वर्षों में शुद्ध लाभ में लगभग 60 गुना वृद्धि हुई है। इसी प्रकार बैंक की प्रदत्त पूँजी भी 1982 में 24 करोड़ से बढ़कर 950 करोड़ रु. पहुँच गई। बैंक के पूँजीगत संसाधन भी 355.9 करोड़ रु. से बढ़कर 1999-2000 में लगभग 7026.4 करोड़ रु. तथा 2005-06 में 20140 करोड़ रु. पहुँच गया है। बैंक के रिजर्व कोष 1982 में केवल 5.3 करोड़ रु. थे जो 2005-06 के अन्त तक 1770.3 करोड़ रु. पहुँच गये हैं। भारतीय निर्यात-आयात बैंक के वित्तीय परिणाम निम्नलिखित तालिका में वर्णित है।

एक्जिम बैंक के वित्तीय परिणाम (1982-2006)

विवरण	1982	1987	1990-91	1995-96	2005-06
विशुद्ध लाभ	6.3	19.9	30.8	110.0	376.9
लाभांश	1.0	6.0	9.0	20.0	86.8
सकल संसाधन	355.9	1281.2	1994.3	3969.4	20140.1
प्रदत्त पूँजी	75.0	194.5	256.8	500.0	950.0
रिजर्व कोष	5.3	58.3	120.4	399.7	1770.3

9

ग्रामीण बैंक

भारत एक कृषि प्रधान देश है। यहाँ की अधिकांश जनसंख्या गांवों में निवास करती है जिनका प्रमुख व्यवसाय कृषि है। कृषि उत्पादकता की दृष्टि से विश्व के अन्य देशों की अपेक्षा भारत काफी पिछड़ा हुआ है। इस पिछड़ेपन का प्रमुख कारण है वैज्ञानिक एवं आधुनिक तकनीकियों का अभाव। यदि आर्थिक दृष्टि से देखा जाए तो यहाँ के कृषक वर्गों की स्थिति भी कुछ खास नहीं है। यहाँ अधिकांश किसान महाजनों, साहूकारों एवं पूंजीपतियों के चंगुल में फंसे हुए हैं क्योंकि यहाँ के किसानों को कृषि संबंधित बीज, उर्वरक, नवीन यंत्र तथा रोगों के समाधान के लिए प्रायः पूंजीपतियों एवं महाजनों से कर्ज लेना पड़ता है। इन्हीं कर्जों को चुकाने के लिए किसानों की अधिक पूंजी ब्याज के रूप में चली जाती है।

यहां के अधिकांश किसानों के खेत की जुताई से लेकर फसल काटने तथा उत्पादित वस्तुओं को बाजार में भेजने तथा विभिन्न प्रकार की आवश्यकताओं को पूरा करने के लिए बाह्य संसाधनों को पूरा करना पड़ता है। इन आवश्यकताओं को विभिन्न आधारों पर विभाजित करके उनका अध्ययन किया जा सकता है—

अवधि के आधार पर ऋण—इस प्रकार के ऋणों को निम्नलिखित तीन भागों में बांटा गया है—

(1) दीर्घावधि ऋण—इस प्रकार के ऋणों की अवधि पाँच वर्ष से अधिक की होती है। पुराने ऋणों का भुगतान, कृषि भूमि पर स्थायी निर्माण कार्य, सिंचाई, भू-संरक्षण, बंजर भूमि को कृषि योग्य बनाने, ट्यूबवैल लगवाने, भूमि खरीदने, ट्रैक्टर तथा अन्य यन्त्र खरीदने आदि विविध कार्यों के लिए ये ऋण लिये जाते हैं। भूमि विकास बैंक राष्ट्रीय कृषि, ग्रामीण बैंक तथा विभिन्न व्यापारिक बैंक दीर्घावधि ऋण प्रदान करती है।

(2) मध्यमकालीन ऋण—विभिन्न कार्यों के लिए भी यहाँ के किसान ऋण या कर्ज लेते हैं जैसे—बैल खरीदने, कुआँ खोदने, वाटर पम्प लगवाने, शादी-ब्याह, मृत्युभोज या प्रीतिभोज आदि। इनकी अवधि 15 माह से लेकर 5 वर्ष तक की होती है। इनका प्रमुख स्रोत गाँव का महाजन, सहकारी साख समितियाँ तथा व्यावसायिक बैंक होते हैं।

(3) अल्पकालीन ऋण—अल्पकालीन ऋण की अवधि मात्र 15 माह तक ही होती है। इस ऋण की आवश्यकता कृषि की बुवाई से लेकर खाद बीज एवं अन्तिम विक्रय प्रक्रिया तक पड़ती है। इनका स्रोत प्रमुखतः ग्रामीण महाजन तथा सहकारी साख समितियाँ होती हैं। अल्पकालीन ऋणों की अवधि 15 माह तक होती है।

उद्देश्य के आधार पर—भारतीय किसान अपने कुछ प्रमुख उद्देश्यों के पूरा करने के लिए भी कर्ज लेते हैं। उद्देश्य के आधार पर किसानों द्वारा लिये कर्ज को प्रमुख दो भागों में बांटा गया है जो निम्नवत हैं—

1. कृषक फसल तैयार होने तक घर-गृहस्थी के दिन-प्रतिदिन खर्चों, मुकदमेबाजी तथा सामाजिक रीति-रिवाजों को निभाने सम्बन्धी खर्चों की पूर्ति के लिए भी ऋण लेता है। इन्हें उपभोग सम्बन्धी खर्चे माना जाता है। ये ऋण अनुत्पादक होते हैं। इसी कारण इनका स्रोत एकमात्र महाजन होता है, जो अत्यधिक ऊँची दरों पर ब्याज-वसूल करता है। भारतीय कृषि भी वित्त की माँग एवं पूर्ति पर निर्भर करती है। वर्तमान सर्वेक्षण से वित्त की माँग का 90% इस श्रेणी में आता है। इसी प्रकार के ऋण भारत में ग्रामीण ऋण-ग्रस्तता का एकमात्र कारण है।
2. कृषि कार्यों को चलाने के लिए इन्हें उत्पादक ऋणों की संज्ञा दी जाती है। खेत में बीज डालने, खाद व सिंचाई तथा कीटनाशक, कृषि-यन्त्र आदि को व्यवस्था करने के लिये ये ऋण लिये जाते हैं। फसल तैयार होते ही कृषक इनका भुगतान करने में समर्थ होता है। इसी कारण इन पर ब्याज की दर नीची वसूल की जाती है।

भारत में ग्रामीण साख के स्रोत

भारत में कृषि वित्त की माँग कितना है। इसका अनुमान लगाना संभव है। भारतीय कृषक को कृषि कार्यों को चलाने के साथ-साथ दैनिक उपभोग की व्यवस्था तथा सामाजिक परिपाटियों को निपटाने की दृष्टि से भी वित्त की आवश्यकता पड़ती है। इन स्थितियों में ग्रामीण वित्त की माँग का सही-सही आंकलन अत्यन्त कठिन है। योजना आयोग के एक कार्यकारी समूह ने सातवी पंचवर्षीय योजना अवधि 1985-90 के लिये कृषि वित्त की मांग का आंकलन लगभग 30,000 करोड़ रुपये किया था।

भारत में ग्रामीण साथ के प्रमुख दो स्रोत हैं। प्रथम संस्थागत स्रोत जिसमें सहकारी साख समितियाँ, राष्ट्रीयकृत व्यापारिक बैंक, ग्रामीण आंचलिक बैंक, भूमि विकास बैंक, कृषक सेवा समितियाँ, राष्ट्रीय कृषि तथा ग्रामीण विकास बैंक आदि मुख्य हैं। दूसरा, गैर संस्थागत स्रोत जिसमें गाँव का साहूकार या महाजन, बनिया, जमींदार, सम्बन्धी तथा गाँव के ही अन्य देशी साधन मुख्य हैं। इन दोनों स्रोतों पर इस अध्याय में आगे सविस्तार उल्लेख किया गया है।

भारत में ग्रामीण वित्त के विभिन्न स्रोतों को नीचे की सारणी में स्पष्ट किया गया है—

ग्रामीण वित्त अथवा कृषि वित्त के स्रोत (प्रतिशत में)

स्रोत	1951-52	1961-62	1971	1981
अ. गैर-संस्थागत स्रोतः				
1. सम्बन्धी एवं मित्र	14.2	8.8	13.1	8.7
2. भू-स्वामी एवं अन्य	3.3	14.5	10.7	8.8
3. व्यापारी	5.5	8.8	8.4	3.2
4. साहूकार	69.7	49.2	36.1	16.1
उपयोग (1 से 4 तक)	**92.7**	**81.3**	**68.3**	**36.8**
ब. संस्थागत स्रोतः				
5. वाणिज्य बैंक	0.9	0.6	2.6	29.4
6. सरकार	3.1	15.5	7.1	3.9
7. सहकारी समितियाँ	3.3	2.6	22.0	29.9
उपयोग (5 से 7)	**7.3**	**18.7**	**31.7**	**63.2**
कुल योग (अ+ब)	100.0	100.0	100.0	100.0

उपर्युक्त वर्णित सारणी का अध्ययन करने से यह स्पष्ट होता है कि हमारे देश में ग्रामीण वित्त से ससांधनों अथवा स्रोतों में गैर-संस्थागत वित्त का तुलनात्मक अंश कम होता जा रहा है, यहाँ 1951-52 में 92.7 प्रतिशत था वह घटकर 1981 में 36. 8 प्रतिशत रह गया, जबकि संस्थागत वित्त का अंश लगातार बढ़ता जा रहा है। जहाँ 1951-52 में संस्थागत वित्त का अंश केवल 7.3 प्रतिशत था वह बढ़कर 1981 में 63.2 प्रतिशत हो गया।

ग्रामीण वित्त का अध्ययन प्रमुख दो स्रोतों के आधार पर किया जा सकता है जिसका उल्लेख निम्न शीर्षकों में किया गया है–

(क) संस्थागत स्रोत–आज के दौर में इस स्रोत का महत्त्व दिन-प्रतिदिन बढ़ता ही जा रहा है। जहाँ 1951-52 में कुल कृषि साख का केवल 7.3 प्रतिशत भाग संस्थागत स्रोत से उपलब्ध होता था वहाँ 1981 में 63.2 प्रतिशत तथा वर्तमान में 70 प्रतिशत से अधिक भाग संस्थागत साख से प्राप्त होता है। ग्रामीण वित्त के संस्थागत स्रोतों को निम्नलिखित बिंदुओं के अंतर्गत स्पष्ट किया गया है–

(1) वाणिज्यिक बैंक–भारत में जुलाई, 1969 के बैंक राष्ट्रीयकरण से पूर्व व्यापारिक बैंकों द्वारा कृषि साख की पूर्ति नहीं के बराबर की जाती थी, परन्तु राष्ट्रीयकरण के पश्चात् इनके दृष्टिकोण में बदलाव आया तथा ये कृषि की साख आवश्यकताओं की पूर्ति करने लगे। जहाँ व्यावसायिक अनुसूचित बैंकों द्वारा जून, 1969 में 171 करोड़ रुपया कृषि वित्त के रूप में उपलब्ध करवाया गया था वह बढ़कर 1994-95 में (सार्वजनिक क्षेत्र के बैंक द्वारा) 23,513 करोड़ रुपया हो गया।

(2) भूमि बन्धक बैंक या भूमि विकास बैंक–कृषकों की दीर्घावधि वित्तीय आवश्यकताओं की पूर्ति हेतु भूमि बन्धक बैंक स्थापित किये गये हैं। ये किसान की भूमि गिरवी रख कर उसे 15 से 20 वर्ष की अवधि के लिए ऋण प्रदान करते हैं।

1993-94 में देश में 20 केन्द्रीय भूमि विकास बैंक थे, जिनके द्वारा 1993-94 में 1,352 करोड़ रुपये के दीर्घावधि ऋण प्रदान किये गये।

(3) क्षेत्रीय ग्रामीण बैंक–छोटे तथा सीमान्त कृषकों, कृषि मजदूरों, ग्रामीण दस्तकारों आदि को प्रत्यक्ष ऋण देने के उद्देश्य से इस बैंक की स्थापना 1975 में की गयी। ये ऋण उत्पादक कार्यों के लिए दिये जाते हैं। 1994-95 के अन्त में भारत में 196 क्षेत्रीय ग्रामीण बैंक थे। जिनकी शाखाओं की संख्या 30-6-1996 को 14,516 थी। इन बैंकों द्वारा किये गये बकाया अग्रिमों की राशि मार्च, 1995 के अन्त में 6,226 करोड़ रुपया थी, जिसमें कृषि अग्रिमों की राशि 2,931 करोड़ रुपया तथा

गैर-कृषि अग्रिमों की राशि 3,285 करोड़ रुपये थी। ये बैंक अपने अग्रिमों का 90 प्रतिशत ग्रामीण क्षेत्रों के आर्थिक रूप से दलित वर्गों को उपलब्ध करवाते हैं।

(4) प्रशासन–सरकार ग्रामीण वित्त का अल्पावधि तथा मध्यमकालीन महत्त्वपूर्ण स्रोत है। सरकार तकाबी ऋणों के रूप में आपातकाल या संकट के समय किसानों को ऋण उपलब्ध करवाती है। 1951-52 में सरकारी ऋणों का भाग ग्रामीण साख में 3.1 प्रतिशत था जो 1981 में बढ़कर 3.9 प्रतिशत हो गया। अब इस स्रोत का महत्त्व में कमी आ रही है।

(5) सहकारी साख समितियां–संस्थागत अभिकरणों में यह एक प्रमुख संस्था है। सन् 1904 में सहकारी समितियों का कानून पास होने के बाद से ही कृषि ऋण के क्षेत्र में महत्त्व बढ़ता ही जा रहा है। भारत में सहकारी समितियों की स्थापना का उद्देश्य साहूकारों को कर्ज व्यवसाय के क्षेत्र में प्रतिस्थापित करता है। इसमें शोषण की सम्भावना तथा ब्याज दर कम होता है। सहकारी समितियों द्वारा 1951-52 में ग्रामीण साख का 3.3 प्रतिशत भाग प्रदान किया जाता था जो 1981 में 29.9 प्रतिशत हो गया। 91 हजार प्राथमिक सहकारी साख समितियां द्वारा 1993-94 में 7,301 करोड़ रुपये के अल्पकालीन तथा मध्यमकालीन ऋण उपलब्ध करवाये गये। सहकारी साख समितियाँ लगभग 90 प्रतिशत गांवों तक गठित की जा चुकी हैं तथा इनके सदस्यों की संख्या 1993-94 में 8.9 करोड़ थी। इनके वृहत् विकास के अलावा भी महाजनों साहूकारों एवं जमींदारों द्वारा किसानों का शोषण किया जा रहा है।

(ख) गैर संस्थागत स्रोत–ग्रामीण विन्त के गैर-संस्थागत स्रोतों को निम्नलिखित शीर्षकों के अन्तर्गत स्पष्ट किया गया है–

(1) साहूकार–साहूकारों का कृषक के विभिन्न प्रकार की साख आवश्यकताओं को पूरा करने में प्रमुख हाथ रहा है। ये साहूकार उत्पादक तथा गैर उत्पादक दोनों ही प्रकार के कार्यों के लिए उधार देने का कार्य करते हैं। इन तक कृषकों की पहुँच आसान होती है। ये प्रतिज्ञा पत्र तथा जमीन दोनों की ही जमानत पर ऋण देते हैं तथा इन्हें कृषकों से ऋण वसूल करने की कला आती है। संस्थागत साख के विस्तार के साथ इनका महत्त्व कम हो रहा है। साहूकारों से साख लेने के अवगुण भी हैं। ये कृषकों का शोषण करते हैं तथा उनसे ऊँचा ब्याज वसूल करने के अतिरिक्त किसानों से बेगार लेते हैं तथा उनकी जमीन पर अधिकार करने का प्रयत्न भी करते हैं।

(2) सगे-सम्बन्धी—भारतीय किसानों को उनके सगे-संबंधियों द्वारा भी ऋण प्रदान किया जाता है। इन ऋणों को प्रदान करने का मूल उद्देश्य यह है कि अपने सम्बन्धियों की कठिनाई के समय सहायता करना होता है। अतः या तो इन पर ब्याज लिया ही नहीं जाता है और यदि लिया जाता है तो बहुत कम होता है। इन्हें कृषक फसल कटाई के बाद तुरन्त लौटा देता है। यह वित्त का स्रोत अनिश्चित है तथा इस पर अधिक निर्भर नहीं रहा जा सकता है। इसीलिए ग्रामीण वित्त के स्रोत के रूप में इसका महत्त्व कम हो रहा है जहाँ 1951-52 में इनके द्वारा 14.2 प्रतिशत आवश्यकता की पूर्ति की जाती थी वह 1981 में घटकर कर 8.7 प्रतिशत रह गई।

(3) जमींदार—प्रचीन समय से यहां के कृषकों को आर्थिक जरूरतों को पूरा करने हेतु जमींदारों से सहयोग लेना पड़ता था। यद्यपि यह साधन भी बहुत ही दोषपूर्ण है क्योंकि इसमें कृषकों की जमीन दखल करने भूमिहीनों को बंधवा मजदूर बनाने तथा उनसे अधिक ऊँचा ब्याज वसूल करने के दोष विद्यमान हैं। इस स्रोत का महत्त्व बढ़ा है। जहाँ 1951-52 में केवल 3.3 प्रतिशत ग्रामीण साख की पूर्ति इनके द्वारा की जाती थी वह बढ़कर 1981 में 8.8 प्रतिशत हो गई।

(4) व्यापारी—व्यापारी एक ऐसे स्रोत हैं जो कृषकों को ऋण तो देते हैं, परन्तु सस्ते दर पर उत्पाद बेचने के लिए विवश करते हैं। जिससे ये ऋण वसूल कर सकें तथा ऊँचा कमीशन वसूल कर सकें। इन व्यापारियों का कृषि साख में हिस्सा 8-9 प्रतिशत से घटकर 3-4 प्रतिशत रह गया है। ये भी महाजनों जैसे ही हैं, क्योंकि ये भी ऊँची ब्याज दरें वसूल करते हैं तथा अनेक अनावश्यक प्रभाव डालते हैं।

उपरोक्त वर्णित समस्त गैर-संस्थागत स्रोतों का प्रमुख दोष अनुत्पादक कार्यों के लिए साख का अधिक प्रयोग, ऊँची ब्याज दर तथा किसानों के साथ छलकपट हैं।

सहकारी साख संस्थाएँ—प्राथमिक सहकारी साख समितियाँ

देश में मध्यावधि और अल्पावधि साख का त्रिस्तरीय ढांचा विकसित किया गया है। इस ढाँचे में प्रारम्भिक ग्रामीण स्तर पर प्राथमिक सहकारी साख समितियां हैं जिला स्तर पर केन्द्रीय सहकारी बैंक तथा राज्य स्तर पर शीर्ष अथवा राज्य सहकारी बैंक हैं।

सहकारी साख समितियों के उद्देश्य

सहकारी साख समितियों के विभिन्न उद्देश्य हैं जिनमें सदस्यों को साख सुविधा उपलब्ध कराना, सदस्यों की कृषि उपज का विपणन करना, कृषि उत्पादन बढ़ाने की

योजनायें बनाना व उन्हें लागू करना, सदस्यों के लिए बीज, उर्वरक, कीटनाशक, कृषि यंत्र आदि आदान उपलब्ध कराना, सदस्यों में बचत व मितव्यियिता की आदत डालना, सदस्यों में राजनीतिक चेतना जागृत करना तथा समाज के प्रति उत्तरदायित्व की भावना पैदा करना है, सदस्यों में व्याप्त सामाजिक कुरीतियाँ दूर करने के प्रयास करना, शिक्षा का विकास करना तथा सदस्यों के आर्थिक हितों की संवृद्धि करना आदि प्रमुख है।

सहकारी साख समितियों का स्वरूप

सहकारी साख समितियों का स्वरूप धीरे-धीरे बहुआयामी होता जा रहा है। अगर इनका उद्देश्य सदस्यों के लिए साख व्यवस्था ही तक सीमित रख दिया जाय तो बदलती हुई परिस्थितियों में ये अपनी उपयोगिता खो देंगी और सहकारिता का ढाँचा ही ध्वस्त जायेगा। इसी कारण सहकारी साख पर विचार करने के लिए नियुक्त समिति ने भी बहुउद्देश्यीय रूप की सिफारिश की है।

सहकारी साख समितियों का दायित्व

स्थापना की अवधि में इन सहकारी साख समितियों के कार्य समितियां नहीं थीं। 1912 के भारतीय सहकारी साख अधिनियिम में भी असीमित दायित्व की बात को स्पष्ट किया था। अखिल भारतीय ग्रामीण साख सर्वेक्षण सीमिति, 1969 ने सभी राज्यों में प्राथमिक साख समितियों को सीमित दायित्व के आधार पर गठित करने का सुझाव दिया था। आज भारत में अधिकांश समितियां सीमित दायित्व वाली गठित की जा रही हैं तथा असीमित दायित्व वाली समितियों का पुनर्गठन सीमित दायित्व वाली समितियों में किया जा रहा है।

सहकारी साख समिति का कार्यक्षेत्र

1904 में सहकारी साख समिति का कार्यक्षेत्र एक गाँव एक समिति के सिद्धान्त के अनुसार निश्चित किया गया था। लेकिन अखिल भारतीय ग्रामीण साख सर्वेक्षण समिति, 1930 ने एक गाँव एक समिति के सिद्धान्त परिवर्तन करने का परामर्श दिया। इस समिति ने अपने सुझाव में यह कहा था कि समिति की आर्थिक स्थिति सुदृढ़ करने के लिए इनका पुनर्गठन किया जाय और कई गाँवों को इसके कार्यक्षेत्र में शामिल कर लिया जाय। भारतीय रिजर्व बैंक एवं द्वितीय भारतीय सहकारी कांग्रेस ने भी समिति के कार्यक्षेत्र को विस्तृत करने का सुझाव दिया, परन्तु समिति के मुख्यालय से कोई भी गाँव 5-6 कि.मी. से अधिक दूर तथा समिति में 500-600 से अधिक परिवार नहीं होंगे।

सहकारी साख समिति की सदस्यता

इस समिति की सदस्यता ग्रहण करने में कोई प्रतिबन्ध नहीं होता है। कृषक दस्तकार व छोटे व्यापारी कोई भी व्यक्ति समिति का सदस्य बन सकता है। समिति की न्यूनतम संख्या 10 होनी चाहिए। सदस्य संख्या 10 से कम होने पर रजिस्ट्रार इसका विघटन कर सकता है। समिति की अधिकतम संख्या निश्चित नहीं है। मैकलेगन समिति ने 100 व सहकारी योजना समिति ने 50 की सदस्य संख्या को उपयुक्त माना है।

प्राथमिक सहकारी साख समितियों की वर्तमान स्थिति

प्राथमिक सहकारी साख समितियों की वर्तमान स्थिति को निम्न सारणी में स्पष्ट किया गया है—

प्राथमिक कृषि सहकारी साख समितियाँ

क्र.	विवरण	1951-52	1961-62	1980-81	1988-89	1993-94
1.	समितियों की संख्या	1,07,925	2,15,081	94,628	93,000	91,000
2.	सदस्य संख्या (लाख)	47.77	195.72	607.34	920.00	890.67
3.	अंश पूँजी (करोड़ रु.)	8.92	69.61	598.23	1070.00	N.A.
4.	कार्यशील पूँजी (करोड़ रु.)	45.22	325.33	2525.34	7576.31	15207.00
5.	ऋण दिये गये (करोड़ रु.)	24.21	228.31	1707.00	4197	7,301.00
6.	बकाया तथा अवधि पार ऋण (करोड़ रु.)	42.18	319.61	3707.00	7045.10	10,190.00

उपरोक्त वर्णित सारणी के अध्ययन करने से यह पता चलता है कि भारत में इन समितियों ने सभी क्षेत्रों में विकास किया है। समितियों के पुनर्गठन की नीति अपनाये जाने के कारण 1980-81 के बाद समितियों की संख्या में तो कमी आई है, परन्तु सदस्य संख्या में लगातार वृद्धि हुई है। कृषि सहकारी समितियों ने ऋणों का वितरण भी अत्यधिक व्यापक स्तर पर किया है।

1993-94 में देश में 91,000 प्राथमिक सहकारी साख समितियां थीं जिनकी सदस्य संख्या 8.9 करोड़ थी। इन समितियों की कार्यशील पूँजी 15,207 करोड़ रुपये थी। इन समितियों द्वारा 1993-94 में 7,301 करोड़ रुपये के ऋण प्रदान किये।

ऋणों का पुनर्भुगतान—भुगतान न किये गये ऋणों की समस्या के समाधान के लिए सदस्यों को दिये गये ऋणों की वसूली नियमित रूप से की जानी चाहिए जिससे समिति के डूबने की आशंका न पैदा हो। पुनर्भुगतान को फसल के समय से जोड़ देने पर यह समस्या काफी सीमा तक हल हो सकती है। साख एवं विपणन (कृषि साख) को सम्बद्ध किया जा सकता है।

लाभ का वितरण—सम्पूर्ण लाभ का 25 प्रतिशत अनिवार्यतः संचित कोष में डालने के बाद शेष लाभ को सदस्यों में उनके क्रय-विक्रय के अनुपात में विभाजित कर दिया जाता है।

सहकारी साख समितियों का प्रबंध व अंकेक्षण

सहकारी साख समितियों के प्रबन्धन के लिए एक सामान्य सभा का आयोजन करके प्रबन्ध समिति की स्थापना की जाती है। सामान्य सभा प्रबन्ध की दृष्टि से सर्वोच्च संस्था होती है। समिति का प्रत्येक सदस्य इसका सदस्य होता है। वर्ष में कम से कम इसकी एक मीटिंग अनिवार्य होती है, जिसमें पदाधिकारियों का चुनाव, वार्षिक खातों पर विचार, लाभ वितरण का आधार तय करना, सदस्यों की साख की अधिकतम सीमा निर्धारित करना, नये सदस्यों के प्रवेश की अनुमति, ब्याज दरों का निर्धारण आदि सम्बन्धित तत्वों का निर्धारण किया जाता है।

एक सामान्य सभा का आयोजन करके प्रबन्ध समिति के सदस्यों का चुनाव किया जाता है। इस समिति में एक अध्यक्ष, एक उपाध्यक्ष, एक सचिव तथा एक कोषाध्यक्ष होता है। सचिव वेतनभोगी एवं पूर्णकालिक होता है, जो समिति के हिसाब-किताब तैयार करता है, बैठकें बुलाता है तथा कार्यवाही का संचालन करता है तथा उनका विवरण भी लिखता है।

प्रबन्ध समिति के लेखा-जोखा सम्बन्धित सभी गतिविधियों की जाँच सहकारी समितियों के राज्य के रजिस्ट्रार द्वारा अधिकृत व्यक्तियों द्वारा की जाती है। समिति की सफलता के लिए लेखा-जोखा की यथा समय जाँच करना अनिवार्य होता है।

प्राथमिक सहकारी साख समितियों के ऋण सम्बन्धी कार्यकलाप

सहकारी साख समितियाँ अपने सदस्यों को सस्ती ब्याज दरों पर पर्याप्त मात्रा में ऋण उपलब्ध कराती हैं, जिससे वे इसका उपयोग उत्पादक कार्यों में करके अपनी आर्थिक स्थिति सुधार सकें। ऋण सदस्यों की चल अथवा अचल सम्पत्ति की जमानत पर तथा सदस्यों की गारन्टी पर प्रदान किये जाते हैं।

ये ऋण कृषि तथा गैर-कृषि कार्यों, सामाजिक आवश्यकताओं की पूर्ति के लिए उपभोग व अनुत्पादक ऋण भी दिये जाते हैं। पुराने ऋणों के भुगतान के लिए भी ऋण दिये जाते हैं। ऋण की सीमा सदस्यों द्वारा क्रय किये गये अंशों के दस गुने तक हो सकती है। असीमित दायित्व वाली समितियों में ऋण सीमा सदस्यों की शुद्ध सम्पत्ति के मूल्य से निर्धारित होती है। सामान्यतया इस बात का ध्यान रखा जाता है कि ऋण पर्याप्त होने चाहिएं ताकि सदस्य को महाजन के पास जाने की से कर्ज या ऋण लेने की जरूरत न पड़े।

(1) ब्याज दरें—सदस्यों का महाजनों या साहूकारों के चुंगल से स्वंतत्रता दिलाना इस समितियों का प्रमुख लक्ष्य है। अतः साख सस्ती, सुलभ तथा पर्याप्त होनी चाहिएं। ब्याज दरें नीची रखी जाती हैं। वास्तव में ब्याज दरें इतनी ही होनी चाहिए कि समितियाँ अपने प्रशासनिक व्ययों की पूर्ति कर सकें तथा डूबते ऋणों के लिए प्रावधान कर सकें। ब्याज दरें इतनी नीची भी नहीं होनी चाहिएं कि सदस्य ऋणों का दुरुपयोग कर सकें। साख सुलभ हो ताकि सदस्यों को महाजन के पास न जाना पड़े तथा ऋण की स्वीकृति कम से कम समय में मिल जानी चाहिए।

प्राथमिक सहकारी साख समितियों की वित्त व्यवस्था

प्राथमिक सहकारी साख समिति अपने आंतरिक एवं बाह्य दोनों स्रोतों से अपने प्रशासनिक लागतों को पूरा करने और अपने सदस्यों को ऋण प्रदान करने का कार्य करती है। अतः समिति के वित्तीय स्रोतों को दो भागों में बाँटा जा सकता है जो निम्नलिखित हैं—

(1) आन्तरिक स्रोत—समिति के आन्तरिक स्रोतों में सदस्यों से प्राप्त प्रवेश शुल्क, सदस्यों द्वारा क्रय की गई अंश पूंजी तथा सुरक्षित कोष में हस्तांतरित किये गये लाभों के हिस्सा आते हैं।

(2) बाह्य स्रोत—समिति के बाहरी स्रोतों में सदस्य तथा गैर सदस्यों द्वारा जमा की गई राशि, ऋण व उधार ली गई पूंजी, उपहार तथा अनुदान आते हैं।

भूमि विकास बैंक

भूमि विकास बैंक द्वारा किसानों को दीर्घावधि के लिए ऋण प्रदान किया जाता है। भारत में भूमि विकास बैंक की स्थापना का सबसे पहले सुझाव सहकारी समितियों के पंजीयन अधिकारियों के 1926 में सम्पन्न सम्मेलन में प्रस्तुत किया गया। इसके

बाद कृषि रॉयल आयोग ने 1928 एवं केन्द्रीय बैंकिंग जाँच समिति के 1930 के सुझावों के अनुसार देश में भूमि विकास बैंक की स्थापना की गयी। प्रारंभ में इस भूमि बंधन कहा जाता था। भूमि विकास बैंक की स्थापना का उद्देश्य कृषकों को पम्पिंग सैट, ट्रैक्टर तथा मशीनरी उपकरणों की व्यवस्था करने के लिए, भूमि समतल करना, बन्ध बनाना, भूमि को कृषि योग्य बनाना, बाड़ लगाना, नए कुएँ खोदना, नलकूप लगवाना, पुराने कुओं की मरम्मत करना, बन्धक रखी भूमि को छुड़ाना, भूमि खरीदना आदि के लिए दीर्घकालीन ऋण स्वीकृत करना है।

इन ऋणों का भुगतान फसल बिकने के साथ ही संभव नहीं होता है। इन ऋणों की अवधि 5 से 15-20 वर्षों तक की होती है। ये ऋण कृषकों की भूमि अथवा अन्य अचल सम्पत्ति को गिरवी या बन्धक रखकर दिये जाते हैं। ऐसा ऋण देने वाले बैंक भूमि बन्धक बैंक के नाम से भी जाने जाते रहे हैं।

भारत में भूमि विकास बैंकों की उपयोगिता

भारत की अर्थव्यवस्था का प्रमुख आधार कृषि है। यहां के अधिकतर किसान लघु जोत या श्रमिकों के रूप में है। अल्पकालिक वित्तीय मांग की पूर्ति तो फसलों की सहायता से तथा प्राथमिक साख समितियों की सहायता से पूरी कर ली जाती है, लेकिन दीर्घकालिक माँग की पूर्ति के लिए भूमि विकास बैंक जैसी संस्थाओं पर ही आश्रित रहना पड़ता है। भूमि विकास बैंकों की आवश्यकता तथा इनके महत्त्व एवं लाभ को निम्नलिखित पक्तियों के अन्तर्गत स्पष्ट किया गया है–

1. कृषि भूमि में स्थायी सुधार संभव,
2. सिंचाई सुविधाओं का विकास,
3. कृषि उत्पादकता में विकास।
4. कृषकों की स्थायी आय में वृद्धि,
5. सहकारी साख ढाँचे का सुदृढ़ीकरण,
6. कृषकों को साहूकार तथा महाजन के चंगुल से छुटकारा पाना अतः ग्रामीण ऋण-ग्रस्तता की समस्या से छुटकारा संभव,
7. कृषि विकास कार्य चलाना संभव,
8. भूमि विकास कार्यों द्वारा कृषि क्षेत्र में विकास करना,
9. ग्रामीण क्षेत्रों में सहकारिता के प्रति लगाव,
10. भूमि या अचल सम्पत्ति की जमानत पर ऋण लेने से कृषक को जमानत की समस्या का सामना नहीं करना पड़ता है,

भूमि विकास बैंकों का ढाँचा

हमारे देश में इन बैंकों का ढाँचा एकीक तथा द्विस्तरीय दोनों है। इसके स्वरूप को नीचे के शीर्षकों में स्पष्ट किया गया है–

केन्द्रीय भूमि विकास बैंक –केन्द्रीय भूमि विकास बैंक की स्थापना राज्य स्तर पर किया जाता है इस बैंक के भी दो रूप होते है–एकिक भूमि विकास बैंक और द्विस्तरीय ढांचा। इनमें एकीक भूमि विकास बैंक को शीर्षस्थ भूमि विकास बैंक कहते हैं। ये जिला स्तर पर स्वयं अपनी शाखाओं द्वारा सीधे ही अपना काम-काज चलाते हैं। जम्मू-कश्मीर एवं उत्तर प्रदेश में भूमि विकास बैंकों का स्वरूप एकीक है।

प्राथमिक भूमि विकास बैंक–प्राथमिक भूमि विकास बैंकों की स्थापना जिला, तालुका अथवा तहसील पर किया जाता है। प्राथमिक समितियों के सदस्यों को सुविधाजनक शर्तों पर ऋण प्रदान करना प्राथमिक भूमि विकास बैंकों का स्थापना करने का प्रमुख उद्देश्य है।

भूमि विकास बैंकों के वित्तीय साधन

भूमि-विकास बैंक किसानों की भूमि-बंधक रखकर दीर्घकालीन ऋण स्वीकृत करते हैं तथा वित्त प्राप्ति के ऐसे स्रोत एकत्रित हैं जो दीर्घावधि ऋण प्रदान कर सकें। अंश पूंजी व जमायें इस माँग की पूर्ति नहीं कर सकती हैं। निम्नलिखित संसाधनों के माध्यम से वित्त के दीर्घावधि स्रोत खोजे जा सकते हैं–

(1) अंश पूँजी–भूमि विकास बैंकों के सदस्य बैंक की अंश पूंजी में अभिदान देकर बैंक के वित्तीय स्रोतों में योगदान देते हैं, जिसके लगभग दस गुने तक उन्हें ऋण मिल जाता है। अंश पूंजी से ये बहुत कम पूंजी जुटा पाते हैं।

(2) जमा राशि–सामान्यतः भूमि विकास बैंक जमायें स्वीकार नहीं करते हैं क्योंकि ये दीर्घकालिक पूंजी का विश्वस्त स्रोत नहीं होते हैं फिर भी सदस्य अपने ऋणों के भुगतान में जो अग्रिम राशि जमा कराते हैं उन्हें स्वीकृति प्रदान की जाती है।

(3) पुनर्वित्त सुविधा–कृषि विकास की योजनाओं के लिए, भूमि विकास बैंक जो सावधि ऋण देते हैं, उनके लिए पुनर्वित्त की सुविधा इन बैंकों को राष्ट्रीय कृषि तथा ग्रामीण विकास बैंक उपलब्ध कराता है। ये बैंक राज्य सरकारों, वाणिज्यिक बैंकों तथा राज्य सहकारी बैंकों से भी अल्पकालिक वित्तीय सुविधा प्राप्त करते हैं।

(4) ऋण-पत्र–यह बैंक किसानों को ऋण पत्र जारी करके भी उन्हें वित्त उपलब्ध कराते हैं। इन ऋण-पत्रों की गारण्टी राज्य सरकार द्वारा दी जाती है तथा

इनके लिए अभिदान, केन्द्र तथा राज्य सरकारों, वाणिज्यिक बैंकों, जीवन बीमा निगम तथा पारस्परिक सहायता के रूप में अन्य भूमि विकास बैंकों द्वारा किया जाता है।

भूमि विकास बैंकों के सम्बन्ध में अन्य बातें

भूमि विकास बैंक ऋण केवल सदस्यों को ही उनके द्वारा प्रार्थना पत्र दिये जाने पर दिये जाते हैं। ऋण अचल सम्पत्ति या भूमि की जमानत पर दिये जाते हैं; ऋण सदस्यों की अंश पूंजी के कुछ गुने तक ही दिये जाते हैं, जो साधारणतया दस गुने तक होते हैं; ऋण दीर्घकालिक होते हैं तथा उनकी वसूली किश्तों में की जाती है। मूलधन के साथ ब्याज का सम्मिलित होना इन किस्तों की विशेषता है।

भूमि विकास बैंकों का प्रबन्ध

इन बैंकों का प्रबन्ध अन्य सहकारी संस्थाओं के समान प्रजातांत्रिक सिद्धान्तों पर निर्भर होता है। प्रत्येक भूमि विकास बैंक का सदस्यों में से ही चुना हुआ एक संचालक मंडल होता है; दैनिक कार्यों की देखभाल के लिए एक कार्यकारिणी समिति होती है, जिसका सर्वोच्च अधिकारी मुख्य व्यवस्थापक होता है। मुख्य व्यवस्थापक की सहायता के लिये विभागीय अधिकारी होते हैं तथा ऋण सम्बन्धी कार्यवाही की जाँच करने के लिए क्षेत्रीय अधिकारी भी नियुक्त किये जाते हैं। भूमि विकास—उचित विकास की समस्या, प्रबन्ध का अकुशल तथा निष्ठावान व ईमानदार न होना, ऋणों का अनुत्पादक प्रयोग, ऋण देने की दोषपूर्ण व्यवस्था, अति देय ऋणों की समस्या, निरीक्षण तथा अंकेक्षण का बैंकों के विभिन्न दोष हैं। भारत में 1993-94 में केन्द्रीय भूमि विकास बैंकों की संख्या 20 थी, जिनके स्वयं के कोष 857 करोड़ रुपये थे। इनकी कार्यशील पूंजी 7,888 करोड़ रुपये थी। इन बैंकों द्वारा 1993-94 में 1,352 करोड़ रुपये के ऋण प्रदान किये गये तथा इनके बकाया ऋणों की मात्रा 5,405 करोड़ रुपये थी जिनमें से 1,014 करोड़ रुपये के ऋण बकायेदार थे।

क्षेत्रीय ग्रामीण बैंक

ग्रामीण साख पूर्ति की असफलता के कारण सन् 1986 में सामाजिक नियंत्रण तथा सन् 1969 में 14 व्यावसायिक बैंकों का राष्ट्रीयकरण किया गया। इसके उपरान्त इन बैकों के ऊपर ग्रामीण साख का महत्त्वपूर्ण उत्तरदायित्व आ गया। 1972 में **श्री आर. जी. सरैया** की अध्यक्षता में एक बैंकिंग आयोग नियुक्त किया गया। इस आयोग ने यह सिफारिश की कि वाणिज्यिक बैंकों की शाखाओं के विस्तार के साथ-साथ देश में क्षेत्रीय ग्रामीण बैंक भी स्थापित किए जाने चाहिएं। इससे लघु एवं

सीमान्त कृषकों की ऋण समस्याओं को अच्छी तरह हल किया जाना सम्भव हो सकेगा। सन् 1974 में **शिवरामन** समिति नियुक्त की। इस समिति ने भी क्षेत्रीय ग्रामीण बैंकों की स्थापना के सन्दर्भ में परामर्श प्रदान किया।

क्षेत्रीय ग्रामीण बैंक के प्रमुख उद्देश्य

ग्रामीण क्षेत्रों में रहने वाले लघु एवं सीमान्त कृषक, कृषि श्रमिक, कारीगर एवं छोटे उद्यमियों की ऋण एवं अन्य आवश्यकताओं की पूर्ति करना क्षेत्रीण ग्रामीण बैंकों का प्रमुख उद्देश्य है। क्षेत्रीय ग्रामीण बैंकों को संक्षेप में नाबार्ड भी कहा जाता है। इन बैंकों की स्थापना प्रमुखतः उन पिछड़े एवं जनजाति क्षेत्रों में करने हेतु निर्णय किया गया जहाँ अभी तक वाणिज्यिक तथा सहकारी बैंकों की शाखाओं को स्थापित नहीं किया जा सका है। क्षेत्रीय ग्रामीण बैंकों की स्थापना के पीछे विभिन्न उद्देश्य छिपे हुए हैं जिनमें से कुछ प्रमुख उद्देश्यों को निम्नलिखित पंक्तियों में स्पष्ट किया गया है—

1. कृषकों तथा अन्य छोटे व्यावसायियों एवं दस्तकारों को महाजनों के चंगुल से मुक्त करना।
2. कृषि तथा सहायक कार्यों के लिए वित्तीय सुविधायें उपलब्ध करवाना।
3. ग्रामीण क्षेत्रों में बेकार पड़े वित्तीय तथा अन्य साधनों का अधिक से अधिक विदोहन करना।
4. ग्रामीण क्षेत्रों की बिखरी हुई बचतों को एकत्र कर उनका उत्पादक उपयोग करना।
5. ग्रामीण क्षेत्रों का समन्वित विकास करना।
6. गरीबी रेखा से नीचे जीवनयापन कर रहे परिवारों के जीवन-स्तर को ऊँचा उठाना तथा उन्हें उद्योग लगाने के लिए वित्तीय सुविधाएँ देना।
7. ग्रामीण क्षेत्रों में साख सुविधाओं का विस्तार करना।
8. भूमि सुधार, सामाजिक वानिकी, मछली पालन, मुर्गी पालन, डेयरी आदि के लिए ऋण देना।
9. नवीन तकनीक का विकास करना।
10. कृषि, लघु सिंचाई, कृषि यंत्र, बीज, उर्वरक इत्यादि के लिए ऋण देना।

क्षेत्रीय ग्रामीण बैंक के कार्यक्षेत्र

समस्त ग्रामीण बैंक अपने निर्धारित क्षेत्रों में कार्य करेंगे। वह आवश्यकतानुसार सम्बन्धित क्षेत्र में शाखाएँ स्थापित करेगा। यथासंभव बैंक में कार्य करने वाले

कर्मचारियों का चयन स्थानीय क्षेत्र के व्यक्तियों में से किया जायेगा, जिससे उन्हें ऋण प्राप्तकर्त्ताओं की आर्थिक समस्याएँ समझने में आसानी होगी। प्रत्येक ग्रामीण बैंक एक समर्थक बैंक के निरीक्षण में कार्य करेगा। यह समर्थक बैंक इस ग्रामीण बैंक को विभिन्न प्रकार के कार्यों, जैसे शेयर पूंजी क्रय करने, उनकी स्थापना में सहयोग, प्रबंध एवं धन सम्बंधी सहायता सम्पन्न करेगा।

क्षेत्रीय ग्रामीण बैंक की अधिकृत पूँजी

प्रत्येक ग्रामीण बैंक की अधिकृत पूँजी एक करोड़ रुपये निर्धारित की गई है। यह अधिकृत पूंजी केन्द्रीय सरकार, रिजर्व बैंक एवं समर्थक बैंक की सलाह से कम कर सकती है, परन्तु वह 25 लाख रुपये से कम नहीं होगी। प्रत्येक बैंक की निर्गमन पूँजी 25 लाख रुपये होगी। इसमें से 50 प्रतिशत केन्द्रीय सरकार, 15 प्रतिशत राज्य सरकार एवं 35 प्रतिशत समर्थक बैंक द्वारा प्रदान की जाएगी। 12 जुलाई, 1982 को इन बैंकों का नियन्त्रण रिजर्व बैंक ने राष्ट्रीय कृषि एवं ग्रामीण विकास बैंक को सुपुर्द कर दिया।

क्षेत्रीय ग्रामीण बैंक प्रबन्ध

यह व्यवस्था बनायी गयी कि मण्डल द्वारा बैंकों का प्रबंधन एवं कार्य संचालन होगा। संचालक मण्डल में अध्यक्ष के अतिरिक्त 3 निदेशक, केन्द्रीय सरकार द्वारा, 2 निदेशक, राज्य सरकार द्वारा तीन निदेशक समर्थक नियुक्त किए जायेंगे। बैंक का अध्यक्ष केन्द्रीय सरकार द्वारा 5 वर्ष के लिए नियुक्त किया जाएगा जो पूर्णकालिक होगा।

क्षेत्रीय ग्रामीण बैंक की प्रगति

भारत में क्षेत्रीय ग्रामीण बैंकों की स्थापना 2 अक्टूबर, 1975 को की गई। स्थापना के समय इनकी संख्या 5 थी। मार्च, 1995 के अन्त में देश में कुल 196 क्षेत्रीय ग्रामीण बैंक थे, जिनकी 14,536 शाखाएँ 417 जिलों में फैली हुई थीं। क्षेत्रीय ग्रामीण बैंकों की सबसे अधिक शाखायें क्रमशः उत्तर प्रदेश, बिहार तथा मध्य प्रदेश में हैं। क्षेत्रीय ग्रामीण बैंकों की जमाएँ मार्च, 1995 में 10,958 करोड़ रुपए थीं तथा इनके अग्रिम 6,226 करोड़ रुपये थे।

उपर्युक्त वर्णित तथ्यों का विश्लेषण करने के बाद यह निष्कर्ष निकलता है कि आज भी यह बैंक अपने निर्धारित उद्देश्यों को पूरा करने में कामयाब नहीं हो सकी है।

क्षेत्रीय ग्रामीण बैंक की प्रमुख समस्यायें

क्षेत्रीय ग्रामीण बैंकों की विभिन्न समस्याएँ हैं जिनमें से कुछ प्रमुख समस्याओं को निम्न बिंदुओं के तहत स्पष्ट किया गया है–

(1) जमा राशियों का संग्रहण–सरकार की ऐसी मान्यता है कि ग्रामीण बैंक की प्रत्येक शाखा को एक वर्ष में कम से कम 5 लाख रु. की जमा राशियों का संग्रहण करना चाहिए। किन्तु यह लक्ष्य अति आशावादी व अवास्तविक प्रतीत होता है। इसका प्रमुख कारण यह है कि इन बैंकों की स्थापना साधारणतया गरीब क्षेत्रों में की गई है, जिनमें निवास करने वाले लोगों के पास अतिरिक्त धन नहीं है।

(2) कर्मचारियों का नितान्त अभाव–वाणिज्यिक बैंकों के कर्मचारी बैंकिंग कार्यों में तो निपुण होते हैं, किन्तु ग्रामीण क्षेत्र के निवासियों की वित्तीय समस्याओं को समझने में असमर्थ होते हैं। बैंकों के पास ऐसे कर्मचारियों का नितान्त अभाव है जो ग्रामीण काश्तकारों आदि की आर्थिक कठिनाइयों को समझ सकें तथा उनका समाधान कर सकें।

(3) शाखा विस्तार पर लागत–ग्रामीण क्षेत्रों में वाणिज्यिक बैंकों की शाखाओं के विस्तार पर खर्च बहुत अधिक आता है।

(4) तरलता का अभाव–अभी तक ग्रामीण बैंकों द्वारा जो राशियाँ जमा की गई हैं उनसे अधिक ऋण के रूप में दी गई हैं। इसका अर्थ यह हुआ कि ये बैंक जितनी राशि को ऋण के रूप में दे सकते थे उससे कहीं अधिक राशि उन्होंने दी है। अतः इन बैंकों द्वारा तरलता का ध्यान नहीं रखा गया है।

(5) ऋण की अदायगी–ग्रामीण बैंकों द्वारा दिये गए ऋणों की वापसी समय पर नहीं हो रही है।

(6) ऊँचा ब्याज–ग्रामीण बैंकों द्वारा प्रदान किये गए ऋण का अत्यन्त दुखद पहलू यह है कि इन बैंकों के द्वारा ली जाने वाली ब्याज की दर इतनी ऊँची है कि यह व्यवस्था गरीबों के लिए किसी प्रकार अनुकूल नहीं है। ग्रामीण बैंक इस समस्या का समाधान करने में असमर्थ हैं।

(7) अनुत्पादक आवश्यकताओं की पूर्ति–ग्रामीण बैंकों की स्थापना तथा संख्या में वृद्धि की सरकारी घोषणा के संकल्प में मूल भावना यह थी कि गाँव में रहने वाले कमजोर वर्ग के के लोगों के लिए ऋण व्यवस्था की जाये। इससे भी अधिक महत्त्वपूर्ण कार्य महाजनों की अनुपस्थिति में इन बैंकों द्वारा गरीब लोगों की अनुत्पादक आवश्यकताओं की पूर्ति किए जाने से सम्बन्धित था। यद्यपि कुछ बैंकों

ने इस दिशा में प्रयोग किए हैं, किन्तु जब तक यह बैंक किसानों को शादी-ब्याह व चिकित्सा के लिए ऋण सुविधाएँ नहीं देगा तब तक किसानों की देशी महाजनों से पूर्ण मुक्ति असम्भव है।

(8) अनुभवहीन कर्मचारी—इन बैंकों की शाखाओं में वृद्धि के अनुरूप अनुभवी कर्मचारियों की भी समस्या है। अनुभवहीन कर्मचारी बैंकों को काफी झमेले में फँसा सकते हैं। सामान्यतः साख प्रदान करने सम्बन्धी निर्णय अत्यन्त ही नाजुक होते हैं, जिनको करने के लिए अनुभवी कर्मचारियों की अत्यन्त जरूरत है।

(9) प्रशिक्षण व्यवस्था की कमी—हालाँकि शाखाओं में वृद्धि हो रहा है परन्तु तद्नुसार ये अपने कर्मचारियों के लिए पर्याप्त प्रशिक्षण की व्यवस्था करने में असमर्थ रहे हैं। समर्थक बैंक द्वारा इस दिशा में प्रयास निरन्तर किये जा रहे हैं, किन्तु वे पर्याप्त नहीं हैं।

(10) उपयुक्त कर्मचारियों का अभाव—क्षेत्रीय ग्रामीण बैंकों की प्रतिवर्ष 500 नई शाखाएँ स्थापित करने का लक्ष्य दिया गया था। निःसन्देह यह एक हर्ष की बात है, परन्तु शाखा विस्तार हेतु उपयुक्त कर्मचारियों की कमी है।

उपर्युक्त कठिनाइयों के कारण ही भारत सरकार द्वारा **श्री एम. नरसिंह** की अध्यक्षता में एक कार्यकारी दल प्रादेशिक ग्रामीण बैंकों के कार्य के ढंग को समझने के लिए नियुक्त किया गया। इसके फलस्वरूप 26 सितम्बर, 1975 को देश में क्षेत्रीय ग्रामीण बैंक स्थापित करने हेतु एक अध्यादेश जारी किया गया तथा 2 अक्टूबर, 1975 को क्षेत्रीय ग्रामीण बैंकों ने कार्य करना आरम्भ कर दिया।

सुधार के लिए प्रयास—ग्रामीण बैंकों की स्थापना हुए दो दशक व्यतीत हुए हैं। इस अवधि में अनेक विशेषज्ञ दलों तथा विद्वानों ने इन बैंकों के कार्यकलापों की समीक्षा की है। पिछले दो तीन वर्षों से क्षेत्रीय ग्रामीण बैंकों के पुनर्गठन पर ध्यान दिया जा रहा है। इन बैंकों के पूंजी साधनों में वृद्धि करने के लिए 1994-95 में भारत सरकार द्वारा अपने 50% हिस्से के 180 करोड़ रुपये दिये गये तथा 1995-96 के बजट में 300 करोड़ रुपये और दिये गये। इन बैंकों को अधिक कुशल बनाने के लिए कार्य किये जा रहे हैं।

राष्ट्रीय कृषि एवं ग्रामीण विकास बैंक

राष्ट्रीय कृषि एवं ग्रामीण विकास बैंक की स्थापना का उद्देश्य वित्तीय व्यवस्था को और अधिक उपयोगी बनाना था। इसी को लक्ष्य करते हुए 12 जुलाई,

1982 को राष्ट्रीय कृषि एवं ग्रामीण विकास बैंक की स्थापना की गयी। इसने **कृषि पुनर्वित एवं विकास निगम** के सभी कार्य तथा रिजर्व बैंक ऑफ इण्डिया के कृषिगत साख विभाग के प्रमुख कार्य अपने हाथ में ले लिए हैं। इसकी अधिकृत पूंजी 500 करोड़ रुपया है, जबकि इसकी प्रदत्त पूंजी 1994-95 में 330 करोड़ रुपये थी, जिसमें केन्द्रीय सरकार तथा रिजर्व बैंक की भागीदारी बराबर-बराबर की है।

राष्ट्रीय कृषि एवं ग्रामीण विकास बैंक की स्थापना कृषि, लघु, कुटीर एवं ग्रामीण उद्योग, हस्तशिल्प तथा अन्य ग्रामीण दस्तकारियों तथा ग्रामीण क्षेत्रों में अन्य आर्थिक गतिविधियों के संवर्द्धन के लिए ऋण उपलब्ध कराने के लिए की गई ताकि समन्वित ग्रामीण क्षेत्रों को सर्वांगीण विकास किया जा सके और अन्य संबद्ध मुद्दों पर विशेष कदम उठाया जा सके।

ग्रामीण विकास बैंक के प्रमुख कार्य

राष्ट्रीय कृषि एवं ग्रामीण विकास बैंक एक शीर्ष संस्था है। यह संस्था ग्रामीण क्षेत्रों में कृषि तथा अन्य गतिविधियों के लिए ऋण उपलब्ध कराने की नीति, योजना तथा कार्य संचालन प्रक्रिया सम्बन्धी सभी मामलों को निपटाने का काम सौंपा गया है। इसके 16 क्षेत्रीय कार्यालय तथा 73 उपकार्यालय हैं।

(1) पुनर्वित्त सुविधा देना—नाबार्ड का एक प्रमुख कार्य यह भी है कि ग्रामीण क्षेत्रों में विभिन्न विकास कार्यक्रमों के लिए निवेश तथा उत्पादन ऋण देने वाली संस्थाओं की शीर्ष पुनर्वित्त साधन रूप में कार्य करना है। यह कृषि, लघु उद्योग, दस्तकारों, कुटीर एवं ग्राम्य उद्योगों आदि सभी सहायक आर्थिक क्रियाओं के लिए पुनर्वित्त की सुविधा प्रदत्त करना है।

केन्द्र सरकार की अनुमति से नाबार्ड कृषि व ग्रामीण विकास कार्यों में संलग्न किसी भी संस्था को दीर्घावधि ऋण सुविधायें उपलब्ध करा सकता है और उनकी अंश पूंजी भी क्रय कर सकता है।

(2) शाखा विस्तार में सहभागिता—नाबार्ड का उत्तरदायित्व ग्रामीण आँचलिक बैंकों व सहकारी बैंकों के कार्यों की जाँच भी करना है। ये नाबार्ड के माध्यम से ही रिजर्व बैंक को शाखा-विस्तार का आवेदन पत्र दे सकते हैं।

(3) अनुसंधान को प्रोत्साहन देना—नाबार्ड कृषि एवं ग्रामीण विकास कार्यों में अनुसंधान को आगे बढ़ाने की दिशा में जो प्रयास कर रहा है उन्हीं के अन्तर्गत इसने खोज व अनुसंधान कोष भी स्थापित किया है। यह विभिन्न क्षेत्रों

के लिये योजनाओं का प्रारूप तैयार करने का कार्य भी करता है। विभिन्न योजनाओं के क्रियान्वयन व मूल्यांकन का उत्तरदायित्व भी इसी का होता है।

(4) साख सुविधायें प्राप्त कराना—नाबार्ड राज्य सहकारी बैंक, ग्रामीण आंचलिक बैंक व अन्य वित्तीय संस्थाओं को अल्पकालिक, मध्यकालीन व दीर्घकालीन साख सुविधायें तो प्रदान करता ही है, जिससे वे सहकारी साख समितियों की अंश पूंजी में सकारात्मक एवं नकारात्मक दोनों प्रकार से अपना सहयोग प्रदान कर सकें।

(5) संस्थागत व्यवस्था विकसित करना—नाबार्ड के प्रमुख कार्यों में जैसे पुनर्वास योजनायें तैयार करने, उनमें समन्वय स्थापित करने, ऋण उपलब्ध कराने वाली संस्थाओं का ढाँचा सुधारने, कर्मचारियों को प्रशिक्षित करने इत्यादि के साथ-साथ ऋण वितरण पद्धति की क्षमता बढ़ाने के लिए संस्थागत व्यवस्था विकसित करने के उपाय करता है।

(6) वित्तीय व्यवस्था में समन्वय स्थापित करना—नाबार्ड क्षेत्र-स्तर पर विकास कार्यों में लगी सभी संस्थाओं द्वारा ग्रामीण क्षेत्रों में की जा रही वित्तीय व्यवस्था में समन्वय स्थापित करता है। इसके अलावा रिजर्व बैंक, राज्य सरकारें व नीति निर्माण से सम्बद्ध स्तर की अन्य संस्थाओं से भी सम्पर्क बनाये रखने का कार्य करता है।

(7) वित्तीय संसाधन की व्यवस्था करना—ऋण की जरूरत को पूरा करने के लिए नाबार्ड को लेकर भारत सरकार, विश्व बैंक व अन्य द्विपक्षीय तथा बहुपक्षीय संस्थाओं से ही धन प्राप्त होता है। यह बाजार तथा राष्ट्रीय ग्रामीण साख कोषों से भी धन उधार ले सकता है। रिजर्व बैंक द्वारा भी इसे अल्पावधि सुविधायें प्रदत्त की जाती हैं।

(8) मूल्यांकन—नाबार्ड उन परियोजनाओं का मूल्यांकन व समन्वय करता है जिनकी पुनर्वित्त व्यवस्था स्वयं इसके द्वारा की जाती है।

नाबार्ड के आर्थिक साधन

नाबार्ड के आर्थिक साधनों में अंश पूंजी, कोष तथा फण्ड, रिजर्व बैंक तथा केन्द्रीय सरकार से ऋण, बाण्ड व ऋण पत्रों के निर्गमन तथा अन्य साधनों से प्राप्त करता है। 1992-93 तथा 1993-94 में इसके विभिन्न वित्तीय स्रोत थे जिसे सारणी में दर्शाया गया है—

क्र.सं.	मद	राशि करोड़ रुपये 1992-1993	राशि करोड़ रुपये 1993-1994
1.	कोष एवं फण्ड	8,614	9286
2.	रिजर्व बैंक व केन्द्रीय सरकार से ऋण	5,681	4965
3.	प्रदत्त पूंजी	100	120
4.	अन्य	560	413
5.	बाण्ड व ऋण पत्र	832	910
	कुल	**15,787**	**15,694**

नाबार्ड की प्रगति

संगठित ग्रामीण ऋण ढाँचे में एक शीर्ष संस्था के रूप में अपनी भूमिका को ध्यान में रखते हुए नाबार्ड अनेक वित्तीय संस्थाओं तथा राज्य सहकारी बैंक, राज्य भूमि विकास बैंक, वाणिज्यिक बैंक तथा क्षेत्रीय ग्रामीण बैंकों को पुनर्वित्त की सुविधा प्रदान करता है जो ग्रामीण क्षेत्रों में विभिन्न उत्पादक कार्यों को बढ़ावा देने के लिए ऋण प्रदान करते है। ये ऋण अल्पकालीन, मध्यमकालीन तथा दीर्घकालीन अवधि के होते हैं। बैंक द्वारा 1994-95 में राज्य सहकारी बैंकों को 4,911 करोड़ रुपये के अल्पावधि ऋण स्वीकृत किये गये थे। वर्ष के अन्त में बकाया ऋणों की राशि 3,961 करोड़ रुपये थी।

नाबार्ड द्वारा 1994-95 में मध्यमकालीन ऋण राज्य सहकारी बैंकों को 168 करोड़ रुपये के स्वीकृत किये गये। वर्ष के अन्त में मध्यमकालीन ऋणों की बकाया राशि 143 करोड़ रुपया थी।

राज्य सरकारों को पुनर्वित के लिए नाबार्ड द्वारा 1994-95 में 73 करोड़ रुपये के दीर्घकालीन ऋण स्वीकृत किये। वर्ष के अन्त में बकाया दीर्घावधि ऋणों की राशि 282 करोड़ रुपया थी।

सहकारी ऋण इकाइयों की वित्त क्षमता में वृद्धि करने तथा ऋण वितरण पद्धति को समृद्धशाली बनाने की दृष्टि संस्थाओं की अर्थ क्षमता में सुधार करने और ऋण वितरण प्रणाली को मजबूत बनाने के उद्देश्य से सहकारी ऋण संस्थाओं को सूचित किया गया है, वे विकास कार्य योजना तैयार करें और उसके प्रभावी क्रियान्वयन के लिए नाबार्ड और सम्बन्धित राज्य सरकारों के साथ सहमति ज्ञापन तैयार करें। वर्ष

1994-95 में 18 राज्य सहकारी बैंकों तथा 13 राज्य भूमि विकास बैंकों ने स्वीकृति पत्र तैयार किये थे।

इस बैंक की स्थापना के नीचे विशिष्ट उददेश्य से कृषि व ग्रामीण अर्थव्यवस्था से सम्बन्धित होने के कारण इसके द्वारा लघु-परियोजनाओं, भूमि विकास कार्य, खेतों को समतल बनाना, सिंचाई की नालियाँ बनाना, ग्रामीण क्षेत्रों के दस्तकारों व अन्य काम-धन्धे चलाने वालों को सहायता देना, ग्राम्य उद्योगों पर गैर परम्परागत ऊर्जा स्रोतों आदि के विकास पर विशेष रूप से ध्यान दिया जा रहा है।

10

अन्तर्राष्ट्रीय पुनर्निर्माण एवं विकास बैंक

विश्व बैंक का अंतर्राष्ट्रीय बैंकिंग प्रणाली में महत्त्वपूर्ण भूमिका है। इस बैंक की स्थापना से पहले बेटनवुड्स सम्मेलन में ही इसकी रूपरेखा बना ली गयी थी। यह अंतर्राष्ट्रीय वित्तीय समस्याओं के निराकरण और विकासशील व अन्य विकसित राष्ट्रों को विश्व बैंक द्वारा आर्थिक मदद प्रदान करने में प्रमुख योगदान देता है। अंतर्राष्ट्रीय पुनर्निमाण एवं विकास बैंक की स्थापना 27 दिसम्बर सन् 1945 को की गयी और इस बैंक ने अपना कार्य 25 जून, सन् 1946 से करना प्रारंभ कर दिया। यह बैंक मुद्रा कोष की पूरक संस्था के रूप में कार्य करता है। द्वितीय विश्व युद्ध के कारण देश की अर्थव्यवस्था काफी चरमरा चुकी थी जिसे पुनः विकसित किये जाने की आवश्यकता थी क्योंकि निवेशों में जोखिम की अधिकता के कारण व्यक्तिगत पूँजी बिना किसी प्रकार की गारण्टी के प्राप्त करना बहुत कठिन था। अन्तर्राष्ट्रीय मुद्रा-कोष से दीर्घकालीन पूँजी प्राप्त करने की आशा नहीं की जा सकती थी, क्योंकि यह संस्था अपने साधनों में तरलता बनाये रखकर ही अपने उद्देश्यों की पूर्ति कर सकती थी। यह सब ध्यान में रखते हुए ब्रेटनवुड्स सम्मेलन में भाग लेने वाले राष्ट्रों ने एक ऐसी अन्तर्राष्ट्रीय संस्था की स्थापना के लिए राय दी जो न केवल दीर्घकालीन

पूँजी की स्वयं व्यवस्था करे, बल्कि व्यक्तिगत पूँजी को भी अपनी गारण्टी देकर अन्तर्राष्ट्रीय गतिशीलता प्रदान करे। अंतर्राष्ट्रीय पुनर्निर्माण एवं विकास बैंक की स्थापना करके इस उद्देश्य की पूर्ति के लिए विशेष रूप से प्रयास किया गया। इस बैंक को संक्षेप में आई. बी. आर. डी. भी कहा जाता है

आईबीआरडी के उद्देश्य

आई. बी. आर. डी. की स्थापना करने के पीछे विभिन्न उद्देश्य हैं जिनमें से कुछ प्रमुख उद्देश्यों को निम्न पंक्तियों में स्पष्ट किया गया है–

1. आईबीआरडी का उद्देश्य युद्ध से विध्वंसित अर्थव्यवस्थाओं के पुनर्निर्माण तथा अविकसित एवं अर्द्ध-विकसित सदस्य राष्ट्रों के आर्थिक विकास के कार्यों में सहायता प्रदान करना है।
2. आईबीआरडी का उद्देश्य यह भी है कि वह ऐसे ऋणों को प्रदान करे अथवा उन पर गारण्टी दे जो अधिक आवश्यक उत्पादक कार्यों में लगाये जाने हों।
3. बैंक का प्रमुख उद्देश्य दीर्घकालीन अन्तर्राष्ट्रीय निवेशों के माध्यम से उत्पादन क्षमता में वृद्धि, जीवन-स्तर तथा श्रम-स्थितियों में सुधार के द्वारा अन्तर्राष्ट्रीय व्यापार के स्थायी सन्तुलित विकास में सहायता प्रदान करना तथा सदस्य देशों के भुगतानावशेषों में स्थायी सन्तुलन स्थापित करना है।
4. आईबीआरडी का उद्देश्य सदस्य देशों की युद्धकालीन अर्थ-व्यवस्थाओं को शान्तिकालीन अर्थ-व्यवस्थाओं में परिवर्तित करने के लिए उचित दशाएँ उत्पन्न करना है।
5. विदेशी पूँजी के निवेश में वृद्धि करना है। व्यक्तिगत तथा संस्थागत निवेशों को उन ऋणों के भुगतानों की गारण्टी देकर अथवा उनके साथ निवेशकों के रूप में सम्मिलित होकर सदस्य राष्ट्रों में विदेशी निवेशों को बढ़ावा देना इस बैंक का प्रमुख उद्देश्य है।

आईबीआरडी की सदस्यता

जो व्यक्ति मुद्रा कोष के सदस्य होते हैं वे ही व्यक्ति आई. बी. आर. डी. के सदस्य होते हैं। अतः एक की सदस्यता का परित्याग करने पर दूसरे की सदस्यता भी सामान्यतः समाप्त हो जाती है। मुद्रा-कोष की सदस्यता समाप्त हो जाने पर कोई देश आईबीआरडी का सदस्य तभी बना रहता है जब उसे बैंक की 75 प्रतिशत

मत-शक्ति का समर्थन प्राप्त हो। 1944 में जिन राष्ट्रों ने मुद्रा-कोष की सदस्यता स्वीकार की थी, वही आईबीआरडी के प्रमुख सदस्य भी है। इस संस्था के सदस्यों की सख्या लगातार बढ़ती ही जा रही है। वर्तमान दौर में आईबीआरडी की संख्या 184 है।

किसी भी देश को बैंक की सदस्यता छोड़ने के लिये धारा 6 के अन्तर्गत बोर्ड ऑफ गवर्नर्स को एक लिखित प्रार्थना-पत्र भेजना पड़ता है। सदस्यता का परित्याग करने के पूर्व उस देश को आई. बी. आर. डी. के प्रति अपने समस्त दायित्वों को पूरा कर देना पड़ता है। अगर कोई सदस्य देश बैंक नियमों का उल्लंघन करता है तो उसकी सदस्यता समाप्त कर दी जा सकती है।

आईबीआरडी की पूँजी

प्रारम्भ में इस बैंक की कुल पूँजी मात्र दस बिलियन डालर थी, जो 1 लाख डॉलर के एक लाख अंशों में विभाजित थी। इन अंशों को विभिन्न देशों के बीच उनके मुद्रा-कोष के कोटे के आधार पर बाँटा गया। यह व्यवस्था की गयी कि प्रत्येक सदस्य राष्ट्र को अपने अंश का 20 प्रतिशत तुरन्त जमा कराना होगा, जिसमें 2 प्रतिशत भाग स्वर्ण में परिवर्तित मुद्रा (डॉलर) में तथा शेष प्रतिशत भाग अपनी वैधानिक मुद्रा में चुकाया जाना था। कुल अंश का शेष 80 प्रतिशत भाग बैंक द्वारा माँगे जाने पर जमा करना था। अतः यह स्पष्ट होता है कि बैंक तत्काल कर्ज प्रदान करने हेतु किसी देश के अंशदान का केवल 2 प्रतिशत भाग उपलब्ध होता था। इसके अतिरिक्त शेष 18 प्रतिशत जिस देश की मुद्रा हो उसकी अनुमति से ऋण दिया जा सकता था। बाकी का 80 प्रतिशत जो सदस्य देशों के पास ही रहता था, इसे ऋण देने के रूप में प्रयोग नहीं किया जा सकता था।

सितम्बर 1959 में बैंक की अधिकृत पूँजी 21 बिलियन डॉलर हो गयी। सदस्य देशों के अंशदानों में 100% की वृद्धि कर दी गयी। कनाडा, पश्चिमी जर्मनी, जापान आदि 17 देशों ने 100 प्रतिशत से अधिक वृद्धि स्वीकार की। यहाँ यह याद रखना आवश्यक है कि जब देशों में 100 प्रतिशत की वृद्धि हुई उन्हें आईबीआरडी के पास कुछ भी जमा नहीं करना पड़ा। इसके लिए व्यवस्था यह की गयी कि प्रत्येक सदस्य देश द्वारा अंशदान का चुकाया गया भाग 20 प्रतिशत से घटाकर 10 प्रतिशत कर दिया गया। शेष 90 प्रतिशत सदस्य देशों से नहीं लिया गया। इसकी माँग केवल उस स्थिति में की जा सकती है, जब आईबीआरडी को अपने दायित्वों का भुगतान करना हो। जिन देशों के अंशदान इससे अधिक बढ़े केवल उन्हें ही अतिरिक्त रकम

जमा करनी पड़ी। स्पष्ट है कि इस वृद्धि से बैंक के साधनों में कोई विशेष वृद्धि नहीं हुई। ऐसा करने का प्रमुख उद्देश्य इसकी पूँजी को सुदृढ़ता प्रदान करना था।

सन् 1963 में आई. बी. आर. डी की अधिकृत पूंजी 21 बिलियन डॉलर थी जो सन् 1965 में बढ़कर 24 मिलियन डॉलर हो गयी। 31 दिसम्बर, 1970 से बैंक की पूँजी में फिर से वृद्धि कर दी गयी और अधिकृत पूँजी 24 बिलियन डॉलर से बढ़ाकर 27 बिलियन डॉलर कर दी गयी। बैंक की पूँजी में 8.3 बिलियन डॉलर की और वृद्धि करने का प्रस्ताव मई 1976 में स्वीकार किया गया। जनवरी 1980 में आईबीआरडी के गवर्नर-मण्डल द्वारा बैंक की अधिकृत पूँजी 45 बिलियन डॉलर से बढ़ाकर 85 बिलियन डॉलर कर दी गयी। अभिदत्त पूँजी का 7.5 प्रतिशत भाग बैंक के पास जमा करना था। इस प्रकार बैंक को लगभग 3,000 मिलियन डॉलर की पूँजी के अभिदान 30 सितम्बर, 1981 से जुलाई 1986 के बीच प्राप्त होने थे।

अप्रैल, 1988 में इस बैंक की अधिकृत पूंजी बढ़ाने की बात मान ली गयी। 30 सितम्बर, 1998 को अभिदान की अवधि समाप्त हो गयी। सन् 1988 से सन् 1998 के मध्य इसमें कुछ पूंजी 74.8 बिलियन डॉलर हो गयी। बढ़े हुए अंशदान का 3 प्रतिशत चुकाया गया है। 30 जून, 1998 को बैंक की चुकता पूँजी 1886. 4 बिलियन डॉलर थी जो इसकी 190.8 बिलियन डॉलर की कुल अधिकृत पूँजी का 97.7 प्रतिशत भाग थी। चुकता पूँजी में से चुकायी गयी राशि 11.3 बिलियन डॉलर थी और शेष 175.1 बिलियन डॉलर की राशि माँगी जा सकती थी। 2001 में बैंक की चुकता पूँजी 189.5 बिलियन डॉलर थी।

आई. बी. आर. डी. के प्रावधानों के अनुसार किसी देश की मताधिकार की शक्ति उसके अंशदान की राशि पर निर्भर करती है। प्रत्येक सदस्य राष्ट्र के 250 वोट होते हैं। इसके अतिरिक्त 1,00,000 डॉलर के अंशदान पर एक अतिरिक्त वोट प्राप्त होता है। अंशदान में अमेरिका का प्रथम स्थान है। जापान, ब्रिटेन, फ्रान्स, जर्मनी, भारत तथा चीन का क्रमिक स्थान है। आईबीआरडी द्वारा दिये जाने वाले ऋणों की बकाया राशि इसकी अधिकृत पूँजी का केवल एक निश्चित भाग है, इसलिए आईबीआरडी अपने साधन ऋणों के रूप में प्राप्त करता है। ये ऋण सरकारों, केन्द्रीय बैंकों तथा निजी निवेश बाजारों से प्राप्त किये जाते हैं। सितम्बर 1982 से विश्व बैंक अल्पकालीन मुद्रा-बाजार से भी ऋण लेने लगा है। ये ऋण अल्पकालीन प्रतिभूतियों के आधार पर लिये जा रहे हैं। यहाँ यह जानना आवश्यक है कि ये मध्यकालीन तथा दीर्घकालीन ऋणों के अतिरिक्त है।

आईबीआरडी का संगठन

यह संगठन मुद्रा कोष संगठन की भांति है। बैंक संगठन के अन्तर्गत गवर्नरों का बोर्ड, प्रशासनिक संचालक बोर्ड, सलाहकार समिति तथा ऋण समिति विशेष रूप से महत्त्वपूर्ण हैं। गवर्नरों के बोर्ड में प्रत्येक सदस्य देश एक गर्वनर की नियुक्ति करता है जो सामान्यतः उस देश का वित्तमन्त्री होता है। एक स्थानापन्न गवर्नर की भी नियुक्ति की जाती है, जो गवर्नर की अनुपस्थिति में कार्य का संचालन करता है। गवर्नर कार्यकाल मात्र पाँच वर्ष निर्धारित की गयी है, परन्तु इसके पूर्व भी इन्हें बदला जा सकता है। गवर्नरों के बोर्ड की एक वर्ष में कम से कम एक बैठक होनी आवश्यक है, जो प्रायः-मुद्रा-कोष की वार्षिक बैठक के साथ ही होती है। वार्षिक बैठक का महत्त्वपूर्ण स्थान होता है, क्योंकि इस बैठक में मुख्य मुद्दों पर चर्चा की जाती है।

संचालक बोर्ड में कुल सदस्यों की संख्या 20 होती है, जिनमें से पाँच सदस्यों को पूँजी में सर्वाधिक योगदान देने वाले देश की नियुक्ति करते हैं। शेष 15 संचालक अन्य सदस्यों द्वारा चुने जाते हैं। प्रत्येक संचालक का कार्यकाल 2 वर्ष का होता है। प्रत्येक संचालक को उसके देश के अंशदान की राशि के अनुसार मताधिकार प्राप्त होते हैं। सलाहकार समिति तथा ऋण समिति की नियुक्ति संचालक बोर्ड द्वारा होती है। संचालक बोर्ड की एक महीने में कम से कम एक बैठक करनी अनिवार्य है। संचालक समिति का अध्यक्ष बैंक का प्रधान अधिकारी होता है और वह बैंक के सभी साधारण कार्यों की देखभाल करता है। अध्यक्ष को केवल अपना निर्णायक मत देने का अधिकार होता है, साधारण मताधिकार नहीं। टेक्नीकल, विपणन, कानूनी तथा प्रशासकीय मामलों के विभागों के अतिरिक्त अलग-अलग क्षेत्रों के लिए भी अनेक विभाग स्थापित किये गये हैं। प्रत्येक विभाग का प्रमुख एक डायरेक्टर होता है जो इनके कार्य पर नजर रखता है। संचालक मण्डल कम से कम सात सदस्यों की एक सलाहकार परिषद नियुक्त करती है जो विभिन्न आर्थिक क्षेत्रों के विशेषज्ञ होते हैं। परिषद की साधारणतया प्रति वर्ष एक बैठक होती है। संचालक मण्डल द्वारा समय-समय पर ऋण समितियाँ भी नियुक्ति की जाती हैं जो किसी सदस्य देश द्वारा माँगे गये ऋण की उपयुक्तता के सम्बन्ध में जाँच करती हैं।

आईबीआरडी के कार्य

आई. बी. आर. डी. विभिन्न कार्यों को करता है जिसमें से इसके द्वारा किये गये कुछ प्रमुख कार्यों को निम्नलिखित बिंदुओं के तहत स्पष्ट किया गया है—

(1) ऋण प्रदान करना—यह बैंक सभी सदस्य राष्ट्रों को ऋण प्रदान करता है। उसके द्वारा प्रदान किये गये ऋण के दो उद्देश्य होते हैं—पुनर्निर्माण तथा विकास। परन्तु अधिकांश ऋण कम विकसित देशों मे बिजली, उद्योग तथा परिवहन आदि के विकास के लिए दिये गये हैं। आईबीआरडी द्वारा ऋण सदस्य देश की सरकार अथवा उस देश में स्थित किसी निजी उद्योग को सरकार की गारण्टी पर दिये जा सकते हैं। ये ऋण मध्यकालीन तथा दीर्घकालीन होते हैं। अधिकांश ऋण 20 वर्ष अथवा कम अवधि के लिए दिये जाते हैं। ऋण अदा करने के लिये कोई कठोर शर्त नहीं रखी जाती है। आईबीआरडी द्वारा केवल उत्पादक उद्देश्य के लिए ऋण दिये जाते हैं। इनसे विकासशील देशों में आर्थिक वृद्धि प्रोत्साहित होनी चाहिए। साथ ही ऋण की वसूली की सम्भावानाओं पर विचार करना भी आवश्यक होता है। प्रत्येक ऋण प्रत्यक्ष रूप से सरकार को अथवा ऋण प्राप्त करने वाले देश को सरकार की गारण्टी पर दिया जाता है। ऋण के उपभोग पर यह प्रतिबन्ध नहीं लगाया जाता कि इससे किसी विशेष सदस्य देश द्वारा ही खरीददारी की जाय। यह बैंक मात्र आर्थिक दृष्टिकोणों पर ही ऋण प्रदान करता है।

यह अति आवश्यक है कि ऋण लेने के लिए जो दस्तावेज प्रदान किया जाता है, उस पर अधिकृति संख्या की सिफारिश अंकित है। चूँकि बैंक ऋणी तथा ऋणदाता दोनों के हितों को ध्यान में रखता है, इसलिए ऋण की स्वीकृति देने के पूर्व एक मिशन से प्रस्तावित परियोजना की स्थिति, ऋण चाहने वाले देश की अर्थव्यवस्था की स्थिति तथा अन्य सम्बन्धित बातों की जाँच-पड़ताल कर लेता है। मिशन की अनुकूल सिफारिशों तथा शर्तों को पूर्ति होने पर बैंक ऋण प्रदान करने की ऋण समिति की सिफारिश प्राप्त करता है। यह सब कार्रवाई पूरी हो जाने पर ऋण की राशि उस देश के केन्द्रीय बैंक में जमा करा दी जाती है। स्मरण रहे कि आईबीआरडी पर यह प्रतिबन्ध है कि वह अपने कुल साधनों से न तो अधिक ऋण दे सकता है और न ही उसकी गारण्टी कर सकता है। आईबीआरडी द्वारा ऋण के लिए स्वीकृत योजना के सम्पूर्ण व्यय का वह अंश विदेशों से उत्पाद क्रय करने के लिए खर्च किया जाता है, प्रायः ऋण के रूप में दिया जाता है, परन्तु वह भाग भी कुल लागत के 50% से ज्यादा न हो। ऋणों की मात्रा सदस्य देश के अंशदान की मात्रा पर निर्भर न रहकर उसकी आवश्यकता पर निर्भर करती है। ऋणी देश को ऋण का भुगतान उस मुद्रा में करना होता है, जिसमें वह ऋण लिया गया था। वास्तव में, आईबीआरडी एक असाधारण संस्था है जो बैंकिंग के सिद्धान्तों को ऐसे कार्यों से जोड़ती है जो बहुत कम बैंकों के सामान्य कार्यों की भांति है।

आईबीआरडी द्वारा जो कर्ज दिया जाता है उस पर ब्याज छः माह के लिए तय की जाती है। बैंक द्वारा दिये गये ऋणों पर औसत ब्याज-दर से 0.5 प्रतिशत अधिक होती है। आईबीआरडी का एक अन्य कार्य निजी निवेशकों को गारण्टी देकर उनकी पूँजी अन्य देशों को दिला रहा है। परन्तु पिछले कुछ वर्षो से विश्व बैंक का गारण्टी कार्य सर्वथा समाप्त हो गया है। इसके दो कारण है, एक तो आईबीआरडी की सहयोगी संस्थाएँ पर्याप्त मात्रा में दीर्घकालीन ऋण देने लगी हैं; और दूसरा आईबीआरडी की गारण्टी के बिना ही विदेशों से ऋण उपलब्ध किया जा सकता है।

(2) अन्तर्राष्ट्रीय समस्याओं का समाधान—प्रत्येक सदस्य देशों में विभिन्न प्रकार की अन्तर्राष्ट्रीय आर्थिक समस्याएँ उत्पन्न होती रहती हैं जिसको सुलझाने के लिए आईबीआरडी मध्यस्थ के रूप में कार्य कर सकता है। भारत और पाकिस्तान के बीच पंजाब की नदियों के जल-विभाजन सम्बन्धी विवाद का निपटारा 1960 में इसकी मध्यस्थता से ही हुआ था। सन् 1956 में जब मिस्र द्वारा स्वेज नहर का राष्ट्रीयकरण कर लिया गया तो स्वेज नहर कम्पनी में ब्रिटेन के अंशों का हर्जाना देने से सम्बन्धित विवाद का हल भी आईबीआरडी की मध्यस्थता से हुआ। इस प्रकार आईबीआरडी ने संसार में शान्ति बनाये रखने में भी महत्वपूर्ण भूमिका निभाई है।

(3) प्रशिक्षण—सभी सदस्य देशों में अधिकारियों को वित्त, मुद्रा-व्यवस्था, कर-प्रणाली, प्राविधिक कुशलता, औद्योगिक व बैंकिंग संगठन आदि के संबंध में प्रशिक्षण की आवश्यकता होती है, जिसकी व्यवस्था आईबीआरडी स्वयं करती है। सदस्य देशों के अधिकारियों को विकास योजनाओं के निर्माण तथा प्रबन्ध से सम्बन्धित प्रशिक्षण की सुविधाएँ प्रदान करने के उद्देश्य से 1955 में वाशिंगटन में आर्थिक विकास संस्थान स्थापित किया गया है, जो संसार की प्रमुख भाषाओं में अल्पकालीन प्रशिक्षण की सुविधाएँ देता है।

(4) तकनीकी सहायता—आईबीआरडी का एक प्रमुख कार्य सदस्य देशों को तकनीकी सहायता प्रदान करना भी है। आईबीआरडी ने सर्वप्रथम 1949 में कोलम्बिया की अर्थव्यवस्था का सामान्य पर्यवेक्षण कराया था। तब से यह सुविधा अनेक देश प्राप्त कर चुके हैं। विकास सम्बन्धी परियोजनाएँ तैयार करने में सदस्य देशों को आईबीआरडी से तकनीकी तथा प्रबन्धकीय मामलों पर सलाह मिली है और विभिन्न परियोजनाओं के प्रबन्ध तथा संगठन सम्बन्धी प्राथमिकताएँ निर्धारित करने में सहायता प्राप्त होती है। विकास सम्बन्धी निवेश का आकार तथा रचना निर्धारित करने में सदस्य देश आईबीआरडी से मदद् लेते हैं। विकास के जुड़े समस्त मुद्दों पर परामर्श प्रदान करने हेतु आईबीआरडी विशेषज्ञों को सदस्य देशों में भेजता है। पूर्वी

तथा पश्चिमी अफ्रीका के देशों को तकनीकी सहायता प्रदान करने के उद्देश्य से बैंक ने नैरोबी में स्थायी क्षेत्रीय मिशन नियुक्त कर रखे हैं जो कृषि और परिवहन के क्षेत्र में विकास करने का प्रयास कर रहा है।

आईबीआरडी की प्रगति

आई. बी. आर. डी की प्रगति तीव्र गति से तो नहीं हुई परंतु जो भी प्रगति हुई वह अत्यधिक प्रभावी व व्यवस्थित ढंग से हुई है। प्रारम्भिक तीन वर्ष इसके लिये परीक्षा के समान था। 1947 में आईबीआरडी ने यूरोप के चार देशों—फ्रांस, लक्जेमबर्ग, डेनमार्क तथा नीदरलैण्ड—को 496.8 मिलियन डॉलर के ऋण पुनर्निर्माण के लिए प्रदान किये गये। 1948 में मार्शल प्लान की स्वीकृति के बाद यूरोपीय देशों की समस्याएँ कुछ हल हुईं और बैंक ने अर्द्ध-विकसित देशों के विकास की ओर ध्यान दिया। सन् 1947 से जून, 1956 के बीच बैंक ने कुल 2667 मिलियन डॉलर के 150 ऋण दिये, जिनमें पुनर्निर्माण के लिए केवल 497 मिलियन डॉलर थे और शेष राशि विकास के लिए थी। बाद के वर्षों में बैंक द्वारा दिये गये ऋणों की संख्या तथा राशि में निरन्तर वृद्धि हुई है एवं ऋण लेने वाले देश भी बढ़ गये हैं।

सन् 1947 से 1968 के दौरान बैंक द्वारा स्वीकृति किये गये ऋणों की वार्षिक औसत 0.9 मिलियन डॉलर थी जो 1973 में बढ़कर 1.8 मिलियन डॉलर हो गयी। 1947 से 1978 तक की अवधि में काफी वृद्धि हुई और वार्षिक औसत 4.9 मिलियन डॉलर थी। इस प्रकार वार्षिक औसत 8.9 मिलियन डॉलर हो गयी। 1984 से 1988 तक के पाँच वर्षों में 65.5 मिलियन डॉलर थी। 1990 से 1994 तक के पाँच वर्षों में बैंक द्वारा कुल 78.0 मिलियन डॉलर के ऋण स्वीकृत किये गये। इस प्रकार इस अवधि में वार्षिक औसत 15.6 मिलियन डॉलर थी। जुलाई, 1994 तक इस बैंक को कार्य करते हुए 50 साल पूरे हुये और इस दौरान इसने 140 देशों में 6000 परियोजनाओं के लिए 300 मिलियन डॉलर के ऋण दिये थे। 1995 से 1997 तक के तीन वित्तीय वर्षों में बैंक द्वारा स्वीकृत किये गये ऋणों की वार्षिक औसत 15.3 मिलियन डॉलर थी। इस तरह यह बड़े विश्वास के साथ कह सकते हैं कि आईबीआरडी स्वयं विकास के साथ-साथ अपने सदस्यों के विकास में महत्त्वपूर्ण भूमिका निभायी है।

आईबीआरडी ने 1998 के जून एवं जुलाई इन दो माहों में 21 मिलियन डॉलर ऋण की मंजूरी प्रदान की थी। 1999 के वित्तीय वर्ष में आईबीआरडी द्वारा 131 परियोजनाओं के लिए 22.2 मिलियन डॉलर के ऋण स्वीकृत किये गये। 2000 के

वित्तीय वर्ष में कुल 97 परियोजनाओं के लिए केवल 10.9 मिलियन डॉलर के ऋण स्वीकृत किये गये। 2001 में 36 देशों में 91 परियोजनाओं के लिए 10.5 मिलियन डॉलर के ऋण स्वीकृत किये गये। जून, 2001 के अन्त में अन्तर्राष्ट्रीय बैंक द्वारा स्वीकृत किये गये कुल ऋणों की संचयी राशि 360 मिलियन डॉलर थी। 1997 में क्रमशः चीन, रूस तथा अर्जेण्टीना ने सबसे ज्यादा ऋण प्राप्त किया था। 1998 में दक्षिण कोरिया सबसे बड़ा ऋण प्राप्तकर्ता था और चीन का दूसरा स्थान था। 1999 में पूर्वी एशिया के देशों के सर्वाधिक ऋण स्वीकृत किये गये। 2000 में लेटिन अमरीका तथा कैरेबियन देशों का हिस्सा सर्वाधिक था। 2001 में दस बड़े ऋण प्राप्त करने वाले देशों में चीन, भारत, रूस, इण्डोनेशिया, अर्जेण्टाइना, टर्की तथा फिलीपींस शमिल थे।

आईबीआरडी द्वारा विभिन्न क्षेत्रों में विकास के उद्देश्य से ऋण दिया गया जिनमें प्रमुख हैं– परिवहन, संचार, शक्ति के साधनों के विकास आदि। पिछले कुछ वर्षों से इसने विकासशील देशों में गरीबी उन्मूलन पर ध्यान दिया है। बैंक द्वारा स्थापित गरीबी में कमी तथा आर्थिक प्रबन्धन व्यवस्था के अन्तर्गत गरीबी क्षेत्र और ग़रीबी में कमी से सम्बन्धित नीति निर्देशित करता है। इस नीति के अन्तर्गत कृषि तथा ग्रामीण विकास के लिए अधिक सहायता दी जाने लगी है। आईबीआरडी ने शिक्षा, परिवार नियोजन, पोषाहार , शहरी विकास, जल-पूर्ति, मल-व्यवस्था, गृह-निर्माण तथा लघु उद्योगों के विकास के लिए भी ऋण दिये हैं। 1977 के बाद ऊर्जा विकास के कार्यक्रमों को विशेष महत्त्व दिया जाने लगा है। एवं इसके लिए सर्वाधिक ऋण प्रदान किया जाने लगा है। आगामी वर्ष में इस क्षेत्र में और वृद्धि करने के लक्ष्य निर्धारित किये गये हैं। 1988 से विकासशील देशों को संरचनात्मक समायोजन के लिए ऋण प्रदान किया जाने लगा है। विकासशील राष्ट्रों के अर्थव्यवस्थाओं के स्वरूप में एक लम्बी अवधि बदलाव करने में मदद देना उसका प्रमुख उद्देश्य था। 1988 में बैंक द्वारा एक नया विभाग स्थापित किया गया है, जिसका उद्देश्य बैंक द्वारा सहायता-प्राप्त परियोजनाओं के क्षेत्र पर्यावरण की रक्षा करना है। 1992 में आईबीआरडी ने 'विश्व पर्यावरण सुविधा' (GEF) प्रारम्भ की है जिसके अन्तर्गत पर्यावरण सुधार हेतु ऐसे देशों को अनुदान दिया जाता है, जिनकी प्रति व्यक्ति आय 4000 डॉलर से कम है। हाल के वर्षों में आईबीआरडी ने कुछ ऐसे उपाय किये हैं, जिनका उद्देश्य विकास के लिए प्रभाव बढ़ाना और गरीबी के विरुद्ध लड़ना है। विकासशील देशों में निवेशों को प्रोत्साहन देने के उद्देश्य से Multilateral Investment Guarantee Agency नामक एक संस्था खोली गयी इस संस्था को संक्षेप में एम. आई. जी. ए.

कहा जाता है। आईबीआरडी ने जो ऋण प्रदान किये हैं, उसके परिव्यय में काफी मन्ददता पायी गयी है,। इसके कई कारण हैं। ऋण लेने वाले देश मुद्रा-स्फीति, भुगतान-सन्तुलन की कठिनाइयाँ और बढ़ते हुए वित्तीय घाटों के कारण परियोजनाओं के लिए पर्याप्त साधन जुटाने में अनेक कठिनाइयाँ अनुभव कर रहे हैं। नये कार्यों के लिए ऋण देने में कुछ व्यावहारिक कठिनाइयाँ भी सामने आती हैं। परियोजनाएँ पूरी करने हेतु पर्याप्त अनुभव प्राप्त होने पर परिव्यय के विलम्ब में कमी हो सकती है।

1983 से एक विशेष कार्य योजना शुरू की गयी। इस योजना को संक्षेप में एस. ए. ए. डी. कहा जाता है। एस. ए. डी के निम्नलिखित उद्देश्य हैं–

1. परामर्श सेवाओं का विस्तार करना,
2. अन्य ऋणदाता देशों से भी शीघ्र सहायता प्राप्त करने के लिए सहयोग प्राप्त करने के उपाय करना।
3. ऋणों का विस्तार ऊँची प्राथमिकता वाले कार्यों के लिए करना, जिनका सम्बन्ध संरचनात्मक समायोजन, नीति परिवर्तन, निर्यात संवर्द्धन, प्रतिस्थापित क्षमता के पूर्ण उपयोग तथा अवस्थापन के रख-रखाव से है,
4. संवितरण में गति लाना, ताकि परियोजनाएँ शीघ्र पूरी हो सकें,

भारत तथा आईबीआरडी

आज भारत भी आई. बी. आर. डी का सदस्य है। भारत का बैंक पूंजी में पाँचवां स्थान है। 1950 में पेरिस में हुई बैंक की वार्षिक बैठक का सभापतित्व भी भारत ने किया था। इसकी सदस्यता भारत के लिये लाभदायक रही है। भारत के आर्थिक विकास-कार्य में आईबीआरडी ने विशिष्ट योगदान दिया है। सर्वप्रथम, अगस्त, 1949 में भारत को रेलों के पुनर्निर्माण के लिए 34 मिलियन डॉलर का ऋण स्वीकार किया गया था। आईबीआरडी द्वारा परिवहन, कृषि एवं ग्रामीण विकास, विद्युत तथा औद्योगिक विकास, संचार, शहरी विकास तथा परिवहन नियोजन जैसे उद्देश्यों के लिए ऋण दिये गये हैं। 1981 के पूर्व भारत को आईबीआरडी की सहायक संस्था अन्तर्राष्ट्रीय विकास संघ से रियायती शर्तों पर अधिक सहायता मिलती थी। इसमें अब कमी हो जाने पर भारत को आईबीआरडी विशेष रूप से मदद कर रहा है। 30 जून, 1989 तक भारत को आईबीआरडी ने 119 परियोजनाओं के लिए कुल 15. 4 बिलियन डॉलर के ऋण दिये थे। 1988, 1989 तथा 1990 के वित्तीय वर्षों में भारत को स्वीकृत किये गये ऋणों की राशि आईबीआरडी द्वारा, स्वीकृत किये गये

कुल ऋणों के प्रतिशत के रूप में क्रमशः 15.3, 13.0 तथा 7.3 प्रतिशत थी। 1991 से 1996 तक भारत को 1898 मिलियन डॉलर के ऋण स्वीकृत किये गये, जिसमें से संवितरण की राशि 10893 मिलियन डॉलर थी। इस अवधि में मूल ऋण तथा ब्याज आदि का भुगतान करने के बाद 609 मिलियन डॉलर की राशि भारत के लिए शेष रह गयी। आईबीआरडी ने भारत को सन् 1995 में 1118.8 मिलियन डॉलर और सन् 1996 में 776.6 मिलियन डॉलर का ऋण दिया। 1997 तथा 1998 के वित्तीय वर्षों में स्वीकृत किये गये ऋणों की राशि क्रमशः 626.5 मिलियन डॉलर तथा 1068 मिलियन डॉलर थी जो कि कुल स्वीकृतियों का क्रमशः 4.3 प्रतिशत तथा 5.1 प्रतिशत थी। पोखरण परमाणु परीक्षण के बाद अमेरीका और उसके गुट राष्ट्रों के दबाव में विश्व बैंक ने 1999 के वित्तीय वर्ष में भारत को ऋण प्रदान करने में अत्यधिक कटौती की थी, इस वर्ष कुल 400 मिलियन डॉलर के ऋण स्वीकृत किये गये जो कि कुल स्वीकृत ऋणों का केवल 1.8 प्रतिशत भाग थे। आईबीआरडी की सहायक संस्थाओं ने भी अपने सहयोग में कमी कर दी। इससे यह स्पष्ट होता है कि सैद्धान्तिक रूप में गैर-राजनीतिक होते हुए भी व्यावहारिक रूप में आईबीआरडी राजनीतिक दबाव के अधीन कार्य करता है। 2000 के वित्तीय वर्ष में भारत के लिये स्वीकृत ऋणों की राशि में कुछ वृद्धि हुई और यह 934.3 **मिलियन** डॉलर हो गयी। 2001 के वित्तीय वर्ष में भारत को स्वीकृत ऋणों की राशि 6.9 **बिलियन** डॉलर थी, जबकि चीन को 11.2 **बिलियन** डॉलर के ऋण स्वीकृत किये गये और इसका ऋण प्राप्त करने वाले देशों में दूसरा स्थान था। ऋण प्राप्त करने वाले देशों की सूची में भारत का 1999 के पहले पाँचवाँ और 2001 में सातवाँ स्थान था। कुल बकाया ऋणों की राशि में भारत की भागीदारी कम हो गयी जो 6.7% से घटकर 5.8% पर आ गयी।

भारत को अंतर्राष्ट्रीय बैंक द्वारा 2002-03 में प्रदान की गयी ऋण राशि 5836 करोड़ और 2003-04 में 2207 करोड़ रुपये थी। इन वर्षों में उपयोग की गयी राशि क्रमशः 3123 करोड़ रुपये तथा 4033 करोड़ रुपये थी।

भ्रष्टाचार के कारण भारत में ऋण के रूप में प्राप्त धन का सही उपयोग नहीं हो पाता है। किसी योजना के लिये निर्धारित धन पूरी मात्रा में योजना तक नहीं पहुँच पाता है। अनुमान है कि मार्च, 1997 के अन्त में 3251 मिलियन डॉलर (11675 करोड़ रुपये) के आईबीआरडी द्वारा दिये गये ऋणों का संवितरण हुआ था। नियमों के अनुसार, संवितरित न की गयी राशि पर भी भारत को शुल्क देना पड़ता है। शुल्क की राशि लगभग 50 करोड़ रुपये वार्षिक भी है। आईबीआरडी चाहता है कि स्वीकृत

किये गये ऋणों का संवितरण अधिक हो। इस दिशा में उठाये गये कदमों में अल्पकालिक योजनाएँ शुरू करना, ऋण जारी करने की प्रक्रिया को दुरुस्त करना तथा परियोजनाओं पर बैंक की निगरानी शमिल हैं।

आईबीआरडी की सहायक संस्थाओं में अन्तर्राष्ट्रीय विकास संघ (IDA) तथा अन्तर्राष्ट्रीय वित्त निगम (IFC) ने भारत को काफी सहयोग दिये हैं। विकास संघ से प्राप्त की गयी सहायता विशेष रूप से काफी महत्त्वपूर्ण है। इसका विवरण आगे अलग से दिया गया है।

अंतर्राष्ट्रीय बैंक ने भारत की विकास गतिविधि प्रभावी करने के लिए विशेष रूप से ध्यान दिया है। उसने इसके लिये 1958 में कनाडा, जर्मनी, जापान, इंग्लैण्ड तथा अमरीका का एक सम्मेलन वाशिंगटन में बुलाया। विचार-विमर्श के बाद इन देशों ने आईबीआरडी के नेतृत्व में एक संघ स्थापित किया, जिसको 'Aid India Consortium' के नाम से पुकारा गया है। बाद में बेल्जियम, इटली, फ्रान्स, आस्ट्रेलिया तथा नीदरलैण्ड भी इसमें सम्मिलित हो गये। 1994 में इसका नाम बदलकर 'India Development Forum' कर दिया गया। आईबीआरडी के नेतृत्व में ही भारत सहायता संघ ने गत वर्षों में भारत को ऋण-राहत सहायता (debt-relief), परियोजना विहीन सहायता तथा विशेष परियोजनाओं के लिए सहायता दी है तथा इसकी आवश्यकता अनुभव की है। 1996 तक गत पाँच वर्षों में इसके द्वारा दिये गये आश्वासनों की राशि प्रतिवर्ष 7 बिलियन डॉलर के लगभग रही है।

भारत को आईबीआरडी द्वारा आर्थिक मदद देने के साथ-साथ तकनीकी मदद भी प्रदान की गई। इसके सहयोग से भारत ने तकनीकी जगत में सन्तोषजनक प्रणाली की है। समय-समय पर भारत में भेजे गये विशेषज्ञों ने विभिन्न परियोजनाओं का अध्ययन करके उनसे सम्बन्धित महत्त्वपूर्ण सुझाव दिये हैं। इन अध्ययनों के आधार पर भारत को न केवल आईबीआरडी से सहायता मिली है, बल्कि विकास की योजनाओं के कुशल संचालन के लिए यथेष्ट मार्गदर्शन भी मिला है।

स्वतन्त्रता के बाद भारत-पाक विभाजन हो गया। इसके उपरान्त इन दोनों में नदी जल विभाजन को लेकर काफी तनाव उत्पन्न हुआ है। आईबीआरडी की मध्यस्थता से 1952 में दोनों के बीच वार्ता आरम्भ हुई तथा 1954 में बैंक ने सिन्धु-घाटी के जल-विभाजन सम्बन्धी योजना प्रस्तुत की। अन्ततः 19 जनवरी, 1960 को दोनों देशों के बीच समझौता हो गया। इस झगड़े को समाप्त करने के

लिए आईबीआरडी को स्वयं 80 मिलियन डॉलर का ऋण देने के अतिरिक्त आस्ट्रेलिया, अमरीका, इंग्लैण्ड, न्यूजीलैण्ड, कनाडा तथा जर्मनी से सिन्धु-घाटी विकास कोष की स्थापना करने के लिए 640 मिलियन डॉलर की सहायता देने के लिए प्रार्थना करनी पड़ी थी। इस विवाद का सफलतापूर्वक निपटारा करके बैंक ने यह सिद्ध कर दिया है कि राष्ट्रों के आपसी विवाद शान्तिपूर्वक वार्तालाप से हल हो सकते है। बैंक ने कई बार भारत में अपने विशेषज्ञों की टोलियाँ भेजकर आर्थिक विकास की विभिन्न योजनाओं का अध्ययन किया और सुझाव भी प्रस्तुत किया है।

अतः हम यह कह सकते हैं कि आईबीआरडी का भारत के प्रति सकारात्मक दृष्टिकोण रहा है। एक सच्चे मित्र, सहायक और मार्गदर्शक के रूप में आईबीआरडी ने भारत को जो आर्थिक तथा तकनीकी क्षेत्रों में सहानुभूतिपूर्ण सहयोग दिया है, उससे भारत को आर्थिक विकास के कार्य में महत्त्वपूर्ण सहायता प्राप्त हुई है।

आईबीआरडी के कार्यों का महत्त्व

आईबीआरडी ने भारत ही नहीं सभी विकासशील देशों के साथ सहयोगात्मक भूमिका निभायी है। बैंक ने न केवल स्वयं सहायता दी है, बल्कि इस उद्देश्य की पूर्ति के लिए अन्तर्राष्ट्रीय स्तर पर अन्तर्राष्ट्रीय विकास संघ जैसी संस्थाओं की स्थापना करने में अत्यधिक भूमिका का निर्वहन किया है। आर्थिक रूप से सम्पन्न राष्ट्रों में इस दृष्टिकोण को विकसित किया कि आर्थिक रूप से पिछड़े राष्ट्रों को सहयोग देना उनका उत्तरदायित्व है और स्थायी विश्व-शान्ति की स्थापना के लिए आवश्यक है। गरीब देशों में अमीर देशों से प्राप्त होने वाली आर्थिक सहायता से सम्बन्धित विषयों की जाँच करने के लिए आईबीआरडी ने अगस्त, 1968 में कनाडा के भूतपूर्व प्रधानमन्त्री श्री पीयरसन की अध्यक्षता में एक कमीशन नियुक्त किया था। सितम्बर, 1969 में पीयरसन कमीशन ने अपनी रिपोर्ट प्रस्तुत कर यह सुझाव दिया कि विकास के लिए दी जाने वाली सहायता (Official Development Assistance) में विकसित देशों की सरकारें वृद्धि करें, ताकि 1975 (अधिक से अधिक 1980) तक वे अपनी कुल राष्ट्रीय आय का कम से कम औसत 0.70 प्रतिशत सहायता के रूप में देने लगें। कमीशन ने सुझाव दिया था कि सहायता कम से कम तीन वर्ष के लिए दी जाय और ऋणी देशों को अनेक सुविधाएँ दी जायें अन्तर्राष्ट्रीय विकास संघ द्वारा दी जाने वाली सहायता में भी वृद्धि हो। इसके लिए विकसित देश प्राप्त होने वाले SDRs का हिस्सा विकास संघ को प्रदान करें।

इस प्रकार संयुक्त राष्ट्र संघ ने भी द्वितीय तथा तृतीय विकास दशकों की आवृति (1971-80 तथा 1981-90) के लिए 0.70 प्रतिशत प्रशासनिक उन्नति सहायता का उद्देश्य सुनिश्चित किया था। इसके अलावा सम्पन्न राष्ट्रों द्वारा अपने कुल राष्ट्रीय उत्पादन (GNP) का 0.70 प्रतिशत गरीब देशों को सहायता देने का लक्ष्य पूरा होने के बजाय यह घटकर 1995 में 0.24 प्रतिशत ही रह गया। आवश्यकता इस बात की है कि विकासशील देशों को दी जाने वाली सहायता में वृद्धि की जाय। विकासशील देशों को आर्थिक सहायता के साथ-साथ अनुकूल शर्तों पर व्यापार के विस्तार की भी आवश्यकता है। विकसित देशों से विकासशील देशों की ओर वास्तविक साधनों के शुद्ध हस्तान्तरण में वृद्धि करना आवश्यक है, परन्तु अभी तक प्रतिकूल व्यापार-शर्तों तथा विदेशी ऋणों के अत्यधिक भार की वजह से विकास कर रहे राष्ट्रों की स्थिति काफी दयनीय थी।

आईबीआरडी तथा इसकी सहायक इकाइयों ने जो कुछ भी सहायता दी है। वह सब भारत जैसे राष्ट्रों से जुड़ी है। इसका उद्देश्य यह रहा है कि आर्थिक विकास के लिए अधिक साधन गरीब देशों को उपलब्ध किये जायें और उन्हें आगे बढ़ने में सहायता दी जाये। इसने अपने उद्देश्य में सफलता भी पायी है। **डी कॉक के अनुसार** आईबीआरडी ने अपने विशिष्ट क्षेत्र में काफी मात्रा में सफलता प्राप्त कर ली है और यह स्पष्ट कर दिया है कि अब वह अन्तर्राष्ट्रीय निवेश तंत्र में एक महत्त्वपूर्ण तत्त्व है। **कुरीहारा** ने लिखा है– "आईबीआरडी ने अन्तर्राष्ट्रीय रोजगार स्थिरता की दिशा में आशावादी प्रगति की है।" केवल यही नहीं, विश्व-शांति के हितों को सुरक्षित रखने की दिशा में भी आईबीआरडी ने देशों में परस्पर विवादों के निवारण में महत्त्वपूर्ण भूमिका निभाई है।

विकासशील देशों को आईबीआरडी द्वारा दिया गया सहयोग काफी सराहनीय रहा है। इसके विकास ऋणों के सहारे अँधेरी झोंपड़ियों तक प्रकाश पहुँचा है, मशीनों के पहियों में गति आयी है, नये कल-कारखानों का निर्माण हुआ है, सूखे खेतों को पानी मिला है और रेगिस्तान नखलिस्तान में परिणत हुए हैं। नये जल, थल तथा नभ मार्गों के लिए यातायात एवं सन्देशवाहनों की सुविधा मिली है, और विश्व की दूरियाँ समाप्त होने लगी है। इन सब सफलताओं से भी अधिक महत्त्वपूर्ण है वे भावनाएँ जिनसे विश्व बैंक के इन कार्यों का महत्त्व इस्पात तथा कंकरीट से निर्मित जड़ स्मारकों के रूप में नहीं आँकना चाहिए। उनके उद्देश्य व्यापक और गहन है—पृथ्वी की साधन-सम्पन्नता का विस्तार करना, मानव को

प्रकाश एवं उष्णता प्रदान करना, अकर्मण्यता तथा निराशावाद से उनका उद्धार करना तथा उस दिवस की प्राप्ति के लिए, जब विपुलता दूर-स्थित स्वप्न न रहकर एक सम्भावना बन सकेगी, विचारों को जन्म देना, और उनके लिए क्रियाशील संगठनों और रीतियों को समझाने की रुचि उत्पन्न करना।"

आईबीआरडी के कार्यों की आलोचना

विश्व के समस्त राष्ट्रों का कहना सत्य ही है कि आई. बी. आर. डी. ने भारत जैसे विकासशील राज्यों के प्रति सकारात्मक दृष्टिकोण अपनाया है। इसने उनके विकास में भी महत्त्वपूर्ण योगदान दिया है, फिर भी कुछ लोगों ने इसकी आलोचनायें की हैं। कुछ प्रमुख आलोचनाओं को निम्न प्रकार प्रस्तुत किया गया है—

1. एशिया एवं अफ्रीका महाद्वीप के निर्धन देशों को आई. बी. आर. डी. जो सहयोग देता है, उससे उनकी प्रगति सम्भव नहीं है। इस सहयोग से उनकी मूल आवश्यकताएँ ही मुश्किल से पूरी होती हैं। आईबीआरडी द्वारा दिये जाने वाले ऋणों को शर्तें दी जाती हैं। यही कारण है कि इन देशों के प्रतिनिधियों ने आईबीआरडी की वार्षिक बैठकों में बैंक की ऋण-नीति की आलोचना की है। आवश्यकता इस बात की है कि आईबीआरडी अविकसित तथा अर्द्ध-विकसित देशों के लिए अधिकाधिक विदेशी पूँजी के साधनों को जुटने के प्रयास को तीव्र करे। विकसित देशों में विकासशील देशों की ओर वास्तविक साधनों के शुद्ध हस्तान्तरण को प्रभावपूर्ण बनाने में आईबीआरडी बैंक से और अधिक सहयोग की आशा की जा सकती है।
2. आईबीआरडी से ऋण लेने पर अधिक ब्याज देना पड़ता है। व्यावसायिक दृष्टिकोण से दीर्घकालीन ऋणों पर लगभग 10 से 12 प्रतिशत ब्याज-दर अधिक ऊँची नहीं कहीं जा सकती, परन्तु अर्द्ध-विकसित देशों की दृष्टि से यह काफी ऊँची है। यह ठीक है कि इससे बैंक लाभ कमाता है और आर्थिक संकटों का सामना करने की शक्ति प्राप्त करता है, परन्तु इसमें कोई सन्देह नहीं कि गरीब देशों की आर्थिक स्थिति और भुगतान-शक्ति को देखते हुए आईबीआरडी द्वारा दिये गये ऋण काफी महँगे होते हैं और इन पर ब्याज-दर तथा कमीशन में कमी होना आवश्यक है। इन शिकायतों को दूर करने में अन्तर्राष्ट्रीय विकास संघ की स्थापना से कुछ सहायता मिली है, परन्तु विकास संघ साधन में वृद्धि करने की समस्या से जूझते रहे हैं।

3. अन्तर्राष्ट्रीय बैंक की तुलना में व्यक्तिगत देशों द्वारा दिये गये अन्तर्राष्ट्रीय ऋण अधिक उपयुक्त होते हैं, परन्तु अन्तर्राष्ट्रीय बैंक घ्यक्तिगत देशों तथा व्यक्तिगत निवेशकों का कार्य-क्षेत्र सीमित कर देता है।
4. तेल के आयातकर्त्ता देशों में ऊर्जा विकास के कार्यक्रमों को प्राथमिकता देनी चाहिए। इस दिशा में आईबीआरडी द्वारा ध्यान दिया जाने लगा है, परन्तु पर्याप्त मात्रा में साधन उपलब्ध किये जा सकते हैं जब ऊर्जा विकास के लिए आईबीआरडी की एक अलग से सहायक संस्था स्थापित की जाए।
5. कुछ परिस्थितियों में आईबीआरडी ने ऋण प्राप्त करने वाले देशों की आन्तरिक अर्थव्यवस्था में हस्तक्षेप करने के प्रयास किये हैं। आईबीआरडी बैंक को संकुचित राष्ट्रीय दबाबों से मुक्त होकर कार्य करना चाहिए।
6. आईबीआरडी द्वारा सावधानी अपनाने के बाद भी एक-तिहाई से अधिक बैंक परियोजनाओं का कार्य असन्तोषजनक रहा है। इससे यह स्पष्ट होता है कि बैंक द्वारा परियोजनाओं के चयन तथा प्रबन्ध त्रुटिपूर्ण रहा है।
7. ऋणी देश यह मानते हैं कि अन्तर्राष्ट्रीय बैंक का ऋण देने से पूर्व 'ऋण चुकाने की शक्ति' पर आवश्यकता से अधिक जोर दिया जाता है। बैंक के ऋण विशिष्ट परियोजनाओं से बँधे होने के कारण ऋणी देश विभिन्न प्रकार के प्रतिबन्धों से जकड़ा रहता है। परिणामस्वरूप, स्वीकृत ऋणों का उपयोग काफी विलम्ब के बाद ही सम्भव हो पाता है।
8. आईबीआरडी के कार्य पूर्णतया निष्पक्ष नहीं रहे हैं। ऋणदाता देश ऐसा सोचते हैं कि बैंक संगठन में ऋण लेने वाले देशों को बहुमत प्राप्त है, इसलिए शर्तों का निर्धारण उन्हीं के पक्ष में होता है। दूसरी ओर ऋणी देश बैंक के संगठन तथा नीति- निर्धारण में अमेरीका तथा अन्य बड़े देशों का प्रभाव बहुत अधिक पाते हैं।

उपर्युक्त वर्णित आलोचनाओं के बाद भी यह कहना अतिशयोक्ति नहीं होगा कि पूर्व के कुछ वर्षों से वैश्विक स्तर पर आई. बी. आर. डी. की उपयोगिता बढ़ती जा रही है। इसके महत्त्व का अनुमान इसी से हो जाता है कि इसके द्वारा दी गयी सहायता की राशि तथा इससे सहायता-प्राप्त करने वाले देशों की संख्या में निरन्तर वृद्धि हुई है। आईबीआरडी ने अपने कायों से यह सिद्ध कर दिया है कि अन्तर्राष्ट्रीय सहयोग एक कल्पना मात्र नहीं बल्कि यथार्थ है, और प्रभावपूर्ण हो सकता है, परन्तु विश्व के अधिकांश देशों में गरीबी की जड़ें इतनी गहरी हैं कि आईबीआरडी के लिए अभी बहुत कार्य करना बाकी है। आगे आने वाले वर्षों में आईबीआरडी की सफलता

इसके प्रबन्धकों की कुशलता एवं निष्पक्षता, बैंक ऋण सम्बन्धी नीति, ऋणी देशों के ऋण लौटाने की क्षमता तथा इस सम्बन्ध में उनके दृष्टिकोण और अन्तर्राष्ट्रीय राजनीतिक व आर्थिक सहयोग की स्थिति पर निर्भर करेगी। आईबीआरडी को एक ऐसे मजबूत पुल का कार्य करना है जिसके सहारे अमीर देशों के धन-कोष व्यवस्थित रूप से स्वतन्त्र विश्व के तीन-चौथाई गरीब देशों की ओर निरन्तर बढ़े, ताकि अन्तर्राष्ट्रीय आर्थिक सन्तुलन की स्थापना हो सके।

11

एशियाई विकास बैंक

एशियाई विकास बैंक तथा अंतर्राष्ट्रीय विकास बैंक दोनों के कार्यों में काफी समानता पायी जाती है। अंतर्राष्ट्रीय विकास बैंक की भांति यह बैंक भी विकास से जुड़ी गतिविधियों के लिए मदद करता है। सर्वप्रथम आर्थिक आयोग ने एशियाई विकास बैंक की स्थापना का सुझाव सन् 1963 में में दिया था। इस सुझाव को अमेरिका ने अप्रैल 1965 में मान्यता देने पर अपनी इच्छा प्रकट की। दिसम्बर 1965 में मनीला (फिलीपिन्स) में इसके चार्टर को स्वीकृत मिली और एशियाई विकास बैंक के प्रमुख कार्यालय के लिए मनीला को ही चुना गया और अगले वर्ष यानी 1966 के अंतिम दौर में इस बैंक की स्थापना की गयी।

एशियाई विकास बैंक के उद्देश्य एवं कार्य

द्वितीय महायुद्ध के समाप्त होने के बाद सन् 1945 में जटिल परिस्थितियों में लेटिन अमेरीका तथा अफ्रीका में क्षेत्रीय सहायता की भावना में प्रगति हुई थी। एशिया के गरीब देशों के लिए यह स्वाभाविक ही था कि अपने आर्थिक विकास की आवश्यकताओं को पूरा करने के उद्देश्य से क्षेत्रीय आर्थिक सहयोग की इच्छा करें। एशियाई विकास बैंक में इसका उद्देश्य यह बताया गया था कि एशियाई विकास बैंक एशिया तथा सुदूरपूर्व के देशों में आर्थिक सहयोग को जन्म देगा और क्षेत्र के

विकासशील सदस्य देशों की व्यक्तिगत तथा सामूहिक आर्थिक विकास की गति बढ़ाने में योगदान देगा। अपने लक्ष्य को पूरा करने हेतु इस बैंक के लिए विभिन्न कार्यों का निर्धारण किया गया जिनमें से कुछ प्रमुख कार्यों को निम्नलिखित पंक्तियों के अन्तर्गत स्पष्ट किया गया है–

1. विकास कार्य के लिए क्षेत्र में निजी तथा सार्वजनिक पूँजी के निवेश को बढ़ावा देना।
2. अपने साधनों का विकास कार्यों के लिए अपने सदस्य देशों में इस प्रकार वितरण करना कि क्षेत्रीय, उपक्षेत्रीय तथा राष्ट्रीय परियोजनाएँ और कार्यक्रम प्रभावी ढंग से सम्पूर्ण क्षेत्र के आर्थिक विकास में सहयोग दें और साथ ही छोटे तथा कम विकसित सदस्य देशों की आवश्यकताओं को प्रमुख रूप से ध्यान दिया जाना चाहिए।
3. विकास परियोजनाओं तथा कार्यक्रमों को बनाने, क्रियान्वित करने तथा वित्तीय प्रबंध से जुड़े मुद्दों पर तकनीकी सुविधा उपलब्ध कराना।
4. ऐसे समस्त कार्य करना जो संस्था के उद्देश्य को पूरा करने में उपयोगी सिद्ध हो सकें।
5. संयुक्त राष्ट्र तथा उसके अंग, सहायक संस्थाएँ, एशिया तथा सुदूरपूर्व के देशों के लिए आर्थिक आयोग, अन्तर्राष्ट्रीय संगठन, निजी तथा सार्वजनिक राष्ट्रीय इकाइयां, जिनसे क्षेत्रीय विकास के लिए विनियोग के लिए पूंजी प्राप्त हो सकती हो, उनके साथ सहयोग करना तथा उन्हें अधिक विनियोग तथा मदद प्रदान करने हेतु प्रोत्साहित करना।
6. सदस्य देशों की विकास नीतियों तथा योजनाओं के समायोजन को मदद प्रदान करना ताकि उनके साधनों का अपेक्षाकृत अच्छा उपयोग हो, जिससे उनकी व्यवस्था, विशेषतः अन्तरक्षेत्रीय व्यापार के क्रमिक तथा व्यवस्थित प्रसार को बढ़ावा दिया जा सके।

उपर्युक्त वर्णित तथ्यों का विश्लेषण करने के उपरान्त यह स्पष्ट होता है कि इसका कार्यक्षेत्र अत्याधिक विस्तृत है। बैंक ऐसे सभी निवेशों में अभिरुचि रखता है जो कृषि, उद्योग, यातायात, संचारवाहन तथा खनिज उद्योगों को प्रोत्साहित करके उन्नत रोजगार, ऊँची आय तथा ऊँचे जीवन-स्तर की प्राप्ति में सहायक होते हैं। इस संस्था का सम्बन्ध इस क्षेत्र के उन गरीब तथा विकासशील देशों से है जिनमें विश्व की अधिकांश जनसंख्या रहती है। इसका उद्देश्य इन गरीब देशों की विदेशी सहायता की माँग को पूरा करने में सहायता देना है।

एशियाई विकास बैंक की सदस्यता, प्रबंध एवं पूँजी

कोई भी देश इस बैंक की सहायता ले सकता है। इसकी सदस्यता ग्रहण करने में कोई प्रतिबंध नहीं है। प्रारंभिक दौर में कुछ देशों ने इस बैंक की सदस्यता स्वीकार कर ली थी जिनमें अमरीका, ब्रिटेन, आस्ट्रेलिया, बेल्जियम, कनाडा, डेनमार्क, पश्चिमी जर्मनी, फिनलैण्ड, इटली, नीदरलैण्ड, नार्वे तथा स्वीडन सम्मिलित हैं। स्विट्जरलैण्ड तथा फ्रान्स इसमें बाद में सम्मिलित हुए हैं। स्पेन ने भी अब सदस्यता प्राप्त कर ली है। एशियाई विकास बैंक के सदस्य देशों की संख्या 1996 के अन्त में 56 थी जिसमें क्षेत्र से बाहर के 16 विकसित देश सम्मिलित थे।

यह बैंक गर्वनर-मण्डल के नियंत्रण में कार्य करता है जिसमें सभी सदस्य देश एक गवर्नर तथा स्थानापन्न गवर्नर की नियुक्ति करते हैं। यह बोर्ड 10 सदस्यों का एक संचालक-मण्डल चुनता है, जिसमें सात सदस्य क्षेत्रीय देशों के तथा तीन क्षेत्र के बाहर के देशों के होते हैं। गवर्नर-मण्डल ही बैंक के अध्यक्ष का चुनाव करता है, जो किसी क्षेत्रीय देश का ही नागरिक होता है। वह न तो बैंक के गवर्नरों में से हो सकता है और न डायरेक्टरों में से। अध्यक्ष होने के नाते वह बोर्ड ऑफ डायरेक्टर्स का चेयरमैन, बैंक का कानूनी प्रतिनिधि तथा प्रशासन का प्रमुख होता है।

कुल मतों के 20 प्रतिशत मतों का वितरण सदस्य देशों में समान रूप से किया गया है, और बाकी के 80 प्रतिशत मत सदस्य देशों के अंशों के आधार पर बांटे गए हैं।

प्रारंभ में एशियाई बैंक की अधिकृत पूँजी 1000 बिलियन डॉलर थी जिसमें 60% एशियाई देश और 40% अन्य देश से उपलब्ध करने का लक्ष्य निर्धारित किया गया। सदस्य देशों के अपने हिस्से का केवल 50 प्रतिशत तत्काल जमा करना था। देय राशि में से आधा (अर्थात् 250 मिलियन डॉलर) स्वर्ण अथवा परिवर्तनीय मुद्राओं में और शेष आधा सदस्य देशों की अपनी मुद्राओं में पाँच वार्षिक किस्तों में चुकाने के लिए कहा गया। बैंक की शेष 50 प्रतिशत माँगसुलभ पूँजी सदस्य देशों के पास ही रहेगी जिसकी अदायगी माँग होने पर ही होगी। बैंक की स्थापना के साथ ही प्रारम्भिक पूँजी में 100 मिलियन डॉलर की वृद्धि कर दी गई। इस प्रकार बैंक की अधिकृत पूँजी 1,100 मिलियन डॉलर हो गई जिसमें से 19 एशियाई देशों में जापान, भारत, फिलीपीन्स, पाकिस्तान तथा इण्डोनेशिया प्रमुख भागीदार हैं। गैर-एशियाई देशों में मुख्य अंशदान अमरीका, पश्चिम जर्मनी तथा ब्रिटेन का है। 1972 में एशियन विकास बैंक द्वारा अपनी पूँजी 1,100 मिलियन डॉलर से बढ़ाकर, 2,750

मिलियन डॉलर करने का फैसला किया गया। यह भी निर्धारित किया गया कि नवीन निवेश राशी का 20% तत्काल उपलब्ध किया जायेगा तथा शेष राशि की माँग उपरान्त में की जायेगी।

इस प्रकार बैंक की पूँजी में 135% की बढ़ोत्तरी हुई, परिणामस्वरूप नवीन राशि या पूँजी का 10% है प्रदत्त होगा जिसका भुगतान चार समान किस्तों में किया जाएगा। प्रत्येक किस्त का 40 प्रतिशत परिवर्तनशील मुद्राओं तथा 60 प्रतिशत राष्ट्रीय मुद्राओं में देय होगा। नई पूँजी का 90 प्रतिशत अभी नहीं चुकाया जाएगा, परन्तु बाद में माँग सुलभ है। पूँजी में वृद्धि का यह निर्णय 1977 में लागू किया गया। अप्रैल 1983 में बैंक की पूँजी को 105% बढ़ाया गया। इसके परिणामस्वरूप बैंक की पूँजी 7.9 बिलियन डॉलर से बढ़कर 16.3 बिलियन डॉलर हो गई। 1995 में एशियाई विकास बैंक की अधिकृत पूँजी 51,893 मिलियन डॉलर थी जिसमें से 43,078 मिलियन डॉलर भुगतान पूँजी के रूप में मिला।

अंशदान की राशि के अतिरिक्त बैंक को यह अधिकार दिया गया है कि वह पूँजी बाजार से ऋण लेकर तथा अपनी स्वयं की प्रतिभूतियाँ विक्रय करके भी पूँजी सम्मलित कर सकते है, बशर्ते सम्बन्धित सरकारें ऐसा करने की अनुमति दें। 1992 में बैंक द्वारा 3,049.7 मिलियन डॉलर के ऋण लिए गए। 1991 में लिए गए ऋणों की राशि 1,298 मिलियन डॉलर थी। बैंक के विशेष कोषों के विकसित देशों से अनुदान प्राप्त किए जा सकते हैं। ये विशेष कोष Agricultural Special Fund, Multi-purpose Special Fund, और Technical Assistance Special Fund हैं। निजी क्षेत्र के उद्योगों को सहायता देने के लिए एशियन विकास बैंक तथा 25 अन्य बैंकों तथा वित्तीय संस्थाओं ने मिलकर Asian Finance and Investment Corporation स्थापित किया है। इसकी पूँजी 115.5 मिलियन डॉलर है। इस पूँजी में 35 मिलियन डालर विकास बैंक द्वारा प्रदान किया गया।

सन् 1947 के दौरान लिये गये एक निर्णय के आधार पर अत्य विकसित राष्ट्रों को निम्न दर पर ऋण देने के लिए एक कोष निर्मित किया जायेगा जिसमें सम्पन्न देश 525 मिलियन डॉलर धनराशि की सहायता प्रदान करेंगे। इस कोष में से दिए गए सुलभ ऋणों पर ब्याज-दर 1 प्रतिशत होगी और इसकी अवधि 40 वर्ष होगी जिसमें 10 वर्ष की और वृद्धि की जा सकती है। इस कोष के लिए पहले 1974 से 1976 तक के तीन वर्षों में धनवान देशों से पूँजी प्राप्त की गई। 1976 से 1981 तक इस कोष की पूँजी 3.2 बिलियन डॉलर हो गई। चौथे पुनर्भरण के बाद अप्रैल,

1986 में विकास बैंक के ऋणदाता देशों ने पाँचवें पुनर्भरण के अन्तर्गत 3.6 बिलियन डॉलर की राशि उपलब्ध करना स्वीकार किया था। इस राशि का उपयोग 1987-90 की अवधि में रियायती ऋण के लिए किया जाना था, परन्तु इसके साधन 1992 तक ही प्राप्त किए जा सके थे। इस विलम्ब के कारण छठे पुनर्भरण की अवधि एक वर्ष बढ़ाने का निर्णय किया गया। दिसम्बर, 1991 में हुए निर्णय के अनुसार छठे पुनर्भरण के अन्तर्गत 4.2 बिलियन डॉलर की राशि प्राप्त होनी थी। सन् 1992-95 तक इस राशि का उपयोग करने की अवधि निर्धारित की गयी। इसी अवधि में पाँचवें पुनर्भरण से बची हुई 1.5 बिलियन डॉलर की राशि भी प्राप्त हुई। इस प्रकार कुल 5.7 बिलियन डॉलर की राशि प्राप्त हुई। इसे बैंक की आवश्यकताओं से कम समझा गया है, परन्तु इससे अधिक साधन जुटाना सम्भव नहीं था। बैंक द्वारा एशियाई विकास कोष के लिए साधन जुटाना एक बहुत बड़ी समस्या रही है जिसका सामना उसे निरन्तर करना पड़ता है।

एशियाई विकास बैंक की कार्य-प्रणाली

विकास कार्य से संबंधित सभी गतिविधियों के लिए यह बैंक आर्थिक सहायता प्रदान करता है। इससे सार्वजनिक क्षेत्र तथा निजी क्षेत्र दोनों के लिए सहायता प्राप्त की जा सकती है। बैंक अपने साधनों में से प्रत्येक ऋण देने के अतिरिक्त पूँजी-बाजार से प्राप्त ऋणों में शामिल हो सकता है और सदस्य देशों द्वारा प्राप्त किए गए विकास ऋणों पर गारण्टी भी दे सकता है। बैंक प्रायः किसी परियोजना के लिए विदेशी विनिमय की आवश्यकता की पूर्ति के लिए सहायता प्रदान करता है। ऋणों को भुगतान उसी देश की मुद्रा में करना होता है जिसमें उन्हें प्रदान किया जाता है। जब कोई सदस्य देश इस बैंक से ऋण प्राप्त करना चाहता है तो बैंक द्वारा उसके देश के समक्ष कुछ शर्त व सिद्धांत पेश किये जाते हैं जो निम्नवत् हैं–

1. बैंक अपने कार्यों में ठोस बैंकिंग सिद्धान्तों का पालन करेगा।
2. बैंक से ऋण, निवेश अथवा अन्य राशियों का उपयोग सदस्य देशों में उत्पादित वस्तुओं और सेवाओं की प्राप्ति के लिए ही किया जाएगा। दो-तिहाई डायरेक्टरों के बहुमत से इनका उपयोग गैर-सदस्य देशों से वस्तुओं और सेवाओं की प्राप्ति के लिए किया जा सकता है।
3. बैंक इस बात पर ध्यान देगा कि ऋणी देश ऋण समझौते में वर्णित शर्तों को अमल में लाने के लायक हैं या नहीं

4. ऋणों के लिए प्रस्तुत किए गए ऋण-पत्रों पर बैंक का अध्यक्ष अपनी रिपोर्ट देगा।
5. परियोजनाओं को चुनते समय बैंक सदा ध्यान रखेगा कि वह क्षेत्रीय विकास में सहायक हो तथा छोटे राष्ट्रों की आवश्यकताओं की पूर्ति कर सके।
6. एशियाई बैंक सिद्धान्ततः विशिष्ट परियोजना के लिए ही वित्त प्रदान करेगा। ये परियोजनाएँ क्षेत्रीय अथवा उपक्षेत्रीय विकास-कार्यक्रम का अंग भी हो सकती हैं।
7. सदस्य राष्ट्रों की सीमाओं में बैंक सदा ध्यान रखेगा कि वह क्षेत्रीय विकास में सहायता नहीं देगा यदि उस सदस्य को इस उपक्रम अथवा योजना के लिए कुछ आपत्ति हो।

वैश्विक स्तर पर पूँजी बाजार के तहत अपने आप को समाहित करने की दृष्टि से ही एशियाई विकास बैंक कठोर शर्तों पर ऋण देता है। बैंक द्वारा स्थापित किए गए विशेष कोषों का उद्देश्य विकासशील देशों को रियायती शर्तों पर ऋण देना है। एशियाई विकास बैंक दो प्रकार के ऋण देता है। पहला सामान्य ऋण जो बैंक के सामान्य पूँजी साधनों में से दिए जाते हैं और दूसरा विशेष ऋण जो विशेष कोषों में से दिए जाते हैं, जिन पर ब्याज-दर अपेक्षाकृत कम होती है।

वास्तविक स्थिति

एशियाई विकास बैंक में सबसे अधिक जापान इसके उपरान्त भारत का योगदान रहा है। विकसित देशों में अमेरिका का हिस्सा सबसे अधिक है। इस बैंक के संचालन में भी अमरीका तथा जापान का प्रभाव बहुत अधिक है। बैंक की स्थापना के आरम्भ से बैंक के उद्देश्य और विशेष रूप से अमरीका और जापान के इरादों को सन्देहपूर्ण दृष्टि से देखा गया है। सम्भवतः इसी कारण रूस ने इसकी सदस्यता स्वीकार नहीं की। यह सब होते हुए भी एशिया तथा सुदूरपूर्व के लगभग सभी देश यह आशा लेकर सदस्य बन गए हैं कि सम्भवतः उन्हें भी कुछ लाभ प्राप्त हो जाए।

सर्वप्रथम एशियाई बैंक ने ऋण की स्वीकृति जनवरी 1986 में किया था। इस अवधि से 1996 तक बैंक द्वारा 62.17 बिलियन डॉलर के ऋण स्वीकृत किए गए। इन ऋणों का अधिकांश भाग सार्वजनिक क्षेत्र में शक्ति, बन्दरगाह, सड़क, रेल तथा संचार के विकास के लिए दिया गया है। 1995 के अन्त तक बैंक की सामान्य पूँजी में से 39.2 बिलियन डॉलर के निवेश किए गए। एशियाई विकास कोष (ADF) से दिए गए ऋणों की राशि 17.5 बिलियन डॉलर थी। एशियाई विकास बैंक से

सहायता प्राप्त करने वाले देशों में प्रमुख देश इण्डोनेशिया, फिलीपीन्स, श्रीलंका, पाकिस्तान, थाईलैण्ड तथा बंग्लादेश हैं।

भारत भी एशियाई बैंक का एक प्रमुख सदस्य है। इस बैंक को पूंजी प्राप्त कराने वाले राष्ट्रों में भारत का चौथा स्थान है। 1981 तक भारत ने इससे सहायता की कोई माँग नहीं की क्योंकि भारत यह चाहता रहा है कि इससे क्षेत्र के छोटे विकासशील देशों को अधिक साधन प्राप्त हो सकेंगे। मई 1981 में प्रथम बार भारत ने एशियाई विकास बैंक से 2 बिलियन डॉलर का विकास ऋण प्राप्त करने का प्रस्ताव प्रस्तुत किया था। यह ऋण 1983 से 1987 तक के 5 वर्षों की अवधि में दिए जाने की माँग की गई थी, परन्तु मुख्य रूप से अमरीका के विरोध के कारण नवम्बर, 1984 में भारत ने ऋण की माँग वापस ले ली।

सर्वप्रथम भारत ने एशियाई बैंक से ऋण 20 मई, 1986 को लिया था। इसमें उसने 100 मिलियन डॉलर की धनराशि प्राप्त की। यह ऋण भारत को भारतीय औद्योगिक साख एवं विनियोग निगम के लिए दिया किया गया। 1986 से 1999 तक भारत को कुल 47% ऋण प्राप्त हुए जिनकी कुल राशि 7.7 बिलियन डॉलर थी। 2003 तक भारत ने बैंक से 76% ऋण प्राप्त किए हैं जिनकी कुल राशि 11,636.9 मिलियन डॉलर है। इसमें ऊर्जा क्षेत्र के लिए 3891.8 मिलियन डॉलर, परिवहन तथा संचार के लिए 3419.2 मिलियन डॉलर, सामाजिक क्षेत्र के लिए 1,420 मिलिन डॉलर, वित्तीय क्षेत्र के लिए 1,330 मिलियन डॉलर तथा शेष उद्योग एवं अन्य क्षेत्र के लिए ऋण सम्मिलित हैं। 2002 को 6 परियोजनाओं के लिए 7% ऋण दिए गए जिनकी राशि 1,183.6 मिलियन डॉलर थी। एशियाई विकास बैंक ने आस्ट्रेलिया के AMP Capital Investors के साथ मिलकर एक कोष स्थापित किया है जो भारत में बुनियादी विकास के लिए कम्पनियों में निवेश करेगा।

हमारे देश में विदेशी विनिमय कोष की हालत काफी मजबूत है। इसके इसी स्थिति को देखते हुए सरकार ने फरवरी, 2004 में निर्णय किया कि एशियाई बैंक के 1.3 बिलियन डॉलर के ऋणों का समय से पूर्व ही भुगतान कर दिया जाएगा।

1986 में अपने आरम्भ से 30 जून, 2004 तक एशियाई विकास बैंक ने अपने सामान्य पूँजी खाते में से भारत को कुल 78 ऋण स्वीकृत किए हैं जो कि 12.9 बिलियन डॉलर के हैं। इसके अतिरिक्त, निजी क्षेत्र को 247.7 मिलियन डॉलर के 13 गारण्टी रहित ऋण, 126 मिलियन डॉलर की 20 इक्विटी सुविधाएँ और 65 मिलियन डॉलर की एक आंशिक साख गारण्टी सुविधा है। वर्तमान में 27% चालू ऋण हैं जिसकी शुद्ध राशि 5.2 बिलियन डॉलर है। इसमें से 1 बिलियन डॉलर का

वितरण किया जा चुका है, तथा बाकी वितरित नहीं किया गया है। चालू ऋणों में 46.6% परिवहन क्षेत्र, 20.2% ऊर्जा क्षेत्र, 20.7% सामाजिक अवस्थापना क्षेत्र के लिए हैं। शेष 12.5% अन्य क्षेत्रों के लिए हैं।

एशियाई विकास बैंक से भारत ने आज तक जो भी ऋण लिया वह सामान्य पूँजी से ही प्राप्त हुआ है। विकास कोष से रियायती ऋण अभी तक नहीं मिला है। भारत को दिए गए ऋणों की मुख्य समस्या यह रही है कि भारत इन ऋणों में से अधिकांश का उपयोग नहीं कर पाया है। 1986 से विकास बैंक ने बिना सरकारी गारण्टी के निजी साहसियों तथा वित्तीय संस्थाओं को ऋण देना आरम्भ कर दिया है। इसका कुछ लाभ भारतीय कम्पनियों को भी मिला है। कम्पनियों को और अधिक सहायता देने की सम्भावनाओं पर विचार किया जा रहा है। विभिन्न देशों में ऐसी परियोजनाएँ जिनके लिए एशियाई विकास बैंक से वित्तीय सहायता प्राप्त की गई है, विकसित देशों द्वारा पूरी की जा रही है। इनमें से कुछ परियोजनाओं को पूरा करने के ठेके भारत ने लिये हैं। इनका सम्बन्ध मुख्यतया शक्ति, परिवहन, रेलवे, कृषि तथा सिंचाई के विकास-कार्यों से है। भविष्य में भारत द्वारा और कुछ ठेके प्राप्त करने की सम्भावना है। इन ठेकों में इण्डोनेशिया, फिलीपीन्स, थाईलैण्ड जैसे छोटे देशों भी भारत से अधिक हिस्सेदारी प्राप्त है।

एशियाई विकास बैंक के माध्यम से अधिकतर ऋण वित्त विकास की नीति में अमरीका का समर्थन प्राप्त देशों को ही प्रदान किया गया है। वास्तव में एशियाई बैंक आईबीआरडी का ही एक प्रकार है, जो बहुत बड़ी मात्रा में ऋण देने के पश्चात् भी विकासशील देशों को यह विश्वास नहीं दिला पाया है कि वह उनके हितों की रक्षा करता है तथा उनके लिए अधिक सहायक है। एशियाई बैंक के ऋण आई. बी. आर. डी. के ऋणों की भाँति अधिक है तथा उसके ऋण प्रदान करने के लिए नियम भी काफी जटिल हैं। इनके प्रयोग पर विभिन्न प्रकार के निषेध लगे हुए हैं। इनका उपयोग साधारणतया सदस्य देशों द्वारा उत्पादित वस्तुओं और सेवाओं के प्राप्त करने के लिए किया जा सकता है। एशियाई बैंक के अधिकांश ऋण निश्चित परियोजनाओं के साथ बंधे होते हैं और उनमें लचक का अभाव होता है। बैंक का प्रशासन इस प्रकार का है कि पूँजी में अधिक हिस्सा होने के कारण अमेरिका, जापान तथा अमरीका गुट के देशों को बहुत अधिक मताधिकार प्राप्त हैं और एशिया के गरीब देशों का प्रतिनिधित्व नहीं हो पाता है। परिणामस्वरूप, बैंक का अधिकतर कार्य अमरीकी नीति द्वारा ही प्रभावित होने की सम्भावना रहती है। सार्वजनिक क्षेत्र की आवश्यकताओं पर ध्यान न देकर वैयक्तिक क्षेत्रों की आवश्यकता पर बल दिया गया है।

एशियाई विकास बैंक के पूँजी स्रोत

निम्नलिखित स्रोतों से एशियाई विकास बैंक वित्त की प्राप्ति करता है—

(1) विशिष्ट कोषों से जुटाए गए पूँजी स्रोत—इस बैंक ने वित्त प्राप्ति के लिए विशिष्ट कोषों की स्थापना की जिससे भारत जैसे विकासशील राष्ट्रों को उदार ऋण प्रदान किए जा सकें। बैंक स्वयं अपनी प्रदत्त पूँजी के 10% भाग तक रकम गवर्नर मण्डल के दो-तिहाई सदस्यों की सहमति से विशेष कोषों में हस्तान्तरित कर सकता है। विकसित देशों के अनुदान व सहायता का भी इसमें समावेश हो जाता है।

(2) अंश पूँजी स्रोत—इसकी प्रारम्भिक अधिकृत पूँजी 1100 मिलियन डॉलर थी जिसमें निरन्तर वृद्धि की गई है। परिणामस्वरूप अधिकृत पूँजी 1971 में 1650 मिलियन डॉलर; दिसम्बर, 1999 में 47945 मिलियन डॉलर तथा 2001 के अन्त में घटकर 43834 मिलियन डॉलर रह गई किन्तु 2004 के अन्त में अधिकृत पूँजी बढ़कर 54162 मिलियन डॉलर हो गई। प्रत्येक देश को बैंक को अपने पूँजी अंश का 50% भाग स्वर्ण या परिवर्तनशील मुद्रा में तथा शेष 50% भाग स्थानीय मुद्रा में चुकाना पड़ता है। अंश पूँजी का कम से कम 70% भाग एशियाई क्षेत्र के देशों के लिए संरक्षित था तथा अंश पूँजी का केवल 30% ही गैर-क्षेत्रीय देशों के लिए उपलब्ध था। यह बैंक के एशियाई चरित्र को बनाए रखने तथा एशिया के देशों में स्व-सहायता के आधार पर आर्थिक विकास एवं सहयोग की दृष्टि से किया गया था, जबकि वर्तमान में अंश पूँजी का 63.35% क्षेत्रीय तथा 36.65% गैर-क्षेत्रीय देशों के पास है। एशियाई बैंक की अंश पूँजी का वितरण 46 क्षेत्रीय सदस्यों व 18 गैर-क्षेत्रीय देशों में हुआ है। प्रमुख देशों की अंश पूँजी का विवरण आगे सारिणी में वर्णित है—

एशियाई विकास बैंक की अभिदत्त पूँजी

		31 दिसम्बर 2005 के आधारण	
क्षेत्रीय सदस्य देश	मि. डॉलर	गैर-क्षेत्रीय देश	मि. डॉलर
1. इण्डोनेशिया	2754.2	नीदरलैण्ड	518.74
2. आस्ट्रेलिया	2926.3	जर्मनी	2187.8
3. जापान	7892.6	संयुक्त राज्य अमेरिका	7892.6
4. भारत	3201.7	कनाडा	2644.4

		31 दिसम्बर 2005 के आधारण	
क्षेत्रीय सदस्य देश	**मि. डॉलर**	**गैर-क्षेत्रीय देश**	**मि. डॉलर**
5. पाकिस्तान	1101.7	फ्रांस	1177.1
6. कोरिया	2547.6	इटली	914.0
7. चीन	3258.7	स्विट्जरलैण्ड	295.1
8. फिलीपीन्स	1204.9	ब्रिटेन	1032.8
अन्य सहित कुल योग	31779.13	अन्य सहित कुल योग	18384.36

एशियाई विकास बैंक के ऋण साधन

एशियाई विकास बैंक आर्थिक पूरकों में एक महत्वपूर्ण दर्जा है। यह बैंक अपने पूँजी स्रोतों में वृद्धि करने के लिए ऋण-पत्र (बॉण्ड) बेचकर धन एकत्र कर सकता है। जनवरी, 1985 तक बैंक के ऋण स्रोतों से 3868 मिलियन डॉलर तुल्य राशि बकाया थी। वर्ष 1987 में बैंक ने 537 मिलियन डॉलर तुल्य ऋण लिए। 1998 मैं बैक ने 9617 मिलियन डॉलर तुल्य ऋण लिए जो अब तक का सर्वोच्च रिकार्ड है। बैक ने वर्ष 1999 के दौरान 5186 मिलियन डॉलर तथा 2004 में 1629 मिलियन डॉलर तथा 1966-2004 तक की अवधि में कुल 55323 मिलियन डॉलर तुल्य ऋण लिए हैं। दिसम्बर, 2004 के अन्त में बैंक के बकाया ऋण 24212 मिलियन डॉलर के समकक्ष थे।

बहुउद्देश्यीय विशेषकोष, कृषि विशेषकोष, तकनीकी सहायता विशेषकोष प्रमुख हैं। किन्तु 1973 में कृषि कोष को बहु-उद्देशीय कोष में विलय कर दिया गया और इस मिश्रित कोष की जगह पर एक नवीन एशियन विकास कोष का निर्माण किया गया है। अब एशियाई विकास बैंक के पाँच विशेष कोष हैं और उनमें 31 दिसम्बर, 2005 को जमा राशि निम्न प्रकार थी–

(i) एशियन करेन्सी क्राइसिस सहायता सुविधा	241 मिलियन डॉलर
(ii) एशियाई विकास बैंक इन्स्टीट्यूट विकास कोष	96 मिलियन डॉलर
(iii) तकनीकी सहायता कोष	1257.46 मिलियन डॉलर
(iv) जापान विशेष कोष	194.4 मिलियन डॉलर

(v) एशियाई विकास कोष	27605.4 मिलियन डॉलर
विशेष कोषों की कुल राशि =	29393.54 मिलियन डॉलर

एशियन करेन्सी क्राइसिस सहायता सुविधा—संकटग्रस्त सदस्य राष्ट्रों को आवश्यक सुविधा प्रदान करने के उद्देश्य से एशियन करेन्सी क्राइसिस कोष की स्थापना सन् 1999 में की गई। इसमें दिसम्बर, 2004 के अन्त में 241 मिलियन डॉलर तुल्य राशि शेष थी।

एशियाई विकास बैंक इन्स्टीट्यूट विशेष कोष—दिसम्बर, सन् 1997 में इस कोष की स्थापना की गयी। स्थापना के समय इस कोष की राशि 12 मिलियन डॉलर तुल्य थी वह दिसम्बर, 2004 में बढ़कर 96 मिलियन डॉलर तुल्य पहुँच गई।

उपरोक्त विवरण से ज्ञात होता है कि एशियाई विकास बैंक ने अपने उद्देश्यों की पूर्ति के लिए यथासम्भव अधिकाधिक साधन जुटाने की दृष्टि से सभी स्रोतों का सहारा लिया है। वह अपने साधनों में वृद्धि के लिए अंश-पूँजी, ऋणों तथा कोषों से अनुदान तीनों की मदद ले सकता है।

एशियाई विकास बैंक का प्रबंध—इस बैंक का प्रबन्ध संगठन भी प्रायः अन्तर्राष्ट्रीय विकास वित्त संस्थाओं की भांति ही है। सर्वोच्च स्तर पर एक गवर्नर मण्डल, दूसरे स्तर पर निर्देशक मण्डल तथा तीसरे स्तर पर अन्य अधिकारी होते हैं जो निम्नलिखित है—

(1) गवर्नर मण्डल—यह विकास बैंक की नीति सर्वोच्च सत्ता है जिसका गठन सदस्य राष्ट्रों द्वारा मनोनीत एक-एक गवर्नर तथा एक-एक स्थानापन्न गवर्नर द्वारा होता है। यह गर्वनर मण्डल बैंक के संविधान में परिवर्तन, निदेशक मण्डल का चयन, नए सदस्यों के प्रवेश और नीति निर्धारण आदि महत्त्वपूर्ण कार्यों पर सामूहिक रूप से विचार करता है। वर्ष में कम से कम एक बैठक होना जरूरी होता है।

(2) तीन उपाध्यक्ष—अध्यक्ष को सहयोग देने अथवा अध्यक्ष की अनुपस्थिति में बैंक की प्रक्रियाओं व संगठन की देख-रेख के लिए निदेशक मण्डल द्वारा पहले एक उपाध्यक्ष चुना जाता था, किन्तु अब चार उपाध्यक्ष चुने जाते हैं जिनमें दो कार्यकारी कामों की देख-रेख करतें हैं, तीसरा वित्त एवं शासन के लिए उत्तरदाई होता है जबकि चौथा नॉलेज मैनेजमेंट एवं त्वरित विकास को दर्शाता है।

एशियाई विकास बैंक के मताधिकार

विकास बैंक में कुल मत शक्ति के 80% मताधिकार सदस्य राष्ट्रों की अंश-पूँजी के अनुपात में तथा शेष 20% मताधिकार सब देशों में समान रूप

से विभक्त हैं। एशियाई विकास बैंक के सदस्य राष्ट्रों के मताधिकार के निर्धारण हेतु एक प्रमुख प्रणाली को प्रयोग में लाया गया। मताधिकार में एक तरफ आधारभूत मत तथा दूसरी ओर आनुपातिक मत। आधार मतों का निर्धारण इस समीकरण के माध्यम से होता है—कुल मताधिकार 20/100 भाग सदस्य देशों की संख्या। इससे प्रत्येक देश के आधारभूत मतों की गणना प्राप्त हो जाती है, जबकि आनुपातिक मतों की गणना सदस्य देशों द्वारा खरीदे गऐ अंश की संख्या के समकक्ष होती है। सम्पूर्ण मताधिकार के लगभग 65% पर क्षेत्रीय देशों व 35% पर गैर-क्षेत्रीय राष्ट्रों का अधिकार कायम है।

अध्यक्ष—निदेशक मण्डल के प्रधान के रूप में निदेशक मण्डल सदस्यों में से एक सदस्य अध्यक्ष के रूप में नियुक्त किया जाता है जो बैंक के संगठन व विभिन्न प्रक्रियाओं के लिए जिम्मेदार होता है। इसका पाँच वर्ष का कार्यविधि, होता है। परन्तु इस पाँच वर्ष के मध्य भी चुनाव करवाया जा सकता है।

निदेशक मण्डल—नीतियों व निर्णयों को लागू करने के लिए विकास बैंक का 12 सदस्यीय निदेशक मण्डल गवर्नर मण्डल द्वारा चयनित 8 क्षेत्रीय सदस्य देशों व 4 गैर-क्षेत्रीय सदस्य देशों के प्रतिनिधियों द्वारा गठित किया जाता है। प्रत्येक निदेशक एक आल्टरनेट डायरेक्टर नियुक्त करता है। सभी निदेशकों की कार्य करने की अवधि मात्र दो वर्ष निर्धारित की गयी। निदेशक मण्डल गवर्नर मण्डल द्वारा प्रदत्त अधिकारों का प्रयोग करने हेतु बैंक द्वारा दिए जाने वाले ऋणों, गारण्टियों व किए जाने वाले विनियोगों, तकनीकी सहायता, प्रशासकीय बजट की स्वीकृति तथा अंकेक्षित हिसाब-किताब गवर्नर मण्डल को अनुमोदन के लिए प्रयुक्त करता है। निदेशक मण्डल के सभी निर्णय बहुमत से होते हैं। चीन, जापान तथा अमेरिका अपने पूँजी के आधार पर निदेशक मण्डल के स्थाई सदस्य हैं। बाकी 9 वर्गों को प्रतिनिधि के रूप में चयन किया जाता है।

अन्य बैंक अधिकारी—बैंक की दैनिक गतिविधि को संचालित करने के लिए कई बैंक अधिकारियों की नियुक्ति की जाती है। यह अधिकारी **प्रक्रिया विभाग, आर्थिक एवं तकनीकी सहयोग विभाग,** प्रशासनिक विभाग, सचिवालय आदि के देख-रेख करते हैं। कुल 28 विभाग वर्तमान समय में कार्य कर रहे हैं। इस विभाग में 46 सदस्य देशों के कुल मिलाकर 685 अधिकारी तथा 1288 कर्मचारी नियुक्त किये गये हैं जो वर्तमान समय में कार्य का संचालन कर रहे हैं।

एशियाई विकास बैंक की कार्यप्रणाली व सहायता नीति

इस बैंक की कार्यप्रणाली को निम्न बिंदुओं के तहत स्पष्ट किया गया है—

(1) विशिष्ट क्रियाएँ—यह बैंक कुछ विशिष्ट कार्य भी करता है जिसमें बैंक विशेष कोषों में एकत्रित पूँजी साधनों से विशिष्ट कार्यों हेतु रियायती दर पर लम्बी अवधि के लिए उदार-ऋण प्रदान करता है। इस प्रकार के दिए गए ऋणों में अत्यन्त छोटे सदस्य राष्ट्रों को प्राथमिकता दीं जाती है। केवल दीर्घकालीन आर्थिक एवं महत्त्व की वैधानिक एवं युक्तिसंगत विशिष्ट परियोजनाओं के लिए ही ऋण दिया जाता है। माँग एवं पूर्ति में यथासम्भव समन्वय स्थापित करने का प्रयत्न करते है।

(2) सामान्य ऋण क्रियाएँ—यह बैंक सदस्य देशों को ऋण अपनी अंश-पूँजी व ऋणों के बॉण्ड बेचकर एकत्रित पूँजी साधनों में से प्रदान करता है। ऋण की राशि, अवधि, ब्याज दर, प्रयोग की विधि आदि का निर्धारण सदस्य देशों की आवश्यकता व साख क्षमता को ध्यान में रखकर करते हैं।

एशियाई विकास बैंक की प्रमुख विशेषताएं

एशियाई विकास बैंक अपनी विभिन्न विशेषताओं के चलते हासिल कर सका है। इसकी कुछ प्रमुख विशेषताओं को निम्न प्रकार स्पष्ट किया गया है—

1. सामान्यतः सदस्य राष्ट्रों को विकास परियोजनाओं के लिए ऋण की स्वीकृति सम्बन्धित देश के प्रार्थना-पत्र पर अध्यक्ष की रिपोर्ट के आधार पर की जाती है। अध्यक्ष सम्बन्धित परियोजना का तकनीकी आधार पर परीक्षण कर उनकी उपयुक्तता, आवश्यक ऋण, देश की साख-क्षमता, ऋण की उपादेयता आदि अनेक बातों को ध्यान में रखकर करता है। आवश्यक परिवर्तन व संशोधन का सुझाव भी दे सकता है तथा पूर्ण सन्तुष्टि के बाद सदस्य राष्ट्र द्वारा शर्तों के पालन के आश्वासन पर कर्ज की अनुमति प्रदान की जाती है।
2. बैंक सदस्य राष्ट्रों को दिए गए ऋणों पर देश की परिस्थितियों पर आधारित ब्याज दर वसूल करता है तथा स्वीकृत ऋणों के संचार कमीशन लेता है, ऋणों की समय पर वापसी न होने पर कुछ शुल्क भी वसूल किया जाता है। जनवरी, 1979 से ब्याज दर घटाकर 7.5% कर दी, 1 जनवरी, 1987 से 30 जून, 1987 7.36% रहीं जबकि 1 जनवरी, 1988 से 30 जून, 1988 तक 6. 59% वार्षिक जनवरी, 1990 से घटाकर 6.33% कर दी है जो सबसे कम है। जुलाई, 2002 में ब्याज दरें 3.91% से 6.34% थीं।

3. ऋण की अवधि का निर्धारण परियोजना के लिए ऋण की मात्रा, लाभार्जन अवधि, क्षमता आदि अनेक बातों को ध्यान में रखकर किया जाता है और आसान किस्तों में ऋण व ब्याज की वसूली प्रायः उसी मुद्रा में की जाती है जिस मुद्रा में कर्ज दिया जाता है।
4. बैंक सदस्य राष्ट्रों को विकास परियोजनाओं के कार्यान्वयन में आवश्यक विदेशी विनिमय उपलब्ध करने में भी मदद करता है।
5. बैंक सदस्य राष्ट्रों की क्षेत्रीय विकास योजनाओं में कृषि, परिवहन, उद्योग, संचार व सामाजिक पूँजी निर्माण योजनाओं हेतु कर्ज प्रदान करता है। परन्तु आवश्यकता पड़ने पर इससे जुड़ी अन्य योजनाओं को भी ऋण प्रदान करता है।
6. कभी-कभी आवश्यकता पड़ने पर बैंक अन्तर्राष्ट्रीय अन्य विकास वित्त एजेन्सियों या क्षेत्रीय विकास वित्तीय एजेन्सियों के साथ साझेदारी कर आंशिक ऋणों की पूर्ति स्वयं करता है तथा आंशिक ऋणों की पूर्ति अन्य विकास संस्थाएँ करती हैं यही नहीं, कभी-कभी अन्य विकास वित्तीय संस्थाओं द्वारा राष्ट्रों के ऋणों की वापसी की गारण्टी देकर उन्हें विकास वित्त देता है।
7. राष्ट्रों के अंश पूँजी तथा ऋणों से एकत्रित स्रोतों से सामान्य ऋण तथा विशिष्ट कोषों से विशिष्ट परियोजनाओं के लिए ऋण पास होते हैं।
8. सदस्य देशों की निजी क्षेत्र परियोजनाओं के लिए कर्ज से सहायता देने से पूर्व सम्बन्धित प्रशासनों से अनुमति लेते हैं।
9. सदस्य देशों के निजी एवं सरकारी दोनों क्षेत्रों की परियोजनाओं हेतु क्रियान्वयन, वित्तीय प्रबंध तथा तकनीकी क्षेत्र में सहायता प्रदान की जाती है। उस क्षेत्र में क्षेत्रीय विकास एजेन्सी अथवा अन्तर्राष्ट्रीय एजेन्सी होने पर उनके द्वारा सहायता प्रदान करने की छूट दी जाती है।

एशियाई विकास बैंक की प्रगति एवं महत्त्वपूर्ण उपलब्धियाँ

एशियाई विकास बैंक विभिन्न क्षेत्रों में प्रगति करते हुए महान उपलब्धियाँ प्राप्त की हैं। नीचे के बिंदुओं में इसकी कुछ प्रमुख उपलब्धियों एवं प्रगति का संक्षिप्त विवरण दिया गया है—

(1) सदस्य देशों की संख्या में बढ़ोत्तरी—इस बैंक की सदस्य संस्था में काफी वृद्धि हुई है क्योंकि इस बैंक की स्थापना जब की गयी थी। उस समय सदस्यों की संख्या मात्र 30 थी जिनमें 18 क्षेत्रीय सदस्य राष्ट्र तथा 12 गैर-क्षेत्रीय सदस्य राष्ट्र

थे। किन्तु अब सदस्य राष्ट्रों की संख्या 64 है, जिसमें 46 क्षेत्रीय सदस्य तथा 18 गैर-क्षेत्रीय राष्ट्र के सदस्य हैं।

(2) वित्तीय साधनों का विकास—सदस्य राष्ट्रों के विकास वित्त आवश्यकताओं में वृद्धि की माँग को देखते हुए एशियाई विकास बैंक ने भी अपने वित्त साधनों में वृद्धि के प्रयास किए हैं। जहाँ स्थापना के समय बैंक की अधिकृत पूँजी 1100 मिलियन डॉलर थी वह 31 दिसम्बर, 2005 तक कई बार घटा-बढ़ाकर 49163.5 मिलियन डॉलर कर दी गई है, जबकि अभिदत्त पूँजी 49163.5 मिलियन डॉलर हो गई।

(3) क्षेत्रीय सर्वेक्षण—एशियाई विकास बैंक अपने सदस्य देशों में विभिन्न विकास परियोजनाओं की सम्भावनाओं का पता लगाने के लिए क्षेत्रीय सर्वेक्षण भी करता है। बैंक ने अब तक दो कृषि सम्बन्धी सर्वेक्षण तथा एक परिवहन विकास हेतु दक्षिणी पूर्वी एशिया में सर्वेक्षण किया है। सितम्बर, 1978 में दक्षिणी पेसेफिक कृषि सर्वेक्षण किया गया था। बैंक ने क्षेत्रीय कार्यों के अन्तर्गत 465 परियोजनाओं के लिए 99.8 मिलियन डॉलर तुल्य अनुदान देते हैं।

(4) तकनीकी सहायता—इसके अन्तर्गत विकास बैंक ने विकास योजनाओं के बनाने, वित्तीय व्यवस्था तथा अध्ययन में तकनीकी प्रदान की है। 31 दिसम्बर, 2005 तक बैंक ने 5923 परियोजनाओं के लिए 27 मिलियन डॉलर तुल्य रकम की तकनीकी सहायता स्वीकृत की है जिसमें परामर्श विशेषज्ञों को सहयोग व अन्य कार्यरत संस्थाओं का सहयोग शामिल है। 31 दिसम्बर, 2005 तक उद्देश्यों के आधार पर प्रौद्योगिकी सहायता विभिन्न प्रकार की रही है जिसे निम्नलिखित सारणी द्वारा समझा जा सकता है—

एशियाई विकास बैंक द्वारा तकनीकी सहायता (1967-2005)

क्र.सं.	क्षेत्र	मि. डॉलर	कुल का भाग
1.	परिवहन एवं संचार	273.98	12.47%
2.	सामाजिक संरचना	896.44	32.93%
3.	बहुक्षेत्रीय	193.50	8.80%
4.	कृषि एवं प्राकृतिक संसाधन	493.4	22.45%
5.	वित्त	194.30	8.81%
6.	उद्योग एवं व्यापार	106.3	4.84%
7.	शक्ति	212.6	9.67%
	अन्य सहित कुल योग	2722.25	100%

प्रोद्योगिकीय सहायता के अन्तर्गत कृषि योजनाओं को समस्त सहायता का लगभग 22.45% भाग, विद्युत विकास पर 9.7%, परिवहन एवं संचार परियोजनाओं को 12.47% तथा सामाजिक संरचना के लिए 32.9% भाग मिला है, जबकि उद्योग-व्यापार परियोजनाओं पर कुल सहायता का बहुत कम 4.84% भाग मिला है, नेपाल, बंगलादेश, फिलीपीन्स, अफगानिस्तान, श्रीलंका तथा इण्डोनेशिया आदि देश तकनीकी सहायता से अत्यधिक लाभान्वित हुए हैं। बैंक ने 40 देशों को तकनीकी सहायता प्रदान की है। बैंक की सहायता से निर्मित होने वाली 5658 परियोजनाओं में से 4000 पूर्ण हुई हैं।

(5) विकासशील देशों को आर्थिक विकास में लाभ—एशियाई विकास बैंक द्वारा स्वीकृत ऋणों एवं तकनीकी सहायता से 31 दिसम्बर, 2005 तक एशिया के 40 विकासशील देशों की आर्थिक स्थिति में काफी सुधार आया। 2005 तक के 39 वर्षों में 3 बैंक ने 40 विकासशील देशों की 2198 परियोजनाओं के लिए 116040. 44 मिलियन डॉलर तुल्य ऋण स्वीकृत किया है और 42 देशों की 5923 परियोजनाओं के लिए 2722.3 मिलियन डॉलर तुल्य तकनीकी सहायता स्वीकृत की है। इससे एशिया के 40 विकासशील देशों के आर्थिक विकास का रास्ता बना है।

एशियाई विकास बैंक द्वारा स्वीकृत ऋण

देश	स्वीकृत ऋण राशि (मिलि. डॉलर)
1. कोरिया	6338.33
2. चीन	16375.4
3. फिलीपीन्स	8799.3
4. इण्डोनेशिया	20728.5
5. भारत	14936.21
6. पाकिस्तान	15035.24
7. बंगलादेश	8044.69
8. थाईलैण्ड	5388.07
9. मलेशिया	1987.54
10. श्री लंका	3703.25
11. नेपाल	2214.98
12. वियतनाम	3754.37

(6) बैंक के स्वीकृत ऋणों में निरन्तर वृद्धि—इस बैंक ने अपने स्थापना दिवस से लेकर दिसम्बर, 2005 तक के 39 वर्षों में अपने 40 विकासशील सदस्य देशों को उनकी 2189 परियोजनाओं के लिए कुल 116040.44 मिलियन डॉलर तुल्य ऋण स्वीकृत किए हैं, उसमें से लगभग 84633.4 मिलियन डॉलर के ऋण साधारण पूँजी स्रोतों (OCR) से तथा लगभग 31410.6 मिलियन डॉलर ऋण एशियाई विकास कोष (ADF) से स्वीकृत किए हैं। दिसम्बर 2005 तक स्वीकृत ऋणों का कार्यानुसार विवरण आगे सरिणी में दर्शाया गया है—

एशियाई विकास बैंक द्वारा स्वीकृत ऋणों का कार्यानुसार वितरण

ऋण क्षेत्र	स्वीकृत तुल्य ऋणों की सं.	कुल स्वीकृत राशि	कुल राशि %
1. वित्त	185	13975.20	12.04%
2. बहुक्षेत्रीय	2198	116040.44	100%
3. उद्योग एवं खनिज	244	11692.28	10.08%
4. परिवहन एवं संचार	361	27022.48	23.29%
5. कृषि एवं प्राकृति संसाधन	476	15711.56	13.54%
6. ऊर्जा	329	23341.85	20.11%
7. सामाजिक संरचना	431	18789.57	16.19%
कुल योग	2198	116040.44	

उपर्युक्त वर्णित सारणी का अध्ययन करने से स्पष्ट होता है कि एशियाई विकास बैंक ने सर्वाधिक ऋण 21.47% सदस्य राष्ट्रों के ऊर्जा के विकास के लिए दिए हैं। कृषि एवं कृषि उद्योगों तथा परिवहन एवं संचार योजनाओं को क्रमशः द्वितीय तथा तृतीय स्थान विकास बैंकों को कुल ऋणों कर 15.53% अंश प्राप्त हुआ है।

एशियाई विकास बैंक द्वारा दिए गए ऋणों से एशियाई विकासशील विकास वित्त में काफी सहायता मिली है जिनमें नेपाल, पाकिस्तान, फिलीपीन्स, श्रीलंका, थाईलैण्ड, मलेशिया, दक्षिणी कोरिया, हांगकांग, फिजी, बंगलादेश भारत को सबसे पहले 250 मिलियन डॉलर तुल्य ऋण 1986 में मिला, दूसरे 393.6 मिलियन डॉलर 1987 में मिला है। वर्ष 1988 में भारत को 493 मिलियन डॉलर तुल्य ऋण स्वीकृत

हुआ। जबकि 1989 में 503.9 मिलियन डॉलर तथा 19716.8 मिलियन डॉलर तुल्य ऋण मिला है। 2005 में 5 कार्यों के लिए 440.31 मिलियन डॉलर तुल्य कर्ज मंजूर हुए हैं।

एशियाई विकास बैंक द्वारा ऋण एवं विनियोग

सन् 2005 में एशियाई विकास बैंकों द्वारा प्रदान किये गये ऋण एवं विनियोगों को निम्न बिंदुओं के तहत वर्णित किया गया है—

(1) सहवित्त व्यवस्था—वर्ष 2004 में बैंक की सह-वित्त व्यवस्था की राशि पिछले वर्ष के मुकाबले कम अर्थात् 2441 मिलियन डॉलर तुल्य रहीं परिणामस्वरूप स्थापना से 2004 के अन्त तक बैंक द्वारा 669 परियोजनाओं के लिए लगभग 42986 मिलियन डॉलर तुल्य सह-वित्त व्यवस्था बनाई गई है।

(2) स्वीकृत ऋणों का संचयी योग—इस बैंक ने अपनी स्थापना अवधि से लेकर 2005 तक 40 विकासशील एशियाई देशों को उनकी 2198 परियोजनाओं के लिए कुल 116040.44 मिलियन डॉलर तुल्य ऋण स्वीकृत किए हैं, जिसमें 84633. 4 मिलियन डॉलर तुल्य ऋण साधारण पूँजी साधनों (OCR) से तथा 31410.6 मिलियन डॉलर तुल्य ऋण एशियाई विकास कोष (ADF) से स्वीकृत किए हैं। बैंक द्वारा 1983 में शुरू की गई विनियोग व्यवस्था के अन्तर्गत भी 31 दिसम्बर, 2005 तक प्रत्यक्ष विनियोग 1111.53 मिलियन डॉलर तुल्य हो गए हैं। एशियाई विकास बैंक द्वारा अपनी स्थापना से 31 दिसम्बर, 2005 के अन्त तक कुल मिलाकर 78494.68 मिलियन डॉलर ऋण प्रदान किया है जिसमें साधारण पूँजी-स्रोतों के ऋणों में से 56900 मिलियन डॉलर तथा एशियाई विकास कोष (ADF) ऋणों में से 21595 मिलियन डॉलर ऋण वितरित किये गये।

(3) ऋणों का प्रयोगानुसार स्वीकृत भाग—वर्ष 2005 के दौरान बैंक के ऋणों का भाग 11.8% सामाजिक संरचना क्षेत्र को मिला है, तथा 6.42% भाग कृषि एवं प्राकृतिक संसाधनों के कार्यों के लिए मिला है, जबकि ऊर्जा विकास के लिए 12.4% और परिवहन एवं संचार के लिए 42.22% सबसे अधिक भाग मिला है, जबकि उद्योग और खनिज कार्यों के लिए कोई सहायता राशि उपलब्ध नहीं कराई गयी।

(4) एशियाई विकास बैंक के स्वीकृत ऋण—एशियाई विकास बैंक ने वर्ष 2005 में 21 विकासशील एशियाई देशों की 64 परियोजनाओं के लिए लगभग 5796.8 मिलियन डॉलर का ऋण प्रदान किया जबकि वर्ष 1997 में 9414 मिलियन

डॉलर तुल्य रिकार्ड ऋण स्वीकृत किए थे, 2004 के मुकाबले बैंक के स्वीकृत ऋणों में लगभग 13% की कमी हुई हैं। बैंक द्वारा 2005 में स्वीकृत ऋणों में लगभग 4421.23 मिलियन डॉलर के ऋण साधारण पूँजी साधनों (OCR) तथा 1375.6 मिलियन डॉलर तुल्य ऋण एशियाई विकास कोष से अनुमन्य है।

(5) तकनीकी सहायता—जहाँ 1996 में बैंक ने 174.5 मिलियन डॉलर की तकनीकी सहायता प्रदान की वही वर्ष 2005 में स्वीकृत तकनीकी सहायता राशि 128.9 मिलियन डॉलर तुल्य रही है। इस प्रकार स्पष्ट है कि बैंक द्वारा एशिया के विकासशील देशों को सामयिक ऋण एवं तकनीकी सहायता से उनके विकास का मार्ग प्रशस्त करने में सक्रिय सहयोग किया है।

आगे के वर्षों की चुनौतियाँ एवं भावी प्राथमिकताएँ—अधिक पिछड़े एशियाई विकासशील देशों की जनता की आधारभूत आवश्यकताओं की पूर्ति के लिए बैंक द्वारा ग्रामीण विकास कार्यों के ऋणों में सर्वोच्च प्राथमिकता दी जाएगी, जिसमें खाद्यान्न उत्पादन, वृद्धि, सिंचाई साधनों का विकास, कृषि की आवश्यक पड़तों के उत्पादन में वृद्धि, भूमिहीन एवं छोटे किसानों की आय में वृद्धि की योजना आदि के लिए कृषि के विस्तार एवं विविधीकरण की परियोजनाओं को वरीयता दी गई है। कृषि विकास के साथ-साथ उत्पादन कार्यों का विकेन्द्रीकरण करने के लिए लघु एवं कुटीर उद्योगों के विकास पर ध्यान दिया जाएगा। साथ ही सामाजिक सेवाओं के विकास, जल, प्राथमिक चिकित्सा तथा प्राथमिक शिक्षा की व्यवस्था पर ध्यान देना आवश्यक होगा। ऊर्जा के बढ़ते संकट को मद्देनजर रखते हुए अब विद्युत तथा खनिज तेल विकास परियोजनाओं को वरीयता दी जाएगी। एशियाई विकास बैंक के लिए आगे की महत्त्वपूर्ण चुनौती "गरीबी को कम करना है।"

एशियाई विकास बैंक की समस्या एवं समाधान

एशियाई विकास बैंक की उपलब्धियों को देखते हुए स्पष्ट होता है कि अत्यन्त पिछड़े एवं गरीब सदस्य राष्ट्रों को बैंक की आर्थिक सहायता उनकी माँग की तुलना में नगण्य है, उनके समक्ष विभिन्न प्रकार की समस्याएं हैं जिनमें से कुछ प्रमुख समस्याओं को निम्नलिखित शीर्षकों के अन्तर्गत स्पष्ट किया गया है—

(1) वित्तीय साधनों की कमी—बैंक की अंश पूँजी वृद्धि के बावजूद भी बहुत कम है। ऋणों से प्राप्त राशि भी बहुत कम है, अतः सदस्य राष्ट्रों की माँग के मुकाबले साधनों की कमी दूर करने के लिए अधिक विकसित सदस्य देशों की अंश पूँजी में वृद्धि की जानी चाहिए तथा बॉण्ड बेचकर अधिक ऋण भी पाए जा सकते हैं।

(2) स्थानीय करन्सियों का सीमित उपयोग—सदस्य राष्ट्र अपना अभ्यंश अपनी ही करेन्सियों में चुकाते हैं, अतः उनका सीमित प्रयोग ही हो पाता है। इस कठिनाई का निराकरण अभ्यंश का भुगतान अन्तर्राष्ट्रीय मुद्रा बाजार की लोकप्रिय मुद्राओं में चुकाने की व्यवस्था होनी चाहिए।

(3) विशेष कोषों के पूँजी साधनों के प्रयोग में कठिनाई—विशेष कोषों में चन्दा देने वाले राष्ट्रों द्वारा कोषों के प्रयोग व क्षेत्र के बारे में शर्तों लगा देने पर उन कोषों के उपयोग में संकुचितता आ जाती है; जैसे जापान द्वारा प्रदत्त कोष राशि का प्रयोग दक्षिणी-पूर्वी एशिया के लिए जापान में उत्पादित माल खरीदने में हो सकेगा। इस प्रकार कनाडा द्वारा बहु-उद्देश्यीय कोष में दिए गए चन्दे का प्रयोग कनाडा से साज-सामान खरीदने में ही किया जा सकता है। इस संख्या का समाधान चन्दे से किसी भी तरह की शर्त न लगाकर सकते हैं।

(4) दोषपूर्ण कार्य-नीति—एशियाई विकास बैंक की एक प्रमुख समस्या यह भी है कि इसकी पद्धति में अधिक दोष विद्यमान है। इस बैंक की ब्याज दर अत्याधिक ऊँची हैं इसके अलावा उसकी पूंजी के उपयोग के प्रयोग में भी संकुचितता है। प्रबंध व्यवस्था में अमेरिका, जापान तथा अमेरिकी गुट देशों का मताधिकार प्रभुत्व होने से न तो एशिया के पिछड़े देशों को उचित प्रतिनिधित्व मिल पाता है और न विश्व-राजनीति से छुटकारा मिल पाता है। इस कठिनाई का निराकरण शर्तों में उदारता के साथ एशियाई देशों को उचित प्रतिनिधित्व प्रदान करने में लगी है।

(5) सदस्य देशों की आर्थिक दशाओं में विशाल असमानताएँ व पारस्परिक प्रतिस्पर्धा—इस बैंक के लगभग सम्पूर्ण क्षेत्रीय देश आर्थिक दृष्टि से काफी पीछे हैं। यही नहीं, कुछ देश दूसरे देशों की तुलना में कहीं अधिक दरिद्र एवं पिछड़े हैं उनमें प्रत्येक में आर्थिक विकास के लिए वित्त सहायता प्राप्त करने की पारस्परिक होड़-सी लगी है, किन्तु बैंक के साधन सीमित हैं, अतः चाहते हुए भी अधिक सहायता सम्भव नहीं हो पाती। इस कठिनाई का निराकरण अपेक्षाकृत विकसित क्षेत्रीय सदस्य राष्ट्रों द्वारा बैंक में वित्त सहायता में कमी करने तथा आधिक विकसित गैर-क्षेत्रीय सदस्य राष्ट्रों द्वारा अधिक ऋण व पूँजी उपलब्ध करने में लगी है।

(6) ऋण की कठोर शर्त तथा उच्च ब्याज दर—जो शर्तें ऋणों के लिए निर्धारित की गयी हैं वे भी काफी जटिल हैं। उन योजनाओं के लिए ऋण प्रदान नहीं किए जाते जो क्षेत्रीय विकास में सहायक नहीं हैं, अतः बैंक द्वारा उदार ऋणों की आवश्यकता है, ताकि अत्यन्त पिछड़े सदस्य राष्ट्र उस भार को उठा सकें। 1 जनवरी, 1979 से ब्याज दर 8.3% से घटाकर 7.4% कर दी थी किन्तु जनवरी, 1981 से

यह बढ़ाकर 11% कर दी गई। 1 जनवरी से 30 जून, 1988 तक ब्याज दर 6.59% रही। 1 जनवरी, 1990 को ब्याज दर घटाकर 6.33% कर दी गई है। 2002 के दौरान बहु-करेन्सी ब्याज दरें 5.21% से 5.5% तथा अमेरिकन डॉलर में 6.7% रही हैं।

एशियाई विकास बैंक के कार्यों की आधुनिक प्रवृत्तियाँ

एशियाई विकास बैंक के कार्यों की कुछ प्रमुख आधुनिक प्रवृत्तियों व दृष्टिकोणों को निम्न बिंदुओं में स्पष्ट किया गया है—

(1) सह-वित्त व्यवस्था—वर्ष 2005 में बैंक ने सह-वित्त व्यवस्था के अन्तर्गत 36 परियोजनाओं के लिए स्वयं तथा सहयोगियों से 2441 मिलियन डॉलर दिए हैं। 1988 में भी 17 परियोजनाओं के लिए कुल 498 मिलियन डॉलर प्राप्त किए, जबकि स्वयं ने 774 मिलियन डॉलर दिए। इस प्रकार बैंक अपने आधुनिक कार्य-कलापों का इस प्रकार विस्तार कर रहा है, ताकि सदस्य देशों को अधिकाधिक उदार शर्तों में पर्याप्त ऋण मिले और वे निरन्तर आर्थिक विकास एवं समृद्धि की ओर अग्रसर होते रहें। बैंक की स्थापना से 2004 के अन्त तक सहवित्त की 669 परियोजनाओं के लिए कुल राशि 42986 मिलियन डॉलर रही है।

(2) वित्तीय स्रोतों में वृद्धि—एशियाई विकास बैंक अपने निर्धारित उददेश्यों को पूरा करने के लिए सदस्य देशों की पूँजी अभिदान में वृद्धि कर रहा है। सन् 1976 में बैंक की पूँजी 3707 मिलियन डॉलर थी। नवम्बर, सन् 1976 में गवर्नर मण्डल द्वारा इसमें 135 प्रतिशत वृद्धि करने से सन् 1982 के अन्त में अधिकृत पूँजी 7965 मिलियन डॉलर हो गई। सन् 1999 के अन्त में बैंक की अभिदत्त पूँजी 47597 मिलियन डॉलर तथा अधिकृत पूँजी 47945 मिलियन डॉलर थी। फिर कमी का दौर चलने से 2001 के अन्त में अधिकृत पूँजी 43834 मिलियन डॉलर तथा अभिदत्त पूँजी 43628 मिलियन डॉलर रह गई। पुनः 2004 में बढ़कर क्रमशः 54162 मिलियन डॉलर तथा 54162 मिलियन डॉलर हो गई है। 2005 में घटकर 49163. 5 मिलियन डॉलर तक पहुँच गई है।

(3) कृषि एवं कृषि-उद्योगों की ओर विशेष ध्यान—एशियाई विकास बैंक ने अपने ऋणों में कृषि आधारित व्यासायों पर विशेष रूप से ध्यान दिया है। सन् 1975 में बैंक ने बंग्लादेश, श्रीलंका और पाकिस्तान के खाद्य उद्योगों में लगभग 110 मिलियन डॉलर का ऋण दिया है। बैंक ने 1968-85 की अवधि में 245 परियोजनाओं के लिए 5233 मिलियन डॉलर के ऋण स्वीकृत किए हैं। वर्ष 1992 में कृषि एवं

प्राकृतिक संसाधनों के लिए 719 मिलियन डॉलर तुल्य ऋण स्वीकृत किए। 1967-2005 के 39 वर्षों में कृषि क्षेत्र के लिए कुल 15711.6 मि. डॉलर तुल्य कर्ज की मंजूरी दी गयी थी। ।

(4) नए क्षेत्रों से ऋण एवं तकनीकी सहायता को प्रोत्साहन—बैंक अपने विकासशील सदस्य देशों में शिक्षा, परिवार नियोजन, स्वास्थ्य सेवाओं, नगरीय विकास, पर्यटन विकास आदि कार्यों के विकास में ऋणों व तकनीकी सहायता में प्रायः आगे की ओर उन्मुख हो रहा है।

(5) बैंक ऋणों में सतत् बढ़ोत्तरी—जहाँ 1974 में बैंक के कुल ऋण 54. 77 मिलियन डॉलर थे, जो बढ़कर 1978 में 1159 मिलियन डॉलर, 1981 में 1678 मिलियन डॉलर हो गयी। 1999 में बैंक ने 52 परियोजनाओं के लिए 4979 मि. डॉलर तथा 2004 में 64 परियोजनाओं के लिए 5293 मिलियन डॉलर तुल्य ऋण स्वीकृत किए हैं। इस प्रकार पिछले 39 वर्षों में 2198 परियोजनाओं हेतु कुल ऋण 116040.44 मिलियन डॉलर हो गई।

(6) अन्य खातों से साधन जुटाने में तत्परता—सदस्य देशों की उदार ऋणों के लिए सम्पन्न राष्ट्रों से एशियन विकास कोष तथा बहुउद्देश्यीय विशेषकोष में अधिक से अधिक धन मुहैया कराने का प्रयत्न किया जा रहा है। बैंक अन्तर्राष्ट्रीय पूँजी बाजार में अनेक सम्पर्क बढ़ाकर अधिक साधन जुटाने में प्रयत्नशील है। सऊदी अरब तथा नीदरलैण्ड से ऋण लिया जा रहा है तथा गैर-क्षेत्रीय देशों में दो वर्षीय बॉण्डों की बिक्री से अधिक पूँजी एकत्रित की गई।

(7) तकनीकी सहायता में निरंतर वृद्धि—बैंक अपने सदस्य देशों को तकनीकी सहायता प्रदान कर रहा है। स्थापना से 2005 तक बैंक ने 42 देशों की 5923 परियोजनाओं के लिए 2722.3 मिलियन डॉलर की सहायता स्वीकृत की है। जहाँ 1974 में तकनीकी सहायता पर 5.6 मिलियन डॉलर खर्च हुए वहीं 1982 में यह राशि बढ़कर 18 मिलियन डॉलर हो गई, जबकि 1998 में यह राशि 162 मिलियन डॉलर थी। 2004 में 323 परियोजनाओं के लिए 197 मिलियन डॉलर कर्ज दिए गए।

(8) बहुउद्देश्य विशेष कोष की स्थापना—इसकी स्थापना 1972 में की गई थी, जिसका उद्देश्य विकासशील सदस्य देशों के लिए उदार ऋणों में वृद्धि करना है। 31 दिसम्बर, 1977 तक इस कोष में 16 सम्पन्न राष्ट्रों द्वारा 2576 मिलियन डॉलर सहायता स्वरूप प्राप्त हुआ तथा 57.4 मिलियन डॉलर पूँजी स्रोतों से हस्तान्तरित किए गए। दोनों कोषों से 12 विकासशील देशों को 19 परियोजनाओं के लिए 173

मिलियन डॉलर उदार ऋण उपलब्ध किए। फिर इस कोष को एशियाई विकास कोष में सम्मिलित कर दिया गया।

(9) भावी ऋणों में बढ़ोत्तरी—बैंक के अनुसार, 1985-90 पाँच वर्षों में बैंक के ऋणों में 150 मिलियन डॉलर वार्षिक वृद्धि का लक्ष्य था, वह पूरा हो गया। 1976-80 के पाँच वर्षों में बैंक ने कुल मिलाकर 5.5 अरब डॉलर से अधिक ऋण प्रदान किए। वर्ष 1997 में 9414 मिलियन डॉलर तुल्य ऋण स्वीकृत कर सर्वोच्च रिकॉर्ड स्थापित हुआ है।

(10) एशियाई विकास कोष की स्थापना—सन् 1964 में बैंक ने विकसित देशों के सहयोग से 525 मिलियन डॉलर तुल्य इस कोष की स्थापना की जिसमें जापान ने 177 मिलियन डॉलर, अमेरिका ने 160 मिलियन डॉलर तथा पश्चिमी जर्मनी ने 34 मिलियन डॉलर देना स्वीकार किया। दिसम्बर, 1985 तक इस कोष में 6081.5 मिलियन डॉलर की राशि 14 सम्पन्न सदस्य देशों से प्राप्त हो चुकी थी। इस कोष से विकासशील सदस्य देशों को 40 वर्ष की अवधि के लिए 1% ब्याज दर पर उदार ऋण प्रदान किए जाते हैं। सन् 2005 के अन्त तक इस कोष से 30035 मिलियन डॉलर तुल्य 1065 ऋण स्वीकृत किए हैं तथा 20871 मि. डॉलर का वितरण कर दिया गया है।

एशियाई विकास बैंक और भारत

इस बैंक की स्थापना में भारत का महत्त्वपूर्ण योगदान रहा है। भारत बैंक का संस्थापक सदस्य तो है ही, पर साथ-साथ बैंक की अंश-पूँजी में भी भारत का बहुत बड़ा हिस्सा होने के कारण वह बैंक के निदेशक मण्डल का एक स्थाई सदस्य भी हैं और उसकी बैंक के प्रबंध में भी महत्वपूर्ण भूमिका है। बैंक की अभिदत्त पूँजी 31 दिसम्बर, 2005 के अन्त में लगभग 49163.5 मिलियन डॉलर थी, उसमें भारत का भाग 3201. 7 मिलियन डॉलर था, जबकि चीन का 3258.7 मिलियन डॉलर भाग था। भारत का बैंक की अभिदत्त पूँजी में लगभग 6.38% भाग है। पूँजी विनियोग की दृष्टि से भारत का तीसरा स्थान है, जबकि क्षेत्रीय विकासोन्मुख देशों में चीन के बाद भारत का प्रमुख स्थान है। भारत का संचालक मण्डल में स्थाई संचालक नियुक्त करने के अधिकार के साथ-साथ उसके प्रबंध एवं नीति निर्धारण में भी प्रमुख स्थान है।

सन् 1985 तक भारत ने एशियाई विकास बैंक से आर्थिक मदद नहीं ली थी। भारत ने पहली बार 1984-85 में 200 करोड़ डॉलर ऋण लेने इस बैंक से लेने का प्रस्ताव रखा था परंतु अमेरिका के विरोध करने से यह ऋण प्रस्ताव बैंक द्वारा स्वीकार

नहीं किया गया। सन् 1986 में पहली बार एशियाई विकास बैंक ने भारत को 250 मिलियन डॉलर तुल्य ऋण स्वीकृत किया। सन् 1987 में 377.6 मिलियन डॉलर का दूसरा ऋण स्वीकृत हुआ। 2003 में भारत को साधारण पूँजी संसाधनों से 1532 मिलियन डॉलर तुल्य ऋण स्वीकृत हुआ है, जबकि 2004 में 1254.4 मिलियन डॉलर तुल्य ऋण स्वीकृत हुए हैं। इस प्रकार फिर भारत को निरन्तर ऋण मिलते रहे हैं और सन् 2005 तक कुल मिलाकर 14990.6 मिलियन डॉलर के 95 ऋण स्वीकृत किए जा चुके हैं तथा उसमें से 765.14 मिलियन डॉलर के ऋण वितरित किए हैं।

एशियाई विकास बैंक द्वारा भारत को स्वीकृत क्षेत्रवार कुल ऋण—एशियाई विकास बैंक द्वारा अपनी स्थापना से 31 दिसम्बर, 2005 तक भारत के लिए 14990.6 मिलियन डॉलर तुल्य 95 ऋण स्वीकृत किए गए हैं जिनका उल्लेख नीचे की सारणी में किया गया है—

एशियाई विकास बैंक द्वारा भारत को स्वीकृत क्षेत्रवार कुल ऋण

क्षेत्र	ऋणों की संख्या	कुल ऋण राशि (मि.डॉलर)	कुल का भाग
1. पेय जल	1	200.0	1.4%
2. उद्योग एवं खनिज	8	185.9	1.3%
3. सामाजिक संरचना	6	870.0	5.9%
4. बहुक्षेत्रीय	14	2180.0	15.0%
5. ऊर्जा	28	4955.2	34.1%
6. परिवहन एवं संचार	23	4799.2	33.0%
7. वित्त	11	1360.0	9.3%
कुल योग	91	14550.3	100.00

उपरोक्त सारणी में दिए गए आंकड़ों से यह स्पष्ट होता है कि एशियाई विकास बैंक ने भारत को ऊर्जा विकास हेतु सर्वाधिक 28 ऋण (कुल का 34.1%) स्वीकृत किए हैं, जबकि परिवहन एवं संचार को 4799.2 मिलियन डॉलर के ऋण स्वीकृत किए कुल ऋणों का 33% भाग मिला है, उद्योग एवं खनिज क्षेत्र को केवल 185. 9 मिलियन डॉलर तुल्य 8 ऋण मिले हैं जो सम्पूर्ण का केवल 1.3% भाग ही है। बहुक्षेत्रीय विकास के लिए 2180 मिलियन डॉलर 14 ऋण स्वीकृत हुई हैं जो कुल

ऋणों का केवल 15% है। जहाँ 1998 के दौरान बैंक ने भारत को 250 मि. डॉलर तुल्य ऋण स्वीकृत किया वहीं वर्ष 2004 के दौरान कुल मिलाकर 1254.4 मि. डॉलर तुल्य ऋण स्वीकृत किया है जबकि 2004-05 में 440 मि. डॉलर स्वीकृत मिली।

भारत एशियन विकास कोष (ADF) से रियायती ऋणों के लिए प्रयासरत रहा है और चीन भी हमारे प्रतिद्वन्द्वी के रूप में दावेदार है, किन्तु अमेरिका तथा पाश्चात्य देश अटकाने में लगे रहे हैं। भारत एशियन विकास बैंक सदस्यता ग्रहण की जिससे भारत को विभिन्न लाभ हो रहे है जो निम्नवत् हैं–

1. भारत को अन्य गैर-क्षेत्रीय विकास सदस्य राष्ट्रों से अपने कृषि विकास में तकनीकी सहायता का लाभ मिला है।
2. भारत को विकास कार्यों के लिए 31 दिसम्बर, 2005 तक कुल 1495 मिलियन डॉलर तुल्य ऋण स्वीकृत हुआ है तथा उसमें से 7651.4 मिलियन डॉलर वितरण हुए हैं।
3. भारत एशियाई विकास बैंक के तकनीकी सहायता विकास कोष में कई बार अपना चन्दा दे चुका है, जिसमें भारत का हिस्सा दिसम्बर, 1997 में 26.59 लाख डॉलर हो गया जो अब और बढ़ गया है।
4. एशियन विकास बैंक की सदस्यता से क्षेत्र के सभी विकासशील देशों को एशियन साझा बाजार के गठन का मार्ग प्रशस्त हुआ है। भारत को भी इसमें काफी लाभ मिलेगा।
5. एशिया के विकासशील देशों में पारस्परिक सहयोग एवं सद्भावना बढ़ाने में बैंक की सहायता का काफी सहयोग है।
6. बैंक के संचालक मण्डल में स्थायी सदस्य होने से भारत बैंक की नीति निर्धारण और प्रबंध में भी महत्त्वपूर्ण भूमि निभाता था। अब भारत का स्थान चीन ने ले रखा है।
7. भारत देशों को आर्थिक विकास के लिए पूँजीगत एवं इन्जीनियरिंग निर्यात करने का अवसर मिला है। निर्यात में वृद्धि से जहाँ एक ओर उद्योगों का विकास हुआ है वहाँ दूसरी ओर व्यापार घाटे में कमी करने का समय मिला है।

इस प्रकार भारत ने बैंक तथा इकाफे की बैठकों में एशियाई विकास बैंक द्वारा निर्यात साख पुनर्वित्त की सुविधा प्रदान करने का सुझाव दिया है जिसके फलस्वरूप विकासशील देशों को अन्तर्राष्ट्रीय बाजारों में अपने उत्पाद को निर्यात करने में प्रतियोगितात्मक ताकत प्राप्त हो सके।

12

केन्द्रीय या जिला सहकारी बैंक

प्राथमिक कृषि व सहकारी समितियाँ अपनी स्थापना के प्रारंभिक दिनों में बिना किसी बाह्य स्रोत से सहायता प्राप्त कर अपने कार्यों को सुचारु रूप से नहीं चला सकतीं। इसके अलावा प्राथमिक कृषि सहकारी समितियों को प्रशासनिक सुझाव एवं तकनीकी निर्देश की आवश्यकता पड़ती है। इसी कारण जिला स्तर केन्द्रीय अथवा जिला सहकारी बैंक की स्थापना की गयी है। इस बैंक पर केन्द्र सरकार का नियंत्रण होता है। इस बैंक की स्थापना भारत के सभी राज्यों में की गयी। इस बैंक की स्थिति पहले कुछ खास अच्छी नहीं थी परंतु समय बदलने के साथ-साथ उसकी स्थिति में भी बदलाव आया।

जिला सहकारी बैंकों के प्रमुख उद्देश्य

केन्द्रीय या जिला सहकारी बैंकों की स्थापना के मुख्य उद्देश्य निम्नवत् हैं–

1. ये बैंक प्राथमिक समितियों की कार्यशील पूँजी के आधिक्य को स्थानान्तरित करने अथवा उसकी कमी की पूर्ति करने में सन्तुलन केन्द्र का भी कार्य करते हैं। इससे ऋण प्रवाह सहज और समान बनता है।
2. ग्रामीण क्षेत्रों में बैंकिंग सुविधाओं का विस्तार करना है।

3. प्राथमिक समितियों को अपने सुरक्षित कोषों के विनियोग की सुविधा प्रदान करना है।
4. ये बैंक अपने सदस्यों प्राथमिक समितियों को उत्पादन और विपणन आदि कार्यों के लिये नियमित रूप से ऋण देकर उनकी वित्तीय आवश्यकता की पूर्ति करते हैं। विपणन समितियों हैं शहरी बैंकों तथा औद्योगिक समितियों को ऋण माल को गिरवी रखकर दिये जाते हैं।
5. यह बैंक जमाराशियाँ स्वीकार करने ऋण प्रदान करने तथा चैक, ड्राफ्ट, हुण्डी, रेलवे रसीद आदि बैंक सम्बन्धी सामग्रियों का वितरण करते हैं।
6. सदस्यों में बचत तथा कम खर्च की भावना पैदा करते हैं।
7. सदस्य समितियों की कार्य-प्रणाली का निरीक्षण, नियन्त्रण और पथ प्रदर्शन देना है।

केन्द्रीय सहकारी बैंकों की उन्नति

सबसे पहले भारत के उत्तर प्रदेश राज्य में केन्द्रीय सहकारी बैंक की स्थापना सन् 1906 में की गयी थी। उसके उपरांत सन् 1910 में इस बैंक की स्थापना मध्य प्रदेश और राजस्थान में की गयी। सन् 1984-85 के दौरान इन बैकों की संख्या 400 के लगभग थी। सन् 1950-51 में प्रति बैंक प्रदत्त ऋण 16 लाख रुपये था जबकि 1980-81 में यह राशि बढ़कर 797 लाख हो गयी। 1984-85 में लगभग 5000 करोड़ रुपये के ऋण वितरित किये गये थे। सन् 1981-82 में बकाया ऋण राशि जो 3651 करोड़ रुपये थी जो सन् 1984-85 में बढ़कर 3950 करोड़ रुपये हो गयी। इन अवधिपार ऋणों में निरन्तर वृद्धि बैंकों की प्रगति में सबसे बड़ी समस्या उत्पन्न हुई है। 30 जून, 1995 को इस प्रकार के बैंकों की संख्या 362 थी। हालांकि इन बैंकों ने जमापूँजियों के तौर पर वांछित साधन एकत्रित करने हेतु तीव्रगति से सफलता उपलब्ध की है, तथापि उन्हें ऋण के उपयोग तथा ऋणों की वसूली से सम्बन्धित कार्य-कलापों में काफी सुधार करना होगा। केन्द्रीय सहकारी बैंकों ने न केवल बचतों को गतिशील बनाया है, बल्कि इनका अधिक अन्न उपजाओ आन्दोलन तथा हरित क्रान्ति को प्रभावी बनाने में भी महत्त्वपूर्ण योगदान रहा है।

केन्द्रीय बैंकों का ढाँचा एवं कार्य क्षेत्र

अखिल भारतीय ग्रामीण साख सर्वेक्षण समिति के आधार पर प्रत्येक जिले में एक बैंक नीति का निर्धारण किया जाना चाहिए। वर्तमान समय में ग्रामीण और

जिले के मध्य स्तर पर इस बैंक की शाखा स्थापित करने की जरूरत पर बल दिया गया। बैंक को आर्थिक इकाई बनाने के लिये समिति ने जो वित्तीय मान निर्धारित किया, उसके अनुसार निजी कोष 3 लाख रुपये तथा कार्यशील पूँजी 20 लाख रुपये से कम किसी भी दशा में नहीं होनी चाहिये। रिजर्व बैंक ने कुछ वर्ष पूर्व उस केन्द्रीय बैंक को स्फूर्तवान माना है जिसका ऋण व्यवसाय एक करोड़ रुपये का हो और कार्यशील पूँजी 1.20 करोड़ के बराबर हो। वर्तमान काल में 69% केन्द्रीय बैंक इस वित्तीय मान के स्तर पर पहुँच चुके हैं। केन्द्रीय सहकारी बैंकों में अधिक सदस्यों का चयन न किया जाए, जहां तक सम्भव हो इसमें कम से कम सदस्यों की भागीदारी होनी चाहिए और प्राथमिक समितियों तक ही इनकी सदस्यता सीमित रखने की व्यवस्था होती है। इस समय केन्द्रीय बैंकों में 74 प्रतिशत सदस्यता प्राथमिक समितियों की है। व्यक्तिगत सदस्यों की संख्या मध्यप्रदेश, कर्नाटक, महाराष्ट्र और गुजरात में अधिक है, किन्तु व्यक्तिगत सदस्यता घट रही है। 1950-51 में केन्द्रीय बैंकों की केवल 709 शाखायें थीं, जो 1985-86 में बढ़कर 750 हो गयी हैं।

कार्यशील पूँजी के प्रमुख स्रोत

केन्द्रीय सहकारी बैंकों की कार्यशील पूँजी के प्रमुख स्रोतों में जैसे—अंश पूँजी संचित तथा अन्य कोष, सदस्यों और गैर-सदस्यों से जमा पर प्राप्त धनराशि, राज्य सहकारी बैंक और राष्ट्रीय कृषि एवं ग्रामीण विकास बैंक पर सरकार से प्राप्त ऋण राशियाँ तथा सरकार से प्राप्त अनुदान।

केन्द्रीय सहकारी बैंकों के वित्तीय ढाँचों को मजबूत बनाने तथा उनमें जनविश्वास उत्पन्न करने के लिये राज्य सरकार इन बैंकों के अंश क्रय करती है। बैंकों की कुल अंश पूँजी में राज्यों का अंशदान लगभग 30 प्रतिशत के बराबर हो चुका है। हाल के वर्षों में बैंकों द्वारा उदार ऋण नीति अपनाने के कारण इन कोषों का महत्व बढ़ गया है।

विभिन्न क्षेत्रों में इन बैंकों की पूँजी विकसित करने के उद्देश्य से रेलों, सरकारी विभागों और स्थानीय निकायों को अपने फालतू कोष केन्द्रीय बैंकों में जमा कराने के निर्देश दिये गये हैं। इसके अतिरिक्त डिपॉजिट बीमे की योजना भी लागू की गयी है। जमा बीमा निगम से पंजीकृत लगभग 600 सहकारी बैंक पंजीकृत हो चुके हैं। इनमें से अधिकांश बैंक आंध्र प्रदेश, महाराष्ट्र तथा मध्य प्रदेश में कार्यरत हैं। इसके बाद जम्मू-कश्मीर, बंगाल और दिल्ली में प्रगति हो रही है।

कार्य-पद्धति में प्रमुख दोष

केन्द्रीय अथवा जिला सहकारी बैंकों द्वारा अपनायी गयी कार्य-पद्धति काफी दोषपूर्ण है क्योंकि इन बैंकों की ऋण दर एवं अंश पूंजी दोनों में पारस्परिक समन्वय की कमी है। कुछ बैंक अल्पकालीन व मध्यकालीन ऋणों के अन्तर पर आवयश्क ध्यान नहीं देते। नेतृत्व क्षमता उत्पन्न करने में अधिक समस्या होती है। कुशल एवं प्रशिक्षित कर्मचारियों की कमी से निरीक्षण व्यवस्था कमजोर होने के साथ-साथ इसके सदस्यों की आवश्यकताओं की पूर्ति में वित्तीय साधनों की अपर्याप्तता है। प्रारम्भिक समितियों तथा इन बैंकों में पारस्परिक समन्वय की कमी हैं। इन बैंकों द्वारा औद्योगिक संस्थाओं तथा अन्य गैर-संस्था संगठनों की ऋण संबंधी आवश्यकताओं को पूरा करने में सफल नहीं हो पाते हैं। इसलिए ये बैंक प्राथमिक समितियों के मार्गदर्शन में असफल रहे हैं। बैंकों के प्रबन्धन में राजनीतिक हस्तक्षेप बढ़ गया है तथा व्यक्तियों का अत्यधिक प्रतिनिधित्व होना व्यवस्था को दूषित करता है। इनके अवधिपार ऋणों में निरन्तर वृद्धि हो रही है। कुछ केन्द्रीय सहकारी बैंकों की ब्याज दर काफी ऊँची है। इस बैंक द्वारा जो ऋण दिये जाते हैं उसकी कोई जाँच पड़ताल नहीं होती है।

कार्य पद्धति में सुधार हेतु सुझाव

केन्द्रीय अथवा जिला सहकारी बैंकों की कार्य पद्धति में पाये जाने वाले प्रमुख दोषों को दूर करने या सुधार लाने के लिए निम्नलिखित सुझाव दिये गये हैं—

1. जनसाधारण की बचत को आकर्षित करने के लिये ग्राहकों को सभी बैंकिंग सुविधाएं देनी चाहिएं।
2. स्थायी सलाहकार समिति द्वारा निर्दिष्ट न्यूनतम मानकों का पालन करना चाहिएं।
3. इनकी हिस्सा पूँजी में राज्यों का अंशदान अनिश्चित अवधि तक कम से कम 5 प्रतिशत तक बना रहना चाहिएं।
4. बैंकों कर्मचारियों की संख्या व गुणवत्ता में निरन्तर सुधार किया जाये।
5. प्राथमिक समितियों को उत्पादक साख प्राप्त करने की स्वतः व्यवस्था।
6. केन्द्रीय बैंकों के ऋण सम्बन्धी कार्य-कलापों में कृषि ऋण समितियों की आवश्यकताओं को सर्वोच्च प्राथमिकता दी जानी चाहिए।
7. अवधिपार ऋणों की वसूली के लिये प्राथमिकता के आधार पर अभियान चलाया जाये।

8. केन्द्रीय बैंकों को प्राथमिक बैंकों के साथ निरन्तर गहरा सम्पर्क बनाये रखना चाहिए।
9. अस्थायी उपाय के रूप में ऋणी सदस्यों की सीधी वित्तीय सुविधा प्रदान करनी चाहिये।
10. दोषपूर्ण कार्य प्रणाली अपनाने वाले सदस्यों व समितियों को संचालक मण्डल की सदस्यता से वंचित कर दिया जाये।
11. बैंकों को सभी उपयुक्त स्थानों पर शाखायें खोलनी चाहिएं।
12. जमाराशियों पर प्रतिस्पर्धात्मक दर से ब्याज देना चाहिएं।
13. ऋण-नीति में आवश्यक संशोधन एवं परिवर्तन करते रहना चाहिएं।
14. ऋण देने की विधि सरल व उदार बनायी जाये।
15. समितियों का संचालक मण्डल में पर्याप्त प्रतिनिधित्व रहे।
16. छोटे किसानों को समुचित ऋण देने की विशेष व्यवस्था की जाये।

बहुउद्देशीय समितियाँ तथा सेवा सहकारिता

बहुउद्देशीय समिति का आशय कृषक या ग्रामीण समाज की आर्थिक-सामाजिक एवं राजनैतिक विभिन्न आवश्यकताओं की पूर्ति करने के उद्‌देश्य से कार्य सम्पादित करने वाली उस सहकारी समिति से लगाया जाता है, जो न केवल साख का आयोजन मात्र करती हैं बल्कि कृषि तथा उससे संबंधित व्यवसायों की उन्नति तथा उपभोक्ता पदार्थों की आपूर्ति का भी कार्य करती हैं। **होरेस प्लकेट** के अनुसार, बहुउद्देशीय विचारधारा में तीन मूल तत्वों का समावेश है–प्रथम, उत्तम कृषि कृषि उपयोगी आवश्यक वस्तुओं की आपूर्ति, द्वितीय, उत्तम व्यवसाय सामूहिक क्रय, विपणन, उत्पादन, वित, बचत, संग्रह आदि तथा तृतीय, उत्तम जीवन-स्तर, अच्छा स्वास्थ्य आवास, स्वच्छता, शिक्षा सुधार तथा सामाजिक सेवा कार्य अर्थात् जीवन के सभी पहलुओं को विकसित करना।

रिजर्व बैंक ऑफ इण्डिया ने सुझाव दिया कि ग्राम समितियाँ कृषकों के लिये वास्तव में और स्थायी रूप से लाभदायी हों इसके लिये यह आवश्यक है कि उन्हें बहुउद्देशीय समितियों के रूप में संगठित किया जाये। यह समितियां मात्र वित्त प्रदान करने वाली संस्था मात्र न हों बल्कि इन्हें कृषि के सर्वतोन्मुखी विकास और ग्रामीण जीवन के प्रत्येक पहलू को बेहतर बनाने हेतु कार्य करना चाहिये, इसका अभिप्राय यह हुआ कि उनको सम्पूर्ण ग्रामीण जीवन की गतिविधियों को प्रमुख आधार बनाया जाना चाहिए।

बहुउद्देशीय समितियों के कार्य

बहुउद्देशीय समितियों द्वारा विभिन्न कार्य किये जाते हैं जिनमें से कुछ प्रमुख कार्यों को निम्नलिखित पंक्तियों में स्पष्ट किया गया है—

1. अन्य सहायक उद्योगों या व्यवसायों के विकास को प्रोत्साहन देना।
2. कृषकों के उपभोग्य पदार्थ जैसे वस्त्र, मिट्टी का तेल, नमक, दिया-सलाई, पशु आहार की आपूर्ति करना।
3. कृषकों को उन्नत बीज, उर्वरक, कृषि उपकरण, कीटनाशी आदि कृषि आदान-साधन सुलभ करके फसलोत्पादन में वृद्धि का वातावरण बनाना।
4. सदस्यों के सामूहिक प्रयोग के लिये बहुमूल्य कृषि यन्त्रों को रखना।
5. फसलोत्पादन हेतु वित्तीय सहायता देना।
6. अपने सन्निकट की सहकारी विपणन समिति को फसल विक्रय में मध्यस्थ के रूप में सहयोग करना।
7. दुग्ध उद्योग के लिये दुग्ध एकत्र करने वाली संस्था के रूप में कार्य करना, पशु चिकित्सा केन्द्र के रूप में सेवायें देना तथा पशु-नस्ल सुधार के कार्य करना।
8. उत्तम स्वच्छता, उत्तम रहन-सहन, प्रौढ़ शिक्षा सम्बन्धी कार्य करना।

बहुउद्देशीय समितियों से लाभ

बहुउद्देशीय समितियों को गठित करने से भारतीय कृषकों को अनेक लाभ होते हैं जिनमें से कुछ प्रमुख लाभ हैं—समिति के कार्य-क्षेत्र विस्तृत होने से समितियों के कुशल प्रबन्ध, मितव्ययिता और बचत निर्माण की सम्भावना बढ़ेगी। कृषकों की ऋणग्रस्तत, विपणन, बीज एवं दुर्लभ उपभोग्य वस्तुओं की पूर्ति जैसी समस्याओं का समाधान करने में सहायक बनती है। इस कारण वह व्यापारी, महाजन वर्ग का एक अच्छा विकल्प स्थानापन्न बनेगी। एक ही समिति द्वारा अनेक कार्य करने के फलस्वरूप उसके कार्यों का अंकेक्षण, निरीक्षण और जाँच में सरलता होगी। यदि किसी एक या कुछ कार्यों से हानि होती है, तो अन्य कार्यों के लाभ से क्षतिपूर्ति कर सकती है। सदस्यों की आय में वृद्धि के लिये कुटीर उद्योगों तथा सहायक उद्योगों को विकसित करती है, इससे ऋणों का नियमित पुनर्भुगतान होता रहता है। सभी आवश्यकताओं की पूर्ति होने से सदस्यों की समिति में दिलचस्पी बढ़ती है। सदस्यों का निरन्तर सीधा सम्पर्क बना रहता है। चूँकि यह समिति कृषकों को वस्तुओं के रूप में ऋण देती है अतएव, ग्रामीण समाज द्रव्य अर्थव्यवस्था के दोषों से मुक्त रहता है। विविध प्रकारीय सेवायें गैर-सदस्यों को भी सदस्य बनाने के लिये आकृष्ट करेंगी।

साख के जरूरतमन्दों के अतिरिक्त अन्य व्यक्ति भी इनकी सेवाओं के प्रति आकृष्ट होंगे। अधिक व्यवसाय के कारण प्रशिक्षित तथा कार्यकुशल कर्मचारियों को अधिक वेतन पर नियमित रूप में रखा जा सकेगा।

बहुउद्देशीय समितियों के प्रमुख दोष

क्षेत्र तथा विविधतापूर्ण कार्यों के परिणामस्वरूप सदस्यों में पारस्परिक जानकारी तथा सहयोगी वृत्ति का अभाव पाया जाता है, जो कि सहकारिता की सफलता के लिये नितान्त आवश्यक है। बहुउद्देशीय समिति का विस्तृत क्षेत्र तथा कार्यभार अत्यधिक जटिल होने के कारण बहुत चालाक किस्म के कुछ ही व्यक्तियों का ही इन पर आधिपत्य एवं नियन्त्रण रहता है, जोकि सहकारिता की नीतियों के विरुद्ध है। किसी कार्य विशेष का सही आंकलन करने में समस्या होती है। बहुउद्देशीय विचारधारा उतनी सरल और सहज नहीं है, जितना कि एक उद्देशीय विचारधारा। अतः ग्रामीणजनों में इसकी लोकप्रियता संदिग्ध है। एक प्रकार के कार्य-व्यापार में होने वाली असफलता उसके अन्य कार्य व्यापारों को भी दुष्प्रभावित करती है। साख व्यवस्था या व्यावसायिक कार्यों का समायोजन असंगत होने से घातक हो सकता है। विभिन्न कार्य व्यवसाय एक समिति द्वारा प्रबन्धित होने से उनके अंकेक्षण निरीक्षण व जाँच में भारी असुविधा होती है। गाँवों में ऐसे प्रशिक्षित तथा कार्यकुशल व्यक्तियों का अभाव है, जिनके बगैर बहुउद्देशीय समिति का संचालन दुष्कर है। जिस सदस्य का जिस प्रकार का स्वार्थ होता है वह उसी में दिलचस्पी लेता है अन्य प्रकार के कार्यों में वह उदासीन बना रहता है। अतः निहित स्वार्थों का पनपना अवश्यम्भावी है। उपरोक्त तत्वों का विश्लेषण करने से यह पता चलता है कि इन समितियों की प्रासंगिकता है, उनके लाभ कम नहीं हैं, जहाँ तक दोषों का सम्बन्ध है वे ऐसे नहीं हैं, जिनका निवारण न किया जा सके। यही कारण है कि योजना आयोग ने बहुउद्देशीय समितियों के संगठन को प्रोत्साहित करने पर बल दिया है। योजना आयोग के विचार से, भविष्य में इस बात का प्रयास करना चाहिए कि प्रत्येक गाँव में एक ऐसा सहकारी संगठन हो जो कि अपने सदस्यों की बहुमुखी आवश्यकताओं की पूर्ति करने में सहायक बने।

बहुउद्देशीय समितियों का विकास

सन् 1912 में भारत में बहुउद्देशीय सहकारिता का श्रीगणेश हो चुका था। इनका प्रभावी सफलता एवं बढ़ती हुई उपयोगिता को देखते हुए भारतीय स्टेट बैंक के कृषि साख विभाग ने सन् 1937 में बहुउद्देशीय समितियों की स्थापना की आवश्यकता पर बल दिया। तदनन्तर ऐसी समितियों को शुरू करने का कार्य राज्यों

द्वारा किया जाने लगा। द्वितीय युद्ध की अवधि में बहुउद्देशीय सहकारिता के कार्य में तेजी आयी। सन् 1947-48 में बहुउद्देशीय समितियों की लगभग कुल संख्या 1800 हजार थी जिनकी सदस्यता 5.8 लाख कार्यशील पूँजी 279 लाख रुपये थी। इन समितियों ने 163 लाख रुपये के क्रय तथा 352 लाख रुपये के विक्रय का कारोबार किया था। जहाँ तक वर्तमान प्रगति का सम्बन्ध है, जून 1980 में 2160 वृहद् आकारीय बहुउद्देशीय समितियाँ कार्यरत थी। सदस्य संख्या 25.05 लाख तथा कार्यशील पूँजी 139.72 करोड़ रुपये थीं। सन् 1980 के अन्त तक 1315 समितियाँ लाभ पर कार्य कर रही थीं, जबकि 797 समितियाँ हानि पर व 48 समितियाँ न लाभ पर और न हानि पर अपने-अपने क्षेत्रों में कार्य कर रही थीं।

बहुउद्देशीय समितियों की असफलताएँ

बहुउद्देशीय समितियों के असफल होने का एक प्रमुख कारण यह है कि यह समितियों ने विपणन कार्यों को अपनाने के लिये कोई गम्भीर प्रयास नहीं किया। इसके अलावा नियन्त्रित वस्तुओं की आपूर्ति के साथ किराने की दुकाने चलाने के कारण लेखा-जोखा का कार्य जटिल बन गया। फलतः समितियों पर थोड़े से लोगों का नियन्त्रण हो गया। समितियों की संख्या बढ़ाने पर जोर देने के साथ उनकी कार्य प्रणाली तथा गुणवत्ता में सुधार करने हेतु कोई विशेष कदम नहीं उठाया गया तथा विभिन्न स्तरों पर सहकारिता के सिद्धान्तों की उपेक्षा की गयी। अधिकतर समितियों ने साख कार्य के अतिरिक्त आवश्यक जरूरतों के वितरण पर ही विशेष ध्यान दिया। इसके परिणाम स्वरूप जब नियन्त्रण हटाया गया तो उनकी प्रगति को गहरा आघात लगा। समिति के एक उद्देशीय या बहुउद्देशीय रूप का उतना महत्व नहीं है, जितना कि उनकी प्रशासनिक कुशलता का। समितियों के स्वतः पूर्ण पोषण, वित्त व प्रबन्ध का प्रश्न हल न होने से कोई उल्लेखनीय प्रगति न हो सकी। जिन गाँवों में बहुउद्देशीय समिति की सफलता के लिये पृष्ठभूमि अनुकूल न थी, वहाँ भी इस पर ध्यान दिये बिना ही उनकी स्थापना कर दी गयी। फलतः लाभ के स्थान पर हानि हुई।

बहुउद्देशीय समितियों की सफलता हेतु परामर्श

यदि आवश्यकता पड़े और समिति की उतनी क्षमता हो तभी साख व विपणन कार्यों के समन्वय को हाथ में लेना संगत होगा। जहाँ तक गुंजाइश हो प्रत्येक समिति बहुमुखी कार्य-कलापों का अपना लक्ष्य बनायें। उन्हें गैर साख कार्य भी करने चाहिएं। गाँव की परिस्थितियों के अनुसार बहुउद्देशीय विचारधारा में वांछित बदलाव लाना होगा। ग्रामीण पुनर्वास के क्षेत्र में उन्हें प्रभावशाली भूमिका तथा संख्यात्मक प्रगति

के साथ गुणात्मक प्रगति पर जोर देना चाहिए। समितियों के संचालन व प्रशासनिक कार्यों में सुधार लाने के साथ-साथ अपने कार्य क्षेत्र कार्यशील पूँजी प्रशिक्षित कर्मचारी वर्ग में वृद्धि करनी चाहिए। उन्हें राज्य की वितीय सहायता में कोई कमी नहीं होनी चाहिए, तभी समितियाँ आर्थिक इकाइयों के रूप में कार्य करने की योग्यता प्राप्त कर सकेंगी। सदस्यों में बहुउद्देशीय कार्य-कलापों के प्रति दिलचस्पी पैदा करना आवश्यक है। विशिष्टीकृत कार्यों जैसे, विपणन और विधायन के लिये पृथक् तौर पर समितियों का संगठन करना आवश्यक है ताकि बहुउद्देशीय समितियों को वित्तीय जोखिम झेलने की प्रतिकूल दशा का सामना करने में कोई विवशता न रहे।

सेवा सहकारी समितियाँ

सहकारी सेवा समितियों को काफी महत्वपूर्ण माना गया है। पूरे भारत में इसके संगठन का कार्य आरम्भ करने के उद्देश्य से सन् 1959 में यह एक चर्चा का विषय रहा। तत्कालीन खाद्य संकट के समाधान में इन समितियों की महत्वपूर्ण भूमिका की सम्भावना व्यक्त की गयी। राष्ट्रीय विकास परिषद् द्वारा स्पष्ट किया गया कि सेवा सहकारी समितियाँ कृषि उत्पादन में वृद्धि करके खाद्य की समस्या का निदान करने में सक्षम हैं। वास्तव में सेवा सहकारी समितियाँ ग्रामीण जनों की सामान्य आर्थिक ज़रूरतों को पूरी करने वाली वे संस्थाएं हैं, जो पारस्परिक लाभ और सहयोगी भावना पर आधारित होती हैं। इनके द्वारा कृषि उत्पादन वृद्धि के सभी नियोजन व प्रबन्ध के कार्य किये जाते हैं। इस समय यह लक्ष्य रखा गया है कि देश के प्रत्येक गाँव में एक सेवा सहकारी समिति अवश्य स्थापित की जायेगी जो सदस्यों की कृषि व घरेलू आवश्यकताओं की पूर्ति कर सके तथा उनके उत्पादों का विक्रय करके उन्हें समुचित मूल्य दिला सकें। **बेकन एवं शार्स** के विचार से ये ऐसी समितियाँ हैं, जो अपने सदस्यों को वस्तुओं की अपेक्षा सेवाएं प्रदान करती हैं। इनका संगठन शहरी जनों और कृषकों द्वारा अपनी विशिष्ट आवश्यकताओं की पूर्ति के लिये किया जा सकता है। सामुदायिक विकास मंत्रालय ने बहुउद्देशीय समितियों के विषय में कहा है कि सहकारी समिति ग्रामीणों का एक ऐसा संगठन है, जिसमें वे अपनी सामान्य आर्थिक आवश्यकताओं की पूर्ति और कृषि उत्पादन की वृद्धि के उद्देश्य से पारस्परिक सहायता एवं सहयोग के लिये शामिल होते हैं।

कार्य

सेवा सहकारी समितियों द्वारा विभिन्न कार्यों को अंजाम दिया जाता है जिनमें से कुछ प्रमुख कार्य इस प्रकार हैं—

1. सामान्य जरूरत की वस्तुओं जैसे-मिट्टी का तेल, चीनी, पशु आहार की आपूर्ति करना तथा उपज के विपणन और भण्डारण की व्यवस्था करना।
2. उपभोक्ता समिति की ओर से उपज का एकत्रीकरण करना और सदस्यों को उत्पादन वृद्धि के लिये वैज्ञानिक व तकनीकी परामर्श देना तथा मार्गदर्शन करना।
3. गाँव के लिये हितकारी कार्यक्रमों जैसे शैक्षिक व अन्य कल्याण कार्य तथा मिट्टी संरक्षण, जल-निकास व लघु सिंचाई के कार्य करने के साथ-साथ इसके सदस्यों की उपयुक्त आवश्यकताओं की पूर्ति के लिये उनकी बचतें बढ़ाना तथा बचतों की गतिशील करना।
4. ऋणों की सही समय पर वसूली की व्यवस्था करना तथा ऋणों की देख-रेख करना।
5. पर्याप्त अल्पकालीन और मध्यकालीन साख देना तथा गाँव के लिये उत्पादन कार्यक्रम बनाना और उन्हें लागू करवाना।
6. कृषि एवं अन्य उत्पादन सम्बन्धी आवश्यक वस्तुओं की आपूर्ति करना।

उपर्युक्त वर्णित समस्त उद्देश्यों एवं कार्यों का भारत सरकार के सामुदायिक विकास और सहकारिता मन्त्रालय, सहकारिता नीति सम्बन्धी कार्यकारी दल और मेहता सहकारी साख समिति द्वारा जो अलग-अलग निर्धारण किया गया है।

संगठन का स्वरूप

स्पष्ट है कि भारत के समस्त गाँवों में एक सहकारी समिति की स्थापना की जायेगी जिसका स्वरूप गाँव के स्वरूप पर आधारित होगा। यदि गाँव छोटा है तो दो या तीन गाँवों को मिलाकर सेवा समिति की स्थापना की जायेगी किन्तु इन गाँवों की जनसंख्या कुल मिलाकर 1,000 से अधिक नहीं होनी चाहिएं। इस विधान में स्थानीय परिस्थितियों को देखते हुये आवश्यकतानुसार मामूली संशोधन किये जा सकते हैं, ऐसी व्यवस्था सन् 1958 में राष्ट्रीय विकास परिषद द्वारा दिये गये सुझावों के आधार पर की गयी है। मेहता समिति सन् 1960 के अनुसार समिति के कार्य-क्षेत्र का विस्तार करते समय यह ध्यान रखा जाये कि उसमें 3,000 से अधिक व्यक्ति न हों तथा कार्य-क्षेत्र प्रमुख कार्यालय वाले गाँव से 3 या 4 मील की परिधि से अधिक न हो। राज्य सहकारिता मन्त्री सम्मेलन सन् 1964 में सभी सेवा समितियों की आर्थिक क्षमतावान इकाइयाँ बनाये जाने की जोरदार सिफारिश की गयी। रजिस्ट्रार सम्मेलन की पुष्टि के बाद से ही देश में कमजोर समितियों के विघटन और एकीकरण या समिश्रण के कार्य का शुभारम्भ हो गया।

सेवा समितियों का दायित्व

इन समितियों को इस बात के लिये पूर्ण स्वतन्त्रता होगी कि वे अपना दायित्व स्वयं निर्धारित करें। वैसे राज्य सरकारें और जनता अपनी आवश्यकतानुसार या जो जहाँ उपयुक्त हो उसी प्रकार से असीमित या सीमित दायित्व ग्रहण कर सकती हैं। किन्तु अखिल भारतीय ग्रामीण साख समिति ने समिति दायित्व का ही समर्थन किया है।

सेवा समितियों का प्रबन्धन

चूँकि व्यवस्थापन या प्रबन्धन प्रत्येक संगठन या संस्था हेतु आवश्यक होता है। इसलिये इन समितियों के व्यवस्थापन का दायित्व सामान्य सभा को सौंपा गया है। समस्त विभिन्न विचारणीय विषयों का विवेचना करके निर्णय लेते हैं। साधारण सभा की बैठक वर्ष में एक या दो बार बुलाने का विधान होता है। दैनिक कार्य संचालन हेतु एक प्रबन्ध समिति का गठन किया जाता है, जिसमें 5 से 7 तक पदाधिकारी होते हैं। ये सदस्य अलग-अलग कार्य भार ग्रहण करते हैं, जैसे कोई साख का, कोई आपूर्ति का, तो कोई विपणन कार्यों की देख-रेख करता है। दैनिक कोष संचालन लेखा-जोखा रखने के लिये अलग से एक पदाधिकारी की नियुक्ति की जाती है इस अधिकारी का काफी महत्व होता है।

हिस्सा पूँजी

सेवा समिति अपने सदस्यों की कुल जमा पूंजी का 8 से 10 गुना राशि कर्ज के रूप में प्रदान करती है। कमजोर वर्ग के सदस्यों की यदि ऋण आवश्यकताएं 200 से अधिक नहीं है तो हिस्सा का भुगतान आसान किस्तों में देने की छूट होती है। राज्य सरकारों द्वारा जीवन समितियों की पूँजी में 1,000 रुपये तक का योगदान कर सकती है किन्तु इसके लिये सदस्यों की समान भागीदारी अतिदेयों का 30 प्रतिशत से अधिक न होना तथा अन्य व अंश पूँजी में 5 : 1 का अनुपात कर लेने की शर्तों को पूरा कर लेना अनिवार्य है।

सेवा समितियों का मूल्यांकन

सेवा समितियों का अध्ययन व मूल्यांकन करने से यह स्पष्ट होता है कि यह समितियाँ अपने निर्धारित उद्देश्यों की पूर्ति करने में प्रभावी रूप से कामयाब नहीं हो सकीं। पुरानी सहकारी समितियों तथा सेवा सहकारिता की कार्य-प्रणाली में नामकरण के अलावा कोई अन्तर नहीं दिखाई पड़ता। सन् 1978-79 में 95,782 प्राथमिक कृषि समितियों में से केवल 1420 ने विपणन का कार्य किया, 197 ने प्रतिभूति के आधार

पर ऋण प्रदान किया, 38,630 समितियों ने कृषि संयंत्रों को वितरित किया तथा 23,060 ने दैनिक उपयोग की सामग्रियों का वितरण किया था। इस प्रकार ऋण प्रदान करने, कृषि साधनों का वितरण करने तथा सदस्यों की उपज के विपणन में उन्होंने कोई महत्वपूर्ण कार्य नहीं किया। इन समितियों की विफलता के प्रमुख कारण थे। सीमित कार्य-क्षेत्र, अल्प व्यापार तथा अकुशल प्रबन्ध इन समितियों के संगठन के लिये कोई सुनियोजित कर्यक्रम नहीं अपनाया गया है। अनेक प्रकार के परिवर्तन बड़ी हड़बड़ी में किये गये। फलतः सेवा सहकारियाँ अपेक्षित रूप में पनप नहीं सकीं। जब तक इन समितियों को आर्थिक इकाई बनाने में सफलता नहीं मिलती, इनसे व्यावहारिक उद्देश्यों की पूर्ति तब तक न हो सकेगी। 30 जून, 1995 को इनकी संख्या 91 हजार थी और इनके कार्यक्षेत्र मे लगभग 95% गाँव सम्मिलित हो चुके थे।

फसल ऋण पद्धति

देश में कृषि साख समितियों के पुर्नगठन में नयी योजनाओं में फसल ऋण प्रणाली को शामिल किया गया। यह विस्तृत व गहन कृषि स्थानीय कार्यक्रम का एक विशिष्ट भाग है। फसल ऋण प्रणाली का मूलभूत उद्देश्य कृषि साख को उत्पादन कार्यों के लिये प्रयोग करना है। इस उद्देश्य की पूर्ति के लिये जिन तीन बातों पर जोर दिया गया था वे हैं 1. साख समितियाँ साख के प्रयोग की समुचित जाँच करेंगी 2. जरूरमन्दों की ऋण वापसी की क्षमता का सही मूल्यांकन करके ही फसल ऋण प्रणाली के आधार पर ऋण देगी तथा 3. ऋणों को देय तिथियों पर वसूलने की भरपूर चेष्टा करेंगी। इस नये कार्यक्रम को खाद्य कृषि समाज विकास तथा सहकारिता मन्त्रालय द्वारा सन् 1964 में बनाकर प्रस्तुत किया गया था। रिजर्व बैंक ऑफ इण्डिया के परामर्श पर उसे राज्य सरकारों के पास उसी वर्ष भेज दिया गया था। उद्देश्य की पूर्ति के लिये यह निर्देश दिया गया कि कृषकों को ऋण उनकी उत्पादन सम्बन्धी जरूरतों को आंकते हुए नकद तथा जिन्स दोनों रूप में दिये जायें। साख की जरूरतों का निर्धारण भूमि के क्षेत्रफल और फसलीकरण के लागतों के आधार पर किया जाये किन्तु यह मात्रा उनकी ऋण वापसी की क्षमता से किसी भी दशा में अधिक नहीं होनी चाहिए।

फसल ऋण की प्रमुख विशेषताएं

फसल ऋण पद्धति की प्रमुख विशेषताओं को निम्नलिखित पंक्तियों में स्पष्ट किया गया है—

1. वास्तव में किसान को कर्ज या ऋण फसल की योग्यता या क्षमता के अनुसार प्रदान किया जाता है। उनकी सम्पति की प्रतिभूति के आधर पर नहीं।
2. फसल बोने के पूर्व ऋण दिया जाता है तथा फसल कटने पर वसूल कर लिया जाता है।
3. अधिकांश ऋण कृषि-आदानों के रूप में दिये जाते हैं।
4. अच्छे तथा नवीनतम कृषि आदानों की पूर्ति नियमित और सुनिश्चित की जाती है।
5. कृषि साख को फसल के विपणन से सम्बद्ध कर दिया जाता है। कृषक को लिखित रूप में वचनबद्ध कर लिया जाता है कि वह अपनी फसल निर्दिष्ट विपणन समिति के माध्यम से ही बेचेगा तथा विक्रय मूल्य में से ऋण राशि की कटौती उसे स्वीकार्य होगी।
6. अल्पकालीन साख के लिये उत्पादक आवश्यकताओं तथा उत्पादक प्रयोगों पर बल दिया जाता है।

फसल ऋण पद्धति का विकास

देश के अधिकतर ग्रामीण इलाकों में फसल ऋण पद्धति को व्यापक स्तर पर उपयोग में लाया जा रहा है। जैसे—जम्मू कश्मीर, असम, पं. बंगाल, हरियाणा और बिहार आदि। इसके अलावा कुछ राज्यों में इस पद्धति को उपयोग में लाने के लिए प्रयास किया जा रहा है जिनमें—आंध्र प्रदेश, तमिलनाडु, केरल, कर्नाटक, गुजरात, उड़ीसा, मध्य प्रदेश, उत्तर प्रदेश तथा महाराष्ट्र आदि प्रमुख हैं। इस पद्धति को विशेषताओं को देखते हुए यह सम्भावना जतायी जा रही है कि अन्य राज्य भी आने वाले समयों में इसे लागू कर लेंगे। चूँकि उत्तर प्रदेश और केरल में इसे कृषि आदानों और ऋण वितरण की प्रक्रिया में सम्बन्धित नहीं किया गया है अतः वहाँ के प्राप्त परिणाम सन्तोषजनक नहीं हैं। तमिलनाडु और महाराष्ट्र ने फसल ऋण प्रणाली को संशोधित रूप में अपनाया है, जो परिस्थितियों के लिये अनुकूल सिद्ध हो रहा है। यदि अन्य राज्य भी इस प्रणाली को अपनी परिस्थितियों को देखते हुये संशोधित करके लागू करें तो सम्भव है, वहाँ भी उद्देश्यों की पूर्ति होने लगे। उड़ीसा, पंजाब और राजस्थान ने मौसम अनुकूलता का ध्यान ही नहीं रखा, जबकि ऋण देने और वसूलने में मौसम अनुकूलता को केन्द्र बिन्दु बनाना चाहिए था।

फसल ऋण प्रणाली को लागू करने में प्रमुख समस्याएं

इस पद्धति को लागू करने में एक प्रमुख समस्या यह थी कि सामान्य साख वितरण की तैयारी प्रत्येक सदस्य के लिये उनके उत्पादन कार्यक्रमानुसार नहीं की गयी। सदस्यों ने ऋण वापसी की क्षमता से कहीं अधिक ऋण ले लिया, क्योंकि अधिकतम मान न्यूनतम बनकर रह गया। वित्तीय मान का निर्धारण क्षेत्र की फसलों के लिये अलग-अलग नहीं किये जा सके हैं। कृषकों की दिलचस्पी नकद ऋण में अधिक है, कृषि आदानों के रूप में वे ऋण लेना कम पसन्द करते हैं। ऋणों का भुगतान अधिकतर उपज की बिक्री से नहीं किया जाता। ऋण भुगतान की क्षमता को बिना ध्यान में रखे ही ऋण दर सुनिश्चित कर दिया जाता है। ऋण देने का कार्य वर्ष में केवल एक बार किया जाता है, केवल फसल बोने और काटने के समय पर नहीं। जहाँ कृषि साधनों का अभाव होता है, वहाँ वार्षिक साख सीमा वितरण की तैयारी बेकार हो जाती है। भूमि सम्बन्धी अभिलेखों की तैयारी समुचित रूप में न होने से वार्षिक साख वितरण के लिये सही आकार नहीं रहता। ऋणों के उपयोग पर प्रभावशाली निगरानी निरीक्षण की व्यवस्था नहीं होती। अतः फसल ऋण पद्धति को लागू करने में उपर्युक्त वर्णित तथा काफी रुकावट डालते हैं

ऋण सीमायें—आज के दौर में दो फसली इलाको हेतु प्रति हेक्टेयर 125 रुपये तथा एक फसली इलाकों के क्षेत्र में प्रति हेक्टेयर 75 रुपये नगद ऋण भुगतान प्रदान करने की व्यवस्था की गयी है। यह ऋण खरीफ की फसल के पूर्व ही दे दिया जाना चाहिए। जो समितियाँ 75% ऋणों की वसूली में सफल रही हैं, उन्हें दो फसली क्षेत्रों में 150 रुपये तथा एक फसली क्षेत्रों में 50 रुपये की दर से प्रति हैक्टेयर नकद ऋण देकर प्रोत्साहित किया जाता है। जिस फसल के लिये ऋण दिया जाता है, उसी फसल के रूप में ऋण की वसूली भी की जाती है, इसके लिये ऋण भाग स्वीकृत मानक पर आधारित होते हैं।

सुझाव—अभी फसल ऋण प्रणाली को कृषि उत्पादन के लिये प्रभावशाली बनाना बाकी है। यदि फसल ऋण प्रणाली की उपयुक्त कठिनाइयों और दोषों का निवारण चरणबद्ध रूप में किया जाये तो धीरे-धीरे यह प्रणाली सोद्देश्यपूर्ण बन सकेगी। साख का उत्पादक बनाते हुए विपणन से जोड़ना, समय पर ऋणों को उपलब्ध कराना तथा ऋण की समय से वसूली, फसल ऋण प्रणाली की सफलता के लिये महत्वपूर्ण शर्तें हैं।

भूमि विकास बैंक

भूमि विकास बैंक द्वारा भारतीय किसानों को दीर्घावधि के लिए ऋण प्रदान किया जाता है। भारत में भूमि विकास बैंकों की स्थापना का प्रमुख उद्देश्य है ग्रामीण व निर्बल कृषकों की आर्थिक स्थिति में विकास करना। भारत में भूमि विकास बैंक दीर्घकालीन साख की वह बेहतर तथा उपयुक्त एजेन्सियाँ हैं जो भूमि को बन्धक रखकर कृषक का ऋण भार घटाने तथा कृषि विकास के लिये सुदृढ़ आधार स्थापना की दृष्टि से वित्त की व्यवस्था करते हैं, यूँ तो देश में भूमि बन्धक बैंक की स्थापना सर्वप्रथम सन् 1920 में झंग नामक स्थान में हुई थी, किन्तु वास्तव में संगठित रूप में इन बैंकों की शुरूआत वर्ष 1929 में हुई मानी जाती है, जब मद्रास में ऐसा एक बैंक स्थापित किया गया था। इसके पूर्व ही वर्ष 1926 में भूमि बन्धक बैंक का विचार सहकारी समितियों के रजिस्ट्रारों के सम्मेलन में रखा गया।

शाही कृषि आयोग तथा केन्द्रीय बैंकिंग जाँच समिति ने रजिस्ट्रारों की सभा के परामर्शों को अत्यधिक महत्व दिया। ग्रामीण बैंकिंग जाँच समिति सन् 1947 में कृषकों को दीर्घकालीन ऋण प्रदान करने के लिये भूमि बन्धक बैंकों को सबसे उपयुक्त संस्था के रूप में स्वीकार किया था। ग्रामीण साख सर्वेक्षण समिति ने भी अपनी रिपोर्ट में प्रमुख रूप से लिखा था कि समृद्धशाली केन्द्रीय और प्राथमिक भूमि बन्धक बैंक आज कृषि विकास के लिये मूलभूत आवश्यकताएं हैं। इस समिति के सुझाव पर ही भूमि बन्धक बैंक के नाम में परिवर्तन करके इसका नाम भूमि विकास बैंक किया गया।

भूमि विकास बैंकों के उद्देश्य व कार्य

भूमि विकास बैंकों के प्रमुख कार्यों एवं उद्देश्यों को निम्नलिखित पंक्तियों के अंतर्गत स्पष्ट किया गया है—

1. ग्रामीण बचत को बढ़ावा देना और ऋण पर जारी करके कृषि क्षेत्र में पूँजी निर्माण को बढ़ावा देना भी भूमि-विकास बैंक का प्रमुख कार्य है।
2. कृषि भवन, बाँध, नाली, गोदाम, पशुशाला बनवाने के लिये।
3. कृषि भूमि और कृषि तकनीकी में सुधार करने के लिये जैसे, भूमि समतल, करने, बंजर व अनुपजाऊ भूमि को उपजाऊ बनाने, कुएँ, खोदने, मेड़बन्दी, सिंचाई, संसाधनों का निर्माण और उन्हें सुदृढ़ स्वरूप देने का कृषि यन्त्र-उपकरण की खरीद के लिये दीर्घकालीन ऋण व्यवस्था करना।

4. दीर्घकालीन बैंकिंग और राष्ट्रीय कृषि एवं ग्रामीण विकास बैंक नाबार्ड तथा सरकार के बीच एक कड़ी के रूप में कार्य करना।
5. कृषकों को पुराने ऋणों से मुक्त कराने के लिये।
6. कृषकों की बन्धक रखी गई कृषि भूमि को छुड़ाने के लिये।
7. किसानों को सस्ती ब्याज दर पर ऋण देना ताकि वे महाजनों के चुंगल से मुक्ति पा सकें।
8. भूमि विकास बैंक, दुग्धशाला, कुक्कुटशाला, फलों की बागवानी करने, गोबर गैस संयंत्र, पवन चक्की जैसे कृषि सहायक धन्धों के विकास के लिये ऋण कार्यों का विस्तार कर रहे हैं।
9. भूमि की खरीददारी हेतु।
10. नई भूमि पर कृषि करने के लिये।
11. भूमि तथा इसके उपयोग की समस्याओं के समाधान हेतु सदस्यों को आवश्यक सुझाव देना।
12. ऋण-पत्र जारी करके अपनी पूँजी में बढ़ोत्तरी करना।

भारत में भूमि विकास बैंकों की संगठनात्मक संरचना

भारत के अन्तर्गत भूमि-विकास बैंकों की संरचना सम्पूर्ण राज्यों में एक जैसी नहीं है। उनमें कुछ न कुछ विषमताएँ अवश्य विद्यमान हैं। भारतीय बैंक जाँच समिति ने इन बैकों को प्रमुख तीन समूहों में विभाजित किया है, जो इस प्रकार है–

(1) संयुक्त पूँजी वाले भूमि विकास बैंक–ऐसे बैंक व्यापारिक बैंकों की तरह कार्य का संचालन करते हैं। यह बैंक लाभ की दृष्टि से कार्य करते हैं और लाभांश की घोषणा भी इनके द्वारा की जाती है। व्यावहारिक रूप में इस पर कुछ हद तक सरकारी नियन्त्रण रहता है। भारत में ऐसे भूमि विकास बैंक नहीं हैं। यूरोप के समस्त देशों में ऐसे मिश्रित पूँजी वाले बैंकों की स्थापना की गयी है।

(2) सहकारी भूमि विकास बैंक –भूमि विकास बैंक तहसील स्तर पर गठित किये जाते हैं। जिला स्तर पर इनका कोई संगठन नहीं होता राज्य स्तर पर एक केन्द्रीय भूमि विकास बैंक होता है, जो भूमि बन्धक बैंकिंग क्रिया-कलापों के केन्द्र बिन्दु के रूप में कार्य करता है। केन्द्रीय भूमि विकास बैंक ही आवश्यक निधियों को एकत्र करने, ऋण स्वीकृत करने तथा उसकी वसूली के कार्य करते हैं।

(3) अर्द्ध-सहकारी या आभास भूमि विकास बैंक–यह बैंक उपर्युक्त वर्णित दोनों बैंकों का मिला जुला एक रूप है। ये ऋण लेने वाले तथा अन्य व्यक्तियों के

सहकारिता पर आधारित संघ होते हैं। इनकी पूँजी अंशों की बिक्री ऋण, पत्रों की बिक्री तथा ऋणों द्वारा उपलब्ध होती है। इनके सदस्यों का दायित्व सीमित होता है तथा इनका कार्यक्षेत्र अधिक विस्तृत होता है। भारत में अर्द्ध सरकारी या आभास भूमि विकास बैंकों की स्थापना व्यापक स्तर पर किया गया है।

हमारे देश में भूमि विकास बैंकों का ढाँचा द्विस्तरीय है। जिला व जनपद स्तर पर, तहसील या तालुका स्तर पर प्राथमिक भूमि विकस बैंक तथा राज्य स्तर पर इनके संघ के रूप में केन्द्रीय भूमि विकास बैंक है। आधार इकाई के रूप में प्राथमिक भूमि विकास बैंक होते हैं। केन्द्रीय भूमि विकास बैंक प्रमुख रूप से निम्नलिखित कार्यों का संचालन करता हैं–

1. दीर्घकाल के लिये जमाएं स्वीकार करना।
2. प्राथमिक भूमि विकास बैंकों के कार्यों की जाँच करना एवं
3. अपने बेहतर व्यवसाय के लिये शाखाएँ कार्यालय और उप-कार्यालय खोलना।
4. अपनी सम्पतियों तथा प्राथमिक भूमि विकास बैंकों द्वारा हस्तान्तरित बन्धक पत्रों की प्रतिभूति के आधार पर निर्धारित शर्तों के अन्तर्गत ऋण पत्र जारी करना।
5. प्राथमिक भूमि विकास बैंकों को दीर्घकालीन ऋण प्रदान करना।

भूमि विकास बैंकों के वित्तीय स्रोत

भूमि विकास बैंकों को विभिन्न स्रोतों या साधनों से वित्त की प्राप्ति होती है जिनमें से कुछ प्रमुख स्रोतों को निम्नलिखित पंक्तियों में स्पष्ट किया गया है–

1. ये अपने सदस्यों को दिये जाने वाले ऋण के एक निश्चित अनुपात में अंश जारी करके अपनी अंश पूँजी एकत्र करते हैं। 30 जून, 1986 तक केन्द्रीय भूमि विकास बैंकों की अंश पूँजी लगभग 200 करोड़ रुपये के बराबर थी।
2. राज्य सरकार की जमानत पर स्टेट बैंक ऑफ इण्डिया से प्राप्त ऋण।
3. प्रवेश शुल्क तथा आय शुल्क द्वारा भी ये बैंक धन प्राप्त करते हैं।
4. केन्द्रीय भूमि विकास बैंक जनता को ऋण-पत्र निर्गमित करके वित्त की प्राप्ति करते हैं।
5. ये बैंक केवल दीर्घकाल के लिये जमा पर धन स्वीकार करते हैं। मुश्किल से इनकी कार्यशील पूँजी का 1 प्रतिशत भाग ही जमा पर स्वीकार की गई राशि पिछले वर्षों में थी।
6. सरकार से प्राप्त अनुदान तथा सहायता।

7. बैंकों के अन्य निजी कोष।

भूमि विकास बैंकों के संचालक

भारत के कुछ राज्यों में 7 से 9 की संख्या में संचालक मंडल की नियुक्ति की गयी है जो उन बैंकों के प्रबंध का कार्य करते हैं। इसके अलावा कुछ राज्यों में राज्य सरकारें 2 से 3 तक संचालक मनोनीत करती हैं, तथा एक संचालक केन्द्रीय भूमि विकास बैंक द्वारा नियुक्त किया जाता है। शेष संचालक मण्डल का सदस्यों में से चुनाव कर लिया जाता है। सुविधानुसार बैंकों के कार्य क्षेत्र को कुछ समूहों में विभक्त कर दिया जाता है। प्रत्येक कार्य समूह के लिये प्रतिनिधि चुन लिये जाते हैं। जब आकस्मिक रूप से कोई स्थान खाली होता है तो उस पर संचालक मण्डल द्वारा संचालक की नियुक्ति कर दी जाती है। संचालक मण्डल का कार्यकाल सामान्यतया तीन वर्षों का होता है। संचालक मण्डल ही अपने में से अध्यक्ष, उपाध्यक्ष सचिव और कोषाध्यक्ष का चुनाव करता है।

भूमि विकास बैंकों की ऋण पद्धति

भूमि विकास ब्रैकों से कर्ज या ऋण या लोन लेने के लिए किसानों को सबसे पहले एक आवेदन पत्र भर कर देना होता है। आवेदन पत्र के साथ आवश्यक दस्तावेजों जैसे भूमि पर स्वामित्व का प्रमाण पत्र, भूमि का नक्शा, भूमि का ऋण भार से मुक्त होने का प्रमाण पत्र देना भी एक अनिवार्य शर्त है। इन प्राप्त सभी प्रमाण का सही रूप से अध्ययन जाँच करके बैंक द्वारा ऋण की मंजूरी प्रदान की जाती है। बन्धक रखी गयी सम्पत्ति के 50% वर्षों मूल्य के बराबर की धनराशि स्वीकृत की जाती है। ऋण की अदायगी अधिक से अधिक 20 वर्षो की होती है। भूमि विकास बैंक स्वीकृत ऋण पर कृषक से ऋण-पत्रों पर दी गयी ब्याज की दर से एक प्रतिशत अधिक वसूल करते हैं।

अखिल भारतीय भूमि विकास बैंक सहकारी संघ ने भूमि विकास बैंकों को सलाह दी है कि वे अपने ऋणों को प्रतिभूति अभिमुख के स्थान पर वापसी अदायगी अभिमुख बना डालें।

भारत में भूमि विकास बैंकों की उन्नति व विकास

भारत में भूमि विकास बैंकों की संख्या 1950-51 में 291 थी जिसमें 286 प्राथमिक बैंक और 5 केन्द्रीय बैंकों की संख्या थी। प्राथमिक बैंकों की सदस्यता

2–15 लाख, कार्यशील पूँजी 6.6 करोड़ रुपये प्रदत्त ऋण 1.29 करोड़ रुपये तथा शेष राशि 6.26 करोड़ रुपये थी।

इन बैंकों ने वर्ष 1980-81 में 362.72 करोड़ रुपये, सन् 1981-82 में 369. 28 करोड़ रुपये, 1982.83 में 425.83 करोड़ रुपये, सन् 1983-84 में 438.74 करोड़ रुपये के तथा 1984-1985 में 500 करोड़ रुपये के दीर्घकालीन ऋण प्रदान किये। वर्ष 1985-86 में 577 करोड़ रुपये का लक्ष्य था, जो पूरा हुआ सन् 1986-87 के दौरान 650 करोड़ रुपये के ऋण वितरण की योजना थी। सातवीं योजना सन् 1985-90 में भूमि विकास बैंकों द्वारा 1030 करोड़ रुपये के ऋण वितरण का लक्ष्य निर्धारित किया गया। 30 जून, 1995 को 20 केन्द्रीय भूमि विकास बैंक व 717 प्राथमिक भूमि विकास बैंक अपने-अपने दायित्व का निर्वहन कर रहे थे।

उपर्युक्त वर्णित तथ्यों का विश्लेषण करने के उपरान्त यह स्पष्ट होता है कि इन बैंकों द्वारा दिये गये दीर्घकालीन ऋण की प्रगति उत्साहवर्द्धक रही है, किन्तु राज्यों में हुई प्रगति में काफी असमानता का होना चिंताजनक है। ऋण की मात्रा की दृष्टि से महाराष्ट्र, गुजरात, आन्ध्र प्रदेश, तमिलनाडु, कर्नाटक, उत्तर प्रदेश और पंजाब का उल्लेखनीय स्थान है; जबकि अन्य राज्यों की स्थिति असन्तोषजनक है। फिर भी कुल मिलाकर अब यह कहा जाने लगा है कि भूमि विकास बैंक देश के खाद्य मोर्चे पर देश की वित्तीय भुजा या बाँह के रूप में कार्य कर रहे हैं। इन बैंकों ने कृषि-क्रान्ति को सफल बनाने में विशिष्ट रूप से भूमिका निभाई है।

भूमि विकास बैंक के प्रबन्धन सम्बन्धी समस्याएं

भूमि विकास बैंकों के प्रबंधन में आने वाली कुछ समस्याओं को निम्न बिंदुओं के तहत स्पष्ट किया गया है।

(1) अनुत्पादक कार्यों के लिये ऋण वितरण–इन बैंकों की स्थापना के पीछे लक्ष्य था कि केवल उत्पादक कार्यों के लिये ऋण देंगे और यदि आवश्यकता हुई तो इस सन्दर्भ में परिस्थितियों के अनुसार अपनी नीतियों में परिवर्तन कर लेंगे किन्तु ऐसा पाया गया है कि इन बैंकों ने अपनी कुल ऋण राशि का 75% अनुत्पादक कार्यों के लिये स्वीकृत किया था।

(2) अतिदेय ऋणों की समस्या–यद्यपि भूमि विकास बैंकों के द्वारा प्रदत्त ऋणों में निरन्तर वृद्धि हो रही है, किन्तु साथ ही अवधि पार ऋणों में चिन्ताजनक हद तक वृद्धि होती जा रही है, असम, मध्य प्रदेश, कर्नाटक और हिमाचल प्रदेश में अतिदेयों की समस्या बहुत गंभीर रूप धारण कर चुकी है।

(3) वित्त का अभाव–इन बैंकों के पास पर्याप्त मात्रा में वित्त नहीं होता। प्रायः सभी बैंकों में 80 प्रतिशत से अधिक कार्यशील पूँजी ऋण से प्राप्त हुई रहती है।

(4) भूमि सुधार अधिनियमों का दुष्प्रभाव–भूमि सुधार कानूनों का कुछ राज्यों में भूमि विकास बैंकों के कार्यकलापों पर प्रतिकूल प्रभाव देखा गया है। गुजरात व बिहार आदि राज्यों में काश्तकारी अधिनियम के अन्तर्गत भूमि के हस्तान्तरण अथवा बिक्री पर रोक के कारण भूमि विकास बैंकों का कारोबार बाधित रहा है।

(5) निरीक्षण तथा जाँच की कमी–प्रायः केन्द्रीय भूमि विकास बैंक अपने सदस्य प्राथमिक भूमि विकास बैंकों के निरीक्षण और जाँच पर विशेष रूप से गौर नहीं करते हैं। ऋण के समुचित उपयोग की न तो जाँच हो पाती है और न प्राथमिक बैंकों वांछनीय दिशा निर्देश मिल पाता है।

(6) सामयिक वित्त की कमी–भूमि विकास बैंकों को कुछ दशाओं में वित्तीय समस्याओं से गुजरना पड़ता है। सामयिक वित्तीय सहायता की जरूरत तब पड़ती है, जब बन्धक ऋणों की वसूली करनी होती है अथवा ऋण-पत्रों को जारी करने की अवधि रहती है। ऐसी दशा में निजी निधियों में कमी पड़ने पर कठिनाइयाँ काफी बढ़ जाती हैं।

(7) अवधि पर आधारित साखों के सामंजस्य–वे संस्थाएं जो अल्पकालीन, मध्ययकालीन तथा दीर्घकालीन ऋण प्रदान करती हैं, इनकी गतिविधियों में वांछित समन्वय की अत्यधिक कमी पायी जाती है जिसके कारण साख का विपणन से न जोड़ना घातक बना हुआ है।

(8) ऋण के वितरण में देरी–इन बैंकों द्वारा अपनाई गयी ऋण स्वीकृति पद्धति अत्यधिक जटिल है। साथ ही ऋण वितरण में अनावश्यक रूप में अति विलम्ब हो जाते हैं। किसी राज्य में ये कार्य दो महीने में हो जाते हैं तो किसी राज्य में 3-4 महीने और कहीं पर 9 महीने तक लग जाते हैं जिसके कारण ऋण लेने वाला काफी परेशान हो जाता है तथा एक समय ऐसा आता है, ऋण लेने वाले का बैंक से लगाव गौण हो जाता है।

(9) ऋण देने व वसूली के नियमों में लोच की कमी–ऋण देने व वसूलने के नियमों में लोचता की कमी पायी जाती है। ऊँची प्रतिभूति की माँग से कार्य सक्षम छोटे किसानों को पर्याप्त ऋण नहीं मिल पाता। वसूली में अत्यधिक कठोरता से सदस्य काफी पीड़ित हो जाते हैं तथा वार्षिक किश्तें पुनर्भुगतान क्षमता से अधिक होती हैं। फसलों के क्षतिग्रस्त हो जाने की दिशा में किश्तों की वसूली में कठोरता बरती जाती है।

(10) संगठन में विभिन्नता—भूमि विकास बैंकों के संगठन में असमानता पायी जाती है। कुछ राज्यों में आज भी प्राथमिक भूमि विकास बैंकों का संगठन, तहसील, जिला या तालुका स्तर पर नहीं हुआ है। वहाँ राज्य स्तर पर केवल केन्द्रीय भूमि विकास बैंक स्थापित हैं।

(11) विकास में असमानता—देश के विभिन्न राज्यों में भूमि विकास बैंकों की प्रगति में भारी असमानता है। गुजरात, आन्ध्र प्रदेश, तमिलनाडु और महाराष्ट्र में विशेष प्रगति हुई है जबकि केरल, मध्य प्रदेश, उड़ीसा आदि राज्यों में हुई प्रगति संतोषजनक नहीं मानी जा सकती।

(12) कुशल प्रबंधों का अभाव—बहुत से बैंकों के संचालक मण्डल के सदस्य एवं कर्मचारी अप्रशिक्षित तथा अनुभवहीन हैं। आय के अभाव के कारण आधुनिक प्रशिक्षित तथा अनुभवी स्टॉफ सम्भव नहीं हो रहा और कार्यप्रणाली अकुशल है।

भूमि विकास बैंकों के लिए सुझाव

भूमि विकास बैंकों की सफलता के लिए विभिन्न सुझाव दिये गये हैं अतः निम्नलिखित सुझावों का अनुसरण करके भूमि विकास बैंकों की सफलता में चार चाँद लगाया जा सकता है—

1. भूमि विकास बैंकों के ऋण-पत्रों के निर्गमन को लोकप्रिय बनाया जाये, बैंक जन विश्वास प्राप्त करने के कठोर प्रयास करें।
2. इनके आंतरिक वित्त के स्रोत सुदृढ़ होने चाहियें। वित्तीय संस्थाओं से उन्हें पर्याप्त सहयोग मिलते रहना चाहिये।
3. राज्य सरकारें भूमि विकास बैंकों की कार्य प्रणाली को सरल बनाने के लिये विशेष कानून बनायें, अविकसित क्षेत्रों में प्रबन्ध व्यय की पूर्ति के लिये अनुदान दें तथा स्टाम्प और रजिस्ट्री शुल्क से छूट की व्यवस्था करें।
4. भूमि विकास बैंकों को चाहिये कि वे ग्रामीण क्षेत्रों में बचत को बढ़ावा दें, ताकि ऋण-पत्रों के लिये कृषकों के अंशदान में यथेष्ट वृद्धि हो सके।
5. संचालक मण्डल की सभा थोड़े-थोड़े समय के बाद बुलाकर ऋण के आवेदन पत्रों का निस्तारण करने रहना चाहिये।
6. सरकार द्वारा दिया जाने वाला प्रत्येक प्रकार का ऋण आपात का संकटकालीन ऋण के अतिरिक्त भूमि विकास बैंकों के माध्यम से ही प्रदान किया जाये।

7. भूमियों के सही मूल्यांकन के लिये विशेष रूप से प्रतिशत तथा कार्य कुशल कर्मचारियों की नियुक्ति की जाये।
8. भूमि सुधार कानूनों को लचीला बनाया जाय तथा राज्य सरकारें इन बैंकों को भूमि सुधार से हुई क्षतिपूर्ति करने के लिये आश्वस्त करें।
9. भूमि विकास बैंक कृषि के सर्वांगीण विकास के लिये साहसी उद्यमियों को भरपूर वित्तीय साधन सुलभ करायें तथा अपने ऋण-उद्देश्यों और कार्यों में सामाजिक परिवर्तन करते रहें। साथ ही इनके कार्यों और उपलब्धियों का भली-भाँति प्रचार-प्रसार होना चाहिये।
10. ऋण के किश्तों की वसूली नियमित रूप में होती रहनी चाहिये, इन्हें वार्षिक शुद्ध उपज या ऋणी की पुनर्भुगतान क्षमता के साथ समायोजित किया जाये।
11. प्रत्येक राज्य की प्रत्येक तहसील में प्राथमिक भूमि विकास बैंक की शाखा स्थापित की जानी चाहिये। बेहतर होगा यदि इन बैंकों का देशव्यापी जाल बिछा दिया जाय, ताकि वे कृषकों के निकट सम्पर्क में रहें और अपनी जीवन क्षमता के लिये पर्याप्त व्यवसाय कर सकें। साथ ही ऐसा करने पर असमान विकास का दोष भी दूर हो सकेगा।
12. भूमि विकास बैंकों को अपनी ऋण नीति में परिवर्तन करना चाहिये तथा उत्पादक कार्य के लिये पर्याप्त ऋण प्रदान करना चाहिये। प्रतिभूति अभिमुख ऋण के स्थान पर वापसी अदायगी अभिमुख ऋण प्रणाली को अपनाया जाये।
13. संगठन के निर्धारित स्वरूप को अपनाया जाये। राज्य पर केन्द्रीय भूमि विकास बैंक तथा तहसील व तालुकस्तर पर प्राथमिक भूमि विकास बैंक की स्थापना की जाये।
14. अल्प तथा दीर्घकालीन ऋण प्रणाली के बीच पर्याप्त समन्वय होना चाहिये, अच्छा होगा यदि शीर्ष बैंक और केन्द्रीय भूमि विकास बैंक दोनों का नियन्त्रण एक ही संचालक मण्डल द्वारा किया जाये और दोनों के कार्यालय एक ही भवन में खोले जायें।

भूमि विकास बैंकों की सफलता के लिये दिये गये विभिन्न सुझावों पर यदि ध्यान दिया जाय तो निःसन्देह यह बैंक एक सशक्त बैंक बन जायेगी।

13

विनियोग बैंक

वर्तमान दौर में वैश्विक स्तर पर राष्ट्रीयकृत तथा अंतर्राष्ट्रीयकृत दोनों बैंकों की स्थापना हो चुकी है। उन दोनों बैंकों के कार्यों में काफी असमानता पायी जाती है। इन बैंकों की कार्य करने की विधि व पद्धति अलग-अलग होती है। यदि वर्तमान परिप्रेक्ष्य में झाँक कर देखा जाए तो आज हमारे देश में भी कई अंतर्राष्ट्रीय बैंकों की स्थापना हो चुकी है। जिस प्रकार आज जनसंख्या की वृद्धि तीव्र गति से हो रही है उसी प्रकार लोगों की आवश्यकताएँ भी दिन-प्रतिदिन बढ़ रही हैं। आज भारत में भारतीय जीवन बीमा निगम की स्थापना विभिन्न क्षेत्रों में हो चुकी है। उसी के संदर्भ में इस अध्याय में व्यापक रूप से अध्ययन करेंगे।

भारतीय जीवन बीमा निगम

भारतीय अधिनियम 1956 के आधार पर भारतीय जीवन बीमा निगम की स्थापना की गयी। इस बीमा का प्रमुख कार्यालय मुम्बई में स्थापित है। यह निगम एक सम्मिलित सार्वजनिक निगम है जिसका सरकार से अलग वैधानिक अस्तिव है। इस निगम की सार्वमुद्रा है तथा यह वे सभी कार्य कर सकता है जिन्हें करने की शक्ति इसे अधिनियम के अन्तर्गत प्रदान की गई है। यह निगम अन्य सम्मिलित

संस्थाओं की भाँति ही सम्पत्ति खरीद सकता है, बेच सकता है, अपने नाम में रख सकता है, दूसरों पर वाद प्रस्तुत कर सकता है। दूसरे भी इस पर वाद प्रस्तुत कर सकते हैं। इस प्रकार निगम में वे सभी विशेषताएँ हैं जो सामान्यतः एक सार्वजनिक निगम में मौजूद होती हैं।

कम्पनी के बाह्य संगठन स्वरूप के उपरान्त इसके भीतरी संगठन स्वरूप का विश्लेषण करते हैं। किसी संस्था के कुशल संचालन के लिए उसके प्रबन्धकों को उसके आन्तरिक संगठन का स्वरूप निश्चित करना होता है। इस संगठन के स्वरूप के आधार पर ही प्रबन्ध अपने उद्देश्यों को पूरा करवाता है। असलियत में, संगठन वह साधन होता है, जिसके माध्यम से प्रबन्ध संस्था के उद्देश्यों की पूर्ति करता है। इसी के माध्यम से वह अपनी संस्था के सम्पूर्ण कार्यों को विभिन्न व्यक्तियों में विभाजित करता है, उन व्यक्तियों के आपसी सम्बन्ध निर्धारित करता है, ताकि वे परस्पर सहयोग से उन कार्यों को ज्यादा सावधानी के साथ पूर्ण करें।

भारतीय जीवन बीमा कम्पनी की भीतरी संगठन प्रबन्धन करने और कम्पनी के प्रयोजनों को सफलतापूर्वक पूरा करने में कुछ का योगदान अत्यधिक महत्त्वपूर्ण है, जिन्हें निम्नलिखित शीर्षकों में स्पष्ट किया जा सकता है–

संचालक मंडल

निगम की संगठन संरचना में संचालक मण्डल का एक महत्त्वपूर्ण स्थान है। इस निगम का गठन जीवन बीमा निगम अधिनियम के प्रावधानों के अनुसार किया गया है। इस अधिनियम के अनुसार इसमें अधिकतम 15 सदस्य होते हैं।

इस अधिनियम के अन्तर्गत कार्यकारी समिति एवं विनियोग समिति नियुक्त करने का स्पष्ट प्रावधान भी किया गया है। किन्तु निगम इन दो समितियों के अतिरिक्त भी कई समितियों की नियुक्ति कर सकता है। वर्तमान में निगम की प्रमुख समितियों पर प्रकाश नीचे डाला गया है–

(1) बोर्ड की अंकेक्षण समिति–बीमा निगम ने सन् 2001 में बोर्ड की अंकेक्षण समिति को भी स्थापित किया। इस समिति के गठन का उद्देश्य निगम प्रशासन को बेहतर पारदर्शी बनाना है। इस समिति में पांच सदस्यीय समिति का अध्यक्ष होता है।

(2) उपभोक्ता सम्बन्धी समिति–केन्द्रीय कार्यालय स्तर पर बीमा निगम ने सन् 1997 में इस समिति की स्थापना करना आरंभ कर दिया था। इस समिति का प्रमुख उद्देश्य उपभोक्ता हितों के सम्बन्ध में निगम को सलाह देना है, ताकि

उपभोक्ताओं की बेहतर सेवा की जा सके। इस समिति में कुल आठ सदस्यों की नियुक्ति का प्रावधान है जिनमें 5 सदस्य संचालक मण्डल में से तथा 3 बाहरी सदस्य हो सकते हैं। साथ ही निगम के एक प्रबन्ध संचालक भी मुख्य रूप से आमन्त्रित किये जाते थे।

(3) विनियोग समिति—भारतीय जीवन बीमा कम्पनी ने एक विनियोग समिति का गठन किया है। यह कोषों का विनियोग करने के सम्बन्ध में निगम को परामर्श देती है। इस समिति में अधिकतम आठ सदस्य हो सकते हैं। इनमें से कम से कम तीन सदस्य संचालक मण्डल के सदस्यों में से ही होते हैं तथा बाकी सदस्य वे व्यक्ति होते हैं जिनको कोषों के विनियोग से सम्बन्धित मामलों में विशेष अनुभव एवं ज्ञान होता है। निगम का अध्यक्ष इस समिति का भी अध्यक्ष होता है। वर्तमान समय में इस समिति में कुल आठ सदस्य अपनी भूमिका का निर्वहन कर रहे हैं और एक सदस्य प्रबंध संचालक सदस्य होता है।

सामान्य रूप से यह समिति माह में एक से अधिक बार सभा का आयोजन करती है। यह कोई अनिवार्य नहीं है कि इसकी प्रत्येक सभा केन्द्रीय कार्यालय मुम्बई में ही हो, अतः कभी-कभी इस समिति की सभाएँ देश के प्रमुख औद्योगिक एवं वाणिज्यिक नगरों, जैसे—दिल्ली, कानपुर, चेन्नई, कोलकाता आदि में भी आयोजित की जाती हैं।

(4) भवन सलाहकार समिति—यह समिति निगम को भवनों के निर्माण एवं विकास के सम्बन्ध में सलाह देती हैं। इसके अतिरिक्त यह समिति विभिन्न संस्थाओं, सरकारों तथा कम्पनियों से प्राप्त आवासीय एवं अन्य भवन ऋण प्रस्तावों के सम्बन्ध में भी सलाह देती है। इस समिति के दस सदस्य हो सकते हैं, जिनमें निगम का अध्यक्ष भी एक सदस्य होता है। वर्तमान में इस समिति के कुल 5 सदस्य होते हैं।

(5) कार्यकारी समिति—जीवन बीमा अधिनियम की धारा 19 में यह प्रावधान किया गया है कि निगम एक कार्यकारी समिति की नियुक्ति कर सकता है। इस समिति में सदस्यों की संख्या मात्र पाँच होती है। जिनमें एक अध्यक्ष का नाम भी जुड़ा होता है। ये सदस्य निगम के संचालक मण्डल के सदस्यों में से ही होते हैं। निगम का अध्यक्ष ही इस समिति का भी अध्यक्ष होता है। किन्तु जब से निगम में दो प्रबन्ध संचालक होने लगे हैं तब से एक संचालक को इस सभा में विशेष रूप से आमंत्रित किया जाता है। अतः उपस्थित सदस्यों की संख्या वर्तमान में छः हो सकती है। इस प्रकार यह समिति वे सभी कार्य कर सकती है तथा उन सभी

शक्तियों का उपयोग कर सकती है, जो निगम द्वारा स्पष्ट रूप से उसे सुपुर्द की जाती है। इनके अतिरिक्त यह समिति निगम के सामान्य निरीक्षण, निर्देशन एवं नियन्त्रण का कार्य भी करती है। भारतीय जीवन बीमा कम्पनी के अधिनियमों के आधार पर कार्यकारी समिति जिन प्रमुख कार्यों का संचालन करती है उनमें से कुछ प्रमुख कार्यों को निम्नलिखित पंक्तियों में स्पष्ट किया गया है–

1. निगम के द्वारा तथा निगम के विरुद्ध चल रही किसी भी कानूनी कार्यवाही को संचालित करना अथवा उससे सुरक्षा करना अथवा उसके लिए समझौता कराना इस समिति का प्रमुख कार्य है।
2. निगम के कार्यों में वित्तीय नियन्त्रण की व्यवस्था करना होता है।
3. निगम के व्यवसाय के नियमन के लिए स्थायी आदेश बनाया जाता है।
4. दान, जनहित, धार्मिक, वैज्ञानिक, राष्ट्रीय अथवा अन्य संस्थाओं को दान, या अंशदान देना या किसी अन्य प्रकार से मदद करना होता है।
5. एजेण्ट नियुक्त करना तथा हटाना तथा उनके कार्य एवं पारिश्रमिक निर्धारित करना होता है।
6. निगम के अधिवक्ता या न्यायवादी की नियुक्ति करना होता है।
7. निगम के नियमों के अन्तर्गत किसी भी प्रकार का बीमापत्र और प्रलेख जारी करना तथा किसी भी प्रकार का अनुबन्ध करना होता है।
8. निगम के अधिकारों के अन्तर्गत पूँजी शोधन, वार्षिकी अथवा अन्य बीमा व्यवसाय का प्रबंधन करना
9. जोखिमों के पुनः बीमा की व्यवस्था करना होता है।
10. चल तथा अचल सम्पत्तियों की बन्धक पर ऋण देने, सम्पत्तियों को खरीदने, बेचने तथा पट्टे पर देने के लिए विनियोग समिति को सलाह देना होता है।

निगम का अध्यक्ष

निगम का अध्यक्ष निगम का मुख्य कार्यकारी अधिकारी होता है। वह निगम की सभी समितियों का अध्यक्ष भी होता है। वह संचालक मण्डल के तथा निगम की विभिन्न समितियों के निर्देशों के अनुसार निगम के सभी कार्यों को कर सकता है। वह निगम को विभिन्न समितियों (विनियोग समिति की शक्तियों को छोड़कर) के अधिकारों एवं शक्तियों का भी उनके द्वारा दिये गये निर्देशों के अन्तर्गत उपयोग कर सकता है। परन्तु उनकी किसी भी शक्ति का उपयोग करने पर उसे सम्बन्धित समिति को इसकी रिपोर्ट प्रेषित होनी चाहिए।

निगम के विनियोग अधिकारों का उपयोग करने का दायित्व नहीं होता। अध्यक्ष को विनियोग समिति के परामर्श एवं निर्देश के अनुसार ही निगम के कोषों का विनियोग होता है। वह स्वयं अपने विवेक से निगम के कोषों का विनियोग नहीं कर सकता है। परन्तु अध्यक्ष चाहे तो वह विनियोग समिति की राय के अनुसार विनियोग करने से पूर्व संचालक मण्डल को उसकी राय पर पुर्नविचार के लिए विचार व्यक्त कर सकता है।

हालांकि अध्यक्ष को अधिकारों का प्रयोग करने पर कई प्रकार के प्रतिबंध लगाये गये है परंतु किसी संकट की अवधि में निगम के सभी अधिकारों का प्रयोग कर सकता है। परन्तु किसी भी शक्ति का प्रयोग करने पर उसे उसकी रिपोर्ट संचालक मण्डल के समक्ष अवश्य प्रेषित होनी चाहिए।

प्रबन्ध संचालक

भारतीय जीवन बीमा निगम एक या इससे अधिक लोगों को प्रबंधक संचालन के पद पर रखा जा सकता है। यह संचालक निगम का पूर्णकालीन अधिकारी होता है। किन्तु ऐसे व्यक्ति का संचालक मण्डल का सदस्य होना कोई जरूरी नहीं है।

निगम का प्रबन्ध संचालक उन समस्त अधिकारों तथा कार्यों का संचालन कर सकता है जो निगम की कार्यकारी समिति द्वारा उसे प्रदान किये जायें। प्रबन्ध संचालक उनको सौंपे गये विभागों के सम्पूर्ण संचालन एवं नियन्त्रण के लिए अध्यक्ष के प्रति जिम्मेदार होते हैं।

प्रबन्ध संचालक ही सभी नीचे के अधिकारियों को अधिकारों का प्रत्यायोजन करता है। वह अधिकारों का प्रत्यायोजन संचालक मण्डल या निगम की किसी समिति या निगम के अध्यक्ष की पूर्वानुमति में ही कर सकता है।

निगम में सामान्यतः दो प्रबन्ध संचालकों के पद रहे हैं। लेकिन, कभी-कभी एक प्रबन्ध संचालक भी रहता है।

भारतीय जीवन बीमा निगम का संगठनात्मक स्वरूप

भारतीय जीवन बीमा निगम के संगठन का प्रमुख चार स्वरूप हैं।

(क) केन्द्रीय कार्यालय,

(ख) क्षेत्रीय कार्यालय,

(ग) मण्डल कार्यालय,

(घ) शाखा कार्यालय।

इन चारों स्वरूपों पर नीचे संक्षिप्त प्रकाश डाला गया है–

(क) केन्द्रीय कार्यालय–भारतीय जीवन बीमा निगम का यह कार्यालय मुम्बई शहर में स्थापित किया गया है, जो सभी निगमों का प्रमुख केन्द्र बिन्दु है। इस कार्यालय का विशिष्ट कार्य प्रमुख नीतियाँ निर्धारित करना है। इस हेतु विभिन्न विभागीय प्रमुखों की राय ली जाती है जिसे निगम के अध्यक्ष संस्थापक मण्डल या उपयुक्त समिति के समक्ष निर्णय हेतु प्रस्तुत कर दिया जाता है। नीति निर्धारित करने के अतिरिक्त केन्द्रीय कार्यालय से विभिन्न क्षेत्रीय कार्यालयों के तथा मण्डल कार्यालयों के कार्यों का समन्वय स्थापित किया जाता है।

केन्द्रीय कार्यालय के विभिन्न विभाग हैं, जो अपने से सम्बन्धित कार्यों के सम्बन्ध में निर्देश प्रसारित करते हैं व निर्देशिकाएँ तैयार करते हैं। इन्हीं निर्देशों या निर्देशिकाओं के आधार पर निगम के सभी क्षेत्रीय, मण्डल व शाखा कार्यालय में निगम की नीतियों के क्रियान्वयन के लिए कार्य किया जाता है।

इस प्रकार केन्द्रीय कार्यालय क्षेत्रीय कार्यालयों के माध्यम से सभी मण्डल कार्यालयों तथा शाखा कार्यालयों का नियन्त्रण भी करता है। इस हेतु यह सभी क्षेत्रीय प्रबन्धकों की सभाएँ आयोजित करता है। मण्डल कार्यालयों की समस्याओं पर विचार करने के लिए केन्द्रीय कार्यालय मण्डल प्रबन्धकों के वार्षिक सम्मेलन भी होते हैं।

इसके अंतर्गत निगम के केन्द्रीय कार्यों को विशिष्ट विभागों में विभक्त किया गया है। प्रत्येक विभाग का एक प्रभारी है जिसे **कार्यकारी निर्देशक** या **प्रमुख कार्यकारी** का नाम दिया हुआ है। केन्द्रीय कार्यालय के नवीनतम पुनर्गठित प्रमुख विभागों में जैसे–विपणन (ग्राहक सेवा सहित) विभाग, वित्त एवं लेखा विभाग, विनियोग विभाग, बीमा गणना विभाग, इन्जीनियरिंग सेवा विभाग, विधि एवं आवास, सम्पदा वित्त विभाग, मानव संसाधन विभाग, पेंशन एवं सेवानिवृत्ति बीमा विभाग, आन्तरिक अंकेक्षण तथा निरीक्षण विभाग, सतर्कता विभाग, प्रबन्ध सेवा विभाग, नियोजन विभाग, सम्पदा एवं कार्यालय सेवा विभाग, जनसम्पर्क एवं प्रचार विभाग आते हैं।

(ख) क्षेत्रीय कार्यालय–बीमा एक उद्योग एवं व्यवसाय है जिसे भारतीय जीवन बीमा निगम ने सात क्षेत्रिय कार्यालयों में विभाजित किया है जैसे–पूर्वी क्षेत्र (कोलकाता), पश्चिमी क्षेत्र (मुम्बई), उत्तरी क्षेत्र (दिल्ली), उत्तर-मध्य क्षेत्र, दक्षिण-मध्य क्षेत्र, दक्षिणी क्षेत्र (चेन्नई), मध्य क्षेत्र (कानपुर)।

स्पष्ट हो चुका है कि क्षेत्रीय कार्यालय के प्रबन्ध एवं संगठन में क्षेत्रीय परामर्श मण्डल तथा क्षेत्रीय प्रबन्धक का विशिष्ट योगदान होता है।

क्षेत्रीय मण्डल—जीवन बीमा निगम अधिनियम निगम के प्रत्येक क्षेत्र के लिए एक क्षेत्रीय परामर्श मण्डल स्थापित करने का अधिकार देता है। इसी अधिकार के आधार पर निगम ने समस्त क्षेत्रीय कार्यालय के लिए एक-एक परामर्श मण्डल की स्थापना की है। ये परामर्श मण्डल उन क्षेत्रीय मामलों के सम्बन्ध में परामर्श देते हैं, जिनके लिए इनसे कहा जाता है। इसके अतिरिक्त ये मण्डल अपने क्षेत्र विशेष में जीवन बीमा व्यवसाय के विकास हेतु परामर्श प्रदान करते हैं।

इन क्षेत्रीय परामर्श मण्डलों में 8 सदस्य से लेकर 12 सदस्यों की नियुक्ति की जा सकती है। इन मण्डलों में सम्बन्धित क्षेत्र का क्षेत्रीय प्रबन्धक एवं निगम का अध्यक्ष पदेन सदस्य होते हैं।

क्षेत्रीय प्रबन्धक—इस निगम के समस्त क्षेत्रीय कार्यालयों में एक प्रबंधक की नियुक्ति की जाती है। यह प्रबंधक कार्यालय का शीर्ष अधिकारी कहलाता है। क्षेत्रीय प्रबन्धक ही क्षेत्रीय कार्यालय के कार्यों का निरीक्षण एवं नियन्त्रण करता है तथा केन्द्रीय कार्यालय से प्राप्त आदेशों एवं निर्देशों का क्रियान्वयन करता है। इसके अतिरिक्त, क्षेत्रीय प्रबन्धक वे सभी कार्य करता है, जो निगम द्वारा समय-समय पर सौंपे जाते हैं।

जीवन बीमा निगम के पुर्नागठन के समय क्षेत्रीय कार्यालयों के कार्यों में बदलाव कर दिया गया है। अब क्षेत्रीय कार्यालय बीमा व्यवसाय के संचालन से बिल्कुल सम्बन्धित नहीं रहे हैं। अब इन्हें केवल वे कार्य सौंपे गये हैं, जो बीमा व्यवसाय के विकास एवं संचालन में सहयोग देते हैं। क्षेत्रीय कार्यालयों के कुछ प्रमुख कार्यों को निम्नलिखित पंक्तियों में स्पष्ट किया गया है—

1. प्रबन्धकीय विकास एवं प्रशिक्षण की व्यवस्था करना होता है।
2. बाह्य पीड़ित पक्षकारों के लिए अपील कार्यालय का कार्य करना होता है।
3. व्यक्तियों, व्यक्तियों के समूहों, संगठनों में मधुर सम्बन्ध बनाये रखना जिससे निगम की कार्यकुशलता में सुधार हो सके।
4. विकास के लिए योजनाएँ बनाना, शाखा विस्तार करना, एजेन्टों का विकास करना होता है।
5. लागत की प्रभावशीलता में वृद्धि करना।
6. बाजार अध्ययन करना होता है।

(ग) मण्डल कार्यालय—इस निगम के सभी क्षेत्रीय कार्यालय के कार्यक्षेत्र को विभिन्न मण्डल कार्यालयों में बांट दिया गया है। निगम के संगठन में मण्डल कार्यालय का बहुत महत्त्वपूर्ण स्थान है। यह वह सेवा केन्द्र है, जो न केवल बीमितों

की ही अनेक जरूरतों की पूर्ति करता है बल्कि यह निगम के एजेंटों, विकास अधिकारियों, कर्मचारियों तथा शाखा कार्यालयों को भी महत्त्वपूर्ण रूप से सेवा प्रदान करता है।

इस प्रकार 31 मार्च, 2005 को जीवन बीमा निगम के 101 मण्डल कार्यालय थे। जिसे निम्न क्षेत्रों में स्थापित किया गया है–

(1) पूर्वी क्षेत्र–आसनसोल, बेहरामपुर, भागलपुर, बोंगाईगाम, कोलकाता (महानगरीय), कोलकाता (महानगरीय)-I, कोलकाता (महानगरीय)-II, कोलकाता (उपनगरीय), कटक, गोहाटी, हजारीबाग, हावड़ा, जलपाईगुड़ी, जमशेदपुर, जोरहाट, मुजफ्फरपुर, पटना, सम्बलपुर, सिलचर।

(2) पश्चिमी क्षेत्र–अहमदाबाद, अमरावती, औरंगाबाद, भावनगर, मुम्बई (प्रथम), मुम्बई (द्वितीय), मुम्बई (तृतीय), मुम्बई (चतुर्थ), गांधीनगर, गोवा, कोल्हापुर, नागपुर, नांदेड, नाडियाल, नासिक, पुणे, राजकोट, सतारा, सूरत, ठाणे, बड़ोदरा, मुम्बई (एस. एस. एस.)।

(3) उत्तरी क्षेत्र–अजमेर, अमृतसर, बीकानेर, चण्डीगढ़, दिल्ली (प्रथम), दिल्ली (द्वितीय), दिल्ली (तृतीय), जयपुर, जालन्धर, जोधपुर, करनाल, लुधियाना, शिमला, श्रीनगर, उदयपुर।

(4) उत्तर-मध्य क्षेत्र–आगरा, अलीगढ़, इलाहाबाद, बरेली, देहरादून, गोरखपुर, हल्द्वानी, कानपुर, लखनऊ, मेरठ मण्डल, वाराणसी।

(5) मध्य क्षेत्र में–भोपाल, ग्वालियर, इन्दौर, जबलपुर, रायपुर, सतना, शहडोल।

(6) दक्षिणी क्षेत्र–कोयम्बटूर, एर्नाकुलम, कोट्टायम, कोझीकोड, चेन्नई (प्रथम), चेन्नई (द्वितीय), मदुराइ, सलेम, तंजावुर, तिरुवनन्तपुरम्, तिरुनेलवेली, वेल्लूर।

(7) दक्षिण-मध्य क्षेत्र–बैंगलोर (प्रथम), बैंगलोर (द्वितीय), बेलगाम, कड़प्पा, धारवाड़, हैदाराबाद, करीमनगर, मछलीपट्टनम, मैसूर, नेल्लोर, रायचूर, राजमुंद्री, सिकन्दराबाद, उडुपी, विशाखापटनम, वारंगल।

मण्डल प्रबन्धक–बीमा निगम के सभी मण्डल कार्यालय का प्रमुख मण्डल प्रबन्धक कहलाता है। यह सम्पूर्ण मण्डल कार्यालय के संचालन के लिए उत्तरदायी होता है। प्रत्येक मण्डल प्रबन्धक अपने क्षेत्र के क्षेत्रीय प्रबन्धक के प्रत्यक्ष नियन्त्रण में कार्य करता है।

मण्डल प्रबन्धक अपने मण्डल की सभी शाखाओं, बजटों तथा योजनाओं का पुनरावलोकन करता है तथा उन्हें अपने क्षेत्रीय प्रबन्धक के समक्ष प्रस्तुत

करता है। इसके अतिरिक्त वह अपने कार्यालय के विभिन्न विभागों के माध्यम से निगम की नीतियों को क्रियान्वित करने के लिए हमेशा कोशिश करता रहता है।

प्रबन्ध समिति—प्रत्येक मण्डल के अन्तर्गत एक-एक प्रबन्ध समिति गठित की गयी। इन समितियों का प्रमुख विभिन्न विभागों में पारस्परिक सहकारितापूर्वक सम्बन्धों का निर्माण करना तथा निगम के उद्देश्यों की पूर्ति के लिए मण्डल कार्यालय के सामान्य उद्देश्यों का निर्धारण करता है। यह समिति दिन-प्रतिदिन की समस्याओं के निवारण के लिए भी अनेक उपाय करती हैं।

मण्डल कार्यालय के विभाग—निगम के मण्डल कार्यालय संगठन में आवश्यकतानुसार विभिन्न विभागों की स्थापना की जा सकती है परन्तु सामान्य रूप से इस कार्यालय के पुर्नागठित संगठन में कुछ प्रमुख विभाग इस प्रकार हैं, योजना विभाग, नवीन व्यवसाय तथा बीमा गणना विभाग, विपणन विभाग, कार्मिक तथा औद्योगिक सम्बन्ध विभाग, वित्त एवं लेखा विभाग, कार्यालय सेवा विभाग, समंक प्रसंस्करण विभाग, विधि एवं सम्पदा बन्धक विभाग इत्यादि।

(घ) शाखा कार्यालय—निगम के संगठन में शाखा कार्यालय का अधिक महत्त्व है। बीमा व्यवसाय या उद्योग की प्राप्ति इसी कार्यालय में की जाती है। इसी कार्यालय में बीमा निगम के अधिकांश कर्मचारी व अधिकारी बैठते हैं तथा अधिकांश ग्राहक आते हैं तथा उनकी अधिकांश समस्याओं का निराकरण करते हैं।

जीवन बीमा निगम की एक शाखा के प्रबन्धक **साइमन** (J.J. Simon) ने शाखा कार्यालय के महत्त्व को स्पष्ट करते हुए कहा था कि "निगम के सम्पूर्ण कार्यक्षेत्र के कर्मचारी यही कार्य करते हैं। निगम के लगभग 50 प्रतिशत प्रशासकीय अधिकारी शाखाओं में कार्य करते हैं। निगम की लगभग 2/3 आय शाखा कार्यालय के माध्यम से एकत्र की जाती है। कुल प्रबन्धकीय खर्चों का लगभग 67% भाग शाखाओं पर ही खर्च होता है। निगम के सभी बीमाधारी इस कार्यालय से ही प्रथम सम्पर्क करते हैं।" वास्तव में शाखा कार्यालय निगम के संगठन का अन्तिम बिन्दु अवश्य है किन्तु निगम के संगठन की शक्ति इसके अन्तर्गत विद्यमान होती है।

प्रबन्ध समिति—इसके अन्तर्गत सभी शाखा कार्यालय में एक प्रबन्ध समिति की स्थापना का प्रावधान किया गया है। इस समिति की स्थापना का प्रमुख उद्देश्य विभिन्न विभागों में पारस्परिक सहकारितापूर्ण सम्बन्धों का निर्माण करना तथा निगम के उद्देश्यों की पूर्ति के लिए कार्यालय के सामान्य उद्देश्यों का निर्धारण करना है। यह समिति दिन-प्रतिदिन की निस्तारण के लिए अनेक उपाय करती है।

शाखा कार्यालय के विभाग—शाखा कार्यालय के सम्पूर्ण संगठन को प्रायः कई विभागों या अनुभागों में बाँटा जाता है, जो शाखाएँ छोटी होती हैं उनमें प्रत्येक कार्य के लिए एक अनुभाग बना दिया जाता है, जबकि बहुत बड़ी शाखाओं में प्रत्येक कार्य के लिए पृथक् विभाग ही बनाना पड़ता है। किन्तु अधिकांश शाखाओं में अनुभाग ही स्थापित किये जाते हैं। नाम कुछ भी रखा गया हो किन्तु निगम के शाखा कार्यालयों में प्रायः—विक्रय विभाग, नवीन व्यवसाय विभाग, बीमाधारी सेवा विभाग, लेखा विभाग, कार्यालय सेवा विभाग तथा समंक संवर्द्धन विभाग प्रमुख विभाग या अनुभाग होते हैं।

भारतीय साधारण बीमा निगम

स्पष्ट है कि भारत में साधारण बीमा व्यवसाय का राष्ट्रीयकरण सन् 1971 में किया गया। राष्ट्रीयकरण एक अध्यादेश के माध्यम से किया गया। तत्पश्चात् साधारण बीमा व्यवसाय (राष्ट्रीयकरण) अधिनियम, 1972 पारित किया गया, जिसे 1 जनवरी, 1973 से लागू किया गया। इस अधिनियम (धारा-9) में प्रावधान किया गया है कि केन्द्रीय सरकार कम्पनी अधिनियम, 1956 के अन्तर्गत एक कम्पनी का गठन करेगी, जिसका नाम भारतीय साधारण बीमा निगम होगा। परिणामस्वरूप यह कहा जा सकता है कि भारत की साधारण बीमा निगम एक सरकारी संस्था है जिसे केन्द्र के जरिए कम्पनी अधिनियम, 1956 के अन्तर्गत 22 नवम्बर, 1972 को शामिल किया गया। इस कम्पनी को अपने नाम के साथ "लिमिटेड" (Ltd.) शब्द लिखने की स्वतन्त्रता प्रदान की गयी है। इस निगम की भी वे ही समस्त विशेषताएँ हैं, जो एक सरकारी कम्पनी की होती हैं। इन विशेषताओं को नीचे की पंक्तियों में स्पष्ट किया गया है—

1. इसकी वार्षिक रिपोर्ट प्रतिवर्ष संसद के दोनों सदनों में पेश की जाती है।
2. इसकी शत-प्रतिशत अंश पूँजी केन्द्र सरकार के पास है, यद्यपि 51 प्रतिशत पूँजी सरकार रखती तो भी काम हो सकता था।
3. इसका अपने सदस्यों (अर्थात् केन्द्रीय सरकार या राष्ट्रपति, जो कि अंशधारी है) से पृथक् अस्तित्त्व है।
4. यह अपने कम्पनी नाम से संपत्ति क्रय-विक्रय कर सकती है। बैंक में खाता खोल सकती है, दूसरों पर वाद प्रस्तुत कर सकती है तथा दूसरे भी इस पर वाद प्रस्तुत कर सकते हैं।

5. इस निगम पर भी सामान्यतः देश के सभी सामान्य कानून लागू होते हैं, जो अन्य कम्पनियों पर लागू हैं।
6. इसकी भी एक सार्वमुद्रा है।
7. इसके खातों का वैधानिक अंकेक्षण कराना अनिवार्य है किन्तु, भारत का महालेखा परीक्षक भी इसके खातों का अंकेक्षण कर सकता है।
8. इस कम्पनी का पंजीकृत कार्यालय है।
9. इसके भी सीमानियम तथा अन्तर्नियम हैं, जिनकी सीमा में रहकर ही यह निगम अपना कार्य करता है।
10. यह कानून की दृष्टि में एक कृत्रिम व्यक्ति है।
11. इसमें बीमा व्यवसाय का नियमन बीमा नियमन एवं विकास प्राधिकरण (IRDA) द्वारा होता है।
12. यह कम्पनी अधिनियम के अन्तर्गत सम्मिलित कम्पनी है।

निगम की आन्तरिक संरचना

भारतीय जीवन बीमा निगम की आंतरिक संरचना में सन् 2004 में काफी बदलाव कर दिया गया। सन् 2005 में भारत में साधारण बीमा निगम के आन्तरिक संगठन संरचना के अन्तर्गत कुछ प्रमुख पदानुक्रम शामिल किये गये हैं जिनमें से कुछ पदानुक्रमों को निम्न बिंदुओं के तहत स्पष्ट किया गया है–

(1) संचालक मण्डल–बीमा कंपनी अधिनियम के अनुसार सभी कम्पनी को एक संचालन मण्डल की स्थापना करनी होती है। साधारण बीमा निगम का भी एक संचालक मण्डल है। संचालक मण्डल इस निगम के लिए नीति निर्धारण करता है। यह देश में साधारण बीमा व्यवसाय के नियन्त्रण, नियमन एवं विकास के लिए नीतियों एवं मानदण्डों के निर्धारण का कार्य क्रियान्वित होता है।

(2) अध्यक्ष एवं प्रबन्ध संचालक–निगम के अध्यक्ष को ही संचालक मंडल का अध्यक्ष नियुक्त किया जाता है। अध्यक्ष के पास प्रबन्ध संचालक का कार्यभार भी है। इसकी नियुक्ति केन्द्र सरकार द्वारा की जाती है। अध्यक्ष के रूप में यह संचालक मण्डल की सभाओं की अध्यक्षता करता है। प्रबन्ध संचालक के रूप में यह निगम का मुख्य कार्यकारी अधिकारी है। अतः यह संचालक मण्डल द्वारा लिये गये सभी निर्णयों तथा दिये गये सभी निर्देशों का पालन करने के लिए उत्तरदायी है। इसके अतिरिक्त, यह निगम के सभी विभागों को आवश्यक आदेश-निर्देश भी देता है, ताकि निगम के कार्यकलापों का समुचित संचालन हो सके।

(३) प्रमुख सतर्कता अधिकारी–भारतीय जीवन बीमा निगम में एक सर्तकता अधिकारी की भी नियुक्ति की जाती है जो यह जनता की शिकायतों की जाँच-पड़ताल करता है। इसके अलावा यह आन्तरिक अंकेक्षण एवं निरीक्षण के द्वारा ज्ञात हुई अनियमितताओं को दूर करने के लिए आवश्यक उपाय भी करता है। यह निगम के धन, सम्पत्ति के दुरुपयोग एवं गबन को रोकने के लिए आवश्यक उपाय करता है तथा उच्च प्रबन्धकों को परामर्श देता है।

(4) कम्पनी सचिव–इस निगम में एक सचिव की नियुक्ति की जाती है जिसे सहायक महाप्रबंधक भी कहते हैं। कम्पनी सचिव कम्पनी अधिनियम के अधीन कई वैधानिक कर्त्तव्यों को तो पूरा करता ही है, साथ ही अन्य अधिनियमों के अन्तर्गत सचिवीय प्रक्रिया को भी पूर्ण करता है।

(5) सहायक महाप्रबन्धक–निगम के अध्यक्ष एवं प्रबन्ध संचालक के ठीक नीचे छः सहायक महाप्रबन्धक नियुक्त किये गये हैं। इन सहायक महाप्रबन्धकों को विभिन्न कार्य भार सौपें गये हैं जो निम्नलिखित हैं–

1. सहायक महाप्रबन्धक संधि पुनर्बीमा तथा कार्यालय सेवा,
2. सहायक महाप्रबन्धक वित्त एवं सेविवर्गीय,
3. सहायक महाप्रबन्धक बीमा, साख एवं जीवन पुनर्बीमा।
4. सहायक महाप्रबन्धक निवेश,
5. सहायक महाप्रबन्धक ऐच्छिक पुनर्बीमा एवं वित्तीय सलाहकार,
6. सहायक महाप्रबन्धक सूचना तकनीक प्रबन्धक समूह (ITMG),

उपर्युक्त वर्णित समस्त सहायक महाप्रबन्धकों के कार्यभार में सहयोग देने के लिए विभिन्न प्रकार के कर्मचारियों की नियुक्ति की जाती है।

सार्वजनिक क्षेत्र की बीमा कम्पनियों का संगठन

भारतीय परिप्रेक्ष्य में सार्वजनिक क्षेत्र की कुल चार बीमा कम्पनियां दी ओरियन्टल इन्श्योरेन्स कं. लि., नई दिल्ली; यूनाइटेड इण्डिया इन्श्योरेन्स कं. लि. चेन्नई; नेशनल इन्श्योरेन्स कं. लि. कोलकाता; दी न्यू इण्डिया एश्योरेन्स कं. लि.मुम्बई में स्थापित की गयी हैं। ये चारों कम्पनियां साधारण बीमा का संचालन करती हैं।

विशेषताएँ

भारत में कार्यरत सार्वजनिक क्षेत्र की बीमा कम्पनियों की प्रमुख विशेषताओं को निम्नलिखित पंक्तियों में स्पष्ट किया गया है–

1. सार्वजनिक क्षेत्र की इन चारों कम्पनियों के अंकेक्षक को अपनी अंकेक्षण रिपोर्ट भारत के महालेखापाल को प्रस्तुत करनी पड़ती है। महालेखापाल यदि आवश्यक समझे तो इस रिपोर्ट पर अपनी टिप्पणी कर सकता है अथवा पूरक रिपोर्ट लिख सकता है। कम्पनी की वार्षिक रिपोर्ट में अंकेक्षक की रिपोर्ट के साथ ही महालेखापाल की टिप्पणी या पूरक रिपोर्ट भी प्रकाशित करना होता है।
2. सार्वजनिक क्षेत्र की सभी बीमा कम्पनियों की व्यावसायिक गतिविधियों एवं नीतियों का नियमन बीमा नियमन एवं विकास प्राधिकरण द्वारा किया जाता है। इसके बीमा-पत्रों, एजेंटों, अन्य मध्यस्थों, उनके पारिश्रमिक, दावों के भुगतान आदि का नियमन इसी प्राधिकरण द्वारा होता है।
3. भारत का महालेखापाल यदि उचित समझे तो इनमें से किसी भी कम्पनी के लेखों की पूरक जाँच या अंकेक्षण करवा सकता है।
4. इन कम्पनियों के लिए अंकेक्षकों की नियुक्ति या पुनर्नियुक्ति भारत के महालेखापाल द्वारा होती है।
5. इन कम्पनियों का शत-प्रतिशत स्वामित्व केन्द्रीय सरकार के पास है। परिणामस्वरूप इन सभी कम्पनियों की अंशपूँजी भारत के राष्ट्रपति के अधीन है।
6. ये सभी कम्पनियाँ कम्पनी अधिनियम, 1956 के अधीन पंजीकृत होती हैं।
7. प्रत्येक कम्पनी एक कृत्रिम व्यक्ति है। अतः इन्हें भी एक व्यक्ति के सभी अधिकार प्राप्त हैं। ये कम्पनियाँ अपने नाम से बैंक में खाता खोल सकती हैं, सम्पत्ति का क्रय-विक्रय कर सकती हैं, न्यायालय में वाद प्रस्तुत कर सकती हैं।
8. इन चारों कम्पनियों में से प्रत्येक की उपयोगिता तथा अस्तित्व पृथक्-पृथक् होता है। इतना ही नहीं, प्रत्येक कम्पनी का अपने स्वामी (अर्थात सरकारों) से भी पृथक् अस्तित्त्व है। अतः ये कम्पनियाँ भारत सरकार पर तथा भारत सरकार भी इन कम्पनियों पर वाद प्रस्तुत कर सकती है।
9. यह चारों कम्पनियाँ साधारण बीमा व्यवसाय करती हैं।
10. सार्वजनिक क्षेत्र की सभी बीमा कम्पनी को अपना वार्षिक प्रतिवेदन संसद के दोनों सदनों में प्रस्तुत करना पड़ता है। इस प्रतिवेदन के साथ ही भारत के महालेखापाल की अंकेक्षण रिपोर्ट पर टिप्पणी या उसका पूरक प्रतिवेदन भी संसद के दोनों सदनों में प्रस्तुत करना पड़ता है। इन कम्पनियों के लेखों के

अंकेक्षण की विधि एवं प्रक्रिया भारत के महालेखापाल द्वारा निर्धारित होती है।

इन चारों सार्वजनिक कम्पनियों का कार्यक्षेत्र इनके सीमा नियम एवं अन्तर्नियमों द्वारा निर्धारित होता है। अतः प्रत्येक कम्पनी अपनी सीमा नियमों एवं अन्तर्नियमों की सीमाओं में रहकर अपना कार्य कर सकती है।

प्रबन्धक-संचालक

प्रत्येक कम्पनियों के प्रबन्धन व संचालन हेतु एक-एक संचालक मण्डल गठित किया गया है। संचालन मण्डल की कम्पनी अधिनियम, अपने सीमानियम, अन्तर्नियमों आदि के अनुरूप कम्पनी की नीतियों को निर्धारित करता है।

इस कम्पनियों की नीतियों को क्रियान्वित करने के लिए प्रत्येक कम्पनी में अध्यक्ष एवं प्रबन्धक संचालक के रूप में एक-एक व्यक्ति नियुक्त है। यह संचालक मण्डल द्वारा निर्धारित नीतियों एवं दिये गये निर्देशों के अनुरूप कम्पनी के व्यवसाय का संचालन करता है। इसकी सहायता के लिए प्रत्येक कम्पनी में वित्तीय सलाहकार, मुख्य सतर्कता अधिकारी एवं कम्पनी सचिव भी नियुक्त किये जाते हैं। इनके अतिरिक्त प्रत्येक कम्पनी में कई महाप्रबन्धक एवं सहायक महाप्रबन्धक, क्षेत्रीय प्रबन्धक, मण्डल प्रबन्धक, शाखा प्रबन्धक भी नियुक्त हैं। इन सभी की मदद से इन कम्पनियों का प्रबन्ध एवं संचालन होता है।

संगठन संरचना

प्रशासनिक क्षेत्र की इन चारों निगमों या कम्पनियों की संरचना लगभग एक समान है। परन्तु महाप्रबन्धकों, उपमहाप्रबन्धकों आदि की संख्या में उसके आकार एवं कार्यक्षेत्र के अनुसार ही अन्तर अवश्य पाया जाता है। इनकी संगठन संरचना में कुछ प्रमुख पदाधिकारियों की नियुक्ति की गयी है जो निम्नलिखित हैं–

(1) संचालक मण्डल–प्रत्येक कम्पनी का एक संचालक मण्डल है। चूँकि इन सभी कम्पनियों की शत-प्रतिशत अंश पूँजी भारत सरकार के पास है अतः इनके संचालक मण्डल के गठन का अधिकार भी भारत सरकार को ही है। प्रत्येक कम्पनी का संचालक मण्डल अपनी कम्पनी के लिए नीतिगत निर्णय लेता है। इसके अलावा संचालक मण्डल निवेश से सम्बन्धित निर्णय भी लेता है।

(2) अध्यक्ष एवं प्रबन्ध संचालक–अध्यक्ष एवं प्रबन्ध संचालक के रूप में एक ही व्यक्ति की नियुक्ति की जाती है। इसकी तैनाती भारत सरकार द्वारा की जाती है। यह कम्पनी का मुख्य कार्यकारी अधिकारी होता है। यह संचालक मण्डल की नीतियों के क्रियान्वयन के लिए आदेश-निर्देश प्रसारित करता है। इसके अतिरिक्त

यह समय-समय पर संचालक मण्डल की सभाएँ बुलाता है और इनकी अध्यक्षता करता है।

इसकी मदद हेतु सभी बीमा कम्पनियों में जरूरत के अनुसार इसके अलावा हर कम्पनी के मुख्यालय पर विविध पदाधिकारियों का चुनाव किया गया है, जो निम्नलिखित हैं–

(1) मुख्य सतर्कता अधिकारी–हर एक कम्पनी में एक मुख्य सतर्कता अधिकारी की नियुक्ति भी की जाती है। यह जनता द्वारा किये गये शिकायतों को सुनता है और उसकी जाँच-पड़ताल करता है। इसके अतिरिक्त, यह आन्तरिक अंकेक्षण एवं निरीक्षण के द्वारा ज्ञात हुई अनियमितताओं को दूर करने के लिए आवश्यक उपाय भी करता है। यह निगम के धन, सम्पत्ति के दुरुपयोग एवं गबन को रोकने के लिए आवश्यक उपाय करता है तथा उच्च प्रबन्धकों को सलाह देता है।

(2) वित्तीय सलाहकार–सभी कम्पनियों में अलग-अलग एक वित्तीय सलाहकार नियुक्त होता है जो यह अध्यक्ष एवं प्रबन्ध संचालक तथा अन्य अधिकारियों को वित्तीय मामलों में सलाह देता है। यह सभी वित्तीय लेखों एवं सूचनाओं को तैयार करने में भी महत्त्वपूर्ण भूमिका निभाता है।

(ग) कम्पनी सचिव–प्रत्येक कम्पनियों में एक कम्पनी सचिव भी होता है। कम्पनी सचिव कम्पनी अधिनियम के अधीन कई वैधानिक कर्तव्यों को तो पूरा करता ही है साथ ही अन्य अधिनियमों के अन्तर्गत सचिवीय प्रक्रिया को भी पूरा करता है।

क्षेत्रीय प्रबन्धक

प्रत्येक कम्पनियों ने भारत में अपने-अपने क्षेत्रीय कार्यालयों की स्थापना की है जिनका प्रबन्ध, नियन्त्रण एवं संचालन क्षेत्रीय प्रबन्धक के हाथ में होता है। यह अपने क्षेत्र में आने वाले मण्डल कार्यालयों के कार्यों का नियमन एवं नियन्त्रण करता है तथा प्रधान कार्यालय को इनकी प्रगति के सम्बन्ध में यथासमय सूचना प्रदान करता है।

मण्डल प्रबन्धक

प्रत्येक कम्पनी ने अपनी गतिविधियों में विकास करने के उद्देश्य से हर क्षेत्रीय कार्यालयों को कई मण्डलों में विभाजित कर दिया है। प्रत्येक मण्डल कार्यालय के प्रबन्ध, नियन्त्रण एवं संचालन के लिए एक मण्डल प्रबन्धक भी नियुक्त किया है।

मण्डल प्रबन्धक अपने मण्डल में साधारण बीमा व्यवसाय के विकास के लिए कोशिश करता है। इस हेतु वह आवश्यक शाखा कार्यालयों की स्थापना करने, विकास अधिकारियों तथा एजेंटों की नियुक्ति करने सम्बन्धी आवश्यक निर्णय करता है अथवा इस सन्दर्भ में अपने क्षेत्रीय प्रबन्धक से आवश्यक निर्देश प्राप्त करता है। वह अपने मण्डल कार्यालय के अन्तर्गत आने वाले शाखा कार्यालयों की प्रगति के लिए जिम्मेदार होता है। प्रायः सभी मण्डल कार्यालयों में मण्डल प्रबन्धक के सहयोग के लिए एक या अधिक उप-मण्डल प्रबन्धक भी नियुक्त किये गये हैं। इन्हीं कार्यालयों से बीमा-पत्रों का निर्गमन, बड़े दावों का भुगतान तथा सामान्य प्रशासन का कार्य होता है।

सारणी : सार्वजनिक क्षेत्र की बीमा कम्पनियों के कार्यालय

कम्पनी का नाम	*क्षेत्रीय कार्यालय*	*मण्डल कार्यालय*	*शाखा कार्यालय*
नेशनल	24	301	644
न्यू इण्डिया	26	393	640
ओरियन्टल	21	312	636
यूनाइटेड इण्डिया	24	364	705
कुल	95	1,370	2,625

शाखा प्रबन्धक--बीमा व्यवसाय का संचालन कृषि साख कार्यालयों के द्वारा किया जाता है। 31 मार्च, सन् 2005 के तक प्रत्येक सहायक कम्पनियों की 2625 शाखाएं कार्यरत थीं। इन शाखाओं की देख-रेख की जिम्मेदारी शाखा प्रबन्धक पर होती है। शाखा में नया बीमा व्यवसाय लाने के लिए बीमा एजेंट तथा विकास अधिकारी होते हैं। इनके अतिरिक्त एक-दो कम्पनियों ने अपने सूक्ष्म कार्यालय या विस्तार शाखा कार्यालय की स्थापना भी की है।

शाखा कार्यालय नवीन व्यवसाय को ढूंढ़ने, प्रीमियम वसूली करने, कवर नोट जारी करने तथा रसीदें एवं एक सीमा तक की राशि के बीमा-पत्र जारी करने का कार्य करते हैं। इसी प्रकार एक निर्धारित राशि तक के दावों का भुगतान भी यहीं से किया जाता है। शाखा स्तर पर दावा विभाग, अभिलेख विभाग, समंक विभाग, लेखा विभाग भी कार्य करता है। इन सभी विभागों का प्रभावी एवं सुव्यवस्थित संचालन करने हेतु सहायक लेखाधिकारियों की नियुक्ति भी करते हैं।

सन्दर्भ ग्रन्थ सूची

- A Sociological Reader in complex Organisation, Amitai Etgioni (ed), Holt, Rinchart and Winston, New York, 1969.
- Behaviour in Organisations: Vnderstanding and Managing the Human Side of work, Baron and Green beg, Allyn and Bacon, Boston, 1990.
- Behaviour in Organisations, Porter Lawler and Hackman, McGraw Hill, New York 1975.
- Changing OrganisationW.G. Bennis, McGraw Hill, New York 1966.
- Criteria of Organisational Effectiveness, Michael Mutteson and John Irancevich, Gnedyear, Santa Monica, Calf 1977.
- Dereloping Organisation Dynamics and Action. Lawrence and Lorsh Addison- Wesley Publishing Co 1969.
- Enploration in Managment, Wilfren Brown, Pelican, 1965.
- अग्रवाल एस. पी., अग्रवाल एमडी, कोठारी मिलिन्द : वित्तीय प्रबन्ध रमेश बुक डिपो जयपुर-नई दिल्ली 2007-08 ।

- मित्तल एल. सी. आर्थिक सन्नियम श्री महावीर बुक डिपो (पब्लिशर्स) दिल्ली संशोधित संस्करण 2004-05।
- पोरवाल एल. एस, अग्रवाल एन. पीः भारतीय सांख्यिकी, रमेश बुक डिपो जयपुर।
- सुधा जी. एस., विक्रय सम्बर्द्धन एवं विक्रय प्रबन्ध रमेश बुक डिपो जयपुर नई दिल्ली चतुर्थ संस्करण 2007।
- वाजपेयी जी. एन., नवारे ज्योति हिन्द पॉकेट बुक्स प्राइवेट लिमिटेड प्रथम संस्करण 2002।
- सुन्दरम के. पी. एम, रूद्रदत्त भारतीय अर्थव्यवस्था, एस. चन्द एण्ड कम्पनी लि. नई दिल्ली 2008।
- माथुर बी. एल., वित्तीय प्रशासन, अर्जुन पब्लिशिंग हाऊस नई दिल्ली प्रथम संस्करण 2006।
- बांगड़. आर. एस. विक्रय प्रबंध प्रिटवैल पब्लिशर्स डिस्ट्रीब्यूटर्स जयपुर प्रथम संस्करण 2000।
- माथुर वी. एल. अर्थशास्त्र विश्व कोश (11 भागों में) अर्जुन पब्लिशिंग, हाऊस नई दिल्ली 2007।
- माथुर रीता, वाणिज्य विश्वकोश अर्जुन पब्लिशिंग हाऊस नई दिल्ली 2007।
- माथुर बी. एल. अर्थशास्त्र के सिद्धांत, अर्जुन पब्लिशिंग हाऊस नई दिल्ली 2009।
- शर्मा विवेक, वित्तीय प्रबन्ध, अर्जुन पब्लिशिंग हाऊस नई दिल्ली 2009।
- माथुर रीता, मौद्रिक प्रणाली अर्जुन पब्लिशिंग हाऊस नई दिल्ली 2009।
- माथुर रीता, व्यवसायिक अर्थशास्त्र अर्जुन पब्लिशिंग हाऊस 2009।
- शर्मा विवेक, व्यावसायिक वित्त, अर्जुन पब्लिशिंग हाउस 2009।